한국여성
인물사3

한국여성근현대사 ❸ : 1980 — 현재
한국여성인물사 3

지은이 | 전경옥, 박선애, 정기은
펴낸곳 | 숙명여자대학교 출판국
펴낸날 | 2006년 1월 31일

주소 | 서울특별시 용산구 청파동 효창원길 52 숙명여자대학교
등록일 | 1968. 3. 20(제3-52호)
전화 | 02) 710-9161~3 팩스 | 02) 710-9090

값 15,000원

ISBN 89-7182-192-2 04380 89-7182-145-0 (세트)

이 책은 한국학술진흥재단의 지원으로 수행하고 있는 2002년 기초학문육성 인문사회분야 지원과제
"한국여성근현대사: 정치 · 사회사, 문화사, 인물사"(KRF-2002-073-BM1001)의 3차년도 연구성과물입니다.

한국여성근현대사 ❸ : 1980 — 현재

한국여성 인물사 3

전경옥 박선애 정기은

숙명여자대학교 아시아여성연구소

| 발간사 |

한국여성근·현대사의 연구 결과물이 지난 2년 동안 『한국여성정치·사회사』, 『한국여성문화사』, 『한국여성인물사』, 『한국여성정치·사회사 2』, 『한국여성문화사 2』, 『한국여성인물사 2』에 이어, 이제 마지막 『한국여성정치·사회사 3』, 『한국여성문화사 3』, 『한국여성인물사 3』가 나오게 되었다. 이로써 100여 년에 걸친 한국여성근·현대사 총서가 9권으로 완성되었다. 한국여성근·현대사 총서가 본격적인 성평등 사회로의 진입 속에서 그 속력이 더욱 가속화되기 시작한 21세기 초반에 완성되었다는 점에서 더욱 벅찬 감격을 느낀다.

21세기 초반 호주제가 헌법 불합치 결정을 받음으로써 광복 후 지속되었던 호주제가 60여 년 만에 드디어 폐지되었다. 또한 여성 행정 수반의 등장, 크로스 섹슈얼이라는 새로운 풍조 속에 나타난 여성성에 대한 수용 등 여성의 경험을 긍정적으로 수용한 제도나 문화가 자리 잡고 때로는 여성성이라는 고정관념을 더욱 부각시키는 결과를 가져 온 문화코드가 바람을 일으키기도 한 것이다. 이제 변화는 어디로 향할지 그 형태나 내용의 깊이가 예측불허인 상황이 되었다.

한국여성근·현대사 제3권은 1980년대부터 현재까지의 시기를 다루었다.

제1권에서 개화와 근대화, 식민지배 및 민족독립이라는 큰 틀 속에서 여성의 삶을 조망하였고, 이어 제2권에서는 8·15광복과 6·25한국전쟁, 분단 및 산업화를 논의의 큰 축으로 전개한 데 이어, 제3권에서는 민주화, 지방화, 세계화라는 큰 축을 중심으로 여성의 삶을 균형 있게 조망하였다.

1980년대 이후 시작된 민주화는 민주주의에 대한 이해와 요구로 시작하여 다양성에 대한 주장과 인간의 조건 향상이라는 인권 문화가 부각되는 방향으로 흘렀다. 정치적으로 민간 통치로의 전환점이 그 안에 있고, 참여민주주의를 가능하게 한 소수집단의 부상, 문화적 복지의 중요성에 대한 일반적 이해 등에 따른 정치적 요구의 변화를 볼 수 있었다. 경제적으로 근대화가 이루어 놓은 번영 속에서 여전히 소외된 여성도 있었지만 많은 여성이 경제적 리더로 등단함도 볼 수 있었다. 시민사회의 도약은 여성 참여의 장이 증대될 수 있는 기회를 마련하기도 했다. 뿐만 아니라 민주화는 문화 영역 역시 다양성의 인정과 수용이라는 흐름에 맞게 살지게 할 수 있었다. 고정관념 속에 갇혀 있지 않고 다양한 문화적 코드를 만들어 내는 데 여성의 공로는 컸다. 문화는 단순히 예술과 관련한 영역만이 아니라 실생활 속에 스며드는 인간의 조건 향상이라는 것과 맥락을 같이하는 발전을 기록하였다.

물론 이 시기 여성의 도약은 긍정적인 과정과 결과만을 낳은 것은 아니다. 복잡한 사회의 연결망 속에서 발생하는 긍정적이거나 부정적인 현상을 그대로 재현하기도 하고, 이대로 가다간 여성이 만들어내는 문화의 편협함이 오히려 순수한 희망을 꺾고 말 것이라는 우려를 낳는 면도 있었다. 잘못을 되풀이하지 않을 '정직한 의식'과 '적극적 행동'에 기대하는 것은 이 때문이다.

3년에 걸쳐 한국여성근·현대사를 세 부분으로 나누어 연구했다. 여기서 얻어진 성과는 한국사를 여성의 눈으로 다시 보고 재평가하는 시도를 했다는 것이다. 물론 때로는 여전히 축약되고 제한되어 모든 사실과 경험을 담지는 못했다. 또한 분석의 시각과 틀이 일관되지 못한 점도 있다. 그러나 무엇보다도 이 시도는 100여 년의 한국여성사를 정리했다는 것으로 충분히 보람 있고 높이 평가받아야 할 작업이라고 믿는다. 이제 큰 그림을 놓고 세부적인 것들로 연구를 좁혀가는 심층연구가 필요하다. 우선 여성사 연구 방법에 대한 논의가 다각적으로 행해져야 한다고 본다. 연구의 방법, 즉 주제에 접근하는 방법은 다양하고 그 다양성은 보다 확대되어야 한다. 자칫 특정 학문 영역이나 접근방식이 기득권을 가진 것처럼 잣대 노릇을 하면서 새로운 어떤 시도도 미흡하다는 식으로 보는 경우도 있다. 여성사 연구에서도 그런 위험은 있다. 문학을 하는 사람들이 정치사를 볼 때 다른 이해를 하게 되듯이 정치학을 하는 사람이 같은 주제를 놓고도 문학하는 사람들이 더 중요하다고 보는 점이나 문제를 인식하는 방식을 소화하지 못할 수도 있다. 거시사보다는 미시사의 중요성을 강조할 수도 있고 그 반대일 수도 있다.

여성사 연구에 있어서 역사기술을 완전히 해체하여 다시 조립하는 방식으로 작업했어야 했다는 비판을 하는 사람들은 그것만이 유일한 길이 아니라는 것을 인정해야 할 것이다. 동시에 완전한 해체에 이를 정도의 시간이나 정력을 투자하지 못했을 수도 있다는 것을 인정하는 입장에서는 다른 입장의 지적 역시 수용해야 할 것이다. 이렇듯 여성사 연구의 다양한 방법, 주제의 무한한 가능성, 주제에의 접근 방식 및 이해의 다양한 시각 등을 보면 아직 남아 있는 과제가 상당히 많다. 이는 다른 말로 하면 여성사 연구는 새로운 주제로서 아직 예상할 수도 없는 가능성을 가지고 있다는 뜻이다. 역사란 무엇인가에 대한 새로운 인식부터 한 사람의 생애에 이르기까지 앞으로 펼쳐질 학문적 지평은 무한하다.

한국여성근·현대사 100여 년을 새로이 조망하는 작업은 우리의 능력이 미치지 못하여 아쉬움을 남긴 점도 있고 우리의 노력이 제대로 평가받기에는 학문적 방법론에 대한 편견이 작용하거나, 여전히 보편적인 지식과 상식의 경계가 굳건한 데서 비롯된 비판에 대한 아쉬움도 남았다. 우리는 한국 여성의 관점에서 역사를 정리하는 작업을 남긴 것을 자랑스럽게 생각한다. 이런 작업의 기회가 만들어진 것은 2002년 한국학술진흥재단의 기초학문 지원 사업에 선정된 덕이다. 3년 간 한국여성의 근현대사를 연구하여 평등한 사회를 위한 노력에 한 그루의 나무를 더 심었다는 겸허함으로 이 분야 연구를 계속 할 것이다. 이 연구에 동참한 모든 연구자들, 자료 수집에 기꺼이 응해 준 분들, 개인의 경험을 공유해 주신 분들, 연구를 도와 준 많은 학부생과 대학원생들, 연구자들보다 더 애착을 가지고 책을 만들어 주신 숙명여자대학교 출판국 여러분 모두에게 큰 빚을 진 것이다. 관심을 놓치지 않고 연구를 발전시키는 것으로 보답할 것을 약속하며 다시 한번 모든 지원에 감사한다.

2006년 1월

한국여성근현대사 연구책임자
숙명여자대학교 아시아여성연구소 소장
전 경 옥

| 차례 |

지식인 경험의 노동운동가 심상정

여성단체 활동가 변도윤

성폭력 생존자 조윤숙

한부모 여성 박선남

손자녀 대리양육 김정자

평등부부 박순란

| 머리말 |

세 번째 인물사를 열며

2004, 2005년도에 출간한 두 권의 『한국여성인물사』에 이어 세 번째 『한국여성인물사』 역시 1980년부터 현재까지 다양한 한국 여성들의 구술 생애사로 구성하였다.

이 글에서 원용하고 있는 구술사는 말 그대로 개인이 과거를 회상하면서 이야기하는 것을 말한다. 그 이야기 속에는 그 당시 사람들의 마음속에서 구성하였던 세계가 드러나기도 하고, 또 그들이 가지고 있던 정신의 틀에 맞추어서 이야기가 전개되기도 한다. 또한 과거의 사실을 단순하게 나열하는 데 그치지 않고, 구술자의 이야기를 통해 그것의 배경이 되는 사회, 문화를 파악하게 한다.

이와 같이 구술자는 행위성을 중요시 여기는 방법론이기 때문에 개개인의 삶과 그 속에서 그들의 인식과 행동체계를 살펴볼 수 있으며, 그들이 살아온 삶을 있는 그대로 밝히고 나아가 그것을 종합적으로 이해해 역사의 실체에 다가서게 한다. 또한 한 사회에서 전해 내려오는 이야기, 생애사, 면담 등을 통하여 사료에 나타나지 않는 과거를 복원할 수 있다.

여성사 연구 역시 그동안 역사에서 제외된 여성들의 이야기를 복원하는 데 그 목적을 두고 있어 구술사와 맥락을 같이 한다. 여성사는 처음 단계에서 여성들의 숨겨진 정치적, 사회적 활동에 주목함으로써 여성의 역할을 역사적으로 새롭게 조명하고 해석해 보는 데 초점을 두었다. 그런 가운데 여성주의 시각으로 남성 중심의 역사를 비판하면서 남성 지배에 의한 여성 억압과 종속의 역사를 서술해 나갔다. 하지만 최근에는 여성사가 여성주의적 역사가 가지는 편향성을 극복하기 위해 성역할의 의도적, 정치적인 구분은 여성만이 아니라 남성에게도 피해를 미쳐 왔다는 인식하에 젠더 역사로 방향을 전환하는 추세이다.

기존의 여성사 연구는 여성의 모습을 너무나 단순화시켰으며 여성이 억압받아 왔던 역사와 현실을 드러내고 강렬하게 고발하는 차원에서만 서술되어 온 감이 없지 않다. 여성을 그같이 억압의 그물에 갇힌 존재로 간단히 요약해 버리는 것은 또다시 여성을 규정하고 대상화하는 타자화의 관점과 다르지 않다. 역사 속의 여성들은 그보다는 더 복잡한 삶의 지평 속에서 살아온 존재이다.

그러기에 여성사를 통해 복잡다단한 역사적 존재로서의 여성을 발견하는 것은 무엇보다도 중요하다. 여성사가 '역사'가 되려면 여성을 다양한 사회적 관계 속에 위치시키고 그와 같은 관계 맺음의 변화를 기술해야 한다.

여성사가 역사적 존재로서의 여성을 드러내는 동시에 역사 자체를 새롭게 드러내는 방식이어야 한다고 할 때, 여성사에 드러나는 여성은 일목요연하게 정리된 모습이 아니라 다양하고 구체적인 모습이어야 한다. 그런 의미에서 여성들의 생생한 목소리로 구성된 『한국여성인물사』는 행위자 중심의 개인적, 집단적 경험을 재현하는 데 적합하다고 하겠다.

구체적이고 미시적인 수준에서 여성의 삶과 성역할 구분이 작용하는 사회적 관계를 포착해 내며, 일상생활 속에서의 수많은 대립과 투쟁과 전복의 가능성을 있는 그대로 드러낼 수 있기 때문이다.

이렇게 변화된 여성사 연구의 방향과 함께 세 번에 걸쳐 진행된 『한국여성인물사』 역시 여성이 역사 전체에서 중요하다는 주장도 의미 있지만, 여성의 입장으로 돌아가서 여성이 역사의 주체임을 드러내는 작업에 초점을 두게 되었다. 즉, 여성사는 추상적인 여성에 머무르지 않고 실제 살아 있는 여성들과 그들이 살았던 특정한 시기, 특정한 장소라는 구체적인 맥락에 더욱 주의를 기울여야 하기 때문이다.

여성 중심의 역사를 서술하기 위해서는 과거 여성들의 삶을 여성의 입장으로 재구성하여 그들만의 특수성을 확인하고 여성 스스로의 생각이나 활동에 주목해야 한다. 바로 여기에 구술사 방법론의 유용성이 대두된다. 여성의 구술 생애사는 여성 개인의 삶과 사회적, 역사적 사건의 상호작용, 여성이 사회적 정체성을 모색해 가는 과정 등을 살펴볼 수 있고, 개인과 역사와 사회와의 관계에 대한 근본적이고 이론적인 문제들을 제기하게 한다.

이번 연구에서도 인간의 경험이 성별화되어 있다는 여성주의 구술사 관점에서 출발하였다. 다시 말해 여성의 삶에는 성별 체계가 작용하고 있어 그 의미를 분석해 내기 위해서는 여성주의 시각이 중요하다는 관점이다. '여성의 눈'으로 지금까지 한국 역사에서 당연하게 여겨 왔던 전제들에 의문을 제기하고, 성찰을 가능하게 하여 여러 가지 다른 방식으로도 '뒤집어' 볼 수 있다. 과거에는 역사를 논의하는 과정에서 여성의 시각이 배제되어 왔기 때문에 여성의 눈을 들이대면 주류 담론들이 가진 문제점이나 보편성 뒤에 가려진 이데올로기의 허상을 깨닫게 된다.

이렇게 여성주의 구술사는 '젠더 경험의 역사화'로서, 가부장제 사회에서의 여성의 경험을 사적인 영역으로 한정하고 주변적인 것으로 인식하여 실제로 침묵하거나 지워진 경험을 현재의 시점에서 역사화하는 작업이다. 이런 과정에서 여성은 주체가 되어 자아를 해석하는 과정을 거친다.

3년에 걸쳐 연구해 온 『한국여성인물사』는 어느 한 계층의 목소리만을 강조하기보다는 한국 역사 속에서 한국 여성들의 다양한 경험에 무게를 두고 시대적 배경과 흐름에 대한 여성 의식과 당시의 경험이 이들의 전 생애에 어떤 영향을 미쳤으며, 어떤 의미를 형성하였는가를 살펴보았다.

특히, 세 번째 『한국여성인물사』에서는 한국 여성들의 능동적이고 주체적인 모습에 주목하였다. 이 시기 한국 여성들은 그 어느 시기보다도 단순히 역사 상황 속에서 규정당하고 억압당하는 존재로서가 아니라 변화 과정에 적극적으로 개입하며 살아왔다.

1980년대 민주화운동 시기부터 양성평등이 인지되고 있는 현재 시점에 이르기까지 다양한 한국 여성의 경험들이 생생하게 재현되었다. 이들의 일상적인 삶을 통해 사회구조적 맥락을 함께 살펴보았다. 그런 과정에서 한국 여성들 개개인의 삶 속에서 그들의 인식과 행동체계들을 그대로 드러내리라 보았기 때문이다. 이는 그동안 가부장적 역사 공간에서 보이지 않았던 여성의 삶을 언어화함으로써 구체적 사실들이 역사적 사실로서가 아니라 역사적 진실로서 자리매김하길 바라는 마음에서 출발하였다.

먼저, 1980년대부터 진보, 개혁 진영에서 민주화운동을 하고 있는 '지식인 출신(학생운동 경험)의 여성 노동운동가', '민주화운동에 참여한 어머니', '여성단체 활동가'를 통해 그동안 남성들의 영역이라 여겨졌던 공적 영역, 특히 불합리한 삶의 조건들과 대항해 역경을 헤쳐 온 여성들의 생생한 경험을 목소리로 담아내었다. 둘째, 1980년대 후반부터 그동안 역사의 표면으로 드러나지 않고 은폐되어 왔던 여성의 성을 가부장적인 성규범과 함께 성폭력 문제의 심각성을 고발한 여성의 삶에도 주목하였다. 셋째, 산업화와 여성의 자의식 성장으로 인해 여성의 사회적 진출이 증가함에 따라 전통적인 가부장제 가족구조가 변화하고 있음을 '한부모 여성', '손자녀 대리양육', '평등부부'의 경험을 통해 알아보았다.

첫째, 민주화운동을 하는 자식과 더불어 암울한 시대의 고통과 아픔을 고스란히 부여안고 살아온 어머니의 이야기를 듣고자 하였다. 민가협(민주화실천가족운동협의회) 어머니의 구술을 통해 역사와 시대의 당위적 대명제 뒤에 가려진 고난의 가족사를 여성의 시각에서 조명해 보았다. 또한 이들 어머니들이 민주화의 과정에서 얼마나 큰 역할을 했는지도 알아보았다.

사실 여성은 다양한 사회운동에 참여해 왔음에도 불구하고 피해자 혹은 방관자로 인식되어 왔다. 하지만 실제로 이들의 삶을 피해자 혹은 방관자로만 인식하게 되는 것은 남성 중심적인 시각에서 남성을 사회운동의 주체로 설정하여 여성은 그 참여의 의미를 배제시키고 주변화시켜 왔기 때문이다. 그 중에서도 특히 어머니란 존재가 그러하다. 여성을 비정치적인 존재로 규정하며, 우리 사회의 공/사 이분법 사고방식에서 사적 영역을 대표하는 존재로서만 어머니를 규정했다.

그런 존재로 인식되다가 가족의 구속이나 죽음을 통해 민주화운동에 참여하게 되면서 어머니는 이전의 평범한 어머니, 일반적인 민주화운동가도 아닌 특수한 위치를 대변해 주는 존재가 된다. 이런 상황에서 어머니는 참여자, 동반자, 선구자로서의 역할을 담당하게 된다. 이런 특수한 위치의 어머니 중 한 분인 안성례의 민주화운동 참여 경험을 살펴봄으로써, 한국 여성의 사회적 저항 경험을 생생하게 읽어 내고자 하였다.

둘째, 1980년대 군사정권의 억압과 이에 대항하는 민주화의 열망은 대부분의 젊은이들로 하여금 시대 과제로부터 자유롭지 못하게 하였다. 캠퍼스는 늘 최루탄과 화염병으로 얼룩졌으며 대학생들은 '민족'과 '진보'를 고민하며 살아야만 했다. 그러나 가부장제의 그늘은 운동권 내에서도 짙게 드리워져 있었으며 여대생들은 자신의 '진정성'을 증명하기 위해 스스로 '여성'임을 거부해야 했다.

이번 연구에서는 1980년대 운동권에 몸담았고, 현재도 사회운동을 계속하고 있는 여성 노동운동가의 경험을 통해 당시의 삶을 성찰하였다. 진보진영의 가부장성이 여성에게 어떤 경험으로 각인되어 있는지, 그것이 인간

해방이라는 보편적인 과제를 실현하는 데 어떠한 문제 제기를 할 수 있었는지 성찰하였다. 이러한 작업은 여성 주체의 목소리가 반영된 새로운 역사를 만들어 가는 데 하나의 지표가 될 수 있으리라 본다.

1980년대부터 생산직 여성 노동운동에 목적의식적으로 참여했던 지식인 출신 여성 노동운동가 심상정의 경험을 중심으로 여성문제의 인식 과정을 여성주의 시각으로 새롭게 이해해 보았다. 1980년대 여대생으로서 학생운동을 하다가 어떤 배경에서 노동운동에 관심을 갖게 되었는지, 학생운동 당시 여성문제에 대한 관심의 정도가 어떠했는지 알아보았다. 다음으로는 노동운동 현장에서 지식인 출신 활동가들의 여성문제에 대한 인식이 어떠하였는지, 마지막으로 현장의 여성 노동운동을 지원한 다른 운동단체들의 여성문제에 대한 인식이 어떠했는지를 구술자 자신의 경험, 삶의 경험을 중심으로 알아보았다.

셋째, 1980년대 말기, 민주화 열기와 더불어 급부상하기 시작한 서구 페미니즘이 우리 사회의 여성의식에 미친 영향은 대단히 컸다. 이 시기는 정치 민주화와 남녀평등, 여성운동의 필요성이 대두되던 시대로서 여성의 권익과 지위 향상을 위해 여성시민단체에서 여성문제를 온몸으로 부딪치며 활동했던 여성 활동가의 삶을 살펴보는 작업은 의미가 있었다. 여성시민단체에서 활동한 변도윤과 같은 여성 활동가들은 여전히 뿌리 깊은 전통적 가치관과 성차별적 사회구조에 저항하며 여성의 권익 향상에 헌신한 여성이라 할 수 있다.

그리하여 새롭게 조직된 진보적 여성단체들과 연대해 오랜 전통을 가진 여성단체들도 변화된 현실에 발맞추어 나가기 시작했다. 진보적 여성단체의 입장에서 보면, 개량주의적 요소가 없지 않은 이런 여성시민단체들도 여전히 여성의 사회봉사나 여성의 권익 신장이나 지위 향상과 같은 측면에서 꾸준히 활동해 나갔다.

정치 민주화와 남녀평등, 여성운동의 필요성에 대한 목소리가 높아 가던 시대에 뿌리 깊은 기존의 가치관과 성차별적인 사회구조에 맞서 '계몽'과 '봉사'의 차원에서 펼쳐 나갔던 사업의 구체적인 내용들을 오랜 전통을 가진 여성단체 활동가인 그녀의 경험을 통해 알아보았다.

넷째, 남성 중심적인 성문화와 남녀차별에 바탕을 둔 이중적 성규범 속에서 단지 여성이라는 이유만으로 성희롱과 성폭력의 대상이 되어 피해를 입고 고통의 시간을 경험했던 성폭력 경험자의 삶을 살펴보았다. 성에 대한 인식만큼 우리 사회에서 뿌리 깊은 성차별의 역사를 보여 주는 것도 없을 것이다. 게다가 1980년대 말기는 향락산업이 절정을 이뤄 성 상품화가 극에 달했으며, 인신매매와 성폭력 범죄가 매일같이 언론에 보도되기도 했다. 이는 엄연한 인권유린이자 사회적 범죄이면서도 성차별적이고 이중적인 윤리 기준에 의해 여성을 이중 삼중의 고통 속에 밀어 넣었다. 성폭력 경험은 우리 사회에서 여성으로서 너무나 치명적이고 고통스러운 상흔이 되어 기억하고 싶지 않은 경험일 수밖에 없는 일이지만 우리 여성사의 아픈 발자취로서 그들의 기억을 남기려 하였다. 성폭력 생존자 조윤숙은 성폭력 피해로 인해 억압받고 고통당했던 경험과 치유의 과정을 구술해 주었으며, 우리 사회의 이중적 성규범에 대항하는 모습도 보여 주었다. 이렇게 남성 중심의 가부장제 사회에서 단지 여성이라는 이유만으로 성희롱과 성폭력의 대상이 되어 온 여성의 경험을 통해 우리 사회에 뿌리 깊은 성차별의 역사를 읽고자 하였다.

다섯째, 이 시기는 한국 여성의 역사적 체험에 뿌리 깊이 작용하고 있는 가부장적 가족관계에 변화가 나타나기 시작하였다. 가부장적 가족관계 속에서 자신들의 목소리를 내기 시작한 한국 여성의 경험을 담아내고자 하였다.

최근 한부모 가족 형태는 과거 주로 배우자의 사망에 의해 발생하였던 것과는 달리 이혼, 별거, 유기 등 개인의 의지에 의해 발생하는 비율이 점차 높아지고 있다. 특히 우리 사회의 급속한 이혼율의 증가와 더불어 한부모 여성의 비율은 점차 증가하는 추세에 있다.

한부모 여성은 가부장제, 남성 중심의 사회에서 억눌린 삶과 부당한 대우, 배우자의 폭력, 경제적 문제 등에서 벗어나기 위해 이혼하지만, 우리나라 여성이 노동시장에서 차지하고 있는 지위의 열악성과 관련해 빈곤화될 수밖에 없는 상황에 놓여 있어 자녀양육과 생계유지에 어려움을 경험한다. 또한 호주제로 인해 여성이 세대주이자 양육자, 친권자임에도 불구하고 자녀가 이혼한 아버지의 성을 따르고 호적에 등재되는 것을 목격하면서 한부모 여성은 깊은 소외감과 상처를 경험한다. 이러한 가부장제 가족구조의 폐해 경험을 한부모 여성인 박선남의 구술을 통해 알아보았다.

여섯째, 현대 사회에서 어머니의 역할은 과거와는 달리 그 양상이 다양화, 세분화되어 가고 있다. 특히, 여성의 고학력 경향으로 사회활동에 참여하려는 의식이 높아졌고 여성의 경제활동 인구가 크게 늘어나는 추세이다. 산업화의 진전에 따라 기혼 여성의 취업도 상당히 늘어나게 되었다.

이러한 여성들의 사회 진출에 의해 유아의 양육을 타인에게 의존하거나 대안을 강구할 수밖에 없는 경우가 점점 늘어났다. 그리하여 여성 노인들의 경우, 자식에게 봉양받고 있어야 할 노후에 20~30년 전 했던 육아라는 중노동을 새롭게 시작해 손자녀를 맡아 기르는 일을 하고 있다. 젊어서 남편과 자식들을 위해 오직 희생적 태도로 살아왔던 여성 노인들이 여전히 며느리나 딸의 사회적 활동을 위해 협력자로서 희생하게 되는데, 이런 여성 노인의 경험을 김정자의 구술을 통해 살펴보았다.

오늘날 여성의 삶 자체가 많이 달라지고, 중년층 이상의 여성들을 위한 여가활용 시설 및 서비스가 점차적으로 증가하면서 자기만의 시간을 갖길 바라는 50~60대 할머니들이 늘고 있다. 손자녀 양육은 조모에게 스트레스를 주는 경험이 되며 과중한 부담, 정신 건강의 부정적 측면을 야기할 수 있다. 결과적으로 이러한 양육 방식은 가족관계의 왜곡을 가져오게 되며 육아문제 해결을 위해 젊은 세대들의 필요에 의한 동거가 확산되고 있다. 이는 과거처럼 노인이 대접받고 봉양받는 동거 가족이 아니라 노인의 노동과 경제력이 필요해 생겨나는 대가족인 것이다.

시간에 어긋나는 양육 수행을 통해 나타나는 부작용, 즉 조모의 스트레스, 양육 수행으로 인한 자녀와의 갈등, 가족에서의 조모의 위치 등 현대사회에서 조모의 손자녀 양육에 대한 문제점을 살펴보았다.

마지막으로는 현대 산업 사회에서 여성의 교육 수준이 높아지고 경제적으로도 독립하면서 전통적인 대가족 구조는 부부 중심의 핵가족 구조로 바뀌게 된다. 과거의 부부관계가 지배적이고 순종과 예속을 기반으로 하고 있다면 부부 중심의 핵가족 구조에서는 남녀평등을 기반으로 한 평등한 부부관계를 필요로 한다. 원만한 부부생활을 하기 위해서는 역할 분담이 중요하고 가사노동에 대한 인식의 전환을 요구한다. 아직 완전한 평등부부는 존재하지 않지만 이를 지향하는 박순란 부부의 모습을 살펴보았다.

'양성평등 문화를 확산시키고 정착시키는 일은 국가뿐만 아니라 각 개인의 의식에서 시작된다.'라는 생각에서 실제로 실천하는 부부의 이야기를 통해 양성평등의식을 확산시키기 위한 방안을 모색해 보고자 했다.

박순란은 '평등부부상'을 수상한 부부 중 여성이지만, 구술 과정에서 남성의 입장도 함께 들었다. 물론 여성의 삶 이야기가 중심을 차지하지만, 부부관계에 있어 상대자인 남편의 역할도 매우 중요하기 때문이다.

이렇게 다양한 여성들의 구술 내용을 가지고 한국 근·현대사를 살아온 한국 여성들의 삶을 여성주의적 시각으로 정리해 보고자 했다. 이는 기존의 연구가 남성주의적인 시각에서, 또 특별한 여성들을 중심으로 이루어졌던 것과는 달리 평범한 여성의 삶 속에서도 역사적 진실을 발견할 수 있으리라는 믿음에서 진행되었다.

민주화운동과 어머니

안성례

'그래, 하나님이 계시다고 하는 것을 보여 주는 것은 이 사람들에게 희망을 주는 것이구나.' 나는 그렇게 〔생각했어요〕. 그래서 이 죽음이 결코 헛된 것이 아니다. 이 나라는 반드시 민주화가 된다. 독재는 꼭 물러갈 것이다. 그리고 이만한 죄를 자기도 받을 것이다. 그러면서 부모들을 위로하면서. 폭도라고 부르면서 환자를 데려가려고 하면 "절대로 못 보낸다." 고 했어. 그 정부의 보안대 직원들이 "당신이 뭔데 감히 이런 계엄령하에서 이렇게 하느냐?" 면 "나는 이 환자를 지킬 책임이 있는 간호사다. 그렇기 때문에 환자가 위독한데 대통령이 말한들 나는 들을 수가 없다." 고 했어.

●— 약력

1938년.. 전라남도 함평 월야 출생. 3남 3녀 중 다섯째

1951년.. 함평 월야초등학교 졸업

1954년.. 광주 전남여자중학교 졸업

1957년.. 전남대학교 의과대학 간호고등학교 졸업

1957년~1959년(21세).. 전남대학병원 근무(정신과)

1959년.. 결혼

1961년~1963년(25세).. 장흥관산초등학교 양호교사

1963년~1991년(53세).. 광주기독병원 간호사, 간호행정감독

1977년~1978년(40세).. 광주 YWCA 이사

1978년.. '우리의 교육지표' 사건으로 남편(명노근 전 전남대 교수) 해직

1979년.. 광주 YWCA사건으로 남편 투옥

1980년.. 5 · 18광주민주항쟁으로 남편 구속

1980년.. 5 · 18광주민주항쟁 피해가족대표 및 광주 NCC대책위원

1991년.. 광주광역시 초대 시의회 의원 당선, 부의장, 5 · 18특별위원장 역임

1994년.. 평화통일자문위원 공로상(대통령 표창)

1995년.. 올해의 간호인상(대한간호협회), 5월 시민상

1995년.. 광주광역시 2대 시의회 의원 당선(재선)

1996년.. 호남기초 · 광역여성의원협의회 창립, 회장 역임

1996년.. 제 1회 풀뿌리 민주대상(전남매일신문사)

1998년.. 광주대학교 행정학과 졸업

1998년.. 모범여성의원상(한국여성유권자연맹)

1998년.. 전국여성광역의원협의회 창립, 초대 회장

1998년.. 광주광역시 3대 시의회 의원 당선(3선)

2000년.. 여성발전공로상(대통령 표창)

2000년.. 남편 사망

2001년.. 전남대학교 행정대학원 졸업

2003년.. 대한간호정우회 부회장

오빠가 독립운동 김구 계열이었어요

내가 딸 셋 아들 셋, 그렇게 6남매 중에서 다섯째고 딸로는 셋째 딸로 태어났지요. 우리 집은 농업을 하는, 그러니까 안씨 집성촌이었죠. 85(가구) 가까이가 모여서 사는 안씨 집성촌이었고, 우리 집안 오빠가 독립운동 김구 계열이었어요. 안종면(첫째 오빠)이라고. 그래서 나는 어렸을 때부터 상해로 군량(쌀)를 보낸다는 그런 이야기를 어렴풋이 듣고 자랐는데 우리 마을이 부자촌이어서, 집안 오빠들을 벌써 서울대로 유학을 시키고 그런 마을이었는데 6·25 때 그 오빠들이 두 분이나 납북이 되어 버렸어요.

그런 상황 속에서 지금 제일 기억에 남는 것은 김구 선생님이 내가 4학년 땐가 돌아가신 거야. 그런데 그때 안두희가 죽였다고 그러더라고. 그래서 내가 너무 창피해서 '왜 안씨가 그런 훌륭한 김구 애국자를 죽였는가!' 그래가지고 그 어린 것이 막 변소에 가서 마음이 화끈거리고 울고 그랬던 기억이 나요.

그 이후 광주항쟁[1]이 닥쳐가지고 사회운동이나 정치적인 거랑

1 정식 명칭은 5·18민주화운동. 1980년 5월 18일에서 27일까지 전라남도 및 광주 시민들이 계엄령 철폐와 전두환 퇴진, 김대중 석방 등을 요구하여 벌인 민주화운동.
전두환 신군부세력이 1980년 5월 17일 비상계엄 전국확대 조치를 발표하고 민주인사들을 체포 투옥하기 시작하자 광주에서 공수부대의 과잉진압과 이에 반발하는 학생·시민 연대가 자연발생적으로 생겨났다. 5월 18일부터 시작된 시민항쟁은 시민자치와 민주주의 공동체 구현 등 많은 이야기를 남기고 27일 새벽 2만 5천 명에 달하는 군을 투입한 무력진압으로 정부 공식 발표 사망 191명, 부상자 852명을 내고 막을 내렸다.

은 전혀 상관이 없는 간호사인 내가 어떻게 그토록 '불의에 항거하고 분노했는가!' 하는 것을 되돌아보면, 어렸을 때 우리 오빠들을 보고 그랬던 것 같아요. 연극이나 그런 것을 하면서 우리 마을(예동마을)이 지적 수준이나 그런 게 높아서 소위 사회주의 경제논리를 우리 오빠들이 좀 많이 가졌던 것 같아요.

그래서 6·25 때 우리 마을이 많은 피해를 봤던 것 같아요. 그때 청년 대학생들이 한 열세 명이 한꺼번에 죽었으니까. 그런 아픔을 안고 50년 6·25 후에 전남여중〔1951년 9월에 입학〕에 들어와가지고 막연하지만 '세상이 강자의 그것이 진실이건 불의건 간에, 이를테면 강자만이 존재하는 것이 세상살이구나.' 이렇게 생각했어요.

좋은 남편 만나는 것이 아버지의 여성관

우리 아버님이 유교 향교 전교시고 '여자는 20세 이전에 결혼을 해야 된다.'는 그런 철칙을 가지고 계셔서 너무 빨리 결혼을 시키려고 하니까, 명 교수님을 그때 아는 분이 소개해 1년 반 연애를 한 거지.

철저하게 여성의 행복은 결혼에 있고 좋은 남편을 만나는 것이, 어떤 대학이나 독자적인 성공보다는 좋은 남편을 만나는 것이다, 이게 아버지의 여성관이었죠.

아버님은 항상 '모난 돌이 정을 먼저 맞는다.' 그런 일념으로 유교의 도덕성, 삼강오륜이나 이런 것들을 자식들에게 가르쳤어요. 그게 곧 사회의 선이라고 우리 아버지는 생각했어요. "지가 지 역할 다 하고 될 수 있으면 자립해서 사는 것", 이것이 곧 남을 돕는

이 사건을 계기로 한국의 사회운동은 1970년대의 지식인 중심의 운동에서 민중운동으로의 변화를 가져왔고, 국민들의 대미인식 변화와 함께 사회운동의 목표로 민족해방·사회주의 등을 본격적으로 거론하게 되었다.

거라 생각했어요. 그것이 우리 아버지의 사상이었죠.

6·25 때 어머니〔가〕 돌아가셨고 저는 주로 아버지의 영향권 아래에서 살았죠.

간호학교에 가서 굉장히 행복했어요

우리 아버지의 소위 삼종지도, 어릴 때는 부모를 의지하고 결혼해서는 남편을 의지하고 남편이 죽으면 자식을 의지하는 것이 여성의 일생이라는 것에 대해 나는 그럴 수가 있냐, 어렴풋이나마 나는 그렇게는 안 살겠다, 하는 작은 생각이 싹텄는데… .

내가 전남여중을 졸업했을 때 우리 아버지는 이제 코스가 그래. "양재학원에 가라. 양재를 잘 배워서 결혼해서 자식들 옷 잘 만들어 입히고, 주부 수업을 해야 한다."고 했어.

나는 관비 장학생으로 간호고등학교에 합격했고, 그러면서 내 꿈이 막 피어올랐지. 왜냐? 내가 우리 아버지에게 학비를 의존하는 것도 아니고, 숙소 때문에 〔기숙사에 가서〕 고통할(받을) 일도 없고 너무 너무 좋은 거야. 처음으로 간호고등학교 다니면서 내 미래에 대한 청사진을 가졌던 것 같아. 내가 정말 미국 가야지. 내가 미국 가서 열심히 공부해서 의기양양하게 우리 아버지에게 나타나야지. 우리 아버지의 영향을 제일 많이 받았으면서도 항상 아버지에 대한 반발이랄까? 결혼에 대해서도 마찬가지였어. 그래서 간호학교에 가서 굉장히 행복했어요. 정말로 내가 잘 택했다는 생각을 했어요.

열세 살 때 어머니가 돌아가셨는데 약자의 비애를 느꼈던 거 같

아. 우리 어머니는 사상의 피해자였어. 우리 오빠가 젊었을 때 면사무소를 다녔어. 농업학교를 나와서 잠업이라고 누에, 농촌진흥원 있지. 낮에는 순경이 와서 "느그 마을에 어제 저녁에 빨치산이 왔다."고 두들겨 패고, 저녁에는 빨치산이 와서 두들겨 패고 그래서 이 아들 지키는 게 너무 힘들어서 우리 어머니가 다 광주로 보내고 혼자서 밤에 빨치산들하고 대응했어.

우리 어머니는 너무 잠을 자지 않고, 누군가가 저녁에 공격하는데 대비를 하고. 그 사람들 밤에 오면 주려고 계란을 모아 놨다가 밤 손님(빨치산) 오면, 우리 피해 안 주고 가져가도록 계란과 찰밥을 마루에 놓고 주무시고. 그렇게 지낸 후에 6·25가 나서 그 고생을 하고 결국 희생당하신 거야.

교회를 스스로 간 거야. 보호받고 싶었죠

〔고등〕학교 다닐 때, 나는 전에는 우리 아버지가 나를 보호해 준다고 생각했는데 이제 독립을 했잖아. 내 마음속으로. 우리 아버지는 굉장히 노해 가지고 나를 기숙사로 몇 번을 데리러 온 거야. "얼마나 세상 살기가 어려운 건데 좋게 부모 시키는 대로 결혼해서 그렇게 남이 사는 대로 사는 게 행복인 거다." 하시며 순종 안 하면 다시는 집에 오지 못한다 하셨죠. 나는 교회를 스스로 간 거야.

내 스스로 간 거야. 어떤 영향을 받지 않고. '신앙을 가져야만 내가 흔들리지 않고 살아가겠다.' 하고 생각해서. 나는 아버지보다 강한 힘으로 보호받고 싶었죠. 그래서 하나님을 찾게 된 거죠. 그게 내 행복의 근원이 된 거지.

나는 막연하지만은 꿈을 가지고 있었어. 내가 미국 유학을 가기 위해 간호학을 통해서 좀더 테크닉을 익히고 하면, 뭔가 내 앞길이 조금씩 열려 가는 것 같다는 그런 느낌을 가졌었는데, 갑자기 결혼을 하라는 엄한 명령을 내리셔서… 〔거역할 수 없었어요〕.

내 마음은 내가 알지도 못하는 사람하고 결혼을 할 수는 없어서, 내가 나 아는 선생님 같은 사람한테 "나는 영문과나 영문학 같은 영어를 잘하는 사람이 있으면 정말 결혼을 하고 싶다. 왜냐하면 내가 꼭 미국 유학을 가고 싶은데 그런 상대만 있으면 좀 나를 소개했으면 좋겠다." 했더니 명 교수님을 나한테 소개해 준 거예요. 그때 내가 두 가지 이야기를 했지. 영어 잘하고 예수를 잘 믿는 사람, 어떤 사회적인 도덕 기준이나 또 인간은 정말 약하잖아. 그래서 내가 예수를 믿고 싶었는데, 우리 집은 철저한 유교라 헤어 나오지를 못하다가, 내 배우자가 예수를 잘 믿으면 좋겠다는 이 두 가지가 너무 너무 잘 맞는 배우자를 만나게 된 거예요. 우리 둘은

악법철폐와 양심수 석방을 위한 기도회 모습(1990)

큰 인연이었던가 봐. 소개받는 그 순간부터 '아, 저 사람이 정말 내 사람이다.'라고 서로가 마음에 강하게 받아들여진 거예요.

남편은 전남대학교 영문과 대학원 석사 과정에 있었고, 나는 전남대병원에 취직했어요. 대학병원에는 40명 졸업했는데 다섯 명 합격했을 정도로 취업이 어려웠다니까.

〔명 교수님은〕 인상이 우락부락하게 생겼지. 우리 친구들은 많은 남자들 중에서 어쩌면 저런 사람하고 연애를 하냐고 하고, 앞 이마가 눈이 안 보일 정도로 나왔잖아. 정말 독특하게 생겼어. 그래서 〔남편의〕 별명이 무등산이고. 우리 아버지가 "아니 어디서 저런 청년을 데리고 왔냐?"고 했으니까. 그런데다가 성이 명씨고. 우리 한국은 '김, 이, 박' 죽음도 떼죽음이 좋다고 숫자가 좀 있어야지, 이거 희성이라서 되겠냐, 그렇게 화를 내시고 단번에 거절이었어. 그런데 나는 그가 가진 신앙심과 영어〔실력〕에 더 이상 불평할 필요가 없었어. 그래서 끝까지 밀고 나갔지.

남편 집안은 철저한 기독교 집안이었어. 그런데 우리 집안은 철저한 유교 집안이었지. 그러니까 우리 아버지가 반대를 한 거지. 야소교(기독교)를 믿는 사람들, 허망한 인간들이고 말을 많이 하는 사람들이라고.

시어머니는 굉장히 좋았지. 왜냐면 내가 돈을 버는 직업 여성이 되니까. 아들이 해직되고 직장을 잃을 때, 경제 활동해서 가계에 도움 되고, 자녀 교육이나 모든 것을 내가 다 감당해 주니까 우리 시어머니가 나를 그렇게 좋아할 수가 없었어. 〔집안일은〕 우리 시누님이 많이 도와줬죠. 그랬기 때문에 내가 나댄 것은 우리 시어머니, 시누님 주변 형제들의 도움이 컸죠.

붕어빵 연애하고 3킬로그램 빠졌네

연애하고 내가 그때 3킬로〔그램〕 빠졌네. 붕어빵만 사들고, 근무하고 나와서 어디 가서 차를 마신다거나 조용히 있는 게 아니라, 붕어빵 따뜻한 거 하나씩 가슴에 안고 그놈 먹고 계속 걷다가 시간 늦어지면 기숙사로 오니까 배고픈 거야. 그런데 늦어서 어디 먹으러 갈 데도 없네. 그러니까 그냥 자지. 그러다 너무 고된 거야. 그러니까 연애하면서 많이 빠졌네.

안 왔으면 좋겠는데도 날마다 이렇게 애인이 와요. 또 그이는 자기도 고학하는 사람이었어요. 호남여숙이라고 전쟁고아들이 학교를 제대로 못 다니는 사람들에게 야간 중학교 코스를, 영어 선생을 무보수로 10년을 한 사람이에요. 난 우리 남편이 정말로 훌륭하다고 생각했어요.

거기서 9시까지 시간 끝나고 나를 만나러 오는 거야. 친구들은 영화관에 가는데 같이 안 가고 기다려야 해요. 거기서 우리 기숙사가 가까우니까. 그러니까 영화가 막 신영균이니 뭐니, 최은희, 도금봉이니 하는 영화배우가 나타날 때였네. 영화관 새로 지어서 젊은 애들을 유혹하고 그럴 때야. 그러니까 그 사이에 가서 영화 한 편 볼 수도 있잖아. 그런데 나는 고지식해서 우리 친구들 다 나가는데도 나가지도 못하고, 9시 반에나 오는 애인을 기다리고 있는 거야. 그런 연애를 하는 거야. 그런데 이 사람은 나 안 보고 가면 잠을 못 자니까, 일이 안 된다니까 할 수 없이 동산에서 달도 바라보고 시도 읊

연애 시절 남편과의 데이트 모습

어 주면 시도 듣고 그렇게 가고 그랬지.

너무 좋았죠. 나한테 시를 읽어 주고 자기가 읽은 책 이야기 하고. 우리는 다방에 앉아 본 적이 없어. 지금 생각하면 광주 외곽 다 돌고. 그때 58, 59년도의 광주는 너무 협소했잖아. 그렇게 많이 걸었던 거 같아요. 걸으면서 이야기하고.

미국 유학 꿈은 사라지고

남편은 국제워크캠프[2]라고 기독교 청년운동을 했던 사람이라서 광주 YMCA에서 세크리터리로 일하게 됐어요. 김천배 선생님이 "우리가 YMCA 짓자."고 했는데, 광고(광주일고) 선생으로 있던 또 다른 선생님이 있었어. 광주에서 두 청년이 영어를 제일 잘했을 거예요. 그 두 사람이 간사를 하면서 현재 광주 YMCA를 지어낸 사람이에요. 5년 동안 근무를 하면서 YMCA를 그렇게 완전하게 지어내고 남편은 전남대학교 영문과에 복직을 했어.

65년도에 교수생활을 시작하면서 68년도에 풀브라이트 장학생 시험을 봤어요. 그래서 풀브라이트 장학금[3]을 받고 미시건 대학에 가서 다시 석사학위를 한 거죠.

그때 내가 같이 미국에 갈라고 했지. 드디어 내가 원하는 때가 왔다 하고. 그랬는데 애들이 네 명이 되니까 도저히 못 갔지. 직장생활 하면서 내가 키웠지. 어머니께 맡기는 것도 정도 문제지. 내가 계획적인 인생을 살지 않았던 거 같아. (그랬다면) 무슨 놈의 딸을 넷을 낳았겠어.

이제는 엄마로서의 내 모습이 훨씬 더 강하게 정착이 되는 시간

2 IWO(International Workcamp Organization)는 전 세계의 워크캠프, 자원봉사단체 등의 국제 교류단체들과 함께 일하는 국제 NGO로서, 세계의 평화와 연대를 이루기 위해 활동하고 있다.

3 미국 아칸소 대학교 총장을 지낸 풀브라이트의 제안에 의하여 창립된 장학금.

이었어. 그래서 이 아이들 넷을 남기고 할머니에게 맡기는 것도 그렇거니와 내가 미국을 가서 특별하게 영구적으로 살 수 있는 게 아니잖아. 남편은 전남대학교 교수로 다시 들어와야 하는데. 그렇다면 내가 다시 직장을 얻을 수도 없을 거 같고. 그래가지고 실리적으로 따지게 되는 거야.

59년도에 결혼을 했는데 그땐 직장이 얼마나 귀한지 몰라. 결혼하면 으레 직장을 그만두게 되는 거지. 60년 4·19 이후 5·16 혁명이 나면서 그때는 정말로 가정이 어쩌지 못하는 사람만 군대를 갔어요. 머슴이 대신 군대를 간다거나 하는 그런 세상이었기 때문에 교수님도 그때 군대를 안 가고 그냥 계속 대학원 공부를 하던 차였는데 군대 안 갔다고 해가지고 조교에서 쫓겨나 버린 거지.

그래서 일단 논산훈련소에 가서 그 을종[4]을 맞아가지고 다시 정식으로 귀가증을 받아가지고 돌아왔어. 그때부터 우리가, 그 박정희 집권 때부터 실직자가 된 거야. 미국 유학 꿈은 사라지고 보이

기독교병원의 동료들은 내가 어려움에 놓일 때마다 항상 사랑으로 감싸 주었다.

지 않는 그런 깊은 터널로 들어가는 거야. 지금도 내가 터널이라고 이야기하는 게… 정말 앞이 안 보이는 거예요. 나는 첫애 낳아 젖 먹이던 때였으니까 다시 직장으로 가기도 힘들고.

그런 상태에서 박정희 대통령이 18학급 이상 양호교사제도를 61년도에 처음으로 실시를 한 거야. 그래서 내가 양호교사 임용고시에 합격해가지고 다시 직장 생활을 시작을 했고 우리 아버지 의도는 정말 빗나갔지. 〈쓴 웃음〉 요조숙녀로 남편이 벌어다 준 돈으로 안방에서 따뜻하게 사는 그런 주부이기를 원했는데 내 삶이 그렇게 벌써 그때부터 뭔가 심상치 않은 그런 징조가 보였던 거지. 관산초등학교라고 하는 그런 시골 초등학교에서 2년 있다가 간호사 면허를 신청해가지고 광주기독병원에서 근무한 게 시의원을 하면서 사직하기까지 28년 동안 근무를 하게 된 거죠.

교육지표사건, 국가에 건의하는 것에 불과했는데

코스를 마치고 75년도에 귀국을 해가지고 우리 남편이 그때 최초로 언어학 석사학위를 받은 걸로 나는 기억해요. 그러니 전남대학에서 언어학 교실을 만들어서 아이들에게 언어학으로서의 영어를 하도록 하는 과정에서 이제 박정희 씨가 막 유신을 하고 나서 전국 대학에 정보원을 배치해서 동태를 파악할 때였죠. 그런데 77년부터, 그때부터 그 교육현장에 대해서 이게 과연 민주시민 교육으로서, 어떤 교육의 백년대계의 철학이 있느냐 해서 교수들이 분석을 해 모여서, 이것은 자기가 장기집권을 하기 위해서 어린아이들부터, 그렇게 일본 사람들이 식민지 한국은 일본의 식민지다, 외

4 乙種 : 십간의 차례대로 매긴 등급에서, 둘째 등급의 종류.

치게 하는 것처럼 그런 형식이 아니냐? 하고 비판이 나온 거예요.

그러니까 박정희 대통령이 굉장히 날카롭게 주시하고 있을 때, 교수 80명이 같이 서명을 한 거예요. '우리 교육자들이 소위 민주사회를 형성하기 위해서 정말 민주의식이 투철하고 공공성이 있는 교육철학이 있는 사람으로 교육을 해야 하는데 아직까지도 문교부나 이런 정책이, 소위 민주 시민에 대한 교육지표가 나와 있지 않다.' 이렇게 생각을 하고 국가에 건의하는 것에 불과했는데… 그게 NHK에 교수들의 움직임이 딱 포착이 돼서 안기부에서 닫아 버린 거예요. 송기숙 교수가 서울에서는 이거 안 하기로 했다고 한다, 하고 명 교수를 만나니까 "아 그럼 우리라도 해야지. 하지도 않고 정보부에 가서 당하나, 할 때 하고 당하나 어느 편이 더 낫겠냐? 우리 전남대 교수라도 해 버리자!" 해서 11명의 전남대 교수가 교육지표 선언을 한 거예요. 그래가지고 안기부로 끌려가고 나머지 송기숙 교수는 감옥에 가두고, (남편은) 안기부로 끌려가고 나머지 분들은 즉시 해직당한 거지.

원망했죠. 전에도 이야기했지만 자기도 고학해서 8남매 중에서 대학교수가 됐는데 당신이 그만둔다면 우리 가정에 또 누가 당신만큼 지적 수준을 가지고 사회에 공헌할 그런 저기가 안 보이는데. 우리 시어머님은 그렇게 바느질까지 해서 당신을 가르쳤는데 당신은 개인이 아니라 우리 모두의 결과물인데, 당신이 어떻게 나한테 한마디 말도 없이 그렇게 할 수 있느냐, 정말 나는 더 이상 어떻게 살고 싶은 의욕도 상실된다, 그래서 내가 막 울었어요. 나는 "당신 왜 그렇게 무서운 대통령에게 자꾸 불평을 하느냐?" 했더니 "뭔가 바르게 가는 방향으로 되어야지, 잘못되어 가니까 내가 이야기할 수밖에 없지 않느냐?" 하는 거야. 그래서 내가 "우리 친정

1978년 6월 27일 전남대에서 채택, 발표된
'우리의 교육지표' 선언문의 배경과 내용

1975년 5월 긴급조치 9호 선포 이후 전국의 고교와 대학은 학도호국단으로 편성되어 학내 군사교육 체제, 교육관계법 등 소위 4대 전시입법의 국회 통과와 함께 교수 재임용제가 신설되었다. 곧이어 9월 서울대는 학생 집회, 데모, 농성, 등교 거부, 마이크 사용 등을 일절 금지하는 새 학칙을 선포했고, 1976년 새 학기에는 전국 98개 대학에서 416명의 교수가 재임용 심사에서 탈락함으로써 강제 해직되었다. 문교부(현 교육부)는 유신통치에 조금이라도 비판적인 교수들을 합법적으로 학내에서 추방했다.

학원에 대한 감시와 탄압이 노골화되어 학내에는 아예 전경과 경찰기동대, 사복형사와 중앙정보부 요원들이 상주했다.

초·중등학교에도 전국의 관공서와 마찬가지로 박정희의 사진과 함께 '국민교육헌장'이 내걸리는 등 교육주체들의 자율성과 민주성이 사라진 분위기에서 1978년 6월 27일 마침내 전남대에서 민주교육, 인간교육을 주창하는 선언문이 채택되었다. '우리의 교육지표' 선언에 서명한 교수들은 송기숙·명노근 등 11명의 전남대 교수들이다. 교육지표의 4개항은 다음과 같다.

1_ 물질보다 사람을 존중하는 교육, 진실을 배우고 가르치는 교육이 제대로 이뤄지기 위해 교육의 참 현장인 우리의 일상생활과 학원이 아울러 인간화되고 민주화돼야 한다.

2_ 학원의 인간화와 민주화의 첫걸음으로 교육자 자신이 인간적 양심과 민주주의에 대한 현실적 정열로써 학생들을 가르치고 그들과 함께 배워야 한다.

3_ 진실을 배우고 가르치는 일에 대한 외부의 간섭을 배제하며, 그러한 간섭에 따른 대학인의 희생에 항의한다.

4_ 3·1정신과 4·19정신을 충실히 계승 전파하며 겨레의 숙원인 자주평화통일을 위한 민족 역량을 함양하는 교육을 한다.

아버지가 모난 돌은 먼저 정을 맞는다 했어요. 그러니까 당신 좀 가만히 계세요." 막 그랬었거든.

그랬는데도 "내가 아마 열흘 안에 학교에서 쫓겨날 것이다."라는 거야. 자기가 이 나라 후진 교육을 바로 하기 위한 교육지표에 서명을 하고 대통령에게 건의하기로 했다고 하는 거예요. 그런데 이것이 받아들여지지 않을 때는 괘씸죄로 대통령 발령인 대학교수들은 전부 파직시켜 버릴 것이라고. 얼마나 앞이 캄캄해. 그래서 내가 그날 밤 내내 울었던 거 같아. 그리고 우리 시어머니가 오셔서 "며누아야, 니 직장이 우리 생명 줄이다. 너는 직장을 놓지 말고 꼭 직장 생활을 해라." 그러면서 눈물을 뚝뚝 흘리셨다니까.

첫째 딸은 근로감독관 합격을 하고도 발령을 안 내는 거야

첫째 〔딸〕 명혜원은 아빠가 78년도에 교육지표사건으로 대학에서 쫓겨나니까 '하나님께서는 말씀에 순종하고 진실하게 살면 복을 준다.'고 했는데 우리 집이 어쩐지 이상하거든. 우리 엄마 아빠 열심히 교회 다니고 누구보다도 정말 봉사 많이 하는데 뭣 때문에 대통령이 우리 아버지를 이렇게 하는가 해서 원래는 법대를 갈려고는 생각 안 하고 의과대학을 갈까 했는데 '고시 공부를 해야겠다' 해서 〔진로를 바꾼 거지〕.

83년인가 졸업하고 최초로 우리나라 노동부에서 근로감독관〔시험〕 제도를 했는데 노동법을 해가지고 근로감독관을 5등인가로 합격을 했어. 열 명 중에서. 그런데도 우리 딸을 발령을 안 내는 거야. 우리 딸이 법대 들어갈 때 1등으로 들어가고 4년 장학금을 받았는데. 사법고시마저 포기하…, 우리를 반정부 인사로 지목하고 사찰 중이니까, 근로감독관도 발령을 안 내는 거야. 그때 이미 결혼을 한 참이었어. 우리 사위도 〔사법고시〕 1차 합격을 하고 기다리고 있고 우리 딸은 근로감독관을 해서 생활을 유지하면서 남편 2차 고시 뒷바라지하기로 되어 있는데 발령을 안 내는 거야.

그러니까 남 보기에 우리가 뭐냐는 말이야. 우리가 무슨 죄를 지어서 남편이 10여 년 동안 해직당해 고생을 했는데 자식들 앞날까지 다 막힌다고 생각하니까 정말 내가 견딜 수 없더라고. 우리나라가 민주화가 되지 않고는 군부독재가 있는 한 우리는 정말 못살겠다는 생각이 들더라고. 그러다가 6·29 후에 총무처에 합격증을 보낸 거야. 8월 20일인가 발령이 났지. 87년도. 그래가지고 근로감독관〔을〕 광주에서 하다가 목포에서 하다가 부천에서 하다가 우리 사위가 또 우여곡절 끝에 검사 발령받으니까 그만둔 거지.

둘째 딸, 서울대 그만두고 여성운동 하겠다

둘째 〔딸〕 명규원, 그애가 서울대 미대 회화과 81학번이죠. 그때 그애가 처음부터 서울대학을 꼭 가야겠다는 생각은 없었는데 갑자기 가게 된 동기가 감옥에 있는 '아빠에게 뭔가 용기와 희망을 정말 전해 드려야 되겠다!' 또 아무리 이렇게 '독한 독재정부에서도 우리가 꿋꿋이 잘 살고 있다!'는 것을 보여 주고 싶은 자기 사명감에서 기어이 서울대학을 간 거예요.

우리 교수님이 다시 YWCA기도회 사건으로 10·26 후, 11월 28

일에 군 영창으로 계엄군에게 잡혀 들어가서 2월 20일에 석방을 했어요. 3월 30일에 다시 복직이 되었네요. '이제 별일 없겠지.' 그랬어요. 전남대학교 복직을 했으니, 그럼 학교 근처로 이사를 하자 〔생각했죠〕. 15년을 양림동에서 살다가 이제 신안동으로 이사를 간 거야. 그랬는데 5·18이 그렇게 닥친 거야.

그래서 우리 둘째 아이가 그 신안동에서 여고까지 걸어오면서 그 신역 앞의 참사, 지금 지하도 입구에 그 처참한 일, 도청 앞거리의 시체들, 그것을 다 보고 고3을 지냈는데 어쨌겠어요. 서울에 와서 학교에서 〔5·18에 대해〕 잘못 알고 있는 사람들을 보면서 속상하지. 자연히 자기가 학생운동을 안 할 수가 없잖아. 그것이 아니라고 말이지. 내가 걔한테 물어봤어요. "왜 그러느냐?" 했더니 "어떻게 입을 다물고 있냐?"는 것이여. 정말로 아닌 것을 다들 이야기하는데, "난 정말로 머리가 돌아 버릴려고 한다. 내가 공부할려고 하면 그 피 흘리고 쓰러져 있던 눈, 이렇게 되어가지고 있던 시체들〔이 떠올라〕 미치겠다." 그러면서 그런 이야기를 "우리는 어떻게 살아야 하는가?" 하면서, 그리고 나한테 "엄마, 우리가 아무래도 이 역사를 피할 수는 없을 것 같다〔며 공부를 못 하겠다고 했어요〕."

아빠가 82년도에 〔감옥에서〕 나왔는데 그해에 서울대에서 잘렸어. 서울대 그만두고 한국신학대 가서 "여성운동을 하겠다!" 해서 여신학자협의회를 나갔지요. 남편하고 같이 민중 신앙을 한다고 〔후에 아이 낳고 서울대로 복학해서 졸업하고 개인전도 열었음〕.

셋째가 혁명가가 되겠대

명지원이라고 셋째가, 그러니까 간호학이 인간학이나 다름없어요. 정말 인간의 모든 것을 보살피고 돌보는 거밖에 없어요. 그래서 정말 좋아해. 딸 넷 중에 우리 셋째를 조대(조선대학교) 간호학과를 보냈더니 무슨 풍물을 배운다고 하더라고. 그런데 그때만 해도 이게 운동권의 시작이라는 것을 모른 거야. 얘가 굉장히 무용에 소질이 있어서 '그냥 동아리처럼 하는가 보다' 했는데, 데모의 일인자가 된 거야. 지는 결혼하지도 않고 정말로 혁명가가 되겠대. 키가 크고 성대가 좋아서 마이크 잡고 종일토록 연설을 해도 목이 갈라지지 않는 거야. 그리고 어떻게 신나게 학생들을 끌고 다니는지 도서관에 있던 애들도 여학생이 그러니까 다 나오는 거야. 그날이 지원이가 감옥으로 간 날이었지. 잡으러 온 형사가 전화가 왔어요. 너무 아까워서 못 잡겠다고, 날더러 딸의 모습을 꼭 보라 했어요. 참 어처구니없죠.

우리 지원이는 조선대에서 구속당해서 아이고, 참말로 힘들었네. 힘들어. 드디어는 길이 없어서 정말 재판을 받고 2년을 살았지. 광주와 안동 등 교도소에서.

그런데 우리 지원이가 제일 가슴 아픈 것이 이철규 사건[5]이여. 이철규 사건이라고 알랑가? 이철규 사건. 너무너무 기가 막히게 죽은 거야. 그러니까 나중에 전두환이가 학교를 어떻게 했냐면 완전히 사회주의를 표방하는 학생들, 공산당 학교로 해서 도로 다시 박철웅[6]이에게 줄려고 한 거지. 그런데 그 일이 제대로 안 되면서 이철규가 수원지에 빠져 죽은 거지. 그래가지고 지금까지 사인이 규명되지 않았지. 우리 지원이는 그 가슴 아픔이 있어요. 내가 철

5 1964년 전남 장성군 삼서면 출생. 조선대학교 전자공학과 입학. 1985년 '반외세반독재투쟁위원회' 활동 중 구속. 3학년 1학기를 끝으로 제적. 1987년 6월항쟁의 파급으로 가석방되어 복적. 1989년 「민주조선」 교지편집위원장. 경교지 발간과 관련하여 「민주조선」 편집위원 전원에게 수배조치가 내려진 후 1989년 5월 10일 오전 11시 30분경 청옥동 제4수원지에서 참혹한 시신으로 발견되었다.

6 1912년 출생. 조선대학교 제1, 4, 7대 대학 총장, 전 국회의원, 자유당 국회의원이 된 박철웅은 독재권력의 비호 아래 조선대학교를 자신의 왕국으로 바꾸어 갔다.

규를 많이 사랑했는데, 짠해 죽겠어.

그런데 내가 여기서 언급하고 싶은 것은 어떤 일을 부모든 형제간이든지, 최종길[7] 교수도 아마 최종길 교수 동생이 끈질기게 죽음에 대해 추적을 했기 때문에 저렇게 세상에 빛을 본 거야. 그런데 이철규네 가족 중에서는 "누가 내 자식 이철규의 이 억울한 죽음에 대해 정말로 규명을 해 달라!" 하고 악착같이 부모들이 달려들어서 못한 거야. 순해, 순해. 아주 순해서. 정말 짠해 죽겠어. 철규 생각하면 지금까지도 사인이 밝혀지지 않고 있잖아. 물론 대책위원회도 중요해요. 대책위원회도 중요하지만 더 동기 유발이 되는 것은 부모야 부모. 부모 아니면 형제. 이 억울한 죽음, 이 기가 막힌 죽음을 어떻게든 자기 생명과 바꾸겠다는 철저한 추적이 있어야만 규명이 되는 거야. 그러니까 내 생각에 역사 속에서 많은 일을 한 사람들이 그것을 이어 줄 만한 정신적인 후계자가 없으면 묻혀지는 거지.

이철규 열사 묘 앞에서(1990)

넷째가 고대 인문대 여학생회 회장이었어요

넷째가 명진, 고려대학교 여학생회 회장이었어요. 심리학과. 그러니까 여택수[8]랑 같은 저기였지. 인문대 여학생회 회장이어서, 이애가 또 구로사건부터 해서 하여튼 나중에 남북학생 가냐 오냐 〔하면서〕 홍제동에서 드러눕고. 이애가 굉장히 얼굴이 동안이에요. 그래서 치열한 데모 하면서도 꼭 지는 재수생이라고 오빠 언니들 하는데 재미있어서 구경왔다고 해서 빠져나오고 빠져나왔는데. 나중에 형사들이 "저것이야말로 진짜"라고 하면서 잡아간 거지. 처음에는 "엄마, 나는 하도 작으니까 안 잡아갔어." 하더니 나중에는 서대문구치소에서 3개월, 6개월… 하여튼 구속되기는 세 번이나 됐는데 어떻게 이애는 감옥에 오래 살지 않았어요. 감옥은 정말 많이 살아야 6개월 살고, 집행유예로 3개월 만에 나오기도 하고 7개월 살고. 그래도 저는 서울까지 다닐려니까 더 고통스러웠어.

우리 셋째는 "엄마, 죄송해요. 아빠 때문에 그렇게 고생하셨는데 우리까지 정말 죄송해요." 하면서 말이라도 그러는데, 우리 넷째 딸은 "엄마, 다른 동료들은 자기 엄마들이 영창에 들어온 거 모르니까 음식 많이 넣어 줘. 달걀도 몇 판 넣고." 이래. 〈웃음〉

근데 나중에 이애가 졸업을 한 8년 만에 했나. 다른 데는 특히 공무원 취직이 안 되니까, YWCA 간사를 하면서 외국 좀 갈려고 보니까, 이 전과가 하나도 해결이 안 된 거예요. 어디를 갈 수 없어. 그런데 마침 지 형부가 검사로 발령을 받았거든.[9]

그 전과 기록을 궐석 재판도 하고 다 해결을 한 거야. 하나 하나. YWCA에서 간사하기 전에는 광주에 빛고을신문이라고, 잠시 있었어. 기자 좀 하다가 결혼해서 남편이랑 유학을 가게 됐죠. 아

7 1973년 간첩 혐의로 중앙정보부(현 국가정보원)에서 조사받다 사망한 서울대 교수. 1973년 10월 서울대학교 법과대학 교수회의에서, 유신헌법에 반대해 시위를 벌인 법과대학생들의 체포·연행·구금에 대해 총장이 문교부장관에게 항의하도록 제안한 뒤, 중앙정보부에서 유럽거점간첩단 사건에 관한 수사협조를 요청하자 10월 16일 스스로 중앙정보부로 찾아간 뒤 10월 19일 중앙정보부에서 변사체로 발견되었다. 이때 중앙정보부는 '스스로 간첩 혐의를 자백하고 7층에서 투신 자살' 하였다고 발표했다. 2002년 5월 27일 의문사진상규명위원회의 결정에 따라 민주화운동가로 인정되었다.

8 1965년 출생. 전(前) 대통령비서실 제1부속실 국장. 노무현 대통령의 불법 대선 자금에 관련되어 구속되기도 했다.

9 1991년에 검사가 됐지만 민주화운동을 한 집안의 사위라는 이유로 발령은 1년 후인 1992년에야 겨우 받을 수 있었다. 이 부분에 대해 구술자는 무척 미안함을 표현하였다.

까 말한 지난 전과를 전부 다 법적으로 해결하고 비자 나와서 7년 동안 일본에서 있다가 교수임용시험 합격해서 금년에 나왔어요.

아버지, 혁명보다 어려운 것이 개혁이에요

계속 표적이었죠. 교육이나 그런 거는 정말 누가 하라고 해서 하는 것이 아니라 옛날에 우리 아버님이 자식은 부모 뒷꼭지 보고 배운다더니 부모가 어떻게 사는가에 따라서 자식도 그렇게 될 수 밖에 없구나, 그런 생각이 들더라고. 그렇게 매년 세배할 때마다 "너희들은 공부만 해라." 명 교수도 "때 놓치면 공부라고 하는 것은 어려운 것이니까 대학 때는 공부만 해야 된다." 그러면은 또 우리 셋째 딸이 들고 나오는 거야. "아버지, 지금 환경이 우리가 공부해서 뭘 어쩌자는 것입니까?" 그러는 거야. "잘살자는 것이지요? 공부해서 나라도 잘살자는 것 아니에요. 근데 우리가 지금까지 역사 속의 자신들로 살아왔지, 개인이 잘살자고 했던 것은 아니지 않습니까?" 하면서 저는 하겠다고 하는 거지. 그러니까 우리 교수는 "학생들은 학생들이 할 수 있는 범위가 있고 나머지는 그러니까 사회적인 책임이 있는 우리들이 다 하게 되어 있으니까, 학생 신분은 공부해야지. 그리고 너희들은 자꾸 혁명을 원하고 그러는데 개혁이지 혁명은 아니라고 말이지." 그러면 "아버지, 혁명보다 어려운 것이 개혁이에요." 그러고 이 아이가 그렇게 토를 달고 해가지고 우리는 연초부터 긴장을 하고 그랬다니깐. 〈웃음〉

나는 남편이 감옥살이 할 때는 우리가 역사 속의 한 인물로 한 부분을 담당해야 한다고 그렇게 막 울고 답답해하지 않았었는데.

민주화실천가족운동협의회

1985년 12월 12일 창립. 양심수 석방, 국가보안법 등 제반 악법 철폐, 고문 추방 등 인권 실현과 사회민주화, 민족통일을 위해 노력하는 단체. 1974년 민청학련 사건을 계기로 만들어진 '구속자가족협의회'가 모태이다. 민가협의 노력으로 1988년에는 1,400명에 달하던 양심수의 다수를 석방시키는 성과를 이루었으나 당시 장기 양심수 300여 명이 석방되지 못했다. 그리하여 우리 사회에서 완전히 묻혀 있던 장기수 문제를 최초로 알리면서 장기수 석방을 위해 노력했고, 1995년에는 세계 최장기수 김선명 석방 캠페인 등을 비롯해 국제사면위원회 등 세계적인 인권단체와 연대활동을 벌여 온 결과 김선명 등 세계 최장기수들이 석방되었다. 그 후에도 여전히 갇혀 있는 비전향장기수들의 석방을 촉구하기 위해 매년 8월, '갇힘의 시위' 하루감옥체험 행사를 전개했다. 그리하여 1999년 12월 31일을 마지막으로 모든 비전향장기수들이 풀려나게 되었다.

1989년 2월 21일에는 우리 사회에서 고문을 영원히 추방하겠다는 각오로 고문수사관 이근안을 현상수배하며 캠페인을 시작했다. 매년 겨울 '양심수를 위한 시와 노래의 밤' 공연, 양심수 석방을 위한 시민가요제 개최, 정기적 양심수 현황조사 통계사업, 양심수에 대한 정기적 영치금 차입, 출소 장기수에 대한 후원사업, 보안관찰법 등의 출소 장기수의 인권을 유린하는 악법 철폐운동 등을 벌여 나갔다.

1993년 이른바 문민정부가 들어서고도 양심수와 국가보안법의 문제가 여전히 해결되지 않자 1993년 9월부터 매주 목요일 '양심수 석방과 국가보안법 철폐를 위한 목요집회'를 열고 있다.

또한 이인모 노인 고향 가기 운동을 벌여 1993년 3월 18일 북녘 고향의 가족 품으로 돌아가게 하였고, 여러 인권단체들과 함께 2000년 12월 '비전향장기수 송환추진위원회'를 결성, 2001년 9월 3일 마침내 63명의 비전향장기수를 북녘 고향으로 돌아가게 했다. 현재까지 갇혀 있는 이들의 전면 석방과 비민주적인 법제도 개선 등 인권 개선을 위한 민가협 활동은 계속되고 있다.

나도 어떻게든지 산 자의 몫을 다해야겠다. 그랬기 때문에 나는 당당하게 광주 학살 책임지고 전두환은 물러가라고 어디 가서든지 큰소리치고 싸우고 앞장서서 기염을 토하고 그랬지. 그런데 자식들이 감옥살이를 하니까, 정말 제정신이 아니드라고. 그래서 그 공안부 검사들이 광주에 오면 "안성례 〔광주〕 민가협 회장, 그 여자 어떻게 생겼냐?" 하면서 이런 싸나운 여자, 그렇게 생각들을 하고 했지만. 근데 딸이 그렇게 되니까는, "이건 아니야. 정말 어쩌다 시대를 이렇게 만나가지고 얘들이 고문당하고 그러는구나." 하고 정말 못 견디겠더라고. 무슨 죄가 있다고 동아줄로 묶여 오는 걸 보면 눈물이 막 나오면서 분노가 치솟아요.

정의를 위해서 싸우는 가족이 되자!

우리 자녀들은 신원조회 해보면 지 엄마가 민가협 회장이고 지 아빠가 민주화운동 대부처럼 이렇게 밤낮 데모하고 다니니까 이것들 씨를 말리겠다는 거지. 정보부원과 형사가 네 명씩이나 계속 붙어 있고. 그래서 내가 그랬어. 우리 애들에게 우리가 정말 앞으로 더 험한 길이 있을지라도 "정의를 위해서 싸우는 그런 가족이 되자!" 우리만 이러겠냐. 우리 주변에 이렇게 서러운 죄 없이 정말 박정희에게, 전두환에게 당한 가족이 한둘이 아니지 않겠냐. "우리가 민주화될 때까지 참고 견디자!"고 했지.

함께 투사였죠. 우리 집에서 같이 노래 부르고 "독재 타도!" 구호 외치고 할 정도로 우리는 일체가 뭉쳐 있는 상태였지.

지금은 딸들은 가정주부로 있는데 우리가 워낙 엄마 아빠가 지들 어릴 때부터 정말 그야말로 사회운동으로 이렇게 많은 시간을 밖에서 전념하느라, 학교 갔다 오면 엄마는 항상 없고, 따뜻하게 챙겨 먹이는 게 부러웠나 봐. 그리움처럼 남아 있대.

우리 아들은 그야말로 5·18 피해자야. 민주화운동 과정에서 딸 넷은 한 동아리가 된 것이지. 아들은 늦게 낳았잖아요. 큰누나하고 열한 살 차이인가. 그런데 이애를 계속 명 교수 아들이라고 형사들이 집 옆에 와서 계속 속닥거리는 불안. 또 학교 가니까 "너 명 교수 아들이지? 꼭 니 아빠 닮았다." 하고. "니 아빠가 민주화운동 한다 이거지. 너도 운동할 놈 아니냐?" 하고 바라보는 그런 거 때문에 굉장히 우리 애가 자기 표현 못하고. 어려서부터 누나들 때문

남편이 석방된 후 찍은 가족 사진(1982)

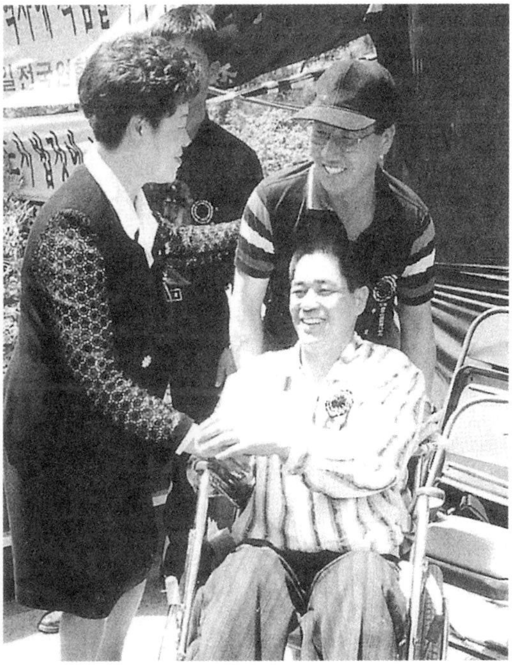

5·18 광주민주화운동으로 총탄 제거 수술을 받은 김용대 씨

에 엄마가 잠 못 자고, 근무 갔다 와서 또 면회 간다고 나가고 하니까 "나는 우리 엄마를 위해서 운동을 안 해야겠다."고 각오를 한 놈이여. 그러다 보니까 저는 더 위축이 된 거지.

71년도에 낳아서 박정희 덕을 톡톡히 봤지. 어느 날은 명 교수가 눈물을 흘린 것은 바로 아들 보고서였대. 면회를 왔다는데 사람이 없더래. 교도관한테 면회 왔다는데 왜 아무도 없네. 아들이 째깐 한 것이 "아빠, 제가 왔어요." 그러더래. "엄마는 왜 너를 보냈냐?" 하니까 내가 늦어질 거 같아 병원이 3시 반에 끝나면 교도소까지 40분이 걸리는데 "니가 가서 먼저 접수를 해놔라." 하고 보낸 거거든. 그런데 나 도착하기 전에 차례가 된 거야. 교도소가 어디라고 작은아들이 면회 오니까, 너무 가슴이 아팠다고 그래. "어유, 내 하나밖에 없는 자식." 이제 어린 초등학교 4학년짜리가 면회라는 것을 와서 쇠창살 속에서 자기 아빠 얼굴을 보게 하는 것이 너무 그렇게 아프더래. "왜 없지?" 그러니깐 저 밑에서 눈만 말뚱하게 내고 "아빠!" 하고 부르니까 그때 자기 가슴이 그렇게 많이 울었다고 하더라고. 그렇게 애가 많은 것을 어렸을 때 겪은 거지. 그래서 지금도 애는 별로 말을 안 해. 말이 없고 자신감이 없어. 가장 중요할 때 많은 것을 겪어서.

개가 초등학교 1학년 때부터 그런 수난(아빠가 교육지표 사건으로 정보부에 연행되는 등)을 겪었잖아. 친구도 없는 상태에서. 사춘기 때도 감시 같은 게 많았었기 때문에 "어디 갔냐? 몇 시에 왔냐? 누구누구 집에 왔냐?" 그러니까 우리 아들이 너무너무 많이 시달려가지고, 그렇게 해서 개가 공부를 많이 안 해 버렸잖아. 자전거 타고 밖으로만 돌아다녀서. 그러니까 우리 엄마 아빠 누나 얼굴을 잘 못 본 거야. 우리 아들이 그래. "내가 사실은 5·18의 굉장한 피해자예요. 누나 아빠 엄마는 현장에 가서 그래도 명분 있게 싸우기라도 했는데."

광주민주화운동은 정말로 민족적인 비극이다

광주민주화운동은 내 가슴에 이건 정말로 민족적인 비극이다, 이건 광주 사람이 정말 대표로 당한 거지, 이것은 전부 우리 민족의 아픔이다, 그런 인식을 갖게 된 것은 너무 사람들이 아무것도 모르는 거예요. 옛날에는 대학생들을 굉장히 소중하게 생각했었던 거잖아. 사회 자원으로 해서 "사회의 좋은 지도층이 되거나 이렇게 많은 사람들" 막연히 대학생들을 소중하고 또 그 사회의 희망으로 바라보잖아요. 그런 대학생들을 마구 죽이고 막 찌르고 그러니까 '이게 웬일이냐?' 하고 시민들이 일어선 거거든.

근데 그 시민들에게 그렇게 무차별하게 총을 쏘고 병원에 실려 오는데, 날카로운 그 대검이야. 그런 것으로 찔려가지고 이미 죽어서 오고, 그러니까 정말 옷 벗고 나가서 죽더라도 항의하고 싶은 심정이 된 거예요. 근데 그럴 수 있는 게 첫째, 한국이 오랫동안 이념의 대립이 있어가지고 "저것이 공산당이다." 하면은 6·25를 지난 우리 국민들은 '아, 공산군은 독하고 우리와 도저히 같이할 수 없는 그런 원수니까 죽여도 좋아.' 하는 그런 하나의 사회적인 뭐라고 할까, 관습이라고 할까, 통념이 되어 있는 거야. 그러니까 그 공수부대들에게 "광주, 저것들이 간첩의 책동을 받아서 저렇게 하니까 죽여라." 해서 그렇게 낭자를(피를 낭자하게 흘리게 했다는 의미) 잔인하게 찔렀다고 하는 거거든.

또 하나는 군인이나 강자들이 이렇게 일본놈들부터 시작해가지고 지배해 왔기 때문에 약자들은 항상 당하는 거지. 뭐 다른 것 없어. 바로 그거야. 특별히 전두환 정권이 광주를 이렇게 선택한 것은 서울에서 멀고 내 생각은 그래. 여론이 이렇게 확산되기에는 시간이 많이 걸리는 거리고, 그리고 김대중이라는 인물이 근접한 전남이니까, 이렇게 해서 택한 거야. 왜냐하면 항거를 촉발시켰다고 하는 거거든. 순수하게 그냥 애들의 데모를 막는 것이 아니라 정말로 의도적으로 강압을 하면서. 그렇게 촉발시킨 원인이 뭐냐면 이쪽이 전에부터 의구심이 강한 곳이잖아. 그러기 때문에 이렇게 그 백주 대낮에 그런 학살이 자행이 됐는데 이런 것을 보고도 많은 사람들이 그냥 다 넘어갔잖아요.

우리 친정까지 가서 간첩인가, 가족적으로 공산주의를 한 가족이 있나 보고. 그런데 오히려 가족들은 공산주의의 피해자들이니까 그렇게는 못 씌웠지. 만약 그랬다면 우리를 죽였을 거라네. 광주 사람들에게 내란죄 등 온갖 허위조작하는 게 엄청났거든. 나는 "그것이 허위다. 아무런 죄가 없다." 그걸 외친 거야. 우리는 아무런 죄 없이 죽었고 아무런 죄 없이 부상당하고 갇혀 있는데, 왜 당신들이 우리 광주만 계속 간첩이니 뭐니 해서 우리만 가둬 버리는 거냐? 다른 지역 여신도회에서 마치 우리 광주를 그런 간첩이니 공산당이니 그런 것으로 오해를 해서, 우리를 보면 소름이 끼치는 것처럼 문 닫고 가는데, 이런 대우를 받다니. 〈격앙된 목소리로〉

우리를 위로해도 시원찮을 판인데 우리를 마치 북한의 뭐처럼 그렇게 대하고. 처음에 언론에서도 그래 놔서 나는 부득불 용기가 생긴 거야. '내가 죽는 것이 문제가 아니구나. 혹은 우리 가족이 죽는다고 해도 두려워해서는 안 되겠구나. 이러다가는 정말 진실이 오도되고 묻히겠구나.' 하는 생각을 하면서 나는 아주 밤이고 낮이고 누가 와서 광주사태 이야기를 해달라고 하면 끝까지 가는 거야. 그러니까 사람들이 나를 용기 있다고 말을 하는데 내가 용기 있었던 것이 아니라 말을 할 만한 사람들이 그때 정말 너무나도 비겁하다시피 몸을 사리고 전부 나한테 미룬 거예요. "그 사람이나 만나라." 하고 자기는 입도 벙긋 안하고 그러니까 나 입 다물면 안 되겠잖아. 그러니까 나는 내가 보고 느끼고 정말로 내가 찾아가서 느낀 대로 이야기하겠다, 하고 그렇게 했죠.

그러니까 나를 담당한 형사들이 사표 냈네. "나는 명 교수 사모 괴롭히기 싫다."〔하면서〕 직업 전환하는 사람이 두 사람이나 있었어. 한 형사가 "나는 형사 못하겠다." 하고 사표를 냈어요. "내가 명 교수 사모님 이야기를 들으면 들을수록 이 이상 이 일을 하다가는 내가 큰 죄인이 되겠더라." 하면서 형사가 사표 낼 정도로 내가 그때는 정말… 마흔 살, 마흔세 살이었으니까, 자기들이 봐도 내가 짠

구속자가족협의회 대표들이 한자리에 모였다. 맨앞이 이문영 박사의 부인이고 왼쪽부터 이해동 목사의 부인 이종옥 씨, 이휘호 여사, 홍남순 변호사의 부인 윤이정 씨, 나, 그리고 한명숙 장관의 어머니. 뒷줄은 왼쪽부터 한명숙 장관, 문익환 목사의 부인 박용길 장로(1982)

하지. 광주사태는 정말로 전두환이 정권을 잡기 위해서 우리 광주 시민을 볼모로 해서 자기가 대통령이 된 것으로, 우리는 아직까지도 감옥에 있고 부상자들은 치료도 못 받고 있다, 이런 이야기를 했어.

술집 아가씨들도 "나도 피는 깨끗하다."

우리가 병원에서 피가 부족하다고 해서 시민들이 자발적으로 피를 뺀 거예요. 사람들이 찔리고 맞아서 피가 얼마나 부족해. 사방에 어떻게든 피를 구해야겠더라고. 어떻게든 헌혈운동을 하는 것이 좋겠다, 그래가지고 헌혈운동을 한 거야. "광주 시민들이여! 피를 뺍시다." 하니까 순식간에 사람들이 기독교병원 문 앞으로 정말 복도에서 길가까지 늘어선 거야. 살리겠다고. 나 그런 시민정신을 광주에서 처음 봤네. 늙은이들, 어르신들은 안 된다고 하니까 "나라 잘못 되어가지고, 내 귀한 생명들, 어린 것들, 다 죽으면 뭐하냐?"고. 또 그때 저기 술집에 있는 아가씨들도 "우리는 봤다."고 "나도 피는 깨끗하다."고 와서 피를 빼겠다고. 정말 많은 사람들이 와서 줄을 선 거야. 그래서 우리가 보기에 좀 허약한 사람 막 가라고 해도 안 가. 나도 이렇게 해서 피를 빼야만 내가 정말 그래도 광주 살았다고 할 수 있다고. 그 중에 박금희라고 하는 애가 있었어. 중학교 3학년이었는데 그때 방송을 하니까 '나도 가서 헌혈해야지.' 하고 헌혈을 기독병원에서 한 후에 공수부대원들이 죽인 거야. 지금 생각해 보면 그놈들 그때는 인간의 탈을 쓴 살인마였던 거 같아. 자기가 죽이고 싶으면 다 죽인 거야. 가만히 있으면 손이 근질근질하니까 막 쏘아 버린 거야. 지금 생각해 보면 금희라고 하는 아이는 정말 참한 애기고 수혈만 하고 돌아갔지. 걔가 뭘 했겠는가.

금희 엄마는 지금도 월산동에 살고 있잖아. 나만 보면 눈뜨고 눈물이 나와. 눈을 감고 눈물이 나는 게 아니라. "그래, 나는 살았어." 눈뜨고 눈물이, 참 그 가정도 그애 하나 참하게 생기고 잘 가르치려고 애를 썼는데. 그런 상황에서 홍(남순) 변호사 사모님은 벌써 늙으시고 육십이 넘으셨어. 김성룡 신부님은 신부님이고, 보호자가 늙은 할아버지였고. 결국 내가 민가협 회장으로 뛸 수밖에 없는 상황이 된 거예요.

맨 처음에 5 · 18을 내가 먼저 겪었죠. 이건 정말 이번에 인도네시아의 해일처럼 아닌 밤중에 일상적으로 살던 조용하던 광주시가 갑자기 딱 그렇게 된 거야. 길 가던 사람, 시골에서 차 타러 터미널 갔던 사람들, 또 술 배달하던 사람들, 이런 사람까지도 갑자기 칼로 찔림을 당하고. 대검으로 찌르고 나중에는 총탄으로. "이게 무슨 일이야? 왜 이렇게 우리가 죽어야 돼? 그렇게 죄 없는 사람들을 백주 대낮에 이런 가혹한 살육이 어디 있냐?" 자연재해처럼 아까까지도 좋게 즐기던 신혼부부가 갑자기 아침에 해일 닥쳐서 죽고. 우리도 마찬가지였어. 애들이 "어머니, 학교 다녀오겠습니다." 하니까 "오냐, 그래라." 그런 평소의 시간이었는데. 18일에 사건이 난 거여. 18일에는 대검에 찔린 사람들이 막 오는 거야. 그때는 무조건 총소리 안 내고 대검으로 찌르는 거야. 그 자리에서 쓰러지기도 하고. 전옥주라고 하는 당시 무용 지망 여성이 죽은 애를 리어커에 실어서 다니면서 "왜 이렇게 귀여운 대학생이 죽어야 합니까?" 하고 말하면서 "우리가 같이 싸웁시다." 한 거야.

처음에는 무서워서 나오지를 못했어. 병원에 부상자들만 오고 그랬는데 시민들이 보다 못하고 마이크로 다니면서 선동을 한 거지. "우리 자식들이 다 죽어 가는데 문 처닫고 안에만 있을 것이냐. 나와서 싸웁시다." 하고. 이놈들이 하여튼 어떤 놈들인가는 몰라도, 역으로 우리를 공산당이라고 했잖아. 우리는 저놈들이 공산당 아니면 양민 학살을 이렇게 하겠냐, 보도 못한 군부대놈들이 우리를 다 죽인다, 하면서 막 시내를 시체를 끌고 다니면서. 그래서 환자들이 들어오게 됐는데 그야말로 이놈들이 미친 게 인간의 이성이 아니라니까. 칼로 난자를 해놓은 거야. 막 쑤신 거야. 재미로 막 이렇게 저렇게 쑤신 거야.

그런 것을 이제 간호감독으로서 보면서 "하, 정말 살인마들이 왔구나. 어떻게 살인마들이 여기를 왔을까." 그러면서 나는 병원에서 '우리 동료들과 우리 학생들을 어떻게 하면 살릴까?' 생각했죠.

나는 병원에서 남편은 수습위원으로…

'우리가 어떻게 해야 하느냐? 의지를 서로 모아서 항의를 하던지, 수습을 해야 하지 않겠냐?' 해서 우리 남편이 수습위원[10]으로 나서게 된 거죠. 그러니까 처음에는 각각 그 역할이 달랐어요. 나는 병원에서 헌혈운동을 하면서, 그때는 병원도 조그만해가지고 그날이 5월 21일 부처탄신일이라서 대학병원이 안 받으니까. 그런 적십자병원이나 이런 곳으로 더 많이 와가지고. 그런 상황에서 나는 이제 밀려오는 환자들을 살리기 위해서 정신이 없었죠. 내 남편이나 애들을 볼 정신이 없었죠. 그런데 남편은 제자들이 고등학생까지 열몇 살 먹은 아이들까지 총을 들고 나온다고 하니까 깜짝 놀

10 광주민주화운동 당시 계엄 당국과의 협상 등 수습하기 위해 신부, 목사, 변호사, 교수 등 사회 각계 인사 20여 명이 모여 '5 · 18수습대책위원회'를 구성했다. 그리고 선봉에 선 학생들 중심의 '학생수습대책위원회'와 종래의 명망가 중심의 '일반수습대책위원회'도 출범했다.

라서 "이건 백발 백중 안 된다." 하고. 수습위원을 하면서 총기를 모아서 계엄사령부에 주면서 "이것(총)을 내려놔라. 그래야 시민들의 홍분이 가라앉는다. 이렇게 계속하면 큰 난리가 난다. 석방을 해라." 그런데 그놈들은 지휘를 하면서 총기만 회수하라고 하지. 그러니까 구속 시민 청년학생들을 안 내놓는 거야. 그러니까 더 악화된 거지. 그때 수습위원들이 총기를 반납하자고 해서 반납하고 걷었어. 그런데 이건 안 된다 말이여. 시민들하고 군인하고 전쟁한다는 게 이게 말이 되냐 하고, 시민들의 분노를 가라앉게 연행자 석방을 요청해도 안 듣고 결국 20사단 병력을 투입해가지고, 많은 살상을 지들이 해 버린 거지.

그러고 나서 우리 남편이 그렇게 구속이 되니까, 자기들은 의도적으로 한 것은 아니지만 전남대에서 명노근, 법률계에서 홍남순[11], 종교계에서 김성룡[12], 이렇게 세 사람을 일종의 내란음모를 일으킨 사람으로. 학생들만 해서는 안 되니까. 이렇게 세 사람이 정부를 전복하려고 했다고 하고 그 중에 정동년[13] 같은 사람은 김대중하고 돈을 받아서 조직하고 사건을 일으켰다고 복학생을 수괴로 해서 사형을 선고하고. 10년, 20년, 12년, 형량을 선고한 거죠.

나는 기독병원의 간호감독이기 때문에 입원 환자 전체를 파악하고 감독하는 거야. 입원실에 있는 환자들을 각 병동별로, 전부 8병동인데 응급실이고 하는 전체를 감독을 하는 나로서는 이 광주사태로 오는 부상자들에 대해서 너무 많이 내가 처음부터 겪은 거야. 부상자가 병원 문밖에서 들어올 때부터 항상 내 마음에는 '무슨 죄가 있다고, 이 선량한 사람들을. 정말로 대통령을 할려면 좋게 하지. 왜 그렇게 사람을 죽이고 하냐.' 그런 생각이 들면서 '아, 군인이 정말 나라를 지키라고 우리는 세금을 내고 그러는데 그렇

11 변호사. 1980년 5월 21일부터 수습위원회 활동. 1980년 10월 육군 보통군법회의에서 내란 중요업무종사죄로 무기징역을 선고받고 광주교도소로 이감. 10월엔 육군 고등군법회의에서 역시 무기징역을 선고받았으나 지휘관 확인 과정에서 15년으로 감형. 1981년 12월 25일 형집행정지로 석방.

12 광주시 남동천주교회의 주임신부. 수습위원회 활동 이후 군사재판에 회부되어 12년 징역을 선고받고 복역하던 중 1981년 8월 15일 형집행정지로 석방.

13 1964년 전남대학교 총학생회장. 1980년 5월, 신군부 세력으로부터 김대중에게 거사자금(500만 원)을 받아 광주에서 폭동을 일으켜 학원소요사태를 민중봉기로 유도 발전시켰다는 혐의를 받고 구속 및 사형선고. 1999년 광주시 남구 구청장 역임.

5·18 광주 유가족들의 영정들 앞에서 명복을 빌고 있는 모습

게 받들어 줬는데 즈그들이 정권을 잡으려고 이렇게 양민을 학살하는 것은 이건 정말 안 돼 안 돼.' 막 그런 생각이 계속 내 안에 끓어오르는 거야.

그렇게 나는 병원에서 그 부상 엄마들에게 "이미 죽어서 영안실로 보내야 되겠다."고 그러면은 "내 아들 살려내 달라."고 "가슴이 따뜻하지 않냐."면서 나를 붙잡고 울면서. "이 아들이 어떤 아들인데." 이런 걸 겪으면서 얼마나 기가 막히고 분노하면서 같이 울곤 했어. 집에도 못 들어가고 그렇게 병실 감독을 하는데, 교수님은 또 수습위원으로 도청에 가서 이것이 정말로 무슨 짓이냐, 정말로 〈눈물을 흘리며〉 군인이 어떻게 이렇게 선량한 청년, 또 술 배달 가는 그런 사람들까지 죽이고 〔이러니〕 분개 않을 수가 없지 않냐. 그러니 이것을 수습을 해야지. 우리가 군인하고 시민하고 이렇게 항쟁을 해가지고 누가 죽겠냐? 시민들만 다 죽게 되기 때문에 여하튼 저기 발포를 중지를 해라. 그리고 사과를 해라. 그리고 이 시민들 끌려간 사람들을 이제 죽인 자는 할 수 없지만(이미 죽은 시민들은 어쩔 수 없다고 하지만) 상무대 군영창으로 끌려간 사람들은 석방을 시켜라. 이런 〔것들을 요구하기 위해〕 수습위원을 명 교수님이 한 거예요.

미군이 우호적인 군대라고 착각하고

미국에 대해서 아주 100퍼센트로 우리 국민들이 가지고 있는 그 아주 기가 막힌 신뢰가 이 광주 문제로 깨져 버렸잖아. 왜 그러냐 하면은, 우리는 누군가가 전두환을 제거를 해줬으면 할 때 미국이 부산항에 입항했다고 하고 일부에서는 우리를 구제해 줄라고 민주주의를 수호하는 미군이 곧 광주에 도착한다는 그런 루머가 〈허탈한 웃음〉 돌고 그랬어요.

근데 그것은 사실은 광주가 오랫동안 진압이 안 되니까 북한을 견제하기 위해서 오히려 함대를 갖다가 대체해 놓은 것인데, 그것이 우리 광주를 보호하기 위해서 전두환이를 저지할 수 있는, 미국의 민주 우호적인 군대라고 우리는 착각을 하고 막 도청 앞에서 방송을 하고 그랬어. 그런 상황을 우리가 겪었기 때문에 내가 미 문화원을 쫓아간 거지. 미 문화원을 쫓아가가지고 글라이스틴(당시 주한 미국대사)이 지금 여수에 있는 유공 칼텍스에 처음으로 공장 계약을 맺으려고 하는 찰나에 미 문화원 앞에서 "글라이스틴을 면담하게 해달라."〔고 요구하면서〕 우리가 죄 없이 죽고 죄 없이 구속이 되어 있으며 또 부상자들이 제대로 치료를 받지 못하고 강제 퇴원을 하고 있다〔고 외쳤지〕.

그런데 미 8군 사령부에서 박병준(구술자의 착각으로 박준병[14]을 의미)이라고 하는 20사단장을 보내서 광주를 이렇게 피바다를 만들어 놓았으니까, 글라이스틴이 반드시 전두환 대통령을 만나도록 우리가 그것을 원한다. 우리가 원하는 세 가지는 부상자는 더 치료를 받게 하고, 구속자는 석방을 시키고 그리고 유족들은 행방불명자들을 찾도록 해달라. 그리고 왜 우리가 이렇게 억울하게 정말 죽게 되었는가, 광주 진상규명을 해달라. 내가 막 그렇게 외치고 그랬는데, 결국 전경들에 의해서 기동대에서 우리를 막 끌어내고 머리채를 잡고 멱살을 잡고 질질 끌려가지고 나오고, 그래 우리가 여

14 육사 12기를 졸업한 정치군인의 사조직인 하나회 출신으로 전두환의 12·12 사태 당시 20사단장으로 참가하여 정승화 육군 참모총장 연행에 가담했다. 민정당 사무총장, 자민련 부총재 등을 지냈다.

기서 이렇게 당해서는 안 되겠다 〔생각했지〕. 소위 국가의 지도자라는 사람들이 뭐 하냐 해가지고, 그 당시에 내가 교회여성연합회 발기인으로 공덕귀 여사님이랑 같이 기도하는 모임을 교회여성연합회에서 갖고 그래서, 홍 변호사 사모님이 또 삼일사건이라고 위장결혼 사건으로 변호를 하시면서 윤보선 대통령하고 친한 사이고 그래서 광주가 이렇게 참혹하게 당하고 있는데, 그래서 전직 대통령이 만날 수 있지 않느냐. 그래서 우리가 안국동까지 찾아갔지. 찾아가서 그래도 전직 대통령이 전두환이를 만나 달라, 그래서 억울한 광주 시민들의 한을 풀어 달라, 거기서 호소를 하고 〔그랬지〕.

우리가 12년형 받았어요

우리 남편이 12년형 받았어요. 나중에 감면이 됐지만. 내란음모를 했다고, 수습하려고 들어갔는디 전남대학교에서 학생을 선동해 내란을 일으켰다 해서 내란죄(수괴로까지 생각했다고 함)로 오히려 우리 남편을 감옥으로 잡어가 버린 거지.

78년도에〔교육지표사건〕 있고 나서. 그래가지고 2년 동안 우리가 휴직 상태로 있는데 박정희 대통령이 서거하니까, '아 우리가 이제 복직이 되겠구나.' 했는데…. 이제 이 사람들이 12·12 사태[15]를 일으키면서 다시 소위 80년 군부가 집권하기 위해서 시나리오를 짜는 과정에서 우리 교수님은 그해에 또 한 번 들어갔어. 황석영이라는 작가가 광주에서 살 때인데. 이 10·26 사태가 났는데도 한 달 후에도 정치적으로 뭐가 안 보이거든. 그러니까 정치 입장을 밝히고 구속된 김대중이를 석방을 해라 해서 선언문을 YMCA 로비

15 1979년 12월 12일 전두환·노태우 등이 이끌던 '하나회' 중심의 신군부세력이 일으킨 군사반란사건. 이후 신군부세력은 제5공화국의 중심 세력으로 등장했다. 그 후 김영삼 정부에 의해 하극상에 의한 쿠데타로 규정됐다.

에서 우리 교수님이 낭독을 했네. 수요 예배 때 그랬더니 아직 10 · 26 사태 준계엄상태인데, 인제 군영창으로 또 잡혀간 거야. 그래가지고 2월 20일에 막 석방이 돼서 3월 13일에 다시 복직을 시킨다고 하더라고. 그리고 3월 13일에 처음으로 대학에 3년 만에 들어갔지. 그랬는데 2개월 후에 5 · 18이 났지.

김수환 추기경에게 가서 우리가 강도 만난 자가 아니겠냐. 도와 달라

김수환 추기경에게 가서 "우리가 강도 만난 자가 아니겠냐. 그러니 우리 광주 시민들을 석방하도록 정말 지금 재판에서 세 명 사형수를 사형언도를 내렸는데, 이 사람들이 무슨 죄가 있냐. 공식적으로 전두환 정부의 어떤 명분을 위해서 면피를 위해서 부득불 광주의 내란 사건으로 해서 이 사람들을 죽이려고 한다. 그래야 자기가 정당한 대통령이고, 자기가 살인마가 아니라는 것을 보여 주려고 한다. 그러니 이 억울한 것을 추기경님이 풀어 달라." 해서 우리 가족들이 명동성당에 가서 데모를 하고 미사 끝나고 나서 마이크를 잡고 우리는 지금 광주에서 올라온 구속자 가족들이라 말하니까 성당 마이크를 꺼 버리더라고.

명동성당사건 때 만난 김수환 추기경과는 그 후 좋은 이웃이 되었다.

그래가지고 그날 명동성당이 완전히 포위가 돼서 수사님들이 막 우리를 보호하려고 하고 신부님들은 우리를 나가라고 하고. 그런데 우리가 나가면 중부서로 다 연행이 되니까 나

중에 우리를 지하 성당으로 가라고 해서 거기서 밤을 새우면서 "우리가 정말 원하는 것은 더 이상 죽는 거 〔막자는 것이다〕. 이 세 명의 사형수가 정말 반드시 구제되어야 한다. 이 사람들이 구제되지 않으면 우리가 같이 죽자. 광주를 내려가지 않겠다." 그러니까 김수환 추기경이 정말 죽을 노릇이지.

가서 빨리 전두환이를 만나 달라고 하니까 거기 명동성당에 추기경님 방까지 들어가서… 추기경님이 자기 방까지 양보해 준 것은 역사 이래 우리 광주 가족들밖에 없었다는 거야.

민가협, 우리는 민주화 실천을 위해서 희생한 가족들

사형수 세 명이 그때 무기〔형으〕로 내려져서 지금 정동년 씨랑 배용주, 박노정 씨 그 세 사람이 저렇게 사는 거지. 또 종로 5가에서 서울 민가협이랑 항상 목요기도회를 했거든요. 그런데 그 목요기도회 때마다 우리가 올라가서, 그 사람들이 좀 단체심이 해이되면 우리가 가서 바람을 넣으면서 우리 고난의 가족들이 단결하지 않으면 한국의 민주화가 오지 않는다, 정말 우리가 끝까지 정권에 항거하는 방법밖에는 없다, 그런다고 우리가 앉아서 죽겠냐, 우리가 서서 죽자, 막 이런 구호를 외치면서 서울 가족들에게 용기를 줬죠. 그리고 나중에 학생운동이 막 열화와 같이 84, 85년도에 일어나면서 인제 '삼민투, 반민투' 그래가지고 86년까지 굉장히 치열했잖아요. 〔1987년〕 6·29까지.

그 사이에 또 계속해서 분신 자살을 하고 아유, 〈한숨〉 황정아랑 서울대학교 학생들이 군대 가서 군 프락치 사건들로 여덟 명인가 아홉 명인가가 죽고 행방불명이 되고 아주 건잡을 수 없이 사건이 〔커지게〕 되니까. 또 김태훈이랑 서울대학교 도서관에서 분신 자살을 하고 조성만이가 분신 자살, 신학대학 박래원이가 분신 자살…. 사방이 그렇게 자살을 하는데 거의 그 자살한 사람들이 광주로 다 오네. 광주 망월동으로. 그러니까 그렇게 다 겪으면서 결국, 우리가 구속자가족협의회가 아니라 민주화실천가족운동협의회로 개칭을 하게 된 것이여.

85년도부터는 민가협으로 〔개칭했어요〕. 한 사람이 구속이 되면 온 가족이 다 민주화운동을 하게 되는데 어떤 단순한 운동을 한 개인적인 이미지를 풍기는 구속자가 아니다, 우리는 민주화 실천을 위해서 희생한 가족들이다, 그래서 민주화실천가족운동협의회. 그렇게 해서 노동자들까지 〔포함하게 되었어요〕. 다 하여튼 이 나라의 민주화를 위해서 싸우는, 처음에는 구속자 중에서도 광주사

김대중 전 대통령 영부인 이희호, 전용욱, 민주화운동의 대모 조아라 외

태 구속자 〔가족 중심이었어요〕. 그리고 장기수 사상범이라고 하는 그런 사람들은 좀 배제하고. 그때는 그랬어. 행여나 피해를 볼까 싶어서. 그런데 민주화실천가족운동협의회를 광범위하게 하면서 그런 모든 이들과 사망자 가족들, 유족들까지도 전부 다 합치게 된 것이죠.

광주 시민의 위력을 잊을 수 없어

광주 시민이 굉장히 위대한 것은 그 열흘 동안만이라도 완전히 대동 세상이었어. 그때 나는 광주 시민의 위력을 잊을 수가 없어. 그때 과일 가게의 과일도 다 내놓는다니까. "먹어라. 무조건 먹어라." 또 전남대학교의 주변 빵 가게 같은 곳도 "너희들 먹고라도 싸워라." 하고. 정말 니 것 내 것이 없었어. 밤이고 낮이고 누군가가 이 참담한 사태의 책임을 져야 하지 않느냐, 책임질 사람이 나타날 것이다, 우리 광주 사람들은 생각을 한 거야. 그런데 더 놀라운 것은 도청 탄환해서 〔보니〕 도청 직원들이 전날 17일에 공무원 봉급이 나와서 미처 못 가져가고 책상에 두고 간 사람들이 있는데, 하나도 안 가져간 거야. 그래서 그 봉투를 잡고 울었다고 하잖아. 전남대학교 슈퍼마켓도 요구르트 이런 거 하나도 손을 안 대고 한 거야. 그러니까 정말 이 사람들이 정신 하나로 싸웠구나, 정말 사리사욕이 없었구나 〔하고〕 느낀 거지. 그래서 아주 목을 놓아서 울었다고 하잖아.

그런데 6월부터는 최고의 정보요원들을 내뻗쳐서 수군거리지를 못하게 했어. 다방에 앉아서 이야기만 해도 잡아가고. 그리고 또 집으로 와서 막 괴롭히고 그러니까 사람들이 살 수 없는 거야. 그러니까 할 수 없이 나라도 살아야겠다 하고 돌아가 버린 거야. 그런데 나는 왜 끝까지 다 같이하지 않느냐 하는 아쉬움이 〔있어요〕.

아니, 다른 지방에 대한 아쉬움이랄지. 그때 우리만 죽는구나 하는 기가 막힌 절망감. 그리고 그 크지도 않은 조그마한 남한 땅덩어리에서, 나는 지금도 언론 보도에 대해서는 기본적으로 정말 싫어요. 이 사람들은 정말 무책임하게 아무렇지도 않게 말하는 거야. 오히려 시민들이 군인들을 죽인다고 이야기하고 죽은 사람은 겨우 세 명이라고 이야기를 하는데. 군인들이 피해가 많다고 이 지랄을 했는데. 그때 31사단하고 공수단하고 암호가 잘못 돼서 지들끼리 교전하다 죽은 거지. 즈그들끼리 총을 막 쏘는데 총을 쏘는 게 이상하다, 너무 익숙하다, 하고 다시 연락해 보니까 지들끼리 싸운 거지. 그것을 시민에게 뒤집어씌운 거지. 사실 그때 죽은 〔군인들의〕 가족들이 사람이라면 전두환이에게 배상을 요구했어야 해.

독재는 꼭 물러갈 것이다

광주항쟁 때 우리 명 교수는 장로였고 나는 집사였는데, "하나님이 어디 계시요?" 물어보는데 답변을 못하는 거야. 하나님이 어디 계시요? 아, 엄마들이 "하나님이 계신다면 이렇게도 잔인한 놈들을 간과하고 놔둘 수가 없지. 하나님이 안 계셔. 다 소용없어. 총칼이 최고여." 그러는데 우리가 답할 길이 없더라고. 그래도 우리 교수님도 더 그런 의미에서 정말로 평화적인 해결을 할라고 수습에 정말로 열심히 하셨고, 나도 병원에서 '그래, 하나님이 계시다고 하는 것을 보여 주는 것은 이 사람들에게 희망을 주는 것이구나.' 나는 그렇게 〔생각했어요〕. 그래서 이 죽음이 결코 헛된 것이 아니다. 이 나라는 반드시 민주화가 된다. 독재는 꼭 물러갈 것이다. 그리고 이만한 죄를 자기도 받을 것이다. 그러면서 부모들을 위로하면서. 폭도라고 부르면서 환자를 데려가려고 하면 "절대로 못 보낸다."고 했어. 그 정부의 보안대 직원들이 "당신이 뭔데 감히 이런 계엄령하에서 이렇게 하느냐?"면 "나는 이 환자를 지킬 책임이 있는 간호사다. 그렇기 때문에 환자가 위독한데 대통령이 말한들 나는 들을 수가 없다."고 했어.

그렇게 현장을 너무 잘 봤기 때문에 대중집회 같은 거 하면은 내가 땅을 친 거야. '전두환이는 정말 살인정권이다. 어째 살인정권이냐? 이러이러하기 때문에 살인정권이다. 정말 독재는 물러가야 된다. 나도 모르게 내가 겪은 것을 이야기 많이 하게 되니깐 내가 대학 같은 데 가서 또 기독교 교단이나 천주교 교단 같은 데 뭐 그냥 가족으로서 와서 증언을 하라고 하면, 나는 할 말이 너무너무 많잖아. 그러니까 정말 원고 그런 게 필요 없는 거야. 딱 서면 내가 당하고 했던 일들이 나도 모르게 계속 한 30분 이야기하고 나면은 사람들이 다들 "아, 정말 진실이구나 〔하고 믿었지〕." 그래가지고 내가 진실의 전령사처럼 발 닿는 곳마다 외치며 알렸어요.

우리 셋째가 안동교도소에 갇혀 있을 때, 안동 같은 데 가서도 증언을 했네. 내가 안동 서부교회라는 데를 가서 "이렇게 청순한 우리 자식들이 군부독재 때문에 다 죽어가고 있다. 그런데 여러분들이 일신상의 위험을 안 당할라고 그렇게 하는 것은 안 돼!" 하고 "서명이라도 해야 하지 않겠냐?" 막 그러면서 이야기를 했더니 거기 권정달 의원 계통의 무슨 학교 교장이라는 사람이 "저 여자 끌어내."라고 막 그렇게까지 하고 그랬었어. 내가 우리 시민단체에서 데모하고 그러면 나는 비교적 남편도 〔감옥에〕 들어가 있고, 나도 병원에서 실제적으로 피를 만지면서 죽은 자와 산 자를 이렇게 정말 가늠하는 그런 체험을 통해서 "나는 내가 보고 느낀 대로 말한다." 하면서 이야기를 하니깐. 정말 나는 "나를 잡아가라, 이거야. 잡아 죽여라. 우리 가족 전체를 그냥 죽여라." 이러면서 막 달려드니까 손을 못 대는 거야. 그리고 내가 직장 안에서 신우회 이사를 하면서 일하는 상당히 사랑받는 직원이기 때문에, 한 개인이기보다는 한 단체의 일원이기 때문에 나를 손대지도 못하고 맨날 〔구술자가 근무하는 병원의〕 원장한테만 "저 여자를 쫓아내라."고 해도 "자기 일 다 하고 밤에 와서 열심히 근무하고 낮에 활동하는데 어떻게 쫓아내냐?" 하고 우리 원장도 나를 보호해 주고 그러면서 여러 분들의 도움을 받았지. 감사의 맘을 지금도 간직하고 있어.

17년 만에 연금에서 풀려 광주를 찾은 김대중 당시 야당 총재가 5·18 유족들을 만나는 모습

역경이나 고통이나 그런 것들과 대결하기보다 기도하고 그렇게 조용하게 살아왔는데 갑자기 내가 투사가 된 거지. 내가 후에 2세들을 교육할 때는 "나를 보라! 오히려 그동안 앞에 나섰던 여성들은 위기에 아무도 안 나타나고, 나처럼 전혀 예기치 않은 사람이 갑자기 '이 상황을 더 이상 관망할 수 없다'는 분노를 터뜨리며 나타났었던 경우다. 언제 어디에서 자신의 어떤 내적인 분출이 자기를 어떤 역할이 되게 할지 모르는, 우리는 '굉장히 다양한 능력을 가지고 있더라 〔하고 말해 주고 싶어요〕."

저항수염, 3·1절을 기해 잘랐어

명 교수가요, 82년도[16] 감옥에서 나와가지고 이제 목회자의 길로 가야 될라나 하고 일단 감옥에서는 수염을 다 깎어 버리고, 머리도 다 깎어 버리고 하니까 짧은 상태로 나왔을 거 아니겠어요. 그랬는데 84년도에 신학 대학원을 다니고 있는데 복직을 시켜 준다고 그랬어요. 복직을 시켜 준다고 해서 서류를 막 만들었죠. 서류만 밤낮 만들고 건강진단도 다 받고 했는데 안 시켜 주는 거예요.

이런 심정으로 자기 다짐으로 수염을 기른 거였어요. 그래서 내가 수염 안 깎는다고 화를 냈는데, 자기는 일단은 '내가 이 전두환 정권에서는 행여나 복직할까.' 이런 생각 안 하겠다는 자기 다짐에서 수염을 기른 것에 불과했는데, 이것이 인제 안기부에 저항수염으로, 일종의 그런 것으로 보고해가지고 그렇게 말썽이 생겼었어요. 명 교수 상징물이 되어 버리니까, 그래서 "아, 수염 깎지그래." 하면 "아, 이게 이제 나의 트레이드 마크가 됐어. 싫어. 내가 말은 못해도 이거라도 버텨야지." 그러면서 지역방송에 칼럼을 계속했는데 막 욕을 하고 그냥 안기부 저기들이 말도 못하게 욕을 하고 "수염을 집어 뜯겠다. 조리(주리)를 틀어 버리겠다." 〔해서〕 너무너무 수난을 많이 겪었어. 근데 끝까지 수염을 안 깎고 있다가 91년도에 여러 가지 일이 있었고 6·29 이후에 많은 진실들이 이렇게 밝혀지고 했는데 이제 특별나게 그렇게 기를 필요가 있느냐고 주위에서 막 이야기를 해서 서운하게 생각했었는데, 여전히 안기부에서는 이것이 큰 거시기로 "아직도 전남대학교 명 교수는 수염 기르고 다니는가?" 〔하고 물을〕 정도로 자기들한테는 그것이 아주 부담되는 것이었나 봐요. 그렇게 80년도가 지나고 90년도가 됐으

16 명노근 교수는 1982년부터 1984년까지 신학대학을 다녔다.

니 "에잇 깎지. 자기 어떻게 생각해?" "아유, 좋아요. 정말 당신 수염 깎는 것이 제일 소원이었어." 막 그러니까 "그래." 마누라가 제일 좋아하니까 깎고 그리고 한 시대가 80년에서 90년이 되〔었으〕니까 그렇게 해가지고 깎고 또 주변에서 수염이 있으면은 아직도 교수님에 대한 그 강한 이미지랄까? 〔거기에서〕 벗어나기 위해서 3·1절을 기해서 깎은 거야. 그 수염이 우리에게는 아주 힘든 것이기도 했지. 사람들은 그것이 말없는 저항으로 현 정권에 대항하는 그런 것으로 아주 낙인이 찍혔더랬어. 아주 힘들었어.

지금 운동하는 사람들은 각각 달려가잖아

저는요, 올해가 이제 68세입니다. 나를 포함해서 인간은 이제 별 차이 없다고 느낄 정도예요. 왜 그러냐 하면 억울하게 당할 때는 정말 선별이 됩디다. '아, 저 사람은 정말 사람 좋구나.' 하는 그런저런 사람 열 명만 있으면, 이 나라 바로 될 것 같은 사람도 있었어요. 그런 좋은 사람들이 모여지면 서로 양보하고 좋은 점을 그렇게 반영을 해서 많은 사람들이 가지고 있는 좋은 생각 좋은 뜻, 그런 것을 모아서 이상적인 민주사회를 건설하고 통일이 되었으면 그렇게 생각을 했었습니다.

근데 세상이 조금씩 열리고 기회가 조금씩 이렇게 다양해지면서 사람들이 변하더라고. 지금 시대는 기대했던 것보다 실망이 좀 크지요. 그때 같이 운동했던 사람들도 다 자기 생각이 옳은 거예요. 남을 배려해야 하는데, 첫째는 다 자기 생각이 옳은 거고 또 그것을 차별하고 "그때 이 자식아, 너는 안 했잖냐. 나는 그래도 운동을 했는데." 그러면 또 "그때는 그때고 지금은 지금이지 않냐, 상황은 변했다." 또 이렇게 이야기를 하고. 그러면서 궁극적으로 정의의 사회에서는 신뢰라는 밑바탕이 있어야 되지만 배신도 다 겪었기 때문에 평등 평화 사회를 이루리라고 하는 그런 기대가 '사람의 힘으로는 힘든가 보구나.' 하는 결론을 내리고 있어.

전에는 개인으로 달려가면서도 옆에 달려가는 사람을 보잖아. 저 사람이 넘어지지는 않았는가, 또 뒷사람도 잡아 주면서 달려갔잖아. 그런데 지금 운동하는 사람들을 보면 보통 사람 하는 방식대로 그렇게 각각 달려가더라고. 그렇지만은 또 국민을 탄압하는 불한당 같은 정권이 오면은 지금 싸웠던 그 사람들이 분명히 일어날 것이다 하는 마지막 기대는 갖고 있죠.

제도권 내에서 독재와 싸운 거야

시의원은 91년도. 하게 된 계기가 전에는 민주당이 사실은 광주 전남에 기반을 두고 된 거 아니에요. 그런데 당을 하다 보니까 당원들이 주권을 잡게 된 거죠. 그러다 보니까 '오히려 민주당이 있게 한 시민을 전혀 백안시 한다. 그러니까 우리도 시민 대표로 나가야 한다.' (하면서) 나보고 하라고 하니까 내가 지방자치의 책 한 번 안 읽어 본 사람인데. 처음에 극구 반대를 했어요. 우리 교수님이 나한테 그러더라구요. "당신이 후배들을 위해서 또 자리를 내줄 때가 됐다."고 내가 간호감독을 20년간 한 거야. 내가 일찍 간호감독이 된 거야. "당신이 나가 줘야 후배들도 할 거 아니냐." 하는 권유에 '아 그렇구나.' 내가 나가면 대기하고 있는 후배들이 많다는 생각이 들더라구요. 그래서 남편 권유에 내가 시의원을 하게 된 거죠.

광주광역시 부의장으로 의정활동하는 모습(1994)

국회에 5·18특위가 없으니까 광주 문제가 전혀 해결 안 되는 거야. 시의원 해도 내가 5·18위원장을 했지. 내가 다시 또 제도권 내에서 이렇게 독재와 싸운 거야. 우리가 제도권에서 싸워야 한다는 생각밖에 없었어. "빨리 5·18 진상 규명을 해라. 그리고 유족에게 적절한 보상을 하고. 그리고 헌법에 이것이 민주화운동이라는 것을 수록을 해라." 이런 한 다섯 가지를 가지고 정부하고 계속해서 싸웠죠.

그리고 내가 '5·18이 국가기념일이 되어야 한다.' 이것을 다른 시도에까지 다니면서 의원들 서명을 받고 5·18특위 위원장으로서 5·18이 민중항쟁이 되어 헌법에 수록되는 것, 국가기념일이 되는 것까지 노력을 했고, 그 다음에 망월동 구묘역에서 신묘역으로 이렇게 옮겼죠. 5·18문화재단을 설립하고 여기 상무대 영창 그거 전부 원형보존으로 다 해결하고. 이런 일을 김영삼 정부에 완성했지. 91년부터 95년까지. 이게 김대중 정권 들어설 때 98년까지 특위 위원장을 계속 했으니까.

기자들이 나 보고 해도 너무 한다고 비아냥거리는 일도 있었고. 내가 "5·18 안건을 상정하자." 하면 전부 다 눈을 감고 있는 거야. 시의원들이 국회에서도 안 하는데 시의회에서 될성부르지 않은 거지. 겨우 정말 안건이 통과된 거야. 내 앞에서 "하지 맙시다." 하고 말하는 사람은 없으니까. 그렇게 말할 수는 없어. 내가 너무나 열성적으로 설명을 하니까.

그런데 다른 사람들은 뒤에서 다들 이렇게 의회 끝나면 가벼운 마음으로 술도 마시고 골프도 치고 2차 3차 가는데, 나는 그때부터 이 5·18 서류를 들고 내 사무실에 있으면, 5·18 단체가 아홉 개가 있었어.

그때 그렇게 있으면 와서 "우리를 취직을 안 시켜 준다. 뭣을 안 해 준다. 먹고살게 안 해준다." 하면서 단체들의 요구가 나를 둘러싸는 거지. "언제까지 시의원 돼서도 이렇게 우리 복지 문제를 등한시 하느냐?" 하면서. 그런 고달픈 시의원을 계속 하는 거야.

그래도 나는 청와대 면담 요청하고 국무총리 면담 요청하고. 국회의장 면담 요청하고 해서 특위 위원들과 다 만났어. 각당 대표

딸이 그려 준 선거홍보 만화

들한테 서신 보내고 또 그것을 내 이름으로 하면 저기 하니까 그것을 광주시 의회 전 의원의 이름으로 할려니까 의원들 서명 받고. 그렇게 정말 했네. 그러면서 내가 지금 상록회관 그 앞 큰길도 내가 낸 거야.

왜냐면 내가 5·18만 가지고 일한다고 그런 소리 안 들으려고. 또 시립정신병원도 세웠고. 여성발전센터도 신도시 개발에 맞춰 2천 평 부지 확보 2천 평 건물을 지었어.

왜냐? 얼마나 많은 우리 광주의 어머님들이 울고 이 나라 민주화가 됐는데 해준 게 뭐냐, 이 여성들에게 쉴 자리라도 있어야 하지 않냐, 이들에게 문화센터가 있어야 한다 해가지고 여성발전문화센터를 상무대에 행자부와 싸워서 예산을 확보해 건축 일을 했네.

행정직 여성에게 비협조적이고 배타적인 성향

여성과 남성이 일하는 건 첫째 내가 힘든 것이 보좌관이 없이 혼자서 해 나가는 게 힘들었어. 그것은 정말로 힘든 거예요. 나같이 일 속에서 사는 사람이 어떤 문안을 작성해야 하고 기획해야 하고 전화하고 만나고, 현장 확인하고 감사자료 검사, 사정질의 준비. 내가 그렇게 일에 몰두하는 동안에 행정적인 정보, 이것을 다른 의원들은 각 국장 실장을 만나가지고 슬슬 어떻게 관계를 하면서 정보를 빼내거든. 나는 그런 정보를 접근하기가 무척 힘들었던 점, 아주 힘들었어. 정말 힘들었지.

여성운동의 관점이 아주 못됐어. 행정직에 있는 여성국장이 정말 열심히 지들을 도와주는데도 우리 여성의원들에 대해 배타적이야. 그래가지고 오히려 우리에게 협조를 안 하는 거지. 그러한 협조가 하나도 없던 점이 너무너무 고달프고 힘들었지. 여성단체들은 전혀 유대가 없고 오히려 배타적인 그런 성향.

그래서 전국시도 광역여성의원협의회를 창립해서 여성들끼리 의정활동, 또 각 지역에서 일어나고 있는 사무 정보 교류, 그런 것들을 하기 위해서, 회장을 했는데 그 다음에 윤후정 교수가 여성특별위원장이 되면서 "우리 광역의원, 시의원 네트워크를 조직을 해라. 그러면서 광역의원협의회를 했으면 좋겠다." 그렇게 말씀을 하시더라구요. 부득불 내가 광역의원협의회 회장이 된 거야. 어쨌든 이제 여성의원으로서의 활발한 의정활동을 통해 지방자치의 틀을 어느 정도 내가 마련해야겠다는 사명감을 가졌고, 소위 정치세력화를 외부적으로 했지.

그런데 지금은 서로 반목이 짙어져서 지방의원끼리〔의〕 교류도

대통령 직속 여성특별위원회가 주최한 행사에서 대통령상을 받은 후, 여성 단체 대표 및 시청 여성 국·과장들과 함께(2000)

아마 당에서 별로 탐탁하게 생각하지 않나 봐. 그래가지고 내가 했던 전국여성광역의원협의회가 더 이어 가지 못하고 있는 게 무척 안타까워요. 굉장히 이런 연대 활동이 좋습니다. 여성의 정치세력화도 좋고. 국회의원들은 중앙에서 싸우고, 난리치지만 지역경제 활성화나 이런 주민들의 문제 해결, 전부 시도 의원이 하잖아요. 그런데 그런 자립심이 내가 보기에 소강 상태가 된 거 같아요.

요즘 젊은 여성들의 사고가 그렇게도 안이해요!

앞으로 해보고 싶은 것은 통일운동 하고 싶어요. 이 나라, 내 생전에 통일이 됐으면 좋겠어. 나는 통일이 안 되면 눈을 못 감고 죽을 거야. 나는 그 정도로 민족 갈등에, 사상 대립에 한이 맺힌 사람이야. 난 거의 태어날 때부터 일본놈들 1938년도 대동아전쟁이 극에 달할 때 태어났잖아. 그래가지고 우리 오빠 초등학교 다닐 때 반탁이니 친탁이니 〔해서 대립했잖아〕. 그런 어리석은 분단 때문에 오는 청소년들의 죽음과 싸움과 갈등은 더 이상 오래가면 안 돼. 앞으로 나는 정말 통일운동 하고 싶어.

그리고 또 그런 의미에서 내가 여성 지도력을 건전하게 좀더 육성해 봐야겠다, 이 지방 일꾼을, 여성 일꾼을 길러야겠다, 해서 '의회를 사랑하는 사람들' 광주 회장을 내가 하고 있는데. 음, 여성지도자연합을 한번 생각해 보고 있는데 어쩌면 요즘 우리 젊은 여성들의 사고가 그렇게도 안이해요! 힘들대요.

우리 때는 정말로, 내가 여신도회전국연합회 활동을 계속해서 한 30년 해 오는데 정말 우리는 서로 이렇게 연대하고 서로 협동하는

데서 우리 여성에게는 힘이 있다고 하는 것이 체험적인 철학이거든. 근데 지금 젊은이들은 그러지 않은 거 같애. 각각 다 잘났다는 〔생각을 갖고 있지〕. 그래서 내가 하고자 하는 그런 지도력 교육이나 그런 철학을 전혀 따라오지를 못하는 거 같아. 중요하다고 쏠려 가는 것은 경제적 이익이 있느냐 하는 데 있어요.

함께 노력하는 여성들이 되었으면

제발 여성들이 마음들이 좀 넓었으면 좋겠어요. 남자들도 그런다고는 하지만 도토리 키재기처럼 "아, 그애는 뭔데? 아, 누가 판치네." 이를테면 "어느 단체에서 판치네, 어디서 다 하네." 하는 말이 우리 입에서는 안 나왔으면 좋겠어. 우리는 여성이라고 하는 대전제하에서 그렇게 뭉쳐 갈 수 없겠는가? 하는 그런 생각. 정말 여성들이 서로 연대〔하는 것〕! 이것이야말로 우리가 살아가야 할 길 아닌가? 그러니깐 그런 연대의식을 키워 줄 수 있는 전문적인 여성 인력들을 키워 양성해야 해. 그래서 "우리가 같이 공동으로 매진하자〔는 거지〕!" 예를 들어 "2005년에는 대한민국의 여성들이여, 조국 통일을 위해서 우리가 한걸음이라도 나아갈 수 있는 그런 프로그램을 전 여성단체에서 다 하자!"는 말이에요. 지금까지 안 했던 단체에서도 왜 하냐 하면 우리가 통일이 되지 않고서는 영원히 미국 속국이라고 하잖아. "우리 여성들이 나서자."고, 나 그거 운동하고 싶었네. 하여튼 여성들이요, 너무 역사에 대한 국가에 관한 그런 생각이 너무 결여되어 있어. 그러면서 국회의원 되면 뭐 해요.

내가 내일모레면 칠십을 바라보면서도, 정말 나는 여성의 힘으로 통일을 할 수 있다고 생각하네. 나는 그렇게 생각하는 사람이야. 죽을 때 유언을 할 때도 "야, 여성의 힘으로 통일할 수 있다." 하는 그 말 하고 죽을라고 할 정도로 여성의 힘에 기대가 많은 사람이에요. 나는 그래서 여러분들도 좀 같이 함께하는 삶을 살았으면 좋겠어. 나는 아직도 계속되고 있는, 서로 경쟁을 넘어서, 비하하고 차별하고 온갖 곳에서 여론에 흔들리는 여성들이 되지를 않았으면 좋겠어. 정말 서로 함께하는 그런 공간을 만들기 위해 노력하는 여성들이 되었으면 하는 바램이야.

질문지

인.적.사.항.

가족관계

- 부모, 형제자매 관계
- 어린 시절 집안 분위기(경제적인 부분 포함)
- 부모의 직업과 집안 생계수단
- 어머니의 부재, 언니들의 존재, 기억
- 형제들의 교육 정도

고향

- 태어난 곳
- 고향에 관한 추억

교육

- 받은 교육
- 학교 생활(학창 시절 에피소드, 과외 활동이나 소풍 등의 학교 행사, 친구·선생님·선후배 이야기 등)

결혼 생활

- 가족 구성원
- 결혼 시기, 전반적인 결혼 생활
- 시부모(특히 시어머니)와의 관계
- 시댁 식구들(남편의 형제들, 또 형제들의 배우자)
- 남편과의 만남
- 남편의 직업 (고 명노근 전남대 교수)
- 남편과의 관계
- 남편이 사회활동에 미친 영향
- 자녀들과의 관계, 자녀들의 현재 생활
- 현재 자녀들의 배우자와의 관계

직.장.생.활.과. 민.주.화.운.동.

간호사 생활

- 간호사가 된 계기

- 간호사 활동 당시 여러 이야기(특히 5·18 시기 간호사 활동 — 당시 상황, 기억에 남는 일)
- 직장을 그만둔 이유, 간호사라는 직업이 어떤 의미로 남아 있는지 등

민주화운동 및 시의회 참여 내용

- 5·18에 대한 기억
- 당시 상황을 구체적으로
- 구술자에게 5·18이 갖는 의미
- 민주화운동의 동기(언제, 어떤 계기로)
- 민주화운동 당시의 사회적 배경, 분위기
- 구체적인 활동 내용
- 민주화운동 참여와 관련한 개인적인 생각들
- 남편의 민주화운동 활동 내용
- 자녀들의 민주화 활동 내용
- 가족 모두 민주화운동에 참여한 의미
- 민가협 활동(활동 당시 주위의 남성 혹은 여성들과의 관계)
- 광역의회 의원 활동 계기(정치 참여 이유)
- 의회 활동 내용, 역할
- 시의회 생활이 구술자에게 주는 의미

기.타.

- 앞으로의 활동 계획, 앞으로 바라는 것이 있다면(특히 민주화운동과 관련해서)
- 가족들의 근황

일생을 민주화운동과 함께한 삶

안성례와의 만남이 있은 후 나는 한 사람의 생애사를 듣고자 했던 사람으로 부족하다는 사실을 깨닫고 반성해야만 했다.

인터뷰 섭외를 마친 후 자료를 준비하던 중 '안성례' 란 이름으로 찾을 수 있는 기본적인 프로필을 통해 가지게 된 편견이 없지 않았다. 누구보다 열심히 민주화운동에 앞장섰던 안성례보다는, 여성이 전문 직업을 갖기 어려웠던 시절에 간호사 생활을 했고, 대학교수의 부인, 시의원 3선을 지냈다는 간단한 프로필만으로 그녀에 대한 편견을 갖고 인터뷰에 임했던 것이다. 그래서 딱딱한 인터뷰가 되지 않을까 하고 내심 고민하기도 했다. 하지만 만난 지 5분도 되지 않아 깊이 반성했을 정도로 그녀는 마치 어머니와 같은 마음으로 끝까지 대해 주었다.

그녀의 배려는 내가 광주 지리를 모를까 봐 약속 시간보다 일찍 나와 기다리는 것으로 시작되었다. 그리고 서울에서 광주까지 가느라 아침 일찍 출발해 식사를 걸렀을 거라는 생각으로 미리 식당을 예약해 두는 것도 잊지 않았다. 도착하자마자 식사부터 했는데 반찬 한 가지마다 설명해 주는가 하면, 맛있는 음식을 내 앞에 놓아 주는 등 마치 자식을 대하는 것처럼 보살펴 주었다. 식사 후 구술 작업이 진행되기 전 나는 다시 한 번 그녀의 사려 깊음에 놀라지 않을 수 없었다. 전화로 인터뷰 약속을 하면서 사진과 자료들을 부탁했는데, 무겁다 하지 않고 모두 꼼꼼히 챙겨 온 것이다. 그녀가 보냈던 민주화 인생이 너무나도 숨가빴던 만큼 사진에 담긴 모습도 다양했다. 그 사진 한 장 한 장에는 그녀가 민주화를 위해 몸부림치던 모습이 있는가 하면, 1970년대 영화 속에서 보았을 법한 아름다운 연애시절 사진도 있었다.

그녀의 마음 씀씀이를 느끼며 시작된 면접은 평범하지만 꿈을 갖고 살았던 아내와 한 어머니의 삶을 고스란히 보여 주었고, 민주화운동에 참여했던 한 가족의 삶을 풀어내면서 더욱 돋보였다.

그녀는 보수적인 아버지 밑에서 꿈을 키워 가는 작은 소녀의 모습도 보여 주었고, 데이트 내내 붕어빵을 먹으며 걷기만 해도 행복했던 젊은 여성의 이미지도 보여 주었다. 간호사라는 직업을 너무 좋아했다고 말하는 그녀의 모습에서는 열심히 일하는 백의 천사가 연상되기도 했다. 아이들을 키우며 아침부터 밤늦게까지 일하는 고달픈 직장 여성의 모습도 발견할 수 있었다.

그리고 암 선고를 받고 죽음 앞에서 절망하던 모습과 다시 살게 된

기적의 체험을 생생하게 들려주기도 했다. 그 속에는 남편과 딸들이 투옥되었을 때 일을 마치고 지친 몸을 이끌고 면회를 가는 모습과 자신의 가족뿐 아니라 민주화운동을 하다 구속된 사람들을 구하기 위해 뛰어다니며 눈물을 흘리며 살아왔던 모습도 있었다.

이렇게 일생 민주화운동과 함께한 그녀에겐 아직도 꿈이 있다. 가족이 모두 참여하고 긴 세월을 민주화에 몸담으면서도 아직까지 지키지 못한 약속들로 마음이 편치 않다. 그래서 아직도 그것은 꿈이다. 하지만 이런 마음은 과거에만 국한된 내용은 아니다.

결국 그녀의 꿈은 우리나라가 진정한 민주화를 이루는 것이다. 이 속에는 과거에 대한 반성과 책임이 있는가 하면 미래를 위한 준비와 다짐도 있다. 아직도 할 일이 많다는 그녀는 그래도 희망이 있다고 말한다.

또한 남성 중심의 사회에서 당당하게 자신의 의견을 말하며 공적인 역할을 수행해 나가는 모습도 엿볼 수 있었다. 특히 광주가 고향인 나에게는 더욱 와 닿는 5·18 광주민주항쟁의 순간순간을 생생하게 듣게 되어 정말 뜻 깊은 구술 작업이었다. 5·18 광주민주항쟁에서 목숨을 잃거나 고통받았던 사람들을 생각만 해도 눈물이 난다며 눈물을 글썽

일 때는 나도 함께 눈물을 흘리기도 했다.

두 번에 걸쳐 진행된 오랜 시간의 인터뷰에 끝까지 적극적으로 참여해 준 안성례를 생각하며, 앞으로도 많은 일을 해내리라 믿으며 멀리서나마 응원하고 싶다.

박진영

지식인 경험의 노동운동가

심상정

남자들과 회의를 진행하다 보면 정말 답답한 적이 많이 있었지만 회의석상에서 운 적은 없고, 우는 것보다 더 감정이 복받친 적은 많이 있었지요. 그러면 푸는 방법은 만나서 이야기로 풀고 마는 게 아니라 따로 만나서 설득도 하고, 화도 내고, 뭐 줄기차게 해 온 거지. 그 반복되는 것을 견뎌 내는 것이 쉽지는 않았지만 결국 사회 속에서 운동을 하면서 사람들하고 계속 지치지 않고 싸우는 것이 운동의 생명력이거든요.

●── 약력

1959년.. 경기도 파주에서 출생

1971년.. 대조초등학교 졸업

1974년.. 충암중학교 졸업

1977년.. 명지여자고등학교 졸업

1978년.. 서울대 입학(역사교육), 대학문화연구회, 야학, 여성학회 활동

1979년.. 대동전자 입사, 임금인상 투쟁으로 해고

1980년.. 학교로 돌아와 민주화의 봄 치르고 재봉사 자격증 취득

1980년~1981년.. 구로공단 소재 남성전기 노동조합 교육부장, 강제 사직

1983년.. 서울대학교 사범대학 역사교육과 졸업

1983년~1985년.. 구로1공단 소재 대우어패럴 미싱사로 일함. 노조결성 및 쟁의로 수배

1985년~1986년.. 6·24 구로동맹파업 조직, 주동자로 지명수배, 서울노동운동연합 결성(8월) 주도, 중앙위원장 역임

1987년~1995년.. 노동자 대투쟁, 전국노동조합협의회 쟁의부장, 쟁의국장, 조직국장 역임(1985년부터 9년간 수배상태, 1993년 징역 1년 6개월에 집행유예 3년 선고)

1992년.. 서노련에서 함께 활동하던 이승배 씨와 결혼

1993년.. 아들 출산

1995년.. 민주노총 결성

1996년~2000년.. 민주금속연맹, 금속산업연맹 사무차장

2001년~2003년.. 전국금속노조 사무처장

2000년~2002년.. 민주노동당 당대회 부의장

2004년~현재.. 제 17대 국회의원, 민주노동당 중앙위원

여동생을 무시하던 오빠들에게 달려들고

나는 어린 시절을 경기도 파주군 광탄면 휴전선 최전방에 위치한 군사지역에서 자랐어요. 가부장제 전통의 시골 가정의 2남 2녀 중 막내로 태어나서 어렸을 때부터 특권을 당연시 하는 오빠들과 많이 싸웠어요. 어렸을 때 기억나는 일은 식구들이 둘러앉은 두리반에서 밥을 먹는데, 할머니가 두 오빠 수저에만 생선을 얹어 주는 것에 화를 낸 적이 있어요. 할머니야 옛날 분이니 이해할 수 있었어요. 그런데 오빠들이 밥을 다 먹고 나면 "물!" 하는 거예요. 누구를 보고 말하는 것이 아니라 허공에 대고 그렇게 말해요. 그게 저 보고 물을 떠 오라는 소리죠. 그래서 부엌에 나가 물을 떠가지고 와서 보면 물주전자가 오빠 옆에 있는 거예요. 물이 있는지도 모르고 습관적으로 심부름을 시키는 거죠. 물그릇이 그 모양이었으니 다른 것은 말할 것도 없었지요. 오빠들을 공부시킨다고 일찌감치 서울로 유학을 보냈는데, 우리 언니는 초등학교 5학년 때 오빠들 밥해 주러 서울로 유학을 떠났어요. 두 오빠의 식모였다면 지나친

말일까요? 나는 할머니의 권위에 의존해 어린 여동생을 무시하던 오빠들에게 달려들곤 했지만, 오빠들은 나를 천년 묵은 여우라고 불렀어요. 쬐끄만 게 오빠들에게 말대꾸하면 안 된다는 어른들의 질타로 결과는 항상 나의 완패였어요. 이것이 '차별'에 대한 내 저항의 시작인 셈이지요.

어린 시절의 모습

어떤 사람들이 나 보고 강하다고 하고, 독하다고 하고, 사납다고 하고 그렇게 〔말〕하는데 대체로 사람들이 맺힌 것이 많으면 그런 게 있어요. 자기 성품도 있고 그 두 가지가 있는데. 나는 어렸을 때부터도 오빠들과의 관계에서도 보이지 않는 차별을 많이 받아왔고, 노동운동을 하면서도, 특히 이제 그런 걸 많이 겪었어요. 하나에서 열까지 다 그렇지 뭐.

학교 전체가 남성 중심으로

재수생활을 거쳐 78년 서울대 사범대학 역사교육과에 입학을 했어요. 사범대는 아버지가 여자는 사대를 들어가야 된다고 권유를 했고, 역사과는 내가 선택을 한 것이지요. 그때도 뭔가 이 세상이 어떻게 생겼는지 좀 두루두루 보고, 사회 구성원의 일원으로서 의미 있는 일을 해야 된다는 이런 생각만 했지, 구체적으로 직업을 어떻게 해야 된다는 생각을 잘 못하다가, 대학에 들어와서 바로 이거다 그래가지고 풍덩 빠져서 여기까지 온 거예요. 입학과 동시에 사회 참여를 지향하던 '대학문화연구회'에 가입을 하였어요. 학생운동의 골수는 아니었지만 1학년 때 데모 대열을 따라다닐 당시에는 학생처장에게 불려가 "운동권 애인을 두었냐?"는 질문을 받기도 했어요. 그 당시 저는 미대를 다니던 언니의 영향으로 긴 생머리와 스커트를 입고 하이힐에 스커트 차림의 말쑥한 차림이어서 청바지에 단발머리인 '전형적인 운동권'의 모습과는 한눈에 구별이 되었거든요.

대학교를 처음 들어가 보니까 안내하는 선배도 없고, 운동권의 서클이나 이런 부분들이 결국은 사회운동가를 키워 내는 곳인데, 그러니까 여자들을 처음에 모집할 때는 남학생들을 끌어들이려고 여자들을 많이 모집하다가 3학년이 되어서 학생운동의 중심에서 후배도 키우고 데모도 하고 이런 때는 여자들을 다 배제해 버리는 분위기였어요. 이대나 숙대 같은 여자 대학은 그래도 처음부터 끝까지 여자들이 다 주체적으로 하잖아요. 그 과정에서 여성의 주체권이 많이 강화되고 훈련도 많이 되고. 그런데 제가 다녔던 이 학교는 전체가 남성 중심으로 되어 있어서 3학년이 되면 여자들이 다 밀려나 배제되는 것에 굉장히 크게 문제의식을 느꼈어요. 그래서 그 당시 대학은 학회에서 공개모집하고 언더서클들이 반공개 모집을 할 때 동숭동 서클 시절부터 데이터를 내어서 학교에서 여성운동가들을 제대로 사회운동가로 키우지 못하고 있는 것 아니냐, 기껏 해봐야 운동권 내 남성 운동가들의 애인을 만들어 내는 것 아니냐, 그럴 거면 이 여성들을 키우지 못할 거면 아예 여학생들을 받지 마라. 그래서 여학생회를 따로 만들자고 했어요. 이게 마치 남성 배제적인 것으로 보일지도 모르지만 시쳇말로 자리가 사람을 만든다고 스스로 처음부터 커리큘럼도 짜고 그래야 여성들, 활동가들이 크니까. 이렇게 선언을 했을 때, 학회장들이 어이가 없어하더라고. 어디서 굴러먹던 것이 와가지고 [하는 식으로]. 별의별 이야기들이 다 나왔어요. '머리통을 뽀숴 버린다', '또라이',

'같잖다'는 이야기도 많이 했고, 공격도 많이 받았는데, 그런 과정을 거쳐 사대, 인문대, 가정대 세 군데에서 여학생회를 만들어가지고 처음부터 커리큘럼도 짜고 그리고 실천도 여학생 중심으로 해나갔어요.

이때 기존 학생운동과 관련해서 강조했던 것 두 가지는 여성의 어떤 주체의식과 또 하나는 그 당시 학생운동의 학회 커리큘럼이 주로 민주화운동을 많이 했는데 우리는 사회변혁 운동을 중심으로 했어요. 학생운동권의 이 사회변혁을 주체로 하면 노동운동을 해야 한다는 것이 당연하게 나온 것이고 후배들한테 길을 터 주어야 한다는 소명의식 같은 것을 지니고 처음에 출발을 한 것이지요. 당시 학생운동의 주류들이 지금 상당히 많이 386세대에 포진되어 있는데 그 당시에 나는 학생운동의 주변부였기 때문에 오히려 기존 학생운동의 이념적, 실천적 한계에 구속되지 않고 좀 창의적이고 자유롭게 자기 전망을 개척할 수 있지 않았나 하는 생각이 많이 들어요. 우리도 저도 남들 한 것처럼 초기에 의식화 교육을 다 받았으니까. 특히 그 이전에는 맑스, 레닌 서적 원전을 많이 읽었어요. 원전이 아마 우리 세대 때 가장 많이 읽혔을 거야. 제 사이트에 공부하던 것을 써 놓았는데, 저는 언더서클에 있지 않았으니까 동냥해가지고 봤지요. 그러니까 오히려 그분들은 그런 거 다 보면서도 사회변혁 운동 중에서도 노동운동이 중요하다고 생각을 하면서도 그것을 자기 실천적 계기로 잘 삼지 않고 주로 민주화 투쟁을 많이 했는데, 저는 그분들과 함께 공부를 하거나 그분들한테 세미나나 지도를 받고 그런 것이 아니라 혼자서 책을 보고 창조적으로 생각을 하니까 당연히 그냥 노동운동을 해야 되는 것이었지요. 다른 길은, 그 당시에는 사람들이 이 일이 중요한데 왜 바깥에서 빙 빙 돌고 노동운동을 안 하나 그렇게 생각을 했지, 그때는. 그냥 교과서에 나온 대로 한 거예요.

1계급 특진에 500만 원 현상금이 걸린 내 얼굴

80년도에 다시 학교를 들어갔다가 80년 말에 학교를 떠나[1] 구로공단에서 처음으로 입사한 곳은 '대동전자'였는데, 환풍기 하나 없이 지독한 잉크 냄새가 나서 하루에도 몇 번씩 헛구역질이 나던 공장으로, 그 고된 노동을 견뎌 낸 대가는 한 달 4만 8천 원에 불과했어요. 동료들을 모아 임금 인상과 식사 개선을 요구했지만 돌아온 것은 해고 통지서였지요. 그 다음으로 입사를 한 곳은 남성전기였는데, 그곳에서의 노동은 더 고됐어요. 20명이 조를 이뤄 컨베이어벨트를 따라 부품을 조립하는 일이었는데, 대부분의 동료들이 어깨에 심한 통증을 호소할 만큼 고된 일의 연속으로 지금까지 내 오른쪽 어깨에 장애가 남아 있어요.

당시 노동자들은 회사 기숙사나 가리봉 일대의 '닭장집'에서 사글세를 살았어요. 4평 남짓한 방세가 월 3만 원씩이나 되니 세 명씩 동거를 해야 했고 옷장 하나 놓고 나면 모두들 칼잠을 자야 했지요. 그 당시 월급 7~8만 원 받으면, 3만 원짜리 사글셋방에서 돈 만 원씩 나누어서 내고, 나머지 식비 하고 옷 조금 사 입고. 대부분 여성 노동자들 같은 경우에 집에 〔계신〕 부모님들에게 보내고, 적금을 부었지요. 시집갈 밑천을 마련하는 식으로. 우리 같은 활동가들은 생활 경비는 다 똑같이 드는 거고, 나머지는 다 조직사업비 드는 거지. 활동비로 같이 떡볶이를 사 먹는다든지 디스코

1 공장으로 들어가기 전에 심상정은 노동자 야학에서 6개월 동안 교사로 일했다. 그녀는 이 경험이 가난하고 소외된 사람들의 상황을 더 잘 이해하는 데 큰 도움이 되었다고 말했다. 공장에 들어가기 전, 그녀가 가슴속에 지니고 있었던 첫 번째 질문은 '그들이 실제로 역사의 주인이 될 수 있는가?'였다. 노동자들의 의식을 높이기 위해서 그녀는 먼저 다른 노동자들이 존경할 수 있는 사람이 되어야 한다고 생각했다. 그리고 모범적인 노동자가 되기 위해서 그녀는 다른 사람보다 더 열심히 일을 해야 한다고 생각했다. 그녀는 자신도 믿을 수 없을 정도로 열심히 일했다고 말했다. 작업 후에는 동료 노동자들을 자기 자취방으로 초대해 그들을 위해서 음식을 만들고 자정까지 함께 이야기했다. 그 후 새벽 2시까지 다른 활동가들을 만나서 회의를 하곤 했다. 이러한 일정에도 불구하고 그녀는 아침 8시에 즐거운 마음으로 출근했다고 말했다.
(출처: 구해근, 『한국 노동계급의 형성』, 2004, p.181)

장을 간다든지 활동가들끼리 따로 모이는 기회도 많으니까. 그 외에 홍보물 만들고 그렇게 생활했어요.

세 번째 직장이자 구로동맹파업의 주축이 되었던 종업원 2천여 명의 대우어패럴은 84년, 83년 말부터 시작된 유화국면의 틈을 타고 노동조합이 결성되었어요. 그러나 노동조합을 유지하기 위한 것 자체가 험난한 가시밭길이었지요. 노동조합을 해산시키기 위해 간부들에 대한 협박과 감금, 회유, 폭력배를 동원한 폭력, 조합원에 대한 노조 탈퇴 압력 등 갖은 수단을 동원했어요.

85년 6월 22일 대우어패럴 노조 위원장이 구속되면서 구로동맹파업은 촉발되었어요. 다음 날 오전부터 대우어패럴에서 파업 농성이 시작됐고 낮 12시에는 효성물산, 가리봉전자, 선일섬유 노조가 연대 파업 농성에 들어갔지요. 파업 지지 농성은 세진전자, 남성전기, 롬코리아, 부흥사, 삼성제약 등으로 퍼져 나갔고 결국 대우어패럴의 파업 농성은 29일 오전 구사대에 의해 무참히 짓밟혔어요. 이 파업으로 공장은 무기한 휴업에 들어갔고 구속 44명, 강제 사직 및 해고 1,300여 명의 상처를 남겼어요. 그러나 노동운동의 암흑기를 뚫고 일어선 정치적 동맹파업으로 이후 노동운동의 중요한 전기가 되었다고 생각해요.

당시 나는 이미 81년 말부터 수배 상태에 있어서 84년 12월에는 위장취업 사실이 발각돼 대우어패럴에서 해고된 상태에서 활동을 하고 있었어요. 구로동맹파업 기간 중에도 전태일기념사업회에서 파업 상황을 총괄하고 있었는데 나는 텔레비전 화면을 통해 1계급 특진에 500만 원의 현상금이 걸린 내 얼굴을 볼 수 있었어요.

그리고 대학졸업은 83년도에 내가 없이 했어요. 그때는 학생운동으로 제적된 사람들이 학생운동을 했던 사람들에게 프리미엄이

구로동맹파업

…서울 구로1공단에 있는 대우어패럴은 대우그룹 계열의 의류봉제 수출회사로 종업원이 2천 명에 이르는 봉제업계에선 규모가 큰 회사였다. 자본금 25억 원으로 84년 36억 원의 흑자를 냈음에도 생산직의 월평균 기본급은 7만 2천 원에 불과할 정도로 임금 및 근로조건이 열악했다. 그런데 84년 6월 그동안 꾸준히 준비를 해 왔던 현장 활동가들이 유화국면을 적극적으로 활용해 노조를 결성했다. 그리고 노조는 85년 봄 임금인상 투쟁을 성공적으로 진행함으로써 조직을 안정시키는 것은 물론 공단 내 섬유업체에서 월 10만 원 이하의 저임금을 없애는 데도 선도적인 역할을 해냈다.

그런데 85년 6월 22일, 느닷없이 경찰이 들이닥쳐 위원장 김준용을 비롯한 노조 간부들을 연행해 갔다. 그 중 위원장과 사무장, 여성부장이 구속됐는데 두 달 전 임금인상 투쟁 과정에서 벌인 2차례의 파업 농성이 쟁의조정법, 집시법, 폭력행위 등에 관한 법률 위반에 해당되고 노조의 소식지 발행이 언론기본법을 어겼다는 것이다. 임투 이후 어느 때보다 노사관계가 평화롭던 시기에 두 달 전의 일을 새삼스레 문제 삼아 간부들을 구속한 것으로 보아 공안정책상의 결정임이 명백했다.

공안당국은 구로공단의 구심으로 떠오르고 있던 대우노조의 뒷덜미를 친다고 했겠지만, 그러나 정작 기습을 당한 것은 그들이었다. 노조 간부들이 연행된 그날은 토요일로 공교롭게도 공단 내 민주노조 간부들이 합동교육을 받기로 돼 있던 날이었다. 대우어패럴 노조 대의원들이 비상대책회의를 여는 동안 효성물산·가리봉전자·선일섬유·청계피복노조의 간부 200여 명은 교육 장소에 모여 밤새 대책을 논의했다. 그리고 이전까지의 노동운동과 80년대 노동운동을 구분 짓는, 노동운동사에 길이 남을 중대한 결정을 내렸다. 월요일인 24일 오후 2시를 기해 동맹파업에 들어가기로 한 것이다.

…6월 24일 아침 8시 10분, 대우어패럴 노조가 먼저 2층 작업장을 점거하고 파업 농성에 돌입했다. 이어서 효성물산·가리봉전자·선일섬

유 노조가 각각 긴급총회를 열고 오후 2시부터 파업농성을 시작했다. 참가 규모는 대우어패럴 350명, 효성물산 400명, 가리봉전자 500명, 선일섬유 70명이었다. 파업 농성장의 유리창에는 '구속자를 석방하라', '노동3권 보장하라', '노동악법 철폐하라' 같은 구호가 내걸렸다. 다음 날인 6월 25일에는 3공단에 있는 세진전자·남성전기·롬코리아 노조가 동맹파업을 지지하는 시한부 농성을 벌였으며, 27일에는 성수동의 삼성제약 노조가 중식 거부로 연대투쟁에 동참했다. 이어 28일에는 구로3공단의 부흥사 노조가 지지농성을 벌였다. 구로공단 일대에는 '구로지역 20만 노동자여! 다 함께 일어나 싸우자!' 라는 제목의 연대투쟁 지지 호소 유인물이 광범위하게 뿌려졌다. 26일 저녁에는 가리봉 오거리와 공단 입구 등지에서 학생과 노동자들이 참여한 수백 명 규모의 가두시위가 벌어졌고, 27일에는 효성물산과 청계노조 100여 명이 노동부 중부지방사무소에 몰려가 노동부장관 면담을 요구하며 농성을 벌였다. 노동자들의 신속하고도 과감한 연대투쟁은 민주화운동 진영을 크게 고무시켰다. 6월 26일 민통련·민청련·한국교회사회선교협의회·노복·민언협·민불련·자유실천문인협의회 등 22개 민주·민권운동단체 대표 50여 명이 청계피복 노조 사무실에서 기자회견을 갖고 연대파업 지지 농성에 돌입했다. 경찰의 봉쇄 때문에 농성장에 합류하지 못한 단체들은 기독교회관을 비롯한 소속 사무실에서 지지 농성을 벌였다. '6·25 이후 최초의 동맹파업' 이라는 평가까지 들었던 구로지역 민주노조들의 동맹파업은 6월 29일, 물도 끊기고 전기도 끊긴 상태에서 닷새 동안 굶주리며 버티던 대우어패럴 노동자들이 작업장 벽을 뚫고 진입한 관리자와 구사대들에 의해 강제 해산당하면서 막을 내렸다(효성물산과 선일섬유 노조는 26일 밤에 농성을 풀었고, 가리봉전자는 27일 관리직 남자 사원들에게 강제 해산당했다). 동맹파업과 이를 지지하는 농성·시위 과정에서 모두 43명이 구속되고, 연인원 370명이 구류를 살았으며 700여 명이 강제로 사표를 쓰거나 해고당했다.

(「실록 민주화운동」, 경향신문 2004. 6. 20)

있었던 시기였어요. 83년도에 학생운동을 했던 사람들이 등록을 하기만 하면 졸업을 할 수 있는 그런 혜택이 주어졌던 시기였거든요. 우리 엄마가 저 대신에 학교를 가서 졸업식 가서 졸업장 받아 오셔서 장롱 밑에 쫙 깔아 두었어요. 그때 제가 수배 중이었기 때문에, 두고 두고 부모님께 한이 되는 졸업식이었어요.

생활인으로서 노동운동을 할 수 있어야

수배 생활은 결국 전국노동자협의회 창립일 전날인 90년 1월 21일 사무실 앞에서 연행이 될 때까지 9년간 이어졌어요. 이로 인해 구로동맹파업 9년 만인 93년 6월, 뱃속의 우리 아들과 함께 법정에 불려 나가 1년 6개월에 3년 집행유예를 선고받고, 수배에서 완전히 벗어나게 되었지요. 수배 중인 85년 8월 서울노동운동연합(서노련) 결성에 참여했어요. 서노련은 구로동맹파업의 주역들과 당시 전태일기념사업회 사무국장이었던 김문수 한나라당 의원이 주도적으로 결성했는데 공개적인 일은 김문수 씨가, 비공개 일은 내가 주로 담당하게 되었어요. 그러나 서노련은 86년 회의 장소에 경찰이 들이닥치면서 나를 제외한 주요 활동가들을 총망라한 33명이 구속되었어요.

87년 노동자 대투쟁을 통해 노동자들의 분노가 터져 나오면서 나는 본격적으로 대중조직에서 일하게 되어 88년 전국노동운동단체협의회(전노운협) 결성에 참여하게 되었어요. 이때 나는 90년 전노협이 결성되면서 투쟁국장과 조직국장을 맡아 전국을 돌아다니며 조직 건설과 민주노조운동의 전국적 구심을 만들어 나가는 활동에 주력을 하였어요. 그런데 활동을 하면서 이런 생각이 들더라고요. 나이가 서른셋, 넷 되었을 때인데, 현대중공업 조선소 노동자들이 저랑 같이 늙어 가요. 그 당시에 40대 초반, 30대 후반 아저씨들인데 오랫동안 세파를 겪으면서 직장에서 노동을 하면서 살면 대부분이 50대 초의 연령으로 보인다구요.

언젠가는 사회자가 "쟁의국장을 소개합니다."라고 말을 하니까

서울노동운동연합(서노련)

서노련은 구로동맹파업에 참가했다가 해고되거나 구속된 노동자들을 주축으로 청계피복 노조, '노동운동 탄압저지 투쟁위원회' '구로지역 노조민주화 추진위원회'가 결합해 1985년 8월에 결성한 조직이었다. 노동운동 탄압저지 투쟁위원회는 동일제강·성원제강 등 1984년과 1985년 서울·인천지역에서 노조 결성 또는 근로조건 개선투쟁 과정에서 해고된 노동자들이, 구로지역 노조민주화 추진위원회는 한국음향·협진양행·한국마벨 등 구로공단 지역에서 어용노조를 민주화하려다 해고된 노동자들이 모인 조직이었다.

서노련은 구로동맹파업이 거둔 성과, 그리고 심상정 등 동맹파업을 주도한 학생운동 출신 노동운동가들이 제기한 새로운 문제의식에서 출범한 조직이었다. "노동3권이라는 가장 기본적인 권리마저 탄압하는 폭압적인 정치 상황에서는 노동운동도 경제 투쟁을 넘어서 정치적 민주화를 위해 앞장서야 한다." "노동운동은 하나의 부문 운동이 아니라 전체 사회변혁 운동의 차원에서 이루어져야 한다." "그러기 위해서는 노동조합으로만 노동자들을 조직하려 할 게 아니라 노동자들의 정치적 각성과 투쟁을 목표로 하는 새로운 노동자 대중조직이 필요하다." 말하자면 서노련은 정치적 노동운동을 시도한 조직이었다.

(「실록 민주화운동」, 경향신문 2004. 6. 29)

저는 앞자리에 앉아 있는데 조합원들은 모두 뒷문을 바라보는 거예요. 아마도 '곱상하게 생긴 처녀가 인민무력부장'이라고는 상상도 못했기 때문일 거예요. 제가 전노협 때 현장에 강연을 가고 간담회도 가면서 느낀 것은 어떤 벽이에요. 보통 지식인들이 많이 느꼈을 텐데, 그런 부분뿐만 아니라 그 사람들이 요구를 하는 것은 정상적인 가정을 꾸려 나가는 사고와 삶 속에서 나오는 그런 것들이었어요. 애도 키워야 되고 결혼해서 집도 장만을 해야 되고, 어디 아프면 또 대처를 해야 하고. 집안의 가장으로서 정상적인 삶을 살아 나가면서 나오는 그런 요구나 이런 것으로부터 미혼인 내가 겉돈다는 느낌을 많이 받았어요. 그리고 또 하나는 그분들이 나를 대할 때 아가씨로 대하는 거지. 평생 동지적인 관계로 대하는 것은 전혀 없었고, 결혼하고 나면 떠나갈 사람, 이런 식의 사고였으니까 노동운동을 하면서 함께했던 시간들에 비해서 관계들이 겉돌고 또 뭔가 이렇게 깊이 있게 삶으로 체화되는데… 등의 많은 한계를 느꼈어요. 그래서 노동자로서 정상적인 생활, 생활인으로서 노동운동을 할 수 있어야 되겠다, 그래야 같이 호흡하고 또 교감을 받고 뭔가 평생을 노동운동가로서 안정감을 갖고 하겠구나라는 생각을 많이 했어요.

그러니까 운동 내적으로 결혼을 해야 되겠다고 느낀 것이고 그러니까 당연히 애를 낳아야 하는 것이고, 그런 생각들의 와중에 92년도에 서노련에서 같이 활동하던 남편을 만나 결혼을 하게 되었고 93년에는 아이도 얻었어요. 결혼을 하고 애를 낳고 보니까 여러 가지 현실적으로 어려움이 있지만은 정말 세상이 달라 보이는 것이 많더라고.

내가 박창수 열사[2]나, 유가족 대책위원회 상황실장도 맡고 하면서 열사들 어머님들이 고통스러워서 술 한잔 마시고 우시고 하는

2 1990년 한진중공업 노조위원장, 부산노련 부의장. 1991년 제3자 개입 금지와 집시법 위반으로 구속 중 의문의 상처를 입고 안양병원에 입원했다가 변사체로 발견되었다.

전국노동조합운동협의회(전노협) 결성

1987년 대투쟁을 통해 대중적 기반을 비약적으로 넓힌 노동운동은 이후로도 양적·질적 발전을 계속해 나갔다. 양적인 면에서는 노조 결성이나 어용노조의 민주화 흐름이 지속돼 1987년 말 4,103개이던 노조 수가 1989년에는 7,883개로 늘어났고, 조직 노동자 규모도 1989년 말 193만 명을 넘어서 1987년의 거의 두 배에 이르렀다. 이런 양적 성장의 토대 위에서 민주노조운동의 조직성과 통일성을 강화하려는 움직임이 자연스럽게 형성됐다. 서로 경험을 공유하고 힘을 합하지 않으면 개별 기업 단위의 조직으로는 스스로를 지키기도, 조직을 발전시키기도 힘들다는 것을 깨달은 때문이었다.

1988년 상반기의 임금인상 및 단체협약 체결 투쟁, 현대엔진을 비롯한 선진적 노동조합에 대한 탄압을 저지하기 위한 공동투쟁과 맞물려 진행된 이런 흐름은 지역별·업종별·그룹별 노조협의체를 구성하는 방식으로 전개됐다. 일반 제조업 노조들은 1987년 12월 마산·창원노동조합총연합(마창노련)이 최초로 결성된 이후 모두 13개 지역에 지역별 노조협의회를 출범시켰으며, 비제조업 사무·전문직 노조들은 전국사무금융노동조합연맹(1987년 11월), 연구전문기술직노동조합협의회(1988년 7월) 등 업종별 협의체를 중심으로 뭉쳤고, 현대와 대우 등 대기업 노조들은 현대그룹노동조합협의회를 시작으로 그룹별 협의체를 구성했다. 이와 함께 노동운동을 지원하는 여러 단체들도 전국노동운동단체협의회(1988년 6월)를 구성해 보다 효과적인 지원체계를 꾸렸다.

한편 1987년 이후의 여러 투쟁을 통해 노동법의 일부 독소조항이 노동3권을 근본적으로 제약하고 있다는 사실을 절실히 체험한 민주노조 진영은 노동운동의 발전을 꾀하는 제도개선 투쟁의 일환으로 1988년 중반부터 노동법 개정투쟁을 본격화했다. 그리고 이 과정에서 연대의 틀은 전국적 범위로 확대됐다. 1988년 5월 노동법개정전국노동조합특별위원회가 결성됐고, 이어 10월 6일에는 전국노동법개정투쟁본부(전국

투본)가 구성됐다.

…복수노조 금지, 제3자 개입 금지, 공익사업 직권중재, 공무원과 교사의 단결권 제한, 노조의 정치활동 금지 조항 등을 철폐하기 위한 노동법 개정투쟁은 정치정세의 변화로 실질적인 성과를 거두지는 못했다.

…그러나 노동법 개정투쟁은 조직의 발전이라는 측면에서는 중대한 결실을 거두었다. 공동 투쟁을 통해 전국적 연대의 필요성을 절감하고, 그 틀을 확보한 것이었다. 1988년 12월 22일 민주노조운동 세력을 총망라한 지역업종별 노동조합전국회의(전국회의)가 결성됐다. 서울지역 노동조합협의회를 비롯한 17개의 지역노조협의회, 민주출판언론노조협의회를 비롯한 4개의 업종협의회가 참여하고, 전교조·병원노련·언론노련 등 7개의 업종노련이 참관단체로 등록한 전국회의는 '전국적 노동조합 조직의 건설'을 1차적 과제로 선언했다.

이를 기점으로 그간 물밑에서 논의되던, '한국노총과 길을 달리하는 새로운 전국조직 건설'이 본격화됐다. 전국회의는 지역노조협의회의 현황과 문제점, 조직 결성의 경로, 한국노총과의 관계, 참여범위 등을 놓고 1년여간의 논의와 준비를 거친 뒤 1989년 12월 17일 전국노동조합협의회(전노협) 창립준비위원회를 발족했다.

…창립대회는 전국 20만 조합원과 14개 지역노조협의회, 2개 업종협의회를 대표하는 800여 명의 대의원들이 참가한 가운데 1시간 동안 진행됐다. 수배 중인 단병호가 전노협 초대 의장으로 선출되고, 안전 문제로 참석이 불투명했던 단병호가 창립대회장에 모습을 드러내면서 대회장은 환호와 열광으로 떠나갈 듯했다. 전노협은 창립선언문에서 "한국노총으로 대표되는 노사협조주의와 어용적, 비민주적 노동조합운동을 극복하고 자주적이고 민주적인 노동운동을 전개해 나갈 수 있는 한국노동조합운동의 새로운 조직적 주체가 탄생"했음을 알리고, "노동자의 인간다운 삶과 국민의 자유와 행복을 실현하기 위해 민주노조운동의 역량을 강화하고 자주적 산별노조 건설에 매진할 것"을 결의했다.

(「실록 민주화운동」, 경향신문 2005. 3. 23)

것을 실무적으로 많이 보고 그랬는데, 그때도 분신하고 그런 경우 마음이 많이 아팠지만 애를 직접 낳고 아들을 낳고 보니까 그 부모들의 마음을 10분의 1도 이해하지 못했다는 느낌이 들더라고. 그리고 또 하나는 애를 이렇게 보면 소우주(小宇宙)를 보는 것 같아요. 저는 아이한테 많이 배웠어요. 예를 들면 우리는 정말 좁은 골목 건널 때 신호등 이런 거 무시를 하고 무심코 건너잖아요. 그런데 아이와 함께 신호등을 건널 때, 앞서 나가다 보면 애는 뒤에서 손들고 서 있어요. 그럼 다시 와서 발맞추어 나가고 애 눈에는 모든 것이 다 보이니까. 애한테 비춰 본 내 모습에서 많은 생각을 하게 되고 반성을 하게 되더라고요. 그 반성은 아직 다 못했고, 평생을 해도 다 못하겠지요. 그렇게 해서 결혼하자마자 애 낳고 그렇게 해서 겪는 어려움 같은 것들을 물리적으로나 물질적으로 어렵지만 어쨌든 감내할 수 있었던 그런 내적인 동기가 있었던 것이고, 그래서 이런 어려움들을 누구나 다 서민들은 겪는 것이고, 물론 여성이기 때문에 더 겪는 그런 정도는 내가 극복을 해야 노동운동을 할 수 있고 그런 식으로 생각을 해서 사실은 물리적으로 육체적으로는 힘들었지만은 그냥 그런 것은 마땅히 감당해야 하는 것이라고 생각하고…. 지금 생각하면 암담하지요. 어떻게 지나 왔나라는 생각이 들지요. 솔직히 어떻게 지나 왔는지 모르겠어요.

더 이상 돌보아 줄 수 없다며 애를 데리고 가라

가장 속상했던 때는 결혼해서 애를 낳은 후 다섯 살까지 친정에 맡겨서 키웠어요. 일주일에 한 번씩 〔아이를〕 만나면서 친정어머님께 위탁을 했었어요. 그런데 부산에서 근무할 때 일주일에 한 번씩 애를 만나러 갔는데, 그때 상황이 민주금속노조연맹 조직의 위원장도 구속되고, 수석부위원장도 구속되고 직무대행도 수배 상태였었어요. 그때 내가 사무처장을 했는데, 그러니까 주말마다 수련회가 있었다고요. 교육도 하고 행사도 하고 그래야 되니까. 금요일 밤에 밤차 타고 올라와서 토요일 오전에 애를 보고 다시 오후 차로 내려가서 저녁에 수련회를 참석하고, 다시 밤차를 타고 올라와서 일요일 애랑 같이 지내고 월요일 새벽에 다시 내려가고. 그렇게 이틀 동안에 세 번을 왔다 갔다 하면서, 애를 봤는데 그래도 이게 일이다 생각하니까 됐는데. 결정적으로 우리 오빠들이 어머니께서 나이도 드셔서 힘드시고, 자유롭게 여행도 다니시고 해야 하니까, 더 이상 애를 돌보아 줄 수 없다고 애를 데리고 가라는 말을 들으니까 너무 막막하더라구요. 어디다 맡길 곳도 없고, 돈도 없고, 또 어디다 맡기면 제시간에 애를 찾아 가야 되는데 맨날 시간을 못 지켜서, 유아원에서 야단맞고, 그때 너무 막막해서 정말 그렇게 서럽게 매일 울었어요. 다음에는 다른 사람, 애를 맡기는 집을 찾아서 이사를 하게 되었는데 특히 인제 애를 어디다가 맡길 곳이 없어가지고 그때 제일 서러웠지요. 이게 아마 지금 직장을 다니는, 직장생활을 하는 젊은 엄마들, 애 엄마들이 겪는 가장 큰 어려움, 아픔일 거예요.

다른 엄마와의 관계보다 저처럼 엄마, 부모들 기대에 어긋난 방향으로 간 그런 사람들이 또 부모 신세를 져야 할 때 애증관계가 되는 거예요. 그래서 친정엄마하고 애 데리고 올 때까지 많이 싸웠어요. 우선 첫째로는 부모님 입장에서 그짓 하고(운동하고) 다니는 딸이 꼴을 보기가 싫은 거예요. 그런데 애는 불쌍하니까 봐 주시고. 애한테는 공을 들여도 에미인 저한테는 가면 매일 야단하고. 야단이라기보다 애 그만 데려가고 정신 차리라고 매일 하시고 그러니까 가기도 싫고. 그래도 또 애를 맡길 곳이 없으니까 의지할 곳은 친정 부모밖에 없고. 그 생활을 한 5년 정도 했는데 고통스럽지요. 그래도 친정 부모는 금방 풀어지니까 그나마 유지되었지만, 저도 친정 부모하고 굉장한 긴장관계를 유지했어요. 그러고 인제 일하는 사람 입장에서는 돈 많이 벌고 대접받고 그런 일이 아니니까, 엄마한테까지 그런 대접을 받을 때 너무 서러웠지요. 어디다 하소연할 곳도 없으니까, 그랬던 세월이 있었어요.

시댁에는 철저한 관리형으로

저희는 결혼을 92년도에 했으니까 서른네 살에 했으니까 늦게 한 거예요. 그 당시까지 결혼한 사람들이 겪는 일반적인 양태가 있었어요. 아이 문제, 돈 문제 이런 것들을 쉽게 해결하지 못하니까 대부분 부부 사이에서 밀려서 일을 그만두고. 그 다음에 또 하나는 대체로 그런 상황에서 시부모와의 관계가 아주 안 좋아지고. 특히 운동을 하는 경우는 이런 경우를 많이 봐서 결혼을 굉장히 망설였어요.

그래서 결혼 후 처음부터 우선 시부모님과의 관계는 제가 원칙이 있었어요. 결국은 의지만 갖고 되는 것은 아니기 때문에 갈등을 굉장히 많이 했는데, 내가 34, 남편이 37세 때 결혼을 했는데 양가 집에서 다 노처녀 노총각 귀신 될까 봐 굉장히 걱정을 많이 하던 차에 결혼을 했기 때문에 많은 것들을 인정을 해주셨어요. 부모들이 아들이나 딸이 운동권인 것은 인정을 하더라도 사위나 며느리가 운동권인 것은 좋아하지 않는데 그런 것 타박도 들어 보지 않고 양쪽에 대접받으면서 결혼을 했지요.

결혼 전부터 저는 시댁한테 무언가 신세를 지는 것은 그 굴레에 말리는 것이라는 생각이 확고했고, 또 그 당시 시댁에서 시누이 애들을 키우고 있었기 때문에 우리 애를 키울 형편도 안 되었지만, 내가 해드릴 것이 없으니까 아쉬운 소리는 안 해야 되겠다고 처음부터 선을 딱 그었지요. 물론 남편 입장에서는 친정보다 시댁에 맡겼으면 하는 생각도 있었지만 아주 그냥 선을 딱 그어서 애를 친정에 맡겼지요. 그래서 시댁하고는 그런 이해관계에서 부딪히는 일이 없도록 하고, 그 다음에 서울에 계시니까 정기적으로 가서 뵙고, 철저히 관리형으로 이렇게 관계 유지를 하게 되었는데, 또 우리 시어머님이 당신 둘째 아들인데, 둘째 아들에 대한 신뢰가 굉장히 크다 보니까 오히려 우리한테는 참 잘해 주셨어요. 이해를 해주시고. 아무튼 뭐 시댁 때문에 피곤하거나 그랬던 경험은 거의 없어요. 그리고 또 남편이 그 점을 잘 조절을 해준 것 같아요.

그래도 신혼 초에는 시댁에 갔다 올 때마다 싸웠어요. 시댁에서 오는 길에 차 안에서 싸워가지고 88올림픽 대로에서, 임신하고 있을 때였는데, 제가 당장 차를 세우라고 해서 지랄지랄하고 그러니까 남편이 할 수 없이 차를 세워서 내가 혼자 압구정동으로 넘어간 적도 있어요. 그렇게 싸운 적도 있어요. 다른 것 때문에 싸운 것이 아니라 시댁이 워낙에 가부장제 문화가 많아가지고 그런 거를, 왜 남자들이 제대로 리드를 안 하느냐는 걸로 싸움을 많이 했는데, 사실은 우리 아저씨가 시댁에 제가 좋게 보이도록 많은 역할을 했어요. 예를 들면 내가 사실 지방출장이 많았는데 시부모님은 돈 벌러

다니는 걸로 아니 교육, 노동운동을 하지만 생계유지를 위한 방편인가 보다라는 것으로 생각을 하시게 만들었고, 부모님께서 그렇게 이야기를 하면 남편은 그런 척하고 가만히 있고. 그래서 시어머님은 며느리가 지방출장을 가서 돈 벌어서 먹여 살리는 것으로 이해를 하시고, 자기 부모한테 이해 못하시는 것이 있으면 천천히 설명을 드려서 며느리 처지에 대해서 이해를 시켜 드리고.

이제 곧 구정인데 시댁 가서 차례도 지내야 하고, 정말 슈퍼우먼이 아니면, 이런 모든 일을 짊어지고, 일을 지속하는 게 힘들게 느껴질 때도 있고. 가끔씩은 여러 가지가 너무 팽팽하게 느껴질 때, 이렇게 어느 것 하나, 조금 약간 긴장을 멈추면 문제가 생기고 그럴 때, 어느 한 줄을 탁! 놓아 버리고 싶은 심정이 들 때가 있지요. 인간이면 누구나 그런 때가 있는 거고.

저도 결혼을 해서 처음 남편하고 자질구레한 싸움을 많이 했어요. 그런데 머리보다, 우리 남편이 굉장히 마음도 너그럽고, 민주적인 사고를 갖고 있고, 그래서 드센 너한테 딱 적임자다라고 소개를 많이 받고 결혼을 했는데, 결혼을 해서 살아 보니까 그 사람이 살아온 과정이 굉장히 중요하더라구요. 우리 시댁은 철저히 남성중심적인 가정에 남자가 부엌에 들어가는 것 못 보는 그런 분위기였고 그 다음에 남자들이 앉아 있으면 갖다 바쳐야 되고.

하루는 시댁에서 인제 우리 시어머님이 우리 집에 오셨는데, 뒤돌아보니까 그러시더라구요. 혀를 끌끌 차시면서 웃으시면서, 그래, 에미가 직장 생활 하니까 같이 해야지 어쩌겠냐? 그래서 뒤돌아보니까 자기 아들(남편)이 자기 커피를 타 먹는 거야. 그래서 나도 속으로 웃고 만 적이 있어요. 뭐 처음에, 빨래는 우리 아저씨가 하고, 부엌일을 내가 하고 이렇게 역할을 나눴어요. 대부분의 여성들이 그렇게 하면서 실패를 하는 이유가 처음에는 세탁기 돌려가지고 널기까지만 하고 일주일, 열흘이 지나도 남편이 안 걷으면 대부분의 여자들은 그냥 자기가 걷는다구요. 난 한 달이 되어도 안 걷었어요. 먼지 다 묻어도 절대 접거나 개켜서 서랍에 갖다 놓은 법이 없어요. 난 일주일이고 열흘이고 내 것 필요한 것만 걷어다가 입어요. 세탁기에 여러 가지 색깔이 뒤얽혀서 물이 빠져도 그냥 나는 모른 척해. 이런 작은 싸움들이 있었지만 지금은 남편이 세탁일은 완전히 선수예요. 그래서 여지껏 나는 거의 빨래 안 해 보았고, 청소는 둘 다 감수하는 거지. 서로 못하니까. 텔레비전 위에 먼지가 수북해도 서로 감수하는 거지. 지금은 인제 내가 일이 바쁘고 하니까 거의 90퍼센트 살림을 다 남편이 알아서 하고. 아직도 안타까운 일은 세탁하는 일은 전문가 빰치게 하는데, 부엌일은 아직도 이렇게 임시방편으로 하는 거야. 예를 들면 포기김치를 착착 썰어서 담는 게 아니라 대충대충 이렇게 뜯어서 한다던가, 내가 집에 있으면 제대로 그렇게 하지요. 이렇게 남편하고도 일상 투쟁을 굉장히 많이 전개해 오고, 또 시댁 문제 갖고도 계속 싸우고.

변화시키는 과정 하나하나를 목표로

가끔 우리 남편은 참 문제가 많다라고 하는 경우가 있는데 그건 어느 집이든 마찬가지예요. 내가 더 불행하다고 생각하지 말고, 불가피한 과정이라고 생각하고 다만 시간이 짧게 걸리는 집안이 있고 길게 걸리는 집안이 있을 뿐이다〔라고 받아들여야 해요〕. 그렇게 해서 변화를 꿈꾸는. 그런데 변화에 대한 확신 그것이 운동관이거든요. 변화에 대해서 불신을 한다면 운동이라는 것은 존재하지 않는다, 가능하지 않은 일을 내가 왜 하느냐, 조급하게 마음먹지 말고. 마음이 조급해지고 그것 하나하나가 결과를 빨리 쟁취하는 것에 조급해지면 모든 것이 짜증스러워지고 스스로 포기하던지 그렇게 되는데 그게 아니라 그러한 것들을 변화시키는 과정 하나하나를 목표로 〔삼으면〕 그럼 여유가 생기고 그 과정 하나하나에 애정을 갖고 성취감도 느끼고 그럴 것 같아요. 사실 그렇게 살아온 것 같아요, 지금까지. 그래서 서로 성내고, 그래 하고선 이불도 따로 하고, 말도 안 하다가도 금방 풀어지고 아, 이 사람하고 죽어도 못 살겠다 이렇게 되지 않는 이유가 스스로 그것이 무슨 의미인지 해석해 나가니까, 뒤돌아 서고는 다시 말을 하게 되고 그런 거지요. 당장은 화가 나더라도. 그런데 그게 아유, 인제 더 못 살겠다라는 생각이 드는 순간 엉뚱한 방향으로 나가게 되는 거예요. 싸우는 것도 요령이 많이 생기게 되는 거지요. 우리도 부부 싸움을 선문답을 많이 하게 돼요. 속 이야기를 많이 하게 돼요. 아마 그런 것 많이 느낄 거예요. 나도 말 뱉어 놓았지만 그게 내 속이 아니고 내가 그런 만큼 상대방도 그렇거든. 그런 것을 서로 헤아릴 수 있는 상황이 되면 싸움도 맘 놓고 할 수가 있지요.

저는 남편이 가장 든든한 후원자라고 말해요. 우선 저는 노동조합을 할 때도 일주일에 한 며칠씩 출장이 있는데, 사실 마누라가 해줘야 할 일을 전혀 못하지요. 그런 것들이 머리로는 이해가 되지만 실제 생활에서는 자기가 불편하거든요. 사실 부부생활에서 부인이 정상적인 사회의 아내 역할을 방기하고 집을 계속 비우니까, 역할분담 나누고 하는 차원의 말을 하는 것이 아니라, 여러 가지로 불편하고 한데도 단 한 번도 내가 일하는 문제를 가지고 불편한 내색을 한 적이 없어요. 저는 그걸 너무 고맙게 생각해요. 아, 이 사람이 진짜 내가 일하는 것을 속으로 후원하고 있구나, 이런 것을 말을 해서가 아니라 느낌으로 보여지는 것으로 확인할 수 있었지요. 단 한 번도 불평을 한 적이 없어요. 출장을 가고 그런 문제로 자기 일정과 충돌이 된다거나 할 때 대부분 자기가 양보를 하고. 이거는 좀 특수한 경우지요. 그러니까 제가 그랬잖아요. 제가 가장 힘든 그런 일정이 있지만, 그런 남편과 사는 것도 굉장히 특수한 경우거든요. 그래서 다 똔똔되게 되어 있거든요.

뭐, 이런 것들이 하루아침에 가능해진 것은 아니지만 저희 남편이 제일 든든한 후원자라는 것이고, 그래서 남편이 저한테 전통적인 아내 역할을 가지고 부부의 기준으로 삼지 않듯이 저도 뭐 거꾸로, 내가 일하니까 남편이 돈 벌어 와야 되고 뭐 해야 되고, 그런 기준을 가지고 있지 않아요. 우리는 그런 점에서 좀 자유롭고 그런 것들이 바깥의 일반 사회 시각에서 바라보는 시각이 크게 작용을 하는 것인데 그런 점에 대해서도 저희 남편이 상당히 감내하고 그런 것들을 볼 때, 인제 신뢰가 많이 생기는 거지. 그래서 대체로 보면 부부관계의 여러 유형이 있는 것 같애. 곰살 맞은 닭살같이 재미있게 지내는 부부도 있고 여러 유형이 있는데, 우리는 인제 뭐 그런 거지요. 안 그러고는 분명히 충돌이 있지 않겠어요. 충돌 없이 부부가 같이 사는 것은 불가능하지요.

절대적인 타협이 필요하지요

부부관계를 유지하려면 반드시 남편이 되었건, 부인이 되었건 누군가는 어떤 형태로든 타협을 해야만 한다고 생각을 하는데, 마치 나의 경우에 그런 과정이나 합의가 없는 것처럼, 그래 너는 참 복도 많아, 운도 좋아라고 이야기하는 것은 밖에서 보는 거고. 물론 인제 객관적인 조건이 나을 수도 있지만. 절대적인 타협이 필요하지요. 예를 들면 시댁에 가면 들어가자마자 팔 걷어붙이고 나올 때까지 부엌에 있어요. 그런데 나는 그걸 내 임무라고 생각해요. 난 그렇게 생각했어요. 굉장히 피곤하거든. 피곤하고 주말에 가면은 평상시에 내가 며느리로서 해드린 것이 아무것도 없고 그러니까 가끔씩 가서 그거라도 해드려야 된다는 생각을 하고 그 다음에 형제들이나 형님도 계시는데 내가 그분과 시부모님한테 할 수 있는 일이다 생각하고 무조건 해요.

또 하나는 내가 일하고 이렇게 하니까 운동권 며느리들이 건방지고, 버르장머리 없고 뭐 이런 식의 선입견 같은 것들이 있잖아요. 그래서 어떻게 보면 영악스러운 것인데 아예 딱 그렇게 생각을 해서 다 때우고 그렇게 생각을 해서 몸으로 때워요. 시댁에는 가자마자 설거지고 뭐고 다 도맡아서 올 때까지 그렇게 하니까 누구도 뭐라고 말하는 사람이 없고 남편도 흡족해하고 그런 자세에 대해서. 진작에 결혼과 함께 타협한 모델이라고나 할까?

그런데, 상대적으로 친정 가서는 뭐 대체로 누워 있기도 하고. 우리 시대의 아이러니 같다고 생각은 하지만, 친정은 대체로 누워 있기도 하고 잘하지 않아도 주로 언니와 함께 가니까 언니가 일은 주로 다 하고, 또 내가 막내다 보니까 아무래도 친정에서는 난 주로 쉬고 그러지요.

우리 애가 '엄마 병'에 걸렸다고

저희 엄마가 저에게 우리 애가 엄마 병에 걸렸다고 종종 그러시는데, 일주일에 한 번씩 만나가지고 놀고 할 때 항상 애 때문에 가슴이 아팠지요. 올 때는 애를 떼어 놓고 와야 하니까. 아파트 단지에 젊은 엄마들이 많이 사는데 맨날 할머니 할아버지하고 나가는 게 싫다고. 다섯 살짜리가 하루는 밖에 데리고 나갈려니까 엄마 구두를 내놓더니 그걸 신으라고, 운동화 말고 구두를 신으라고 하더라구요. 구두 신은 엄마랑 놀이터를 꼭 가겠다고 우기더라고. 그러니까 뭔가 이렇게 할아버지 할머니 손에만 이끌려 다니니까 다른 애들은 젊은 엄마하고 나가는 모습을 보면서 말은 안 해도 가슴에 이런 것들이 다 박혀 있지요. 지금도 다른 집 애들보다 예민하다고 할까, 다른 집 애들은 그 나이에 맞게 천진스럽다는 느낌이 많은데 우리 아들은 조숙하다는 느낌이 많이 들고 그 나이 수준에 너무 생각이 많다는 느낌이 드는 것이 안타깝지요. 그게 엄마가 같이 없으면서 자기가 감당해야 할 몫이 많았던 것 같아요. 생각이나 그런 게. 애들 수준에서 고려하지 않아야 할 것들을 많이 하니까. 보통 애들은 아는 것이 많으면 잘 안 움직이잖아요. 그게 다 그런 영향이 아닌가 [생각해요].

애하고의 관계는 두 가지로 생각을 하는데, 하나는 어느 선배가 조언을 한 것으로, 엄마하고 많은 시간을 보낸다고 해서 애한테 무조건 좋은 것은 아니다.

중요한 것은 두 가지인데 우선 엄마하고의 관계를 꼭 예측 가능하도록 해라. 또 하나는 우리 엄마가 나랑 많은 시간을 보내지는 못해도, 엄마가 하는 일이 굉장히 의미 있고 뜻있는 일을 하고 있다는 자부심을 간직하게 하는 것이 중요하다고 생각을 하게 해라. 저는 이 두 가지를 철저히 했어요. 태교 때도 이런 이야기를 많이 했어요. 엄마가 하는 일에 대해서 노래를 부르고, 태어나도 지방출장도 가고 아저씨들도 만나고. 그래서 인제 아이를 일요일 날 만나면 애가 알아듣던, 못 알아듣던 일요일 스케줄을 다 이야기를 해주었어요. 세 살 때도 엄마가 이번 월요일은 부산 출장 가서 아저씨들을 만나서 교육을 하고, 누구를 만나고, 금요일은 8시쯤 와서 너랑 놀아 주고 일요일은 아예 너랑 〔놀아 주마〕, 그러고 그 약속을 꼭 지켰어요. 지금은 많이 못 지키지만. 조금 자란 후에는 애한테 내가 쓴 칼럼이라든지 하는 것들을 다 이야기해주고 했는데 그게 굉장히 주효했다고 생각을 해요.

아이 피아노 선생이 있는데 이 피아노를 몇 년 교습을 받았는데 한 달에 15만 원씩이면 비싸요. 내가 끊으려고 해도 못하고 있는 것은 이 피아노 선생하고 잘 사귀어서 엄마를 대신해서 아이가 맺고 있는 중요한 관계다 싶어서 안 끊고 있어요. 피아노 선생님한테 작년인가 1년이 넘어서 선생님께 전화도 못해서 미안하다고 연락을 했는데, 피아노 선생이 하는 말이 자기가 직장 다니는 엄마 애들을 많이 돌보고 있는데 이 아이만큼 자기 엄마에 대해서 자부심을 가진 아이를 처음 봤다는 말을 하더라고요. 그 이야기를 듣고 내 가슴속에 밀린 것들이 다 해소가 되더라고요. 그리고 아이 성교육은 아이들이 성교육 관련해서 보는 책이 있어서 책을 주었는데 어디다 꼬부쳐 놓았는지(숨겨 놓았는지) 읽는지, 안 읽는지는 잘 모르겠고, 성교육은 엄마하고 이야기하는 것을 쑥스러워하기 때문에 책으로 대체를 하고. 자기가 그러더라고. 친구들이 고추 수술을 겨울방학 때 할까 했는데 어떠냐고 하더라고. 나는 그것에 대한 정보가 아직 없고, 어떤 사람들은 하지 말라고 해서 생각 중이에요. 그리고 집안일 부문은 잘 안 하려고 하더라고요. 밥을 볶아 먹는다던가, 라면을 끓여서 먹는 것은 자기가 하는데. 그리고 아빠가 하는 것을 하도 보기 때문에 그런 거 하는 것을 자연스럽게 생각하고. 아직 그걸 어떤 의무감을 주면서 시켜 보지는 못했어요.

우선 아이하고 시간을 많이 못 보내요. 무기력하다고 느끼기보다 가슴 한구석에 이렇게 에미 노릇을 제대로 못한 미안한 감정이 가슴 한구석에 자리 잡고 있어요. 그게 많이 베풀지 못해서 그런 것이 아니라 우리 애가 혹시라도 엄마노릇을 잘 못해 줘서 무엇인가 결핍되고 정상적인 성장에 지장이 되면 그것도 새로운 업보이고, 아이한테 도리가 아니잖아요. 내가 하는 일은 잘할 수 있을지 모르지만 그런 거는 애가 또 스스로 많이 극복을 하고 있고. 지금까지는 뭐 크게 걱정스럽지는 않은 상태고.

시끄럽게 소리를 내야 돼요

여성이 이 사회에서 어떤 가부장제 이데올로기의 장벽을 넘으려고 하는 순간 두 가지 중에 하나는 선택을 해야 해요. 하나는 벽창호처럼 모른 체하면서 살던가, 통하지 않으니까 대부분 좌절감 같은 것들이 온다고, 그리고 그걸 딛고 일어서려면 그걸 독하게 마음먹고 붙어야(밀어붙여야) 돼요. 시끄럽게 소리를 내야 돼요. 그게 백지장 한 장 차이예요. 그걸 포기하는 순간 순종을 해야 되거든요.

금속노동조합에 남성들이 약 95퍼센트 있는데 아까도 그런 이야기 했지만, 남자 활동가들은 여자들은 왜 말로 하면 되는데 질질 짜냐, 왜 좋게 이야기하면 되는데 성질부터 내냐, 이렇게 저에게 물어요. 물론 후자는 나한테 하는 이야기지.

그래서 내가 항상 정색을 하고 하는 이야기가 여자들이 태어날 때부터 백치라서, 울보라서 우는 게 아니고, 여자들도 남자들처럼 인품 잡고 이야기하고 싶다. 그런데 그건 기득권 내에서 하는 이야기고, 회의에 25명 앉았는데 여자 혼자 중요한 문제라고 제기를 했는데 제대로 다루어지지도 않고 〔그러면〕 그 다음에는 어떻게 되겠냐? 답답해서 울던가, 포기해 버리든가 아니면 그 다음에는 회의 시작하기 전에 댓바람부터 세게 붙던가, 그렇게라도 하면 기타 안건으로라도 다루겠다, 그렇게 나오는 것 아니냐.

여자들은 태어날 때부터 죽을 때까지, 태어날 때부터 감별되어 가지고 태어나지도 못하고, 이런 사회 속에서 남자들처럼 품위 있게 행동할 수 없어요. 우리 세대는 사회에 나와서 직장 생활도 하지만, 우리 운동권이라 하더라도 대체로 남성들이 여성들에 대해 배려하지 않는다고 봐요. 그리고 육아 출산으로부터 시작되는 경제적 불평등도 많이 존재하고.

저는 남자들과 회의를 진행하다 보면 정말 답답한 적이 많이 있었지만 회의석상에서 운 적은 없고, 우는 것보다 더 감정이 복받친 적은 많이 있었지요. 그러면 푸는 방법은 만나서 이야기로 풀고 마는 게 아니라 따로 만나서 설득도 하고. 화도 내고, 뭐 줄기차게 해온 거지. 그 반복되는 것을 견뎌 내는 것이 쉽지는 않았지만 결국 사회 속에서 운동을 하면서 사람들하고 계속 지치지 않고 싸울 수 있다라는 것은, 지치지 않고 싸우는 것이 운동의 생명력이거든요. 그리고 어느 순간에 이것이 귀찮아지거나 부질없는 것으로 느껴지거나 좌절하거나 포기하거나 매너리즘에 빠지거나 적당히 타협하거나 이렇게 되는 거지요.

민주노총도 남성 중심의 작은 사회

95년 11월에는 드디어 민주노조운동의 총집결체인 민주노총이 결성됐고, 2001년에는 기업별 노조를 뛰어넘는 산별노조인 금속노조가 결성되면서 사무처장을 맡게 되었어요.

민주노총도 다수 남성 중심의 작은 한 사회이지요. 다를 게 뭐 있어요? 다만 상층 중심으로 양성평등이나 이런 부분들의 가치를 노동운동의 이념 속에 포함하고 그것을 위해서 노력한다는 차이인데 그 노력도 사실은 남성 중심의 리더십으로 구성이 되어 있기 때문에 그 노력은 대단히 선언적이고 면피용 수준으로 지금까지 되어 왔다는 것이지요.

민주노총 내의 여성국이나 여성들 중심으로 여성국도 있고 여성 활동가들이 움직였던 것도 사실이고 움직이고자 했던 것도 사실이고 밖에서 보기에는 미미하고 아쉽다는 생각이 많이 드는 게 사실이에요. 그렇지만 그게 뭐 아쉽기는 한데 어차피 실천을 통해서 해결해야 될 문제이지요. 어렵지요. 어느 조직이나 어느 단체나 쉽지는 않지요.

어디서나 그렇듯이 운동권 내에서도 가부장적인 문화를 실감할 때가 많아요. 예를 들면 내가 이제 금속연맹 사무처 직원들, 활동가들 중에는 최고 고참이기 때문에 주로 스태프들 중에서도 책임자 역할을 많이 맡았거든요. 지금은 인제 뭐 오래 노동운동을 하면서 나이가 들어가면서는 괜찮은데, 초창기 30대나 이럴 때 보면 운동하는 사람들도 여자 상급자 모시는 것을 굉장히 불편해해요, 남자들이. 예를 들면 어떤 경우를 많이 받았느냐면 “야 이 새끼가, 너 똑바로 해!” 이렇게 해도 남자가 그러면 그걸로 그냥 지나가 버리고 마는데, 여자들이, 여자 상급자가 뭐라 그러면 술자리에 가서 꼭 말이 많아요. 여자들은 피곤하다든지 여자들은 뭐 어떻다든지. 그런 스트레스 많이 받지요. 그런 문화도 많이 있고. 그 다음에 여자들이기 때문에 사회에서 더 많은 것을 지불해야 되는 것들이 많고, 특히 애나 이런 부분에 대해서 전적으로. 하다못해 뭐 출장 다니고 힘들어하면 남편은 다 이해하는데, 예를 들면 친정어머니나 시어머니 할 것 없이 전화를 하시면 너는 얼마나 힘드냐는 전화는 별로 없었어요. 애비는 밥 제대로 잘 챙겨 먹냐 그러신다던가, 가끔 애라도 아프면 다 에미 탓이잖아요. 이런 설움이 다 맺혀 있지요. 여자들은 다. 어떤 때 보면, 밖에 나가서 일을 하는 데 있어서

민주노총 사무처장 시절 교육하는 모습

도 다 내 책임이고, 그 다음에 애고 뭐고 다 내 책임이고. 난 어디 가서 뭘 하소연할 곳도 없구나, 그런 뭐라 그럴까, 고독감 같은 것을 굉장히 많이 느끼면서 컸지요. 이건 유독 나만 그런 것이 아니고 대부분의 여성들이 많이 그럴걸요.

민주노조운동, 2000년 이전까지는 여성 배제적

제가 그 이전에 민주노조운동이 2000년 이전까지[는] 여성 배제적인 운동이었다는 이야기를 한 적이 있어요. 그렇게 제기를 하니까 당시 위원장이셨던 단병호 위원장님이 하시는 말씀이 민주노조운동이 언제 여성을 배제한 적이 있느냐? 그러더라고. 그래서 내가 노동운동이 의식적으로 여성을 배제해서가 아니라 노동운동의 이념과 중심 과제로서 여성 문제를 인식하고 적극적으로 실천하지 않은 것이 결과적으로 배제한 것이다라는 이야기를 한 적이 있어요. 그런 것처럼 그래서 여성 할당이라든지, 여성 특례조항들, 이런 것들이 논의되었어요. 90년도 전노협 때도 중앙의원 여성 할당제를 많이 이야기했었는데 그때도 90년도, 전노협 때도 단병호 위원장하고 많이 싸웠어요. 내가 하는 말들이 이해가 안 가는 거예요. 여성들을 거꾸로 성차별하는 것이다라고도 하고. 어쨌든 관철은 시켰지만 잘 안 됐어요. 안 됐는데, 본격적으로 민주노조운동이 먼저 시작했지만 여성 문제는 사실 당이 창당되면서, 당에서 인제 여성할당 문제가 본격적으로 이야기가 되었는데 당은 진보정치를 주장하는 한, 여성의 정당임을 표방하는 한 여성들에 대한 적극적인 조처에 대해서 반대할 명분이 없잖아요. 당내에서도 많은 논쟁

이 있었어요. 역차별이다 뭐다…. 너희들[의] 그런 주장 자체가 보수를 의미하는 것이다[라면서]. 2002년 광역 지자체 투표를 할 때 비례대표를 1, 3, 5를 여성으로 해라[고 요구했는데], 당시는 한 명밖에 당선 가능성이 없는 상황이었는데, 그럼 여성들만 하라는 거냐라며 굉장히 격렬했었다고. 그때 제가 한 이야기는 그거예요.

시쳇말로 자리가 사람을 만드는데, 여성들이 그런 자리를 해보지 못했기 때문에 훈련된 여성이 적은 것은 맞다. 그건 자본가가 자본가 정권이 노동자들은 무식하고 해본 적이 없어서 정치 못한다는 논리와 똑같은 것 아니냐? 그럼 그런 부분들을 목적의식적으로 기회를 부여하고 훈련시키는 것이 바로 진보 정치다. 그걸 거부하는 것은 변화를 거부하는 것은 결국 현재를 지키자는 것이고 그게 바로 보수 아니냐, 이렇게 덤벼드니까 말을 못한 거지. 그래서 통과가 되었어요. 두 표 차인가 한 표 차이로 그렇게 인제 민주노동당에서 시행이 되면서 그 다음에 민주노총도 수용하게 됐다구요.

민주노총 같은 경우도 인제 사실은 남성 중심적인 양성평등의 문제나 이런 것들이 중심 과제가 되지 못했던 이유가 여성 할당제 문제뿐만 아니라 실제 교섭 의제나 이런 것들 중에서도 여성들과 관련된 요구들이 조직 논리에 밀려서 다 양보되고 그러잖아요. 당연한 것으로 생각하고 그런 것과 관련해서 이런 것들을 대중조직의 논리상 당연한 것으로 생각하고. 왜냐면 다수가 주장하니까. 노동조합이 그렇게 된 것은 이념적인 한계, 이런 점에 대해서 이익집단 수준에서 더 크게 나아가지 못하고 민주주의라는 것을 단지 숫자 분과성으로만 바라보고 실제 노동운동이 해결해야 될 어떤 내용, 민주주의가 해결해야 될 내용, 이런 것들은 후순위로 보는 것 자체가 전적으로 이익집단적인 사고, 그만큼 그동안의 민주노동운동이 이념적으로 부족한 것이고 불철저한 것이고 또 다수 87년 7, 8월 투쟁 이후에 노동운동의 주체들이 사실 대기업 남성 노동운동가 중심의 노동자들이고 또 리더십이 남성 중심적으로 운영되기 때문에 그런 것이다라고 분석을 하고 있지요. 그런 점에서는 인제 노조보다는 당이 훨씬 더 여지가 크고, 명분도 있고.

기아자동차 노동조합 비리 사건 같은 경우는 뭐 올 게 온 것이지요. 기아자동차 노동조합 같은 경우는 옛날부터 공공연한 비밀이었어요. 구체적인 실상 같은 것은 몰랐지만. 요번 기회에 그것이 뭐 새로운 충격적인 일로 받아들여지기보다는 있어서는 안 될 일이 있어 온 것인데, 그런데 그게 단지 몇 사람의 도덕적인 문제 제기 수준의 비판을 넘어서서 대기업 기업별 노조의 체계와 또 지금 우리 노동자들이 싸워야 될 신자유주의 정책과의 어떤 괴리, 투쟁의 어떤 요구나 방향과 그것을 쟁취하기 위한 투쟁수단의 분리체에서 나오는 구조적인 한계가 크지요.

기업별 노조가 막대한 권력을 갖고 또 정부의 전근대적인 노사관계가 그것을 악용하는 조건 속에서는 얼마든지 그게 고여서 부패할 수가 있는 거지요. 이게 무슨 자정운동 이런 것을 한다고 되는 것이 아니고 근본적으로 노동운동의 방향과 또 그 방향에 걸맞는 조직체계의 쇄신 같은 것들이 병행되어야 할 문제 같아요, 지금은. 왜냐면 결국은 교섭권이 만약에 산별 단위나 이런 데 있으면 기업별 노사 간의 밀착관계 이런 것들은 많이 없어지지요. 기업별 노조의 가장 큰 문제점 중의 하나가 이거거든요. 기업별 노사 간의 유착관계가 가장 심각하고요.

주변에서 노동운동권의 도덕적인 면에 대해서 많이 지적을 하는데, 그것도 일률적으로 지적할 수는 없어요. 예를 들면 우리같이

25년 동안 평생 한 사람들, 최저생계비도 못 받아 가면서 헌신하면서 생활하는 사람들이 아직도 많이 있잖아요. 그렇잖아요. 그거를 도덕적인 문제로 지적을 할 것 같으면 정확하게 당사자들 문제로 이야기를 해야 하는 것이고. 그런 도덕적인 문제가 발생하게 된 구조적인 한계는 결국은 인제 돈 많은 기업별 노사체계가 필연적으로 단합할 수밖에 없는 그런 필연적인 관계가 부패의 온상이 되었다는 것이지. 아니 그 수많은 사람 해고되고, 해고되어서 아직도 거리에서 싸우는 사람들도 많고, 뭐 노동운동 하는 사람들 중에는, 저만 하더라도 월 110만 원 받고 평생을 살아가는 사람들이 있잖아요. 제가 100만 원 받은 지도 3년밖에 안 됐어요. 그렇게 해서 헌신하는 사람들도 많이 있다고. 그런 면들은 가려지고, 문제가 발생했을 때 확대하는 언론과 주변의 접근들은 우리가 당연히 감수를 해야 되는 것이지요. 어떻게 뭐 다른 대책이 있을 수가 없는 거지.

자기 세계관과 가치관이 분명해야

80년대 함께 운동했던 여성들 가운데 지금은 거지반 결혼해서 아이 낳고, 자기 직장 생활을 하는 일상생활로 돌아간 사람들이 많은데, 결국은 그런 생각이 들더라고. 그때 당시만 하더라도 규율도 많이 만들고 그랬지만 결국은 두 가지인 것 같아요. 인간은 결국은 사회적 존재이고 그 당시만 하더라도 개인과 조직, 그 다음에 어떤 사회와 역사 이런 주제에 대해서 상당히 고민을 많이 했는데, 결국은 어떤 사회의 어떤 주류가 아닌 비주류나 소수파로서 홀로 선다거나 독립한다는 것은 두 가지 조건이 다 필요한 것 같애.

하나는 자기 세계관과 가치관이 분명해야 하고 누구의 강요나 당위만 갖고 되는 것이 아니고 결국은 자기 삶에 대한 철학이라던지 하는 것이 필요하고. 두 번째로 인간은 사회적 존재이기 때문에 결국은 그것이 하나의 집단적인 사회적 관계 속에서 유지되고 강화되지 않으면 버티기 힘든 것이지요. 그것이 조직적인 삶이라고 보는데 결국은 자기의 가치관, 세계관과 함께 일하는 동지, 이런 것들이지요.

90년대 초반에 사회주의가 망하면서 많은 활동가들이 흔들리고 운동을 하나둘 떠날 때, 같이 일했던 동지들이 떠날 때, 우리가 가진 것이 없기 때문에 사실은 같이 일했던 동지들이 하나둘 떠날 때 그게 가장 가슴을 에리고 아프고 한 부분이지만 결국 그것이 자기의 세계관이나 가치관이 일정 정도는 불철저한 것, 당사자들로 보면 자기 스스로를 성찰할 수 있는 눈높이를 찾아 보는 시간이 필요하기 때문에 비난하거나 그런 느낌은 전혀 없고, 다만 이제 그런 활동가들이 자기 위치를 찾아갈 때 어느 위치에서 어떤 삶을 살더라도 우리가 갖고 있는 가치관이나 세계관이나 이념 이런 것들이 또 한편으로는 우리 역사와 사회의 진리이기 때문에 그런 진리의 범위 내에서 생활을 해 나갔으면 하는 그런 바램들이 많이 있지요. 거기를 벗어날 경우에 사실 조금 그 사람을 비난하기 전에 오랜 기간 동안 함께 활동했던 자괴감 같은 것이 생기지요. 그렇지 않고 그냥 자기 가치관대로 살아가는 그런 분들에 대해서 비난하고 원망할 것이 아니고, 오히려 자기가 무슨 출세나 그런, 좀 앞서 가기 위해서 줄 바꿔 서면서 사는 사람들에 대해서는 좀 경계심이 생기지요.

실제로 이전보다 많이 조심스러워지는 것 같아요. 조금 나이를 먹어 가면서 다른 사람들의 어떤 삶에 대해서 나의 기준이나 잣대를 내 가치관의 기준으로 가지고 재단하거나 하는 것이. 설혹 나랑 정 반대의 길을 간다고 하더라도 그렇게 해서는 안 되지 않겠냐 〔하는 생각이 들어요〕. 그러나 그런 분들이 생각의 차이가 있더라도 서로 자기의 어떤 변화나 현재의 삶에 관해서 스스로 떳떳하게 이야기하기를 바래요.

철의 여인으로 보이는 것은 부당

저는 나에 대해서 철의 여인으로 내지는 굉장히 굳건한 여인으로 보여지는 것이나 그렇게 표현을 하는 것은 굉장히 부당하다고 생각해요. 예를 들어서 어디서 읽었는데 박세리는 골프를 하는데 집의 도움을 굉장히 많이 받았고, 김미현은 돈이 없어서 고생을 많이 했다는데, 굉장히 하기 싫었다는 거야. 고통스럽고. 그러니까 무엇을 하던 간에 뭔가 우리 사회에서 자기 가치관을 가지고 살아온 사람이라면 종류는 다르겠지만 극복해야 될 과제나 이런 것들은 누구에게나 다 있다고 봐요. 제가 노동운동을 하면서 보통 다수 사람들보다는 어떤 특별난 계기들이, 어려움으로 주어졌던 것이 사실이지만 그럼 다른 사람들은 다 평탄하게 사냐 〔하면〕 그 사람들은 그 사람들 나름대로 다 어려움을 겪고 여기까지 왔다고 보고, 〔나는〕 지금까지 그렇게 살아왔기 때문에 고생을 했다, 억울하다, 이렇게 생각을 못해 봤어요.

외형적인 거는 뭐 다 이렇게 서울대를 나와가지고 현장에서 그럴듯한 직장도 못 갖고 이렇게 하니까 어른들은 그 박탈감 때문에 굉장히 고통스러워하지만 나는 이 일도 의미가 있다고 보기 때문에 그런 외형적인 차이 이외에는 사실 그 사람들도 자기 인생에서 겪어야 할 거기서 거기 정도의 차이일 뿐이고, 그 정도의 차이를 어떻게 느끼는가 하는 문제는 자기가 선택한 길에 대한 확신의 차이인 것이지, 절대적으로 누가 더 힘들고 덜 힘들고 그런 것은 아니다〔라고 생각해요〕. 감옥 안 갔다 오고 수배 안 당한 사람들도 또 어떤 경우에는 이혼의 고통이 있을 수 있는 거고, 애가 또 〔장애아라서〕 장애아를 가진 부모가 갖는 고통도 많은 것이고 나는 그런 걸 많이 보거든요. 또 자기 자식들이 분신을 해가지고 고통을 받는 부모들을 많이 보아 왔기 때문에, 그런 일상사에서 겪는 고통들에 비해서 난 참 행복하다, 그런 생각을 많이 했기 때문에….

그렇게 쓴 사람들의 생각이 어떤 것인지, 뭐 나에 대해서 그렇게, 그럴듯하게 보이라고 그런 건지, 저는 잘 모르겠고, 실제로 그렇게 생각했어요. 그리고 이제 저희 집안사람들도 보면, 저희 큰오빠 같은 경우도 보면 사업을 크게 하다가, 밖에서는 돈 잘 번다고 했지만 사업하는 과정도 맨날 지지고 볶는 과정이고 크게 부도나서 고통받고, 둘째 오빠는 30세까지 대학을 몇 번씩 떨어져서 고생하다 뒤늦게 또 잘살고. 다들 개개인들을 보면 개개인들이 지불해야 할 몫들을 다 지불하고 살더라 〔하는 거죠〕. 그래서 나는 참 세상에 공짜가 없고, 그 다음에 하느님의 이름으로는 차별이 없다, 그런 거를 굉장히 많이 느껴요. 사람이 어떤 사람에게 모든 것을 다 갖춘 그런 거는 없다, 좋은 점이 있으면 이런 또 나쁜 점이 있고, 인품이 좋으면 추진력이 없고, 추진력이 좋으면 사람이 또 너무 각박하단 소리를 듣고 다 그런 거지 뭐. 완벽한 뭐는 없는 거지. 인간은 다 유한한 존재이고 우리 이 사회 속에서 인생의 몫은 다 있는 것이고, 난 지금까지 그런 생각으로 살아왔어요. 그래도 나는 같이 또 노동운동을 시작했던 사람들에 비해서는 더 행복한 사람 아니냐, 노동운동을 하다가 중간에 그만두고 고시공부를 해서 고시 패스한 후에 변호사하는 사람들은 더 편하게 살았냐 〔자문해 봐요〕. 나는 모르겠지만 내가 중간에 그만두고 〔다른 길을 갔더라면〕 머리에 쥐나는 고통이나 그런 것도 감당하기 힘들었을 것 같아. 그러니까 그게 결국은 나중에 이제 죽어서 한줌의 흙으로 돌아가는 그 사이클까지를 총량적으로 계산해 볼 때 모든 사람의 무게는 다 똑같은 것이 아니냐, 난 그런 생각을 많이 해요. 굉장히 종교적인 이야기 같이 들리지만은.

보통 사람들이 사는 모습과 많이 다를 것이라

외부에서 저를 보기에 굉장히 많은 무장을 하고 생활을 하는 사람으로, 보통 사람들이 사는 모습과는 많이 다를 것이라는 이야기들을 하는데 저는 그 사람의 환경에 따라 다르다고 봐요. 저는 9년 동안 수배생활을 했거든요. 사실은 그때가 감수성도 예민하고 젊었던 시절이니까, 9년 동안〔의〕 수배생활이라는 것이 사실 굉장히 긴장된 생활에다가 정상적인 가정이나 이렇게 생활을 못하고, 피해 다니는 것도 굉장히 어려웠지요. 여전도사 집에 숨어서 살았는데 다른 사람들이 보통 일상생활에서 느꼈던 희로애락이나 고민의 크기라던가 이런 상식이 다를 뿐이지, 이 공간에서 내가 살면서 느꼈던 아프고, 상처받고 그런 종류는 다르지만 거의 뭐 똑같은 거지요. 예를 들면 애 때문에 시간 못 맞춰서 애가 맨날 울고 있고,

택시 몇 번씩 갈아 타면서 쫓아다녀야 하고, 친정 부모와도 맨날 싸우고 그 다음에 특히 노동운동을 하면서 부딪혔던 동료들이라든지 일하면서 부딪혔던 일들….

어쨌든 지금까지 오면서 노동운동 공간이라는 게 90년대 중반 이전까지는 오픈된 공개적인 그런 공간이 아니었고, 굉장히 폐쇄적이고 갇힌 공간이고 차단된 공간이었기 때문에 거기서 무려 15년이라는 시간을 보냈는데. 그 후에 노동운동이, 노동조합이 합법화되고 그랬지만 그 과거가 축적된 공간은… 실제 이제 국회에 나오면서 여러 사람들을 만나게 된 거지요. 그 전에는 동창 모임을 한 번도 나간 적이 없어요. 98년도에 언제 사대 역사과 모임을 나간 것 외에. 남들이 다 하는 친구, 친척 모임, 이런 생활을 거의 못했으니까. 그리고 그렇게 생활을 해 온 것에 대한 후회나 미련 같은 것도 없어요. 왜냐면, 뭘 알아야… 그 세계가 얼마나 유익하고 재미있고 그런 경험이나 아는 것이 없으니까, 별로 그런 점에 대한 미련 같은 것들은 없어요.

그래도 사실은 굉장히 버거워요. 그런데 항상 이렇게 살얼음 〔위를〕 걷는 기분으로 박빙의 어떤 긴장 속에서 사는 거지. 예를 들면, 애가 이제 방학이 며칠 안 남았잖아요. 방학 되고 브라질 갔다 와서 며칠 동안 계속 밤에 이렇게 지방을 도니까 심적으로 굉장히 불안하지요. 말은 못해도 일정은 채워야 되니까 애한테 미안하고, 아니 미안한 것을 떠나서 애한테 불안하고. 아이 성장에 잘못된 어떤 영향을 끼치지는 않을까 이런 게 항상 불안하지요. 당은 당대로 해야 될 일이 많은데 한 20일 비우니까 현장의 요구가 많으니까 강연 잡아야 된다니까 부담스럽지만 일정을 잡아야 한다니까 해야 되는 일이지요. 재정적으로도 여러 가지가 많이 어렵지요. 남편도 일

자리 제대로 못 잡고 집에만 있으니까. 그게 또 부인이 국회의원이니까 여러 가지가 정치적으로 걸려서 내가 발목을 붙잡고 있는 측면도 있지요. 이렇게 하나하나가 다 항상 긴장하고 있어야 되는 그런 문제들이 많이 있지요. 그런데 인제 그런 것들을 이런 삶을 사는 사람이 기본적으로 감수할 수밖에 없는 것 아니냐, 그렇게 생각을 하는 거예요.

생활을 해 나가는데 부족한 것들이 많지요. 부족하기는 굉장히 부족한데, 우선 보통 인제 세속적인 관점에서 내 집 장만해야 하고, 애도 어떻게 어떻게 해야 되고. 뭐 이런 욕심들은, 필요하다고 생각이 들지만 대책이 없으니까 그냥 있는 거지 뭐. 그런데 인제 그걸 위해서 하려면 돈 버는 자리로 가야 되는 것이니까 그거는 결단의 문제로 남는 거니까.

저는 10년 후나 20년 후에, 아니 그냥 지금 이렇게 생활을 하지 않았으면 달리 어떻게 생활을 하고 있을까라고 하는 생각을 한 번도 안 해봤어요. 당신이 옛날에 꿈이 무엇이었냐고 그러면 꿈이 하도 많고 자주 바뀌고 그래서 답이 어려워요. 사람들마다 이렇게 보면 저것도 하고 싶고, 이것도 하고 싶고 그런데. 난 어렸을 때 미술가가 될까 해서 그림도 그려 봤고, 그 다음에 외교관이 되어 봐야겠다, 교사도 해봐야 되겠다 그런 생각도 해봤고.

그 이후에는 노동운동을 그렇게 하면서는 다른 것을 생각하지 못해 봤다기보다 다른 것을 생각할 만한 여력이 없는 거였지요. 누구 말마따나 배운 도둑질이 노동운동밖에 없으니까.

다른 일은 거의 뭐 능력 밖의 일이라고 생각을 한 것이지요. 지금도 다른 일은 생각을 하지 않고 있어요. 달리 무얼 하겠어요? 그냥 하는 일에 충실하게 사는 것이 〔낫다고 생각해요〕. 별로 내가 이렇게 이 길을 애당초 무엇 때문에 잘못 판단해서 잘못 들어섰다라든지 그런 생각은 잘 안 해봤어요. 내가 다른 일을 했으면 크게 잘할 수 있었는데 이 길로 와서 고생한다, 그런 생각은 못해 봤고. 내가 선택한 일이고, 나름대로 의미 있는 일이고 이 안에서 최선을 다하겠다, 이런 생각만 해 왔던 거지요. 이 시점에서는 그 자체가 또 하나의 기득권이 되어 있는 상황인 것이고. 기득권이라는 것이 다른 것이 아니라 40세 이후에는, 마흔 살까지 자기가 투자한 것을 가지고 이후에 사는 것이지 뭘 새롭게 도모한다는 것은 웬만한 계기가 없으면 불가능하다고 신영복 선생님께서도 그런 말씀을 하셨듯이, 그런 뜻으로 이야기를 하는 것이지요.

저희가 80년대 현장에 들어갈 당시에는 지식인 여성 노동운동가라는 표현이 가능했지요. 그러니까 지식인 운동이라는 의미가 말하자면 목적의식적으로 처음부터 노동운동에 계획하고 투신한 경우를 말하지요. 지금 직장에 있는 대졸 학력을 지닌 일반인들을 말하는 것이 아니니까. 그분들은 직장을 먼저 구하고 직장 생활을 하면서 자기 권리를 위해서 노동조합 운동으로 나간 사람들이니까. 요즈음에는 사실 우리가 노동운동을 할 때와는 달라요. 지금은 임금을 받는 곳은 전부 다 노동조합을 만들었으니까. 뭐 대학 출신 선생님들이 많잖아요. 그러니까 조금 그렇더라고. 전교조 선생님들도 그렇고. 일반 은행권이나 이런 곳도 많이 그렇고. 제조업 분야는 그래도 아직 좀 고졸이 많이 있는데 거기도 방통대를 다니는 분들도 많고. 그래서 지식인 노동운동이라는 개념은 거의 많이 허물어졌어요.

80년대 중반까지 87년 7, 8월 투쟁 그 이후, 넓게 잡아서 90년대 이후에는 80년대까지가 지식인 여성 노동운동으로 통하는 거지요. 왜냐면 자기 결단을 통해서 노동운동을 목적의식적으로 다가간 그런 부류에 속하기 때문에 그때까지는 맞는데, 지금 세대의 노동조합 운동을 하는 사람들을 보면 딱 와 닿지를 않지. 그런 차이가 있는 것 같아요.

우리 사회가 여기까지 오는 과정에는 많은 어려움이 있었는데 무엇보다 80년 초, 70년대 말 당시하고 지금하고 달라진 여성의 지위를 비교해 보면 우선 여성, 그 중에서도 노동여성 하면, 70년대~80년대 초반은 그 주체가 여공이지요. 그런데 여기서 말하는 여공은 공순이였어요. 그만큼 사회적으로 하대받는 천한 계급 출신으로 취급을 많이 받았는데, 이때 제일 기억나는 것이 뭐냐면 80년 초반, 70년대 민주노조의 마지막 투쟁들이 쭉 있었지요. 노동법은 우리나라에 53년도에 만들어가지고 가장 잘되어 있는 편에 속해 있는데, 실제 여성 관련 조항들은 거의 사문화되어 왔어요. 그때까지. 그래서 80년대 초반에 콘트롤데이타 예를 제가 많이 드는데 그 당시에도 법조문에는 산전·산후휴가도 있고 생리휴가도 있고 이런 게 다 있었는데 실제로 여자가 이 당시만 하더라도 결혼하기 전까지만 직장 생활을 하는 것으로 사회적 인식이 되어 있었고 물론 본인도 그렇고. 결혼을 해서 애도 낳고 그러면서 애 엄마인 상태에서 직장을 계속 다닌다는 것은 사회적으로 용납이 안 되는 거야. 그러니까 당연히 산전·산후휴가라든지, 육아수당이라든지 이런 부분들은 사문화될 수밖에 없었던 거지요.

그때 당시에 여성 간부들이 있는 노동조합에서 동시 임신투쟁 같은 것을 해서 산전·산후휴가같이 사문화된 것들을 살려 내는, 그런 투쟁들이 80년 초반의 여성들의 지위를 상징하는, 있는 법도 못 찾아 먹는 그런 시절이었지요. 그런데 동시 임신투쟁을 해가지고 보통 그 당시에는 임신해서 직장을 다니면 불결한 사람으로 취급받고 했는데 노조 간부고 하니까, 그런 식으로 생리휴가를 살려냈던 그런 경험들이 있었지요.

요약하자면 80년 초반만 하더라도 공순이로 상징되는 〔여성 노동자는〕 우리 사회에 가장 무권리하고 경제적으로도 가난한 사회 하층을 상징하는 것이었고, 법은 존재하나 법조차도 여성 관련 기본권들이 사문화되어 있는 그런 상태였는데, 지금은 인제 우리 사회의 가부장제 이데올로기 속에서 한편으로는 양성평등을 위한 노력과 또 한편으로는 노동조합 선임의 어떤 정치, 경제, 사회적인 지위를 확보하기 위한 민중운동 진보운동이 발전하기 때문에 변화의 과도기라고 봅니다. 대표적으로 볼 때 호주제 폐지가 2월까지 완전히 관철될 것으로 보여지는데 그것이 남성 중심의 어떤 세습적인 구조를 일단 중단시키는 제도적인 효력을 갖게 된다는 것이고.

두 번째로는 노동조합의 경우 많이 노동조합이 합법적으로 조직화가 될 수 있는 그런 상황에서 여성 관련 조항들, 모성보호 조항들도 우리가 대비해 나갈 수 있겠다〔는 것이죠〕. 그런데 여기서 중요한 것은 여성 중에서도 절대 다수를 차지하는 일하는 여성들의 권리는 아직도 사각지대에 많이 놓여 있다〔는 점입니다〕. 왜냐면 우리나라의 49퍼센트의 여성 경제활동 인구 중에 73퍼센트가 비정규직이고, 이 73퍼센트의 상당 부분이 주로 가내노동으로 해서 식당이나 서비스업에 많이 종사를 하게 되는데 이런 부분들 같은 경우는 실제 근로기준법 적용도 안 되는 법의 사각지대에 놓여 있다는 것이지요.

그래서 여러 가지 가부장제적인 이데올로기나 노동기본권, 단결권, 이런 제도적인 개선들은 꾸준히 신장되어 왔지만 여성들의 절대 다수인 일하는 여성들의 권리라든지 지위는 사실상 크게 개선되지 못하고 있고, 특히 신자유주의 노동 유연화 전략으로 가장 최대의 희생자가 되고 있다는 것이지요. 보통 여성들〔의 임금〕이 남성 임금의 60~70퍼센트(동일한 노동을 할 경우)〔에 불과하고〕 가내노동에 종사하는 경우는 법의 사각지대에 놓여 있고 아직까지도 모성보호 부분은 취약하기 때문에 출산과 육아가 전적으로 여성의 책임으로 내맡겨져 있는 상황에서 직장〔에서〕의 승진이라든지 그 다음에 보직이라든지 하는 부분에서 절대적으로 불리한 상황입니다. 그런 형편에 있어요.

호주제 폐지의 취지를 실천적으로

호주제 폐지와 관련해서 이혼한 여자들이 받아들이는 일반적인 인식 말고 일하는 노동자나, 건강하게 사는 여성들의 삶은 어떻게 바뀔 수 있을까라는 생각은 우선 이 호주제가 족쇄로 작용했던 이해 당사자들, 인제 실질적인 이혼녀들에게는 어떤 변화가 있겠지요. 그리고 실제 쟁점도 거기에 붙어 있어요. 우리 자식 낳아가지고 여자가 이혼해서 데려가서 여자가 아이 성을 간다(바꾼다) 이거지. 그런데 일반 정상적인 가정생활을 하는 일반 여성들이 이 호주제 폐지의 취지를 실천적으로 경험해 나가는 데 있어서는 저는 또 다른 노력이 필요하다고 생각을 해요.

호주제가 폐지되었다고 해서 그동안 가부장적인 어떤 이데올로기라든지 생활문화나 제도가 바뀌는 것이 아니기 때문에 호주제 폐지의 취지를 좀더 실천적으로 이해하고, 그것의 내용을 채우는 여성운동, 또 그 여성운동이 실제 가정과 사회를 중심으로 하는, 여성운동권 중심의 활동이 아니라 이런 여성운동을 활성화해 나갈 필요가 있다. 결국은 여성 호주제의 핵심이 경제권의 문제이기 때문에 경제권을 중심으로 한 실천 10대 과제 같은 것들을 준비해서 좀더 치고나갈 필요가 있지 않겠나. 그래서 예를 들면 보통 여성의 가사노동에 대해서 저평가되거나 아예 평가가 안 되는 것과 관련해서 재산 공동소유 문제라던지, 성을, 그동안에 아버지 중심으로 했던 이런 문화를 개선하는 문제라던지 또 보육의 어떤 사회화, 여성이 보육에서 좀더 자유로워지는 문제라든지 하여튼 다양하게 호주제 폐지가 갖고 있는 이런 실제적인 내용과 가정이 어떻게 변화되어야 하는 것들을 확산하는 토론회나 이런 것들을 할 필요가 있을 것 같아요.

예를 들면 왜, 아들 가진 엄마들의 기득권, 며느리를 받아들였을 때 우리 식구로 받아들이잖아요. 남의 집 사람이다, 내 집 사람이다 등 우리 조상 모셔 주고, 내 제사 모셔 줄 사람으로 받아들이는데, 이런 생각들은 저희 세대들이 바꾸어야 한다고 생각을 해요. 사회 변화라는 것이, 진보와 개혁도 마찬가지이고 한 건의 사건이 아니라고 보고, 호주제가 폐지되면 모든 것이 해결되는 것이 아니듯이 그러한 변화도 과정의 연속성에서 큰 변화의 길로 나아가는 것이다. 그래서 호주제 폐지라는 것이 실천 방향을 제시하는 출발점인 것이지 모든 것을 해결해 주는 것이 아니고 또 지금 물리적으로는 노령화 시대로 접어들면서 우리 사회에 커다란 바람이 불고 있고. 이것이 우선 중요한 세대적 변화가 될 것 같고. 아무래도 40대 이상의 세대들은 가부장제나 이런 부분들에… 결혼 생활을 하고 있는 사람들은 이미 가부장제에 익숙하게 많이 편입이 되어 있기 때문에 한편으로는 족쇄로 인식을 하지만 또 하나는 상당 부문 기득권을 누리고 있는 세대이기 때문에 거기서 또 큰 추동력을 기대하지는 않느냐, 그런 면에서 상당한 시간이 필요한 문제다라고 봐요. 또 다른 노력들이 필요하지 않을까 하는 생각과 그래도 어쨌든 출발은 해놓았다고 보고 있지요.

우리 사회는 극단화, 양극화되어 있으니까

우리 사회는 극단화, 양극화되어 있으니까, 그리고 자원이 많지 않고 그러니까 외형적인 수치라는 것이 소수 부자들은 굉장히 큰 사치를 하지만 다수 국민들의 삶의 질이 굉장히 낙후되어 있는 것에 비해서 거기는 국민소득은 낮지만 천혜의 자연 환경이라던지 이런 조건이 있어서 상대적으로 굶어 죽거나 그런 일은 적지요.

이번 국회에 들어오면서 여성운동의 흐름이나, 여성계의 흐름에 발맞추는 것이 많아져서 여성운동의 한계랄까요, 이런 걸 많이 느껴요. 호주제 폐지나 이런 것들은 탄력을 많이 받기는 하지만 여성의원들끼리 당을 초월해서 여성의 시각에서의 연대는 잘 안 돼요. 노동운동에서는 본질적으로 비판적으로 싸우고 했는데, 너무나 정쟁구조 속에서 여성들이 갇혀 있다는 느낌을 많이 받지요. 또 하나는 다수 일하는 직장 여성이나 빈곤층 여성들에 대한 관심은 많이 떨어지지요. 호주제라든지, 아니면 고용평등법이라든지 하는 것들이 일반적인 인식을 확대하는 수준에 머물러 있다고나 할까요. 아무래도 가장 큰 이유는 〔여성〕의원들의 출신과 또 노선과 관련이 많이 있지요. 예를 들면 대체로 과거까지는 국회에 들어온

분들이 주로 교수라든지, 재벌 대표라든지, 변호사라든지 이런 확실한 기득권층 여성들이 중심[이] 되었고. 17대 국회는 여성운동가들이 결합이 되었고, 거기다 민주노동당 같은 경우는 농민 여성도 들어와 있고, 장향숙 씨 같은 저소득층 여성들이 국회로 들어와 있기는 하지만 아직까지도 대부분의 여성들이 주로 상층 지식인 여성운동에 많이 머물러 있다, 그렇게 보지요.

한 예로 박근혜를 어떻게 볼 거냐 할 때도 적어도 지금 제가 아는 박근혜는 한나라당의 대표로서의 박근혜인데, 개인 박근혜를 독립적으로 구별될 수 있는 문제가 아니고, 야당의 대표 여성 정치인으로서의 박근혜를 어떻게 볼 것이냐 하는 것이지요. 여성과 정치인에 대한 평가는 우리 사회의 어떤 정치적인 자신의 신념과 여성관을 가지고 평가할 수밖에 없는 것이고, 그런 점에서 과거의 어떤 독재자의 딸이기 때문에 지금 정치를 못한다 그런 것이 아니라, 과거의 대통령의 딸이기 때문에 현재 야당 대표를 맡고 있는 것은

아이와 함께한 당선 축하

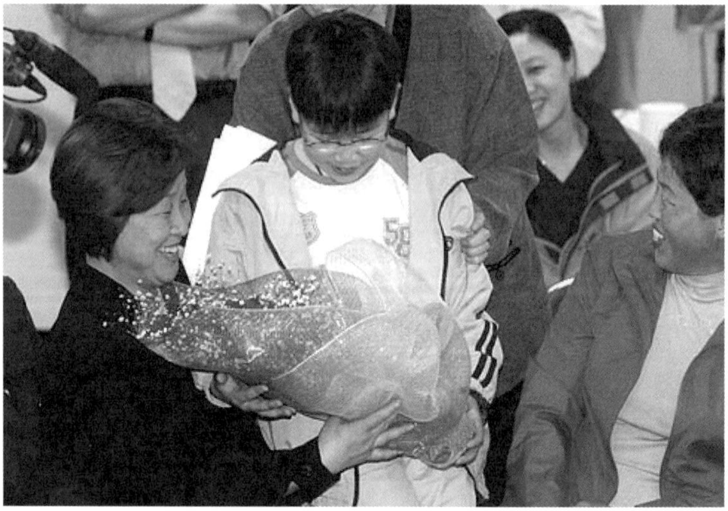

적어도 부당하다 이런 것이고, 그러면 이 자리에 오기까지, 정치인이 되기까지 밑천이 되었던 과거에 대해서 자기 성찰과 태도가 분명히 있어야 하는데 그런 것이 없다는 말이지요. 그건 결국은 어떤 박정희 대통령〔이라는〕 아버지의 후광을 입은 그런 정치인으로서 독립적인 어떤 정치 리더십의 자질이 없다고 저는 보고요. 여성으로서는 처음에 호주제 폐지에 대해서 반대한 사람이잖아요. 이 사회에서 여성으로서 다수 일하는 저소득층 여성의 아픔과 고통을 대변하고 책임지는 그런 정치인 여성으로서의 흔적은 찾아볼 수 없기 때문에 결국은 여성운동의 관점에서 또 정치인의 관점에서 바람직하지 않다고 생각해요.

국회 재정경제위원회 활동 모습

여성 노동운동계에 대한 생각은, 사회 변화도 마찬가지인데 여성 노동운동도 양성평등이라는 법제도 내에서는 변화되고 있다고 봐요. 민주주의의 민주적 권리를 확대하는 측면에서의 어떤 계층 여성운동으로 전환하고, 쟁점도 호주제 폐지가 되면 그 선행과제에 이어서 실제 직장 여성이나 빈곤층 여성들을 위한 내용적인 평등, 고용 할당제라든지 차별 금지라든지, 특히 비정규직 여성을 정규직화하는 문제나 가내공업에 종사하는 사람들을 법적으로 보호하는 법제도 장치를 마련하는 문제라든지 이런 것들…. 근본적으로는 여성의 경제활동 비율을 늘리는 것이 하나의 지표가 될 것이다라고 보고 있어요.

가정에서 민주적이지 않은 사람이 어떻게 이 사회에서

가끔 운동권 내 사람들 가운데 안팎에서 부부간의 평등이나 성 관계, 아이와의 관계 등을 풀어 나가는 데 있어서 집 안에서의 행동과 집 밖에서의 말이 다르게 나타나는 사람들이 있는데, 그거는 결코 오래 못 가는 것 같아요. 저는 그런 이야기 많이 했는데. 가정에서 폭력적이고, 가정에서 민주적이지 않은 사람이 어떻게 이 사회에서, 민주적인 정당인 국회에서 민주적인 활동을 할 수 있겠는가, 그건 거짓말이다〔라고요〕. 그동안의 민주라는 것이 제한된 기득권층 중심의 배분 문제를 가지고 논의가 되지만 대부분 그런 분들이 돈 가지고 문제해결을 많이 하잖아요. 결국은 인제 가정의 여러 가지 문제를 돈으로 메꾸는 그런 경향이 많았기 때문에 그거는 철저히 가부장 이데올로기에 보통 중산층 이상의 남편의 지위를 공유하면서 또 경제적인 어떤 보완을 통해서 그런 모순들을 약화시켜 가는 중심의 정치였기 때문에 증폭되지 않았다고 보고, 저소득층이나 소득이 별로 없는 이런 분들이 정치로 나서게 될 때는 필연적으로 정말 가정이 민주적이지 않으면 충돌이 생길 수밖에 없어요.

부부가 함께 일을 하려면 결국 돈으로 사람을 사서 애를 키우지 않는 한 서로 시간을 나누어서 애를 나누어서 찾아야 되고, 가사도 분담을 해야 하고 그러니까 그런 점에서 결국은 서민들 중심의, 서민들이 정치사회의 주체로 나서는 과정이야말로 이 정치, 사회뿐만 아니라 가정으로부터 민주화되어 나가는 과정이라고 볼 수 있는 거지요.

그러니까 사실 운동하고 활동하는 여자들의 가정을 보면 많은 갈등들이 있는데 저는 그 긴장은 불가피하게 가정이 개혁되기 위한, 민주적인 공동체가 되기 위한 불가결한 과정이라고 봐요. 운동권 내에도, 민주노동당이라고 성폭력이 없는 게 아니거든요. 똑같이 있어요. 다만 취급하는 방법이 다른 거지요. 다른 데는 조직논리를 앞세워서 은폐하지만 여기는 은폐하지 않고 드러내고 치유를 하려고 하는 것처럼. 물론 절대적인 조건도 있어요. 친정엄마가 〔아이를〕 다섯 살까지 키워 준 것도 큰 복이고, 남편이 이해하고 도와주는 것도 큰 복이고 이건 절대적인 조건이라고 볼 수 있는데 그 안에서도 실제로 끊임없이 부딪히면서 극복해 나가는 과정이 중요하고. 내용적으로 많이 성취를 했지만.

가장 즐거운 시간

제가 가장 소박하게 즐거운 것은 세 식구가 같이 저녁 해 먹고 함께 보내는 시간이 가장 행복한 시간이지요. 일요일 날 아들과 같이 몰악산 등산도 하고 함께 영화 보거나, 아들하고 같이 시간을 보내는 것이 가장 기쁘고 소중하달까 그런 생각이 많이 들고. 개인적으로 기쁘고 했던 것은, 사적인 것보다도 내가 소신을 갖고 했던 일들이 성사될 때, 그 성취감이라든지 그런 데 대한 기쁨이 컸던 것 같아요. 예를 들면 보통 사람들과 마찬가지로 사법고시를 봐서 합격이 되었다던가, 승진을 하는 경우에 기쁘잖아요. 저 같은 경우도 노동운동을 하면서 산업별 노동조합이 성공을 거두었던 일이 가장 기뻤던 기억으로 남아 있고, 그 다음에 슬펐던 일은 작년에 한진중공업의 김일수 동지가 숨을 거두었던 일 등이 가장 슬픈 기억으로 남아 있어요. 오랫동안 잘 알고 지냈던 이십 몇 년 동안 나름대로 최선을 다했다고 생각을 해 왔는데 이렇게 참담함 같은 느낌이 엄습할 때 굉장히 힘들었지요.

주로 일 속에서의 기쁨과 슬픔이 컸던 것 같고 그 외에는 아들하고 같이 〔시간을 보낼 때가 기억에 남죠〕. 아이가 크는데 말문 트이고, 걸음마 배우면서 발 떼고. 언젠가는 부산에서 근무할 시기였는데, 애를 데리고 자다가 새벽에 나올 때였어요. 잠이 든 아이 모습을 보면서 준비를 한 후 인사를 하려고 애를 들여다보는데 애가 엄마가 그 시간에 가는 것을 알고 내색도 안 하고 소리도 없이 그냥 눈물을 흘리고 있는 거예요. 그래서 저도 모른 척하고 문을 닫고 나왔어요. 그때 새벽 5시면 바깥이 깜깜해요. 눈이 수북이 쌓여 있는 길을 그렇게 애가 우는 것을 모른 척하고 울며 걸어 나오면서 부산에 갈 때까지 계속 울면서 갔던 기억이 있어요. 그런 기억들이 있고 그 다음에 별다른 점은 모르겠는데, 워낙에 인간관계가 협소하니까.

부모가 될 수 있다는 자격 시험을 볼 수가 없는 것이 결국은 새로운 관계 속에서 새롭게 실천해서 극복해야 하는 것이기 때문에 일상 투쟁을 열심히 하면은 상호 침투를 하고 또 일상 투쟁의 결과가 발전적인 모습으로 바뀌 나가도록 노력을 해야 되는데, 저의 경우는 그런 점을 마땅히 감수하고 어떻게든지 극복해야 된다는 생각에 충만해 있었던 것 같아요. 몰입해 있었다고 할까. 난 마흔 살 넘어서 많은 사람들이 같이 술도 한잔 마시고 지나간 이야기를 많이 하는데 나는 마흔 살이 될 때까지 내 인생의 뒤를 돌아다 본 기억이 한 번도 없어요. 어느 날 그걸 느끼고 갑자기 깜짝 놀란 경험이 있는데 내가 어떻게 여기까지 왔는지 한 번도 되짚어 본 적이 없었다는 것에, 이렇게 뒤가 돌아다보여지면서 '아, 나이를 먹나 보다.' 그런 생각을 한 적이 있어요.

저는 존경하는 여성들을 꼽으라면 역시 로자 룩셈부르크[3] 전기를 감동 깊게 봤어요. 실물은 아니지만. 고리키의 『어머니』, 그 소설을 읽으면서 참 감명을 많이 받았어요. 그 어머님의 의식이나 사랑, 그런 것에 영향을 많이 받고, 나머지는 송미령[4]이나 이런 사람들 전기를 많이 봤지요.

한번 언제 모든 것을 탁 털어놓고 편하게 좀 즐긴다면 내가 어떤 모습일까라고 상상을 해보았어요. 그런데 즐긴다는 것이 본인이 즐거운 방식으로 즐겨야지, 나는 뭐 어디 가서 폭탄주 마시고 그러는 게 하나도 안 즐겁더라고. 부담스럽고. 또 저처럼 일하면서 즐거운 사람들이 있어요.

3 1871~1919년. 폴란드 태생 독일의 혁명가. 폴란드 사회민주당과 독일 공산당의 전신인 스파르타쿠스단을 창립한 핵심 인물.
4 쑹메이링(宋美齡). 1901~2003. 중국의 정치가 장제스의 부인.

질문지

인.적.사.항

가족관계

- 어렸을 때 가정의 분위기
- 부모에 대한 구술자의 생각

운.동.가.로.서.의. 삶.

대학 시절

- 대학 입학
- 운동에 관심을 갖게 된 동기
- 대학문화연구회 서클 활동
- 최초의 여학생회 조직
- 학생운동 참여에서 느낀 여성문제
- 한얼 야학 활동

노동운동 시기

- 야학교사에서 전자 공장 노동자로
- 미싱사로 봉제공장에 취직
- 구로동맹파업 조직
- 민주노총/금속연맹 사무처장
- 노동운동을 하면서 느낀 여성 차별

여.성.으.로.서.의. 삶.

결혼

- 시댁과의 관계
- 남편과의 평등관계 모색
- 가사노동과 경제력의 문제
- 친정과의 관계

출산

- 아이 양육에 관한 입장
- 아들을 키우며 느끼는 것들
- 출산 후의 변화(주변을 바라보고 이해하는 시선들)

정.치.인.으.로.서.의. 삶.

정치

- 1980년대에 함께했던 사람들과의 관계, 현재 그들을 바라보고 이해하는 입장
- 2005년 2월 민주노총 사태와 기아자동차 노조 사건을 여성의 시선으로 바라보며

기.타.

- 호주제 폐지에 대한 소감(여성의 삶이 구체적으로 어떻게 바뀌는가)
- 기억에 남는 여성 동료, 동지(어려울 때 떠오르는, 힘이 되어 주는 관계)

여성

- 호칭 사용(의원님, 선생님, 선배님, 언니, 씨 혹은 그외에 나이와 경력을 뛰어넘는 평등한 관계 설정을 위해 여성끼리 가능한 호칭)
- 여성들끼리의 관계 풀기(친구, 여동생, 친정어머니, 시어머니 등)
- 가장 기쁘고 즐거웠을 때, 그리고 힘들었을 때
- 존경하는 여성
- 결혼 후 변화된 일상
- 아이와의 관계 설정(아들을 키우는 엄마로서 포기해야 하는 기득권들에 대한 고민)
- 금속노련에서 강의를 하는 남성적인 모습과 하이힐에 긴 머리 스커트의 운동권 여학생이 보여 주는 것의 의미
- 만약 지금 이 자리에 없었다면 어떤 모습으로 살아가고 있을까
- 20년 후 꿈꾸어 보는 일상의 즐거움(국가와 당을 떠난 개인적인 입장에서)
- 남편이 든든한 후원자로 느껴졌을 때(구체적인 사례)
- 이 사회가 남성 중심의 가부장적인 사회라고 느끼는 때는 언제인가

노동현장에 뛰어들어 소박하고 건강하게 살아온 삶

심상정의 모습에서 무엇을 읽어 내고자 했을까?

아마도 소박한 건강함으로 노동운동계에서, 그리고 국회에서 자신의 목소리를 내며 밝은 분위기를 만들어 가는 그녀의 모습을 여성으로서의 평범함 그 자체로 읽어 내고 싶었을 것이다. 그러나 국회에 입성한 재야 여성 정치인으로 너무나도 유명해진 심상정과의 만남은 부담감도 적지 않았다.

우선, 1980년대 목적의식을 지니고 노동현장에 뛰어들었던 한 여성의 모습을 20년이 훨씬 지난 2005년대의 시선으로 읽어 내는 것이 무엇을 의미하는 것인가에 초점을 두고 인터뷰를 진행해 나가고자 했다. 이미 수차례 여러 언론 매체와 다양한 관점에서 인터뷰를 하여 공개된 내용들이 이번 인터뷰 과정에서도 몇 차례 중복되기도 하였다(여학생회를 만들게 된 동기, 아이에 대한 미안함, 남편에 대한 고마움, 현대자동차 교육을 갔을 때 아가씨라고 부르며 동지로 받아들이는 것을 거부했던 남성 조합원들, 어릴 적 집안에서 오빠들과는 다른 대우를 받았던 경험, 지금은 다른 길을 걷고 있는 1980년대 동지들에 대한 생각…). 아마도 많은 사람들의 관심사나, 심상정의 삶 속에서 읽고 싶은 내용, 기대하는 내용이 비슷하기 때문일 것이다.

심상정과의 만남은 구술자와 질문자라는 서로 다른 입장에서 어렵사리 이루어졌지만 여성이기에 지니고 있는 고민들, 여성이기에 느꼈던 여러 가지 문제들을 함께 풀어 나가 보려 했다. 질문자인 나 역시 동시대를 함께 살아가면서 개인적으로 극복해 내지 못한 여러 가지 고민을 물어보고 답을 들어 가며, 함께 고민해 보고 싶었던 욕구들을 지니고 있었던 것 같다(아들을 키우는 엄마로서의 새로운 모자 관계 혹은 며느리와의 관계 생각해 보기, 시부모·친정 부모와의 새로운 관계 만들어 보기, 주변 동료들과의 편안한 인간관계 꿈꿔 보기, 그리고 부담감 없이 자기만의 행복한 시간 즐기기…). 이런 생각들은 심상정이 여러 가지 방면에서 정신적, 물질적으로 빈틈없이 무장을 한 채 긴장된 생활을 하고 있으리라는 선입견을 지니고 있었기 때문인데 사실 이 모든 과정을 통해 나를 돌아보며 스스로에게 질문해 보는 계기가 되었다.

매 시기 중요한 결단들을 끊임없이 내리고 확인받아야 했던 긴장된 시대, 9년이라는 긴 수배생활이 요구했던 절제되고 억제된 생활, 그 시대를 지나 이제 조금은 여유롭게, 아주 작은 것에서도 기쁨을 만들어

내고 느낄 수 있는 시간을 기대해 본다. 여성스러움을 자신 있게 표현했던 하이힐을 신은 심상정의 모습에서 작은 상처들을 끌어안고, 읽어내며 살며시 미소 짓는 모습도 잠시 떠올려 본다. 마흔 살이 훌쩍 넘은 어느 날 처음으로 문득 뒤를 돌아보며 아, 이게 나이를 먹는 것이구나! 라고 느꼈다는 그녀에게서 팽팽하게 긴장된, 그녀의 표현대로라면 정말로 숨가쁜 시간들을 보내고 있는 모습을 떠올린다.

그러나 누군가의 행복한 모습, 신나게 노는 모습, 정말 맑게 웃는 모습을 상상해 본다는 것 자체도 행복한 순간인 듯하다. 인터뷰를 위한 기사들을 수집하면서 나는 내내 심상정의 노는 모습, 장난치는 모습, 농담하는 모습, 조금은 흐트러진 모습들을 상상해 보았다. 아마 대중들에게 보여지는 모습과는 다른 심상정의 또 다른 면을 기대했던 듯싶다. 그리고 그런 순간순간들이 정말 현실이었으면 좋겠다는 생각도 해본다. 열심히 일만 하는, 모범생으로 살아가는 모습이 아닌 망가진(?) 심상정, 술 한잔 같이 하고 싶은 편안한 심상정을 기대한다면 너무 큰 바람일까?

마지막으로 여러 가지 부분에서 노동운동가가 바라보는 심상정의 모습과 여성운동가가 바라보는 심상정의 모습은 다를 것이라는 생각을 해 보았다. 왜? 어떤 부분에서?라는 의문점들을 찾아 나가는 것이 이런 인터뷰를 계속해 나가는 원동력이 아닐까 하는 생각도 해본다. 아마도 한동안 국가와 여성주의라는 주제가 머릿속에서 맴돌 것 같다.

특별 기고, 문정열

여성단체 활동가

변도윤

제가 살아오면서의 생각은 조금의 헌신, 내가 돈 안 받으면 일 안 하겠다, 이런 생각이 너무 팽배해 있으니까, 요즘 세상이 그렇잖아요, 그게 너무 위험한 것 같애요. 헌신과 봉사는 자기 있는 그 자리에서도 해야 되는 게 아닌가, 그런 생각들이 그래도 기본이 돼야 우리 사회가 좀 유연하고, 즐겁지 않을까, 그게 지금까지도 버릴 수 없는 생각이에요.

●— 약력

1947년 12월.. 황해도 연백에서 출생

1959년.. 서울 아현초등학교 졸업

1965년.. 서울 중앙여자고등학교 졸업

1965년.. 중앙대학교 사회사업학과 입학

1969년.. 중앙대학교 사회사업학과 졸업

1969년~1970년.. 공주기독교 사회관 사회사업가(Social Worker)

1970년~1974년.. 여성문제연구소 연구 간사

1974년~1978년.. 노동부 부녀소녀근로자보호위원회 전문위원

1977년~1978년.. 노동부 관악사무소 산업 카운슬러

1978년~1992년.. 서울 YWCA 근로여성회관, 성동청소년회관 종합사회복지관 관장

1980년.. 중앙대학교 사회개발대학원 수료(노동정책 전공)

1992년~1995년.. 서울 YWCA 사무총장

1993년~1998년.. KBS 시청자위원회 위원, 부위원장

1995년.. 서울특별시장 표창(부녀교육 부문)

1997년~2000년.. 전국 여성인력개발센터 중앙협의회 회장

1998년~2002년.. 서울노동청 노사정대책위원회 위원

2000년~2002년.. 봉천 종합사회복지관 관장, 서울시 실업대책위원회 위원

2000년.. 중앙대학교 사회개발대학원 석사 취득 『여성 취업정책에서의 직업훈련 제도에 관한 연구』

2000년.. 원예치료사(건국대학교~원예치료연구회)

2001년.. 대통령표창(남녀고용평등 실현 부문)

2002년~ 현재.. 한국사회복지사협회 부회장, (재) 서울여성 대표이사

2003년 5월~2005년 12월.. 국무총리실 시민사회발전위원회 위원

2004년~ 현재.. 중앙일보 열린광장 지역위원, 시민사회포럼 운영위원 한국IT 여성기업인협회 자문위원

황해도 연백에서 네 살 때 피난 나왔어요

고향은 황해도 연백에서 네 살 때 피난 나왔어요. 그러니까, 51년도에 나왔나? 우리 아버지가 먼저 서울로 피난 나오셨는데, 우리는 남자들만 (피난) 나왔어요. 할아버지가, 삼촌 둘하고 아버지하고 3형제를 데리고 먼저 나오시는데, 우리 어머니가 유일한 며느리예요. 삼촌들은 장가를 안 갔고, 그런데 우리 어머니가 나를 업고 피난을 나가야 되는데, 그때에 어머니가 임신 중이셨대요. 보통 시어머니 입장에선, 아들, 또 남편… 밥해 주라고 내보내는 거지. 우리는 고모들도 많았는데, 우리 엄마가 당첨된 건 순전히 나 때문이었대. 우리 아버지가 나를 못 보면 살이 슬슬 내리는 것 같다고 하는 바람에, 아들 좀 위해 준다는 입장에서 할머니가 나를 업고 임신 중인 며느리를, 그때는 피난이라는 게 잠깐 나갔다 오는 건 줄 알았잖아요. 그래서 우리는 대전으로 피난을 갔죠, 우리 아버지는 신의주에서 사범을 나오셔서, 고향에서 국민학교 선생님을 하셨어요. 시골이죠, 화성이라는 곳에서. 이후 아버지는 서울에서 자리를 잡는다고 준비를 하고 계셨고 우리는 밀려밀려 대전까지 가고…. 그래서 우리 아버지가 여기 서울에 있는 학교에, 다시 적을 두시고, 우리 어머니가 나를 업고 서울로 와서 서울에서의 생활이 시작된 거예요.

길 도(道), 윤택할 윤(潤)자를 썼어요

우리 할머니가 고모가 다섯에다, 아들이 셋이에요. 그리고 우리 아버지가 장남이신데, (내가) 딸이지만, 친손녀딸이라는 것 때문에, 예를 들어서 간식을 준비해도 우리 할머니가, 아이들 앉혀 놓고는 친손녀딸인 나부터 간식을 주고, 그 다음에 외손녀딸한테 주고, 그렇게 전통적인 여장부 기질의 할머니셨어요. 시장에 나가실 때도 급하고 바쁘시면 밭에서 일하시던 대로 가시는 거예요. 그러면 고모들이 옷을 좀 갈아입고 가시라고 말리면, "아니 내가 장에 입던 옷 입고 나가면 옷이 없어서 못 입었다고 생각할 사람이 있느냐, 연백에선 나 옷 없어서 이러고 나왔다고 할 사람 아무도 없다."라고 하셨대요. 그만큼 자신만만하고 배짱이 좋으셨대요. 고향에서 피난을 못 나오시고 고모 다섯과 시어머니(내겐 노할머니)를 모시고 고향에 계셨기 때문에 영영 못 만나게 됐죠. 내 밑으로 여동생, 남동생이었어요. 그런데, 우리 할아버지도 남아선호사상이 대단하셨죠. 내가 딸임에도 불구하고, '도윤'이라는 이름[을] 우리 할아버지가 지으셨어요.

우리 형제대, 나는 돌림자로 안 지었으면서도 사실은 여자한테 안 짓는 길 도(道), 윤택할 윤(潤)자를 썼어요. 성도 변씨인 데다가 이름도 도윤, 그러니까 어렸을 때는 무척 놀림을 받았어요. 그래서 내가 아주 이름이 싫었는데, 할아버지가 시조도 지으시고 뭐… 한학을 하셨고, 그러시니까 옥편을 잘 찾아가지고 지으신 거죠. 그래서 6·25 이후, 피난 나와 여기 서울에서 정착하며 살면서, 내가 중학교, 고등학교, 대학을 가는 것에 대해서 우리 할아버지는 여자는 고등학교만 졸업하면 되지, 왜 대학을 보내느냐 〔하셨어요〕. 그렇게 어렵게 살진 않았지만. 우리 어머니 아버지는 당연히 공부시키는 것으로 생각 하셨고 또 교육자고 하니까 당연히 보낸다고 생각을 하셨던 거죠.

어머니는 미래를 내다보면서 지혜롭게 사셨죠

우리 어머니는, 국민학교밖에 안 나오신 정말 시골 촌 여성이죠. 그래도 그 어머니라는 이름이 지혜와 미래를 내다보는 어떤 일종의 선견지명이라고 할까요? 헌신과 인내로 삶의 순리를 정확히 알고 계시는 지혜로움을 지니셨죠. 우리 아버지가 늘 그러셨어요. "내가 말이야, 너희들이 생각할 때는 내가 모든 걸 다 하는 것 같지만, 내가 엄마 말을 안 듣고 살은 게 없는 것 같다." 그러면서도 또 연세가 깊어질수록 "엄마 말을 들은 것은 하나도 실수가 없더라." 그런 얘기를 많이 하셨어요.

내가 생각하는 어머니에 대한 상은 학력이나 어떤 지식으로 하는 것이 아니라 정말 어머니로서의 지혜, 살아가시는 경륜에 따라서 나타나는 미래를 내다보는 혜안, 이런 게 어머니라는 이름하에 생기는 것 같아요. 나는 엄마 노릇을 못해 봐서 굉장히 존경하는 부분인데. 지금도 우리 형제간에 어떤 결정을 해야 할 일이 있을 때, 우리 어머니는 벌써 앞을 내다보면서 지혜롭게 답을 해서, "어머나, 그때 엄마 말이 맞지?" 이런 말을 많이 하게 만들었어요. 우리 아버지는 깐깐한데, 어머니는 아주 그냥 어떤 때는 짜증이 날 정도로 바다같이 넓으신, 그런 부모님이시기도 해요.

우리 아버지가 국민학교 교사로 교장까지 하시고, 그러니까 그 동안은 만리동, 아현동… 아마 고등학교 1학년 때 이사를 했나? 아주 거기서 정착을 하다시피 했어요. 맨 처음 수복해가지고 와서, 그전에는 학교에 관사가 있었어요. 일제 때 학교처럼 소의국민학교 관사에서 살았어. 소의국민학교를 3학년 때까지 다니다가 4학년을 월반하고 5학년으로 됐어요. 그전에는 시험을 봐서 월반을 할 때였잖아요. 그때부터 내가 공부에 조금 취미가 없어졌었던 거 같애. 월반하니까 갑자기. 3학년 때까지는 공부를 잘했는데 갑자기 월반을 하니까, 잘 적응이 안 되는 거예요. 4학년 중요하잖아

교장 선생님이셨던 아버지

요. 구구단을 한다든지, 수판(주판)을 잘 배운다든지 이럴 땐데, 왜 우리 아버지가 학교 선생님이시면서도 그땐 빨리 졸업하면 좋은 건 줄 알고, 월반 시험을 봐서 5학년으로 건너뛰었어요. 그래 4학년을 안 배우고 5학년으로 가서 졸업을 아현국민학교에서 했어요.

아들 중심인 것에 대해 굉장히 반발했대요

내가 어렸을 때는 굉장히 반발을 많이 했어요. 할아버지 중심으로 사는 우리 가족구조가 남아선호사상이 굉장히 강한 것 같아서 반발을 많이 했대요. 특히 사춘기 때 반발은 왜 아들 중심으로 생각을 하느냐라는 것인데, 예를 들면 옷을 사 준다든지, 또 식탁에 앉아서라든지, 이럴 때 아들한테만, 또 아들 중심으로 가는 것에 대해서 내가 반발을 많이 했대요. 나는 기억도 잘 안 나는데.

그랬어도 내가 철이 든 뒤 아버지하고 많은 대화를 할 때, 저번에 어떤 신문 칼럼에서도 썼지만, 난 사실 아버지가 이제 돌아가신 지… 2월 10일[이], 2주기예요. 말년에는 정말 "내가 딸이 없었으면 어떡했을까?"라는 말을 많이 하셨어요. 아들들은 나가 다 바쁘면, 나도 아들처럼 똑같이 바쁘지만 우리 아버지가 놓치신 건 내가 가정이 없으니까 아무래도 부모한테 더 힘이 되고, 그런 중에도 나는 주말이면 꼭 아버지하고 있고 주일날은 시간을 같이하려고 했고. 근데 아버지는 내가 주일만 같이 있는 게 아니라 토요일도 왔으면 좋겠고, 수요일도 왔으면 좋겠고, 왔으면 또 안 갔으면 좋겠고, 그랬어요.

YWCA에 있을 때는 사회단체들에 관계되는 스크랩을 다 해가지고 보여 주시는 등 대단한 후원자였어요. 나한테는. 또 주말에 만나면 내 얘기를 듣는 것을 세상의 취미로 아셨어요. 아버님도 장자 중심의 생각을 많이 하시고, 아무래도 그런 의식이 전통적으로 있

한국 YWCA

한국 YWCA는 김활란, 김필례, 유각경 선생에 의해 1922년 창립, 초기의 활동들은 주로 계몽, 교육, 생활개선, 여권신장, 민족운동 등에 집중되었다.

1950, 60년대는 박에스더 선생의 영향으로 지도력 훈련을 강화하면서 민주적이며 공적인 영역에서 활동할 수 있는 능력을 가진 여성지도력을 배출해 내는 중요한 기지가 되었다. 1970년대에는 소외지역을 위한 활동을 개발하여 봉사활동을 하는가 하면 또 청계천 노동자들을 위한 평화교실을 개설하였고 노동자 문제에도 개입하여 노동자들의 권익보호와 생활조건 향상, 더 나아가 근로여성들의 직업개발을 위한 프로그램 개발에 주력하였다. 또한 여성 은행원 결혼 각서 폐지운동, 여성 조기정년제 폐지운동, 가족개정법 운동에 앞장서면서 여성의 인권신장에 앞장섰다. 1980년대 후반부터 외채를 줄이고 소비를 절약하는 경제자립을 위한 캠페인을 벌이고 실천할 수 있는 프로그램들을 개발했다. 또한 생활 속에서 실천 가능한 환경운동을 벌였으며 냉전의 종식과 새로이 개편되는 세계화의 질서 속에서 통일문제를 중심으로 한 평화프로그램을 전개하였다. 1998년 IMF 외환위기 때는 외화 모으기 캠페인, 사랑의 먹거리 나누기 운동, 실업충격 완화 및 창업준비 프로그램, 여성 실업자를 위한 재활용 공공근로사업 등을 전개하면서 우리 경제 살리기 시민운동을 전개한 바 있다.

현재 한국YWCA는 전국에 54개 회원YWCA를 두고 8만 538명(2001. 12월 기준)의 회원과 함께 이 사회의 평화 이루기에 모든 힘을 기울여 나가고 있다.

었어요. 그래서 늘 그렇게 애기했어요. 아버지는 늘 부인하셨어요, 그걸. 그리고 〈웃음〉 팔십대, 칠십대 때에는 우리 아버지하고 대화할 때 가끔 몇 달에 한 번씩 그 과제가 나오면 "나는 그런 생각이 없는데 너는 그런 생각을 그렇게 했니?" 이런 말씀을 하시면서 좀 섭섭해하셨어요. 그러시면서도 말년에 계속 그래도 딸들이 있어서, 아들들은 개인 사업을 하고 이러면 아버지한테 "하나 더하기 하나는 둘 되었거든요. 이만큼 벌었거든요" 이렇게(시시콜콜히 말하는 게) 없거든요. 누구하고 만났거든요, 이런 말을 사실 안 해요. 근데 나는 가면, "아버지, 내가 어느 날 누구하고 만났는데 이런 이런 애기했구요, 이랬어요."〔하고 말씀드리면 아버지는〕 "그럴 땐 그렇게 하는 것보다는 이렇게 말을 했어야 맞지〔하셨어요〕." 내가 또 사무총장 할 때, 좀 갈등이 있었어요. 내가 애기를 하면, 우리 아버지는 "니가 남과 다르다고 생각을 해야지. 이게 좋다 나쁘다는 아니다. 그 사람의 생각은 그게 옳으니까 너와 다른 생각을 가진 사람이니까 남을 인정해라." 그런 애기를 하시면서 나한테 〔조언을 하셨어요〕. 그렇게 말하면서 나는 조금 풀리고, 내가 그 다음 날 그분을 바라볼 때 아, 그래, 나와 다르다고 인정을 해야지 저 사람은 저렇게 나와 다르니깐 나쁘다, 좋다 이렇게 판단하지 말라는 애기를 생각하게 되더라구요.

황신덕 이사장님, 그분을 굉장히 존경했어요

제가 중앙여고를 나왔어요. 북아현동에 있는. 그때도 황신덕[1] 이사장님〔이〕 일종의 모델이셨다고 할까? 인생에 있어서도. 제가

1 1898년 평양 출생. 1926년 니혼여자대학 사회사업학과를 졸업하고, 같은 해 〈중외일보〉 기자가 되었으며, 1934년 6년간 〈동아일보〉 기자로 근무하였다. 1938년 일제의 국방헌금 모금운동에 참여한 뒤, 1940년 중앙여고를 설립하고 교장에 취임하였다. 8·15 광복 후에는 애국부인회 중앙위원을 거쳐, 1948년 과도정부 입법의원에 선임되었다. 1952년 여성문제연구회장, 1956년 가정법률상담소 이사장, 1958년 대한어머니회 이사로 활약하였다. 1961년 중앙여고 교장을 사임하고, 학교법인 추계학원 이사장이 되어 추계초등학교·추계유치원을 설립하였다. 1970년 3·1여성동지회 부회장이 되었고, 1975년 회장에 선임되었다. 1962년 교육사업과 여성운동에 이바지한 공로로 문화훈장 대통령장을 받았다.

학교 때 그분을 굉장히 존경했어요. 그래서는 그분이 일본 동지사 대학(구술자의 착오: 니혼여자대학임)에 사회사업학부를 나오셨거든요. 내가 고등학교 졸업하고 대학교 갈 무렵부터 이분이 나온 학교, 그 과목을 가리라 생각을 했고, 그래서 대학을 선택하는데 과 선택을 그렇게 했어요.

우리 고등학교 때에 중앙여고가 매주 금요일 수양회라는 걸 했어요. 지금은 촌스러운 이름이지만, 그때 유명한 여류 작가라던지, 독립운동을 했었다든지, 유명한 목사님 등 미션 스쿨은 아니었어도 사회에서 유명한 분들 모셔다가, 지금까지 기억이 나는데 그런 시간이 있었어요. 우리 때만 해도 해방 이후 독립이라는 말을 많이 할 때니까, 여성 지도자들에 대한 애기를 중앙여고는 많이 듣게 했어요. 황신덕 이사장님 자체가 그때는 애국 애족이라는 의식이 많을 때니까, 참 많이 들었고.

또 중요한 것은 3·1운동 때 참여했던 여성 지도자들을 찬양하는, 일종의 공을 기리는 3·1여성운동 여성 지도자 찬하회라는 것을 했어요. 찬하회라는 걸 해서 1년에 한 번씩은 여성 지도자들을 모시고 그분들의 공적을 애기하고, 상을 드리며 표창을 하는 그런 때가 있었어요. 찬하회 때 초대 상공부장관을 했던 임영신 총장이 당시 중앙대학교 총장을 하실 때에, 그것을 들으면서 '어머, 저분이 세우신 학교에 가면 좋겠다.' 그런 생각이 들었고, 그리고는 우리 이사장님이 그 일본 동지사대학(니혼여자대학)에 사회사업학부를 나오셔서 학교도 세우고, 그렇게 유명한 여류로 그분이 교장 선생님이 되어 교단에서 말씀을 하실 때는 나는 너무 황홀하기까지 할 만큼 존경을 했어요. 어렸을 때는 아주 그분이 우상이었어요. 그분이 학교 설립자이기도 하고 그랬으니까. 그래서 굉장히 그분이 했던 길을 가고 싶었고 또 그렇게 하리라고 마음을 먹고, 어떤 노트 한 권을 내내 사회사업가가 뭐 하는 것이고 사회사업에 대한 것을 열망하는 글만 썼던 기억이 나요.

중앙대학교 사회사업과에 다닐 때는 그때만 해도 정말 어렵고 힘든 시절이었잖아요. 모두가 남학생이고 여학생은 겨우 네 사람이었지. 그런데 그때는 고아원이 얼마나 많았어요. 정말 간식 한 번 넉넉하게 먹이지 못할 때였거든요. 우리 대학 다닐 때는 1965년도, 66년도가 제일 봉사활동을 많이 할 때고, 그래서 고아원에 갔던 기억이 제일 남고요. 아이들이 떨어지지 않아. 그때 갓 대학생이니까, 감수성이 또 예민할 때라, 사실 마음속에 눈물이 마를 날이 없었어요. 그때만 해도 언니 오빠 이러면서도 우리들이 주말 봉사를 가면 그 아이들이 우리를 너무 기다리고, 안으면 떨어지지를 않는 거예요. 그리고 그때 내 기억에, '고아원에 있는 애들은 눈썹이 하도 울어서 길었나 부다.' 그러나 지금 생각하니깐, 그때 안질이라든지 이런 게 많았던 거예요. 그래서 눈을 보면 눈곱도 막 붙어 있고, 거기에 울고 남은 눈물방울이 맺혀 있는 거예요. 그래서 내가 고아원에 있는 아이는 눈썹이 길었던 생각이 나요. 거기 눈물방울이 맺혀가지고 들여다보면 눈물들이 다 글썽글썽하게 있었던 것들….

그러니까 지금 가끔, 왜 헤어진 사람들 만나는 얘기를 들어 보면, 나이가 50대, 60대 넘어간 사람들은 정말 먹을 것 때문에 헤어져서 다들 고아원으로 가고… 다 이랬잖아요. 또 이혼이나 갈등 그런 걸로 그랬고. 굉장히 그게 내 마음속에 아련히 자리 잡았어요.

평등하고 평화로운, 그리고 윤택한 사회를 위한 중간자가 되고자

그런 것들이 몇 가지 내가 사회사업과 나와서 사회사업 시설에 있지 않고 여성단체로 옮겼을 때에 중요한 이유가 되기도 했었어요. 처음에 대학생활 때 고아원이나 양로원 방문 이런 것도 많이 하고, 또 홈 비지팅(home visiting, 가정방문)을 많이 했어요. 중앙대학교 재학 당시, 지금은 은퇴하신 김영모 교수님이 우리 주임교수였는데, 우리 때는 사회복지를 하면 사회조사를 하러 갔고, 지금도 대학생들한테 그런 조사를 시키나 모르겠어요.

방학 때나 또는 보통 때 과제로 뭘 주냐면, 어려운 가정을 방문을 해서 그들의 현황 파악을 하는 거야. 홈 비지팅을 하면 맨 산꼭대기에 기어들어가는 집 다 이렇잖아요. 그 가구주를 만나기도 어려운데, 실태조사를 해서 양친회, 이런 데서 돈을 한 달씩 외국 기관에서 주면 생활비로 주는 중간 역할을 해주잖아요. 그래서 사회사업과는 본인이 돈을 많이 가지고 누구를 도와주는 자선사업가가 아니라 없는 사람과 있는 사람, 배운 사람과 배우지 못한 사람의 중간 역할을 해서 배운 사람의 것을 못 배운 사람에게 나누는 것이죠. 중간자의 역할을 통해서 '우리 사회가 평등하고 평화롭고 또 윤택하게 살 수 있도록 만드는 사람들이다.'라는 그러한 기초적인 사회사업가의 역할, 그 얘기를 나는 대학교 1학년 때 들었는데, 지금까지도 그런 생각으로 일을 해요.

그렇다면 재단법인 서울여성은 어떤 곳인가, 또 YWCA는 어떤 곳인가? 내가 30여 년 동안 몸을 담았던 YWCA에도 있는 자와 없는 자, 배운 자와 못 배운 자, 그리고 뭔가가 힘들고 어려운 사람에게 또 조금 힘을 나눌 수 있는 사람들이 중간자의 입장에 서서, 양쪽으로 있는 사람은 없는 사람들을 위해서 나누고 돕는, 그런 평등한 평화로운 작업〔을 하는 사람〕이 사회사업가예요. 그게 사실 여성단체에 있을 때나, 또 노동부에 있을 때나 여기 재단법인 '서울여성'에 와서 일할 때나 내 역할은 그것이라고 항상 대학교 때 가졌던 그 생각이 지금까지도 그대로예요. 그래서 어떤 프로그램에서든지 그런 하나의 역할이 중심이 돼야 한다고 생각을 해요.

또 그런 것들은 부모님의 영향을 받았는데, 예를 들면 형제도 우리 어머니 아버지가 늘 말씀하시는 게, 비슷하게 살아야 우애도 생기는 거다, 그래서 경제력에 대한 비율, 일종의 그런 비율을 봤을 때에도, 우리 아버지 돌아가시면서도… 재산이라는 것도 없이 집 한 채였지만은 그렇게 분배를 하셨어요. 큰아들이니까 더 주고 이런 뜻이 아니라, 경제력에 있어서 당신이 판단할 때 균형을 맞추기 위해서. 그니까 제일 없는 사람한테 좀더 준다, 그런 형식으로 배분을 하셨고, 우리 형제들도 그것에 대해서 이의를 하나도 제기하지 않았어요.

그런 식으로 중간자 역할에 대해 은연중에 가정적인 것도 그랬고, 내가 배운 학문도 그랬고, 내가 사회에 나와서 생활을 하면서도 그게 항상 내 머릿속에 있었어요. 조금 더 가진 사람과 덜 가진 사람 중간에 내가 서서. 그러나 나는 늘 내가 재벌이라고 생각하고 살지만 재벌도 아닌 주제에 내가 또 중간이라고 생각을 하는 것도. 〈웃음〉 그래서 나는 너무 누구〔보다〕 앞서서 일등을 해야 된다, 또는 깃발을 들고 얼굴을 나타내야 한다는 것보다는, 아주 뒤도 아니지만 아주 앞도 아니면서 중간인 게 제일 마음이 평안하더라구요. 내가 살아가면서 늘 생각했던 거는, 그런 거였던 거 같아요. 그러니까 내가 과 선택을 굉장히 잘했고 적성에 맞다는 생각이 들어요. 그리고 끊임없는 사회사업에 대한 의지… 이런 것들이 있었던 것 같아요. 대학 졸업할 때에는, 한동안 농촌에 가서 봉사를 하겠다 〔생각했고〕, 대학교 1, 2학년 때는 고아원이나 양로원 이런 데 많이 다니며 봉사를 했고, 방학 동안에는 농촌계몽 활동을 계속 다녔거든요.

기독교 사회관 시절, 그때 참 의미있게 보냈죠

공주기독교 사회관에 가서 거기서 사회사업가로 첫 일을 시작했어요. 진짜 재밌게 일을 했어요. 공주교육대학교하고 공주사범대학, 간호학교랑 학교가 비교적 많은 교육도시죠?

우리 사회사업가가 할 수 있는 일은 세 가지 분야예요. 지역사회 조직사업이라고 커뮤니티 오거니제이션(community organization)[2] 지역사회를 조직하는 것. 그 다음에 하나는 그룹 워크(group work)[3]로, 집단을 통해서 사회사업적 요소를 해결하는 것. 케이스 워크(case work)[4]는 일대일로 그 사람의 인생을 도와주기 위한 여러 가지 상담이나 뭐 여러 가지 백그라운드, 또 그 사람의 홈 히스토리를 통해서 여러 가지 도와주는 일, 이렇게 세 가지를 다 할 수 있는 요소가 있는 분야예요.

그래서 기독교 사회관에서 8개월 있었나? 그러나 집을 떠나 있는다는 게 어렵긴 했지만, 정말 보람 있었던 것은 공주교대, 공주사대, 간호학교 등에 클럽을 조직한 것이었죠. 그때 다양한 클럽 활동(봉사, 교양, 취미, 운동 프로그램)을 했는데 지금도 그때 클럽 조

2 지역사회 주민의 복지 욕구를 충족시키기 위해 지역의 조직화를 추진하는 절차. 사회복지사업의 주요한 기술 중의 하나이다. 규정은 시대와 더불어 변하는데, 다음과 같다. ①지역사회에서의 사회복지관계 시설, 기관의 연락체제 강화 ②지역사회에서의 사회복지의 욕구와 자원 사이의 조정 ③사회복지를 위한 복수의 주민조직 간의 협의, 협력과정 ④사회복지를 위한 지역주민의 조직화 ⑤지역사회의 행정, 입법기구에 대한 사회복지를 위한 주민조직의 요구 운동 등이다.

3 사회사업의 기본적 방법으로, 의도적인 그룹 경험을 통하여 개인의 사회적 기능을 향상시키고 개인·집단·지역사회의 문제에 효과적으로 대처하도록 원조하는 활동.

직했던 친구들이 교육개발원에도 와 있고, 내가 스물세 살 때 그들은 대학교 1학년이니, 두세 살 차이밖에 안 나는 거고, 같이 늙어가죠. 그때 참 의미 있게 보냈죠. 내가 대학을 갓 졸업하고 미니스커트를 입고 사회교육관에 갔는데, 거기서 대학생 클럽을 남녀공학 클럽을 마치면 토요일은 서울 집에 가잖아요. 그럼 토요일은 집에 간다고 클럽학생들이 전부 고속버스 타는 데 다들 나와요. 내가 몇 시 차로 서울에서 온다 하면 또 차부에 다 나와 기다리고. 거기 우리나라 최초의 탁아소가 있었고 지금 서울여대에서 퇴직하신 정진영 교수가 관장을 〔맡아서〕 그때 미국서 귀국해가지고 바로 처음 일을 시작할 때고, 미국 사람 선교사가 있었어요. 미스터 마이너라고. 여름에는 그 사람하고 같이 대학생들을 태우고 마이너 선교사가 빌려 온 랜드로바(사륜구동의 영국 자동차)를 타고 울진 땅굴 탐험 여행도 가고 에피소드가 너무 재미난 게 많아요.

4 개별 처우, 개별 사회사업 등으로 번역되는 사회적 케이스워크(social casework)의 약칭이다. 케이스 워커라고 불리는 전문가가 개인적, 사회적 부적응 증상을 가진 개인 및 문제에 대하여, 주로 상담을 통하여 내면의 자아가 강화되도록 지도하거나 또는 외부로부터 각종 사회자원을 활용하게 함으로써 피구호자가 통찰력을 가지고 스스로 문제해결에 대한 의욕과 힘을 되찾아, 만족할 만한 사회적 관계와 수준을 회복할 수 있도록 전문적으로 원조하는 과정이다.

산부인과 질환이 너무 많은데, 다 그냥 사는 거야

그때 울산에 공비가 나타났을 때예요. 예수원이라고 토리 신부가 하는 거기가 마이너 선교사가 토리 신부 아드님과 친했어요. 그 사람이 한국말을 아주 잘해요. 이 선교사가 뭘 전공했냐면 지질학 전공자예요. 울진에 있는 무슨 산이야, 그 산에 동굴 탐사를 간 거야. 그 여름방학 동안에 그랬다가 그냥 벌판에 후쿠로 같은 거 입고, 밤 12시, 1시 시간도 모르겠는데 그냥 벌판에서 자는 거예요. 그때 나도 정말 용감했지. 한밤중 캄캄한데 달빛에 비친 댑싸리 나무가 흔들리는 걸 보고 호랑이가 나왔다구 소리를 질러 모두가 혼비백산하는 사건이 있었다니까요. 내가 숏커트를 하고 그래도 머리는 커트라고 빨건 티셔츠를 입고 청바지를 입었는데… 그 강원도 산에 사는 사람들이 내가 공비인 줄 알고 내가 남잔 줄 알았나 봐. 〈웃음〉 공비가 나타난 줄 알았다고 해요. 그리고 축지법을 쓴다나. 그러고 라면을 처음 봤다고 하더라고. 그 산속에서 만난 사람들이, 아우, 그때 제천에서 오십천을 따라 강원도까지 가는데 비가 억수로 쏟아지는데, 그 랜드로바가 성능이 얼마나 좋으냐면, 창문까지 물이 찼는데도 가요. 대학생들을 데리고 탐험을 가는 거야. 밥을 해먹어 가면서. 미국 사람 씩씩한 걸 그때 알았어. 그 여름에 여행을 그렇게 끝내고 돌아가서 또, 내가 대학생 때 활동하던 내셔널 워크캠프(national work camp)(자원봉사) 학생단체 120명을 또 농촌 봉사를 연결해가지고 공주 지역에 왔어요. 주로 의료봉사 중심이에요.

그래서 그들과 함께 한 열흘간의 의료봉사를 공주군 양구면이라고 하는 데로 떠났는데 그때에 우리 학교 때 활동하던 선배가 산부인과 의사였어요. 덕분에 산부인과는 처음 따라갔을 거예요. 그때 그 사람이 하고 간 말이 늘 생각나. 너무너무 산부인과가 필요하대, 시골에. 오줌소태 난 사람, 산부인과 질환이 너무 많은데, 다 그냥 사는 거야. 여자들이 언제 산부인과 병원에 갈 여력이 없는 거예요. 남자들은 그래도 한약방이라도 가 보고 읍내 나가서 병원에도 가지만, 여자들이 부끄럽게 생각하고 말로 표현도 못하고 질병에 시달리는 게 남성보다 훨씬 더 많다는 거예요. 그 의사가 와서 진료를 하고, 정말 그때 여자들의 문제가 너무 가여웠어요. 그리고 내가 일하던 기독교 사회복지관이 감리교 재단이었어요. 그때 처음 내가 교회 고등부 반사를 맡은 거라고. 반사. 거기서 주일봉사를 하면서, 그때 그 지역에 선교사들의 어려움[을 실감했어요]. 사명감이 없어가지고는 정말 어렵겠다, 그런 생각을 한 게, 교회를 중심으로 해서 봉사단을 갔는데, 전도사 부인이 얼마나 어려운지, 애기를 낳고 영양실조로 부증(부종)이 나서 무척 고생을 하더라구요.

시설에서 비켜 사는 사람들에 대한 인식

나는 그런 현장을 많이 보고, 청년시절을 보냈기 때문에 먹을 게 없었다거나 이러지는 않았지만 사회사업 시설들의 현장을 보면서 인간의 기본적인, '먹을 것의 해결'이라고 하는 것부터가 중요하다는 것에 대한 인식을 뼈저리게 느꼈어요. 시골에 봉사 다니면서, 또 고아원이나 양로원 시설에 가서 그런 사람들의 삶을 보면서 말이죠. 엊그제 시장님이 실제로 행동하는 봉사라는 것이 참 중요하다, 입으로나 마음으로가 아니라 실질적으로 현장을 보고 봉사하는 그 자체가 중요하다고 강조하시면서, 그래서 은평 평화 마을이라는 행려병자 시설에 가서 마리아 수녀회가 운영하는 곳인데, 노인들, 중환자실 같은 병원이 아닌 수용시설인데, 대개 중풍, 치매, 이런 사람들 도와주는 걸 보면서 내가 다시 청년기 지나, 물론 내가 YWCA에 있을 때에는 양로원이나 또는 성매매 시설, 경기여자기술학교, 또 절기별로 간간이 가기는 했지만, 대학시절만큼 그렇게 자주 못 갔다는 생각이 들었고, 엊그제 노인시설에 갔다 온 게 또다시 내가, 새로운 나로 청년기 때 마음으로 돌아가야 되겠다, 그런 생각을 하는 기회가 됐어요. 여러 가지 생각 중에 참 인생을 잘 살아야 된다는 것과 정말 그런 시설에 우리 시선에서 비켜 사는 사람들에 대한 인식을 좀 같이해야 된다, 그런 게 또다시 내 머릿속에, 나 혼자 힘들게 바쁘게 살았다 이런 거 갖고는 안 되겠구나 〔하고〕 깨닫는 계기가 됐어요.

여성문제연구회에 와서 봉사해라

8개월의 시간(사회복지사로서의 시간)을 마감하게 된 것은, 내가 그해 여름방학 때 집에 와서 한번 황신덕 이사장님을 뵌 후예요. 중앙여고에 황신덕 이사장님을 뵀더니, 거기서 일하는 것도 좋지만, 혹시 "서울에 올 마음이 있다면 '여성문제연구회'[5]에 와서 좀 봉사를 해라." 그렇게 해서 두 번째 직장인 여성단체를 그때부터 시작하게 됐어요. 내가 사회사업가를 그만두고, 서울로 다시 와야겠다는 게 집 생각 난 것도 물론 있지만, 이런 거였어요. 내가 마치 중학교 1학년, 2학년 때 영화구경을 가면 너무 많이 울어가지고, 친구들이 "너랑 안 간다."고 그런 얘기를 들었던 것과 또 청년시절에 고아원에 가고 그러면 그애들의 얼굴이 너무 떠오른다든가 그랬는데, 공주에서 일할 때 내가 맡은 케이스가 몇 가지 있었어요.

내가 맡았던 클라이언트인 어떤 부인은 애가 열하난가 그래. 광천에서 김을 받아다가 팔아요. 가끔 어리굴젓, 젓갈도 받아다 팔고 그러는데, 애를 낳을 때마다 광우리까지 다 팔아먹는 거야. 그리고 또 빈털터리로 들어오는 거야. 근데 남편은 애기가 생길 만하면 한 번씩 와서 애기만 낳고 떠돌아다니는 남자〔였어요〕. 그러면서 부인은 365일 기저귀를 차야 돼요. 오줌소태가 있어서. 애기

5 1952년 '여성문제연구원'으로 발족. 초대 회장은 황신덕, 역대 회장으로는 이태영, 이희호 등이 있다. '여성문제연구회'는 여성의 법적지위 향상 및 제반 여성문제의 연구조사, 환경, 사회복지 등 점차 시대 상황에 따라 발생하는 문제들에 접근하여 복지사회 구현에 기여해 왔다.

를 낳으면서 잘 관리를 못하니까. 그 케이스를 봐서는 여성의 인생이라는 게 너무 안쓰럽고 기가 막힌 거 아니에요. 내가 가정방문을 하면 엄마는 언제나 없어. 애들만 문풍지도 제대로 안 바르고 그냥 산꼭대기에 진짜 보리밥 덩어리, 차디찬 거 있는 거 가지고 먹는 놈은 먹고, 마는 놈은 말고, 어디 가서 얻어먹으면 얻어먹고, 그렇게 살아요. 그런데 해결 방법이 없는 거야. 광우리 사 주고 몇 만원 도와주는 게 그 사람한테 무슨 도움이 되겠어요. 그러니까 그 업무라는 것이 도와줘야 되는데 도와줄 수도 없고, 도와주는 데 한계가 있고, 그리고 해결점은 없고. 내가 가니까 전임자도 상담을 했었는데 푸념이더라구요. 다 이 사람은 해결 방법이 없다는 거야. 그렇다고 누가 집을 사 준다거나 중요한 몇십만 원이라도 받는 직업을 주지 않는 한 악순환의 고리가 끊일 수가 없는 거예요. 여기서 내가 사회사업가의 한계를 느낀 거죠. 그래서 '아유, 사회사업가로서 해답도 없고 절망만 있다.' 그런 생각을 해서인가, 황신덕 이사장님이 엽서를 보내시면서 "혹시 서울에 와서 일할래? 봉사할래?"〔물으셨어요〕. 옛날에는 일을 봉사라고 했어요, 그냥. 난 그런 용어가 익숙하고요. 어디 갈 때 월급이 얼마예요? 물어보면서 직업생활을 해본 적이 없으니까 지금하고는 너무 다르지요.

여성단체로 방향키를 잡게 한 여성문제연구회

황신덕 이사장님이 그때 당시 이태영 박사와 함께 가정법률상담소의 설립을 도우셨고 이사장을 하셨어요. 그래서 활동 내용을 줄곧 이야기로 들었고, 그쪽에서 봉사도 하고 일했으면 좋겠다, 그런 말씀을 하셔서 황신덕 이사장님을 모시고 내가 여성문제연구회로 오게 됐어요. 그때부터 층층시하 여성 지도자들을 모시는, 그야말로 간사로 시작을 했어요. 그래서 그때 옛날의 도쿄 호텔 앞에, 남대문에서 남산 쪽으로 올라가다 보면 우리나라 최초의 여성회관일 거예요, 아마. 지금은 다른 빌딩이 들어섰지만. 그 여성회관의 조그마한 방에 여성문제연구회 사무실이 있었어요. 거기에 연구 간사로 한 4년 있었을 거예요. 그때 여성문제를 생각하고 단체를 좀 배웠고, 그렇게 하고는 김봉희 씨가 회장을 했고, 아니지, 내가 막 갔을 때에는 이희호 선생님이 회장을 하셨어요. 그래서 막 이희호 선생님하고 바뀌는 찰나에, 당시 이희호 선생님이 여성문제연구회 회장을 하셨어요. 그 당시에 내가 갔고, 김봉희 회장이 새로 오시고 일을 시작했죠. 그래서 한 4년 있다가, 그 다음에 노동부로 자리를 옮겼죠.

난 내 의지로 이력서를 내고 시험을 봐서 들어간 게 없이 그전엔 다 밀려 밀려 갔어요. 〈웃음〉 그게 인제 공주 기독교 사회관도 대학에서 그분이 우리 그룹 워크를 가르쳤고 김영모 교수가 그거 해보라 그러니까, 일하게 됐고 두 번째는, 황신덕 이사장님이 여성문제연구는 어떻겠느냐 그래서 일하게 됐고 여성문제연구회에서 노동부로 갈 때는 또 여성단체에서 같이 일하던 김희영 씨, '여학사협회'[6]에 계셨어요. 그분이 노동부의 과장으로 가게 됐어. 그분이 노동부에 가셔서 날 보고 거기 전문위원 자리로 오면 어떻겠느냐 이렇게 돼서 그리로 가게 된 거예요. 절차도 재밌지. 이사장님께 "제가 거길 가도 좋겠습니까?"라고 하니까 "넓은 데 가서 일해보는 것도 좋겠다."라고 허락을 받아가지고, 그래서 '부녀소녀근

6 1945년 김활란을 중심으로 박화숙, 모윤숙, 이숙종, 김현실 등이 모여 서울 정동교회에서 여성을 위한 단체를 설립하기 위해 수차례의 준비위원회를 가졌고, 여고동창회 모임과 공동으로 여학사협회를 창립하기로 뜻을 모으게 된다. 정식으로 대한여학사협회 창립총회를 개최한 것은 1950년 1월 15일. 초대 회장으로 김활란이 추대되었다. 교육받은 여성이 앞장서 한국여성이 올바른 위치에서 남성들과 대등하게 활동하도록 이끌며, 배움에 보답하기 위해 사회에 봉사하고 공헌하고자 하는 것이 대한여학사협회의 창립 이념이었다.

로자 보호위원회' 전문위원으로 갔어요. 부녀소녀근로자 보호위원회의 전문위원으로 가서 여성·청소년 근로자 현황조사 연구사업을 한 4년 정도 일했고, 그 다음에는 거기서 사표도 못 내고 YWCA로 오게 됐어요. 그때 옆에서 같이 일하던 선생님 한 분이 나랑 같이 전문위원을 하던 분인데, 나를 추천해가지고 YWCA 근로여성회관 건물(현재 서울 금천구 독산동 소재)을 새로 지었는데, 내가 거기 관장으로 갔죠. 서른한 살 때. 그때만 해도 내 커리어(경력)를 보시고, YWCA에서 나를 찾으신 거죠. 여성단체에도 있었고, 또 노동부에서 여성근로자와 청소년 근로자 연구 활동을 했고 하니까요.

가장 전성기는 근로여성회관 관장이었을 때

78년도에 내가 대학원에서 노동정책을 전공하려고 했는데, 중앙대학교 사회개발대학원에 노동정책 전공 과정이 있었어요. 거기 입학을 하고 난 그해야. 대학원 시작하고 그리고 YWCA로 옮기고… 그렇게 했어요. 나의 가장 전성기는 근로여성회관 관장이었을 거예요. 그때는 정말 매스컴의 관심도 〔받았고〕, 그때 변도윤이라는 이름을 많이 알게 됐을 거라고 봐요.

그때 여성의 새로운 직업을 개발해 가는 그런 과정에서 참 재미나게 일도 했고 보람도 있었고, 성과도 있었고요. 우리가 보통 청년문제, 여성문제라는 게 사실 계몽이나 교육이라고 하는 것이 가시적으로 어떤 성과를 한눈에 볼 수 없거든요. 그럼에도 불구하고 해야 되는 거고.

그런데 여성의 직업이라는 것은, 어떤 한 사람의 인생에서 직업을 통해서 삶에 어떤 전환점을 가져올 수 있는 중요한 하나의 결과물이 나올 수 있는 거잖아요. 저 자신은 현실적인 접근을 비교적 하는 성격이라고 생각하는데, 선언적이거나 그렇게 그럴싸하게 포장하거나 이런 것을 잘 못하지만, 현실적으로 그 사람이 6개월 훈련받았으면 그 다음 단계가 뭐냐? 그 다음 단계는 어떠한 소득을 가져올 수 있느냐, 그 다음에 이 사람의 미래는 어떻게 예견될 수 있느냐라고 하는 것이 눈에 보이지 않으면, 전 그 프로그램을 하기가 싫어요. 약간의 선언적이거나 뭐 이론만 〔있고〕 그것이 행동으로 보여지지 않는다고 하면, 어쩐지 뜬구름 잡는 것 같고. 비교적 내가 해 왔던 프로그램들은 가시적인 성과가 그래도 보여지는, 직업교육이라고 하는 것은 아, 이제 10년 후쯤 뜰 것이다, 그러는데 6개월 훈련 받아가지고 6개월 졸업하는 시점에 내가 어디에 있을 것이냐, 그 다음에 1년 후에는 어디 있을 것이냐가 중요하지. 내가 지금 훈련 교육을 받아가지고 한 10년 후에 그 직업이 뜰 때까지, 그럼

제천시 여성지도자 위탁연수 '지역의 미래를 여는 여성 리더십'의 행사 장면

난 굶고 앉아 있을 수 없잖아요.

특히 내가 대상으로 했던 집단은 당장 직업이 필요한 집단이에요. 배가 고프고, 아이가 지금 밥을 달라고 보채고, 또 빨리 가족들의 문제해결을 위해서는 엄마가 어떻든 간에 당장 돈을 벌어야 돼요. 그러니까 돈을 벌어야 된다는 절박감 때문에 오는데, 그들에게 이것은 3년 후에 뜰 것이다, 5년 후에 뜰 것이다는 해답이 아니죠.

정말 막연하더라구요

서울 YWCA 근로여성회관이 어떻게 시작했냐면, 봉천동에 조그마한 사업소가 하나 있었어요. 그러니까 말하자면, 프로그램 센터가. 거기서 주로 뭘 했냐면 옛날에 한강변이 수해지역이었어요. 비가 오면 물이 차는 거예요. 과거에는 강변으로 물이 들어오면 무조건 집으로 들이닥쳐서, 전부 수재민이 되니까 거기다가 트럭을 갖다 대고 난민을 실어요. 그냥 건진 대로 냄비 하나 든 사람, 이불 하나 든 사람을 다 거기다 실어가지고, 봉천동에 갖다가 내려 놓는 거예요. 거기서 차를 타고, 강다리를 건너가지고 봉천동의 그 허허벌판에다가 그냥 두면… 거기에 무슨 막가리를 짓던 천막을 치던 그러고 살았어요. 그래서 거기가 난민촌이 된 거예요.

그곳에다 YWCA에서 그 전쟁 이후에 수재민 난민촌이 봉천동에다 천막을 치고 우유 배급 나오면 우유 가루를 죽을 쒀서 나눠 주기도 하고, 또 그러면서 거기 여자들이 어디 가서 일을 해야 밥이라도 먹잖아요. 일하러 나가면 애기도 봐주고 그래서 탁아사업하고 그랬어요. 그런 사업을 하는 프로그램 센터가 그곳에 있었어요.

그 프로그램 센터에서 그렇게 조그만 집에 탁아소하고, 또 가난한 엄마들 교육시켜가지고 파출부, 옛날에는 가정부라고 보내기도 하고 그러면 아이는 봉천동 사업소 안에서 봐주는 거예요.

그런 중에 그분들이 너무 회관이 협소하다 그래서 그 협소한 회관을 조금 〔넓게〕 지어서 이사를 하려고 처음에 참기름을 팔기 시작했대요. 집을 짓자, 이렇게 해서 YWCA가 맨 처음에 참기름을 짜서 팔고, 회원 여성들이 많이 드나드니깐. "같은 값이면 YWCA에서 사다가 잡수세요." 이렇게 팔고, 그 참기름 판 돈으로 시작된 거예요. 그 돈으로 조금씩 기금을 마련해가지고 독산동 지역에다가 땅을 샀어요. 230평이라는 땅을 사가지고 그 다음부터는 파출부부터 이사에 이르기까지 전부 벽돌 한 장 모으기, 참기름 팔기, 바자회를 통해서 빈대떡도 구워 팔고 회원들이 물건도 만들어 팔고, 이렇게 완전히 모금을 통해서 그 독산동 지역에다가 회관을 하나 건립하는 성과를 거뒀어요.

그때만 해도 700평짜리 새 건물을 보니까 으리으리하고 어마어마한 생각이 들더라구요. 그래서 내가 '그걸 어떻게 하나?' 진짜 밤잠이 안 올 정도로 고민을 했는데, 지금 생각해도 꽤 용감했다 싶어요. 그래도 일단 1978년 4월 3일자로 근로회관 관장으로 갔어요. 여러 곳에 자문을 구해서 건물을 잘 지으셨는데, 그 건물이 다양한 것은 교육 시설, 어린이 시설, 그때만 해도 한 200명 들어가는 강당 시설이 있고, 그리고는 기숙사가 있었어요. 그리고 3층, 4층은 기숙사였어요.

그러니까 그게 왜 그런 용도의 건물이 됐는가 하니까 구로공단이 옆에 있잖아요. 그때만 해도 수출자유 지역으로 구로공단이 여성 근로자가 대단히 많이 있는 곳이었으니까, 기숙사도 부족하고 하니까 근로여성들을 위한 기숙사까지 지어 정말 근로여성들을 위한 센터의 역할을 하기 위해서 그렇게 지어 놨어요. 그래서 그걸 어떻게 다 채울까. 그런데 그게 78년이니까 제가 여기 서울여성플라자에 2002년에 왔으니까 몇 년 만인가, 26년 만에 열 배 약 7천 평짜리를 운영하게 됐네요. 〈웃음〉

얼마나 현장감 있는 교육을 시켜야 하는가

나는 대학교 다닐 때 한 달이나 두 달이나 석 달이나 늘 현장실습이란 걸 많이 했어요. 대학교 3학년 때는, 한 4학점 정도를. 지금도 사회복지학과는 일주일에 하루씩 실습을 하죠. 우리 땐 그게 철저했어요. 그래서 사회복지 현장을 가서 그 실습에 실습 점수가 있었어요. 근데 그게 좋은 제도라고 학교 때 생각을 했어요. 왜냐하면 학교에서 배웠지만 현장에서 내가 정말 클라이언트들을 만나서 눈물을 닦아 주고, 그 사람 마음속에 있는 문제를 상담해 주고 한다는 것은 학교에서 상담의 무슨, 원인이 근거가 어쩌구 프로세스가 어쩌구 라포 형성은 어떻게 하구 하는 것보다 중요하거든요. 그걸 근거로 배운 것을 실천해 본다는 게 중요하더라구요.

〔근로여성회관에 들어가자〕 내가 독일에 가서 3개월 동안 교육을 받을 수 있는 기회가 생겼어요. 독일의 직업훈련제도가 듀얼 시스템이라고 해서 예를 들면, 3년차 학교가 있으면 1년은 기초교육을 받고, 2년이 되면 현장과 학교를 왔다 갔다 하면서 교육을 받아요. 듀얼, 양쪽의 교육을, 현장과 이론과 산업을 같이 경험해서 3년차 되면 훨씬 많은 시간을 기업체에 직접 가서 교육받고, 그 교육에

대한 세미나를 위해서 학교에 〔가서〕 준비를 하고, 그런 다음에 또 현장을 가고 이렇게 하는 3년차 직업교육 시스템 안에서 경험을 충분히 하고 3년 정도 되고 나면 현장학습이 가능할 수 있는, 아주 현장 중심의 직업훈련 교육제도를 통한 정부 세미나였어요. 그러니까 현장에 있는 주로 훈련소 소장들인데, 그리고 여성으로는 나 하나였어요.

그때 직업교육에 대한 확실한 이해 그리고 얼마나 현장감 있는 교육을 시켜야 하는가, 그래서 우리나라도 산학협동체제라는 것이 있지만 사실은 우리가 학교에서 받은 교육을 금방 현장에 쓸 수 없었어요. 그래서 그런 교육을 자동차 회사로부터 기술 인력 제공 학교, 건축학교들을 보고 경험하고 그리고 직업교육 자체가 얼마나 잘되어 있는지에 대한 것을 그때 3개월 동안 교육을 받아 확고하게 배웠고, YWCA 내부적으로도 전문성을 갖는 회관으로 어떻게 발전해야 되는지에 대한 것을 깊이 연구하고 실질적인 직업 프로그램의 개발 사업[7]을 적극적으로 추진하는 계기가 되었죠.

여성의 새로운 직업을 위해 무엇을 할 것인가

1975년이 세계여성의 해였어요. 여성의 해는 여성지위 향상이라고 하는 과제를 놓고 볼 때, 정치적인 과제, 성의 불평등적인 과제, 문화적인 과제 다 있겠지만, 그 중에서 경제적 지위 향상이라고 하는 입장에서, 예를 들면 축첩의 문제, 첩을 얻어서 사는데 본부인이 못 나가는 이유는 아이들 데리고 나가서 〔살〕 경제력이 없으니까 굴욕적이지만 살 수밖에 없었겠지요. 그때 이미 YWCA의

7 다양한 여성 직업의 필요성과 직업여성의 지위 향상의 필요성을 일찍이 인식한 YWCA는 이를 위해 각 시대의 변화에 맞추어 지속적인 노력을 해왔다. 특히 1970년대 저연령, 저소득, 저학년 여성들이 제조분야 노동인력의 주축을 이룰 때 근로여성의 인권, 작업, 환경 등에 관심을 가졌다. 근로여성의 인간화가 사회문제로 대두, 그 대안으로 1977년 근로공단과 인접한 독산동에 근로여성회관을 건립하여 노동환경, 노동인권문제에 직접 개입, 해결 노력하였다. 또한 여성의 새로운 직종으로 남성 독점 직종인 도배, 타일, 페인트, AID와 제주 감귤 전정의 지원을 받아 여성 직종으로 교육, 훈련하였다. 여성의 사회진출 및 경제 자립을 빈곤층 저소득층 여성교육생들의 생활비를 지원하면서 여성인력을 양성, 배출하였다. 아울러 아파트 개발분과와 때를 같이해 인력 공급에 성공, 모든 매스컴의 지원을 받기도 하였다. 이처럼 YWCA의 직업훈련 사업은 많은 성과를 거두었고 여성직업교육의 새로운 모델을 제시하였다.

가장 중요한 이슈는 경제적 지위 향상이라는 문제의식을 가지고 있었던 거예요.

그래서 근로여성회관을 지어 여성들의 취업이나 훈련을 통해서 여성의 지위 향상을 돕겠다, 그런 과제를 가지고 그 회관을 지어 놓고 보니까, 예를 들면 계획단계에는 봉제공이라던지 이런 직종을 훈련시켜야 되지 않을까 했는데, 약간의 시행착오일 수밖에 없었죠. 제가 노동부에서 했던 일들이, 그쪽의 여성 근로자, 청소년 근로자를 보호하는 일이었는데, 우선은 교육 정도가 제일 낮죠. 기능도 없어서, 고등학교를 나와도 할 수 있는 일이 없어요. 그러니까 봉제공으로 가면 어떻든 실밥 따는 것부터 시작해야 돼요. 그때는 직업교육이라는 게 전무하다고 봐도 과언이 아니었죠. 여자의 직업은, 교사, 간호사, 아니면 식모예요. 그 외에는 내가 가게를 열어서 장사하는 거 이외에는 특별히 여성이 가질 수 있는 직업이라는 게 별로 없었어요.

그런데 그때 1977년, 78년도가 어떤 때였냐면 중동붐이 일어서 건축 근로자들은 중동으로 많이 갈 때예요. 그래서 처음 중동 가서 돈 벌면 재봉틀 사고, 그 다음은 저축해서 집 사고, 이런 붐이 한창 고조됐을 때 그런 환경하에서 과연 여성이 어떤 직종을 훈련해서 취업할 수 있겠느냐, 여성을 위한 새로운 직업훈련(을 모색했고), 단순 기능사보 그 정도의 기능으로 도배사, 타일사, 페인트사, 건축 직종 훈련을 가지고 우리나라 최초의 인정직업훈련소를 노동부로부터 인가받아 처음 시작을 했어요. 그게 1978년 4월 11일, 아니 4월 11일 조건부 인가를 받아가지고 와, 웃지 못할 넌센스가 있었어요. 지금 차관까지 하신 그 당시 근로기준 국장이셨는데, 내가 직원으로 있었는데 사표도 못 내고, 갑자기 YWCA에서 일을 시

여성은 이제 건축제도 분야에서도 실력을 인정받고 있다. 그래서 건축제도 수강실을 돌아보는 변도윤 관장은 기꺼운 마음을 금할 수 없다.
(출처: 『여원』 1980. 9)

근로회관에서 금은세공 강좌는 인기가 있다. 여성에게 맞는 세밀함을 요구하는 분야이기 때문이다. 실습에 열중해 있는 수강생들과 대화를 나누고 있다.
(출처: 『여원』 1980. 9)

어린이놀이방의 어머니들과 함께. 놀이방 어머니들은 어린이들의 정서함양에 대한 의견을 교환하기에 열심이다.
(출처: 『여원』 1980. 9)

작하고 보니까, 노동부에서 인정직업훈련소 인가가 안 나서, AID(개발차관기금)에서 지원금은 받았는데, 아무것도 못하고 있는 거예요.

고생이란 이루 말할 수가 없어요

그 고생이란 이루 말할 수가 없어요. 인정직업훈련소를 해놨는데 누가 가르치냐구, 아이구. 그래가지고 유명한 지물포를 찾아가서 도배를 가르칠 사람을 좀 알선을 해달라고 그러니까 아무도 없어요. 그러다가 한 사람을 종로 지물포에서 구했어요. 근데 강사료도 사실 많지도 않고, 일주일 내내 와서 교육을 해야 되잖아요. 지금은 본드에다 인스턴트 풀에다 붓고서 하잖아요. 그때는 밀가루로 풀을 쑤어서 도배할 때예요. 그러니까 전석환 선생님을, 그분을 그냥 며칠을 설득을 해가지고 선생님이라고 하면 전씨라고 불러달라고 하는 거예요. 자기는 선생님이 아니라고. "제가 무슨 선생님이에요?"〔하면서〕.

또 학생은 어떻게 뽑았나 하면, 국민학교 무학자부터 대학 졸업자도 있었어요. 왜냐하면 우리가 강사 훈련을 시켜야 되겠다 〔해서〕 강사도 배출하고, 학생도 배출해야 하고, 그리고 노동자도 배출해야 되니까. 아 그때를 생각하면 난 너무나 내 인생에 있어서 정말 멋지고 의미 있는 게, 어떻게 그렇게 해냈나, 너무 재밌었다, 의미 있었다는 생각을 해요.

그때부터 생각한 것이 도배도 현장에 나갈 사람들이고, 도배사를 훈련시키는데, 그때 기숙사가 있으니까 기숙사에서 전원이 생활하면서 하드트레이닝을 시킨 거예요. 왜냐하면 그 노가다 현장이라는 곳이 여성을 훈련시키지 않고 그냥 보조 인력이라고 보는 고정관념이 있었어요.

근데 우리가 도배현장을 다니면서 보면, 진짜 풀통 들고 다니고, 재단도 절대로 칼을 잡으려면 몇 년이 걸리고, 풀칠해 주는 거 몇 년 걸리고, 이래가지고 그 세화 감독관까지 되는 거거든요. 그런 과정을 겪으려면 남자와 똑같이 투입이 되야 하잖아요. 그러니깐 그런 훈련 과정에 있을 때, 도배사를 한 달이나 두 달 안에 현장에 투입해야겠다는 생각을 한 거예요. 그리고 내부에서의 실습도 한계가 있잖아요. 한 50명이 말이죠. 우리 기숙사 방도 붙였다 뗐다 한두 번이지, 현장도 없는데. 그때는 50명 중에 당신의 집에 혹시 도배할 때 있냐, 우리가 초배지나 정배지 같은 거 가져온다고. 그럼 초배하고 한 달 아니면 보름쯤 살어라, 그 대신에 후꾸로바리[8]에 공간 초배해 보고 밀착 초배도 해보고 그게 쉬울 것 같은데 굉장히 요령이에요. 하여튼 직업훈련에서 중요한 것은 무엇보다 숙련을 위한 반복 작업이에요. 그래서 반복적으로 해서 익숙해져야 현장 투입이 되잖아요. 그러니까 아주 현장에서 도배사하고 똑같이 계속해서 체험도 해보고 그래야 훈련이 실질적인 훈련이 되고 취업을 했을 때, 적응이 되고 인정받고 그런 거 아니에요. 그런 도배사, 페인트사 훈련.

페인트도 이제는 현장에 페인트통 들고 따라다니고, 예전에는 겨우 다른 사람 5만 원 받을 때 만 원씩 받고 다니고, 그런 게 고작이었다구요. 그런데 페인트도 여자들이 너무 섬세하게 잘해요. 타일 섬세하잖아요. 그것도 간격을 맞추고 예술 작업이라잖아요, 특수하잖아요. 그래서 이런 직종에는 여성의 적응 가능성이 많았는

8 '벽의 굴곡이 심하면 초배를 여러 겹을 테두리만 풀칠하는 것'을 뜻하는 일본식 말

데 그 적응 과정이 보통 힘든 게 아니었어요. 지금 여자가 도배, 타일, 페인트 하는 게 이상하세요? 너무 평범하고 자연스럽죠. 이런 일은 YWCA가 아니었으면 못해 냈을 거예요.

거기서 세 끼를 같이 먹어 가면서

그때 내 생각은 직업훈련을 받아 100퍼센트 취직을 시키지 않을 작정이면 이 고생도 안 시킨다는 것이었죠. 그때의 정열은 지금 다 산 거는 아니지만, 정말이지 엄청난 에너지였던 것 같애. 그때는 퇴근이 다 어딨어요. 우선은 학생이 퇴근을 안 하니까, 기숙사로 올라가잖아요. 기숙사로 올라가면 그때부터는 전과자에서 동성연애자 별별 사람들이 다 있었던 거예요. 50명이 3개월을 그런 아줌마들, 〈이만한〉 아줌마부터 〈요만한〉 아줌마까지 그냥 50명을 기숙사에 두고, 그때 기름파동 났죠. 또 고춧가루 파동(1978년도) 났죠. 하여튼 돈은 없죠. 세 끼는 먹어야 되죠. 쌀은 얼마나 들어가는지 아유… 〈웃음〉. 기숙사에서는 50명이 돌아가면서 밥을 하는 거예요. 그러니까 누가 하루 시장 봐 올 사람, 그것을 훈련받는 사람들이나 수위 아저씨, 누구든 형편되는 사람이 시장을 좀 봐 오라고 그러고. 근데 결국은 그 문제가 있는 곳에 답이 있어요. 기숙사 해결은 그렇게 했죠. 고춧가루가 없으니까 김치가 하얀 거야. 〔고춧가루 값이〕 굉장히 비쌌어요. 그러믄 그냥 하얀 김치 먹는 거고, 점심은 맨날 국수야. 그냥 소금물에다가 삶아가지고 먹고. 참 다행인 것은 내 스스로가 식성이 너무 좋아요.

그러니까 거기서 세 끼를 같이 먹는 거예요. 아침은 집에서 먹고 오니까. 저녁에 10시나 11시에 들어가면 점심, 저녁 같이 먹는데 내 스스로가 너무 이게 맛이 없고 아유, 못 먹겠다 이런 생각이 안 들었어요. 그러니까 그들이 아니 뭐 관장부터 다 같이 먹는데 그렇게 자신이 불쌍하다는 생각을 안 하는 거예요. 그래도 참 내가 지금 생각하면 너무 미안하고 지금도 그 도배사들은 나와 함께 고생했고 사랑했고….

현장에서 만나면 부둥켜안고 울던 초기 도배사, 타일사 50인

훈련은 하지만 결국은 일을 누가 주냐구요. 아무리 여자가 50명이 〔훈련을 받았어도〕 일을 못하는 거야. 현장에서 믿을 수가 없다고. 제일 먼저 맡은 일이 설계사무소에 부탁해 맡은 것이, 경남아파트 거기 강남고속터미널 앞에 12층 아파트잖아요. 그 아파트 처음 지을 때 초배를 맡았어요. 그때만 해도 우리가 정말 보통 좋은 게 아니에요. 롯데호텔 지을 때도 처음 우리가 초배했어요. 그걸 맡으러 다닌 거야. 20명, 30명 자기네 공정에 따라서 우리 초배 도배사들을 부른 거예요. 그러면 금요일까지는 근무하고 토요일 날 현장에 나가면 그때 삼립빵 봉투, 그걸 쥐고 20명, 30명 먹어야 되니까, 일인당 두 개씩 준다고 그것을. 그땐 차나 있었나요? 버스 타고 걸어서 끙끙 매고 가면 여기서 만나는 사람도 부둥켜안고 울고, 저기서 만나는 사람도 부둥켜안고 우는 거예요. 기숙사 밥 먹을 때가 너무나 행복했다〔고 하면서〕. 밤에 들어가면 물론 만나지만, 그 현장에서 엘리베이터도 없는데 풀통을 플라스틱통에다가 이고 다니면 앞으로 쓰러지고 뒤로 쓰러지고…. 그럼 풀이 쏟아져가지고 덴 사람도 있고, 너무너무 그게 막 슬픈 거예요. 교육받을 때 현장에선 하다못해 고구마를 간식으로 찌고 감자도 찌고 그래서 배고프면 먹기도 하고, 그러다가 우리가 일주일 만에 만나는 거고, 뭐 이런 현장에서 부둥켜안고 관장님하고 울고 우리가 삼립빵을 싸가지고 간 거를 그냥 목이 메서 못 먹는 거예요. 엘리베이터도 없는 12층까지 물건을 남자하고 똑같이 지고 올라가고 그러니까.

그때 하여튼 세상에 내가 어떤 경우라도 사람은 미울 수 없다[고 생각했어요]. 너무너무 속 썩이고, 그냥 또 그런 중에 술 마시고 기숙사에서 규칙 안 지키고 그런 사람도 있었지요. 그런데도 50명[중] 한 번이라도 퇴소시킨 적이 없었어요. 그런데 마지막에 한 사람 퇴소시킬 수밖에 없었어요. 지금도 날 찾아와요. 그때 퇴소시켰는데도 그렇게. 그래서 자기가 성공도 하고 그랬었는데 작년에 왔다 갔어요. 그렇게 순박하고 어렵고 힘들었지만 자기가 그렇게 마

1978년 크리스마스, 근로여성회관 직원들과 함께했던 파티

음을 같이하고 자기들을 도와줬다고. 나는 사실 어떻게 보면 직업으로부터 시작하긴 부족했는데도 그들이 늘 감사하게 생각하는 것이 고마워요.

내가 왜 탁아소를 만들었는지 아세요? 아가방이라는 이름을 먼저 지었어요. 도배사, 타일사 한 50명이 그 기숙사에서 생활하니까 식구들 다 두고 엄마만 와 있는 거예요. 토요일 저녁 때 집에 가서 일요일 저녁 때 기숙사에 들어오는 거예요. 그들 중에는 충청도 어머니한테 애들을 맡겨 놓은 사람, 시누이들한테 맡겨 논 사람에, 다 애 있는 엄마니까, 처녀들도 물론 있지만. 그런 사람은 갈 데가 없어서 그냥 토요일 일요일도 기숙사에 있는 거예요. 그러면 그때 친정어머니가 허리를 다쳐서 애를 못 보게 됐다고 데리고 오는 거야. 어떡하냐고. 그래가지고 계단에서 똥을 싸지 않나, 그러니 어떻게 그걸 보내요. 그래서 할 수 없이 급한 대로 일층에다 방을 하나 만들어서 스티로폼을 깔고 거기다가 비닐을 덮어가지고 그러고는 거기에 탁아소를 만들었어요. 그래서 아가방이라는 이름으로 탁아소를 시작하는데, 그래도 건물이 깨끗하고 좋은 건물이니까 동네 아이들까지 와서 맡기고 돈을 받고 그렇게 하면 하다못해 간식비라도 벌 것 같더라구요.

그래서 아가방 광고를 냈더니, 우리가 그때만 해도 다 마음이 통했는지 내가 지금 그때 동아일보의, 지금은 한겨레신문의 지영선 기자하고, 청소년 상담원에 가 있는 서울신문 조남진 기자하고, 그 두 사람은 하여튼 우리가 프로그램하는 것을, 그때는 독산동에 와서 취재해가 그렇게 많이 신문에 실어 줬어요. 그러니까 너무너무 사람들이 많이 오는 거예요. 그 이외에도 유료 사업을 몇 가지를 해서 잘 지은 초현대식 건물이지만 창틀에 비닐을 다 치고 기름

일하는 여성을 위한 탁아소를 운영하기도 했다(출처: 『여원』 1980. 9).

을 아무리 때도 따뜻하지가 않아요. 비싼 기름이. 아, 그때 유류(기름) 파동 나고, 고춧가루만 보면 다들 〔고춧가루 파동 때문에〕 암담하기만 했지요.

지금도 간판을 보는 습관이 있어요

그런 열정적인, 힘든 여성들과 이렇게 같이했던 독산동 시절이 난 정말 의미 있었던 것 같애요. 그렇게 시작한 프로그램이 30여 개의 여성 직업교육 직종이 개발됐는데, 도배사들이 지금은 덜하지만, 그때는 가을, 봄만 도배할 수 있어요. 한여름엔 못하고, 이사도 적고, 그러니까 기숙사에서 비가 오는 날도 놀고. 〈웃음〉 맨날 어쩌다 기숙사를 올라오면, 계단에 앉아 있거나 로비에 앉아 있는 거예요. 일을 못 나갔으니까 그걸 어떡하냐구요. 그래도 이들이 배운 건 풀칠하고 종이 바르는 거잖아요. 그래서 표구사 과정을 또 개발을 한 거예요. 그래서 도배사들에게 표구를 가르쳐서 쉬는 때에는 표구를 해서 부업을 할 수 있도록 말이죠.

또 그나마 표구도 다 30명씩, 50명씩 하기 어렵고 또 아줌마들이 손끝이 좀 무디고 이런 사람은 그것도 섬세하게 못해요. 그땐 내가 이해를 못했어요. 〔왜〕 야무지게 못하나, 막 야단도 치고 열심히 안 해서 그런 거 아니냐고 막 혼내고 그랬어요. 그때 그들을 55세까지 뽑았으니까, 험한 손을 도배까지는 모르겠는데, 표구는 손이 거칠면 안 돼요. 표구가 일어나고 막 그러니까 그런 사람들을 위해선 또 어떡하냐고. 스무 명은 가서 표구를 부업이라도 한다고 좋아하는데, 그 나머지들을 어떡해요. 그래서 할 수 없이 금은박 찍는 거 아유, 내가 그게 제일 우스워. 한복 입을 때 금은박 찍는 거. 그걸 또 다 가르쳤어요. 한여름에 가르쳐가지고, 그 수요가 있을 때 금은박 찍는 것도 부업으로 해보고. 아유, 안 해본 게 없어요. 〈웃음〉

그리고는 실반지 하나도 안 끼고 그런 〔걸〕 모르던 사람인데, 어떤 계기에 내가 세공방에 가 보게 됐어요. 금은 세공방에. 여자가 해보면 좋은 직종이더라고. 인사동 곳곳에 공방을 차리고 활동하는 전문가들도 키워졌고 여성의 전문직종으로 자리가 잡히기도 했어요.

도배사 기능사 과정 훈련을 위해서 30대의 제도판을 사다 놨잖아요. 필요하지도 않은 것을 정부가 만든 법이 그래요. 너무 아까운 거예요. 그래서 구청 앞에 가 보면 건축설계사무소가 많잖아요. 그 사람들한테 일을 맡아 달라고 부탁을 하려고 기다리고 앉아 있으면 여직원이 차도 갖다주고 또 가끔 은행 심부름도 하다가 제도판 앞에서 뭘 수정도 하고 그래요. 그래서 내가 물어봤어요. 뭘 하는 거냐 물었더니, 자기가 조금 라인 작업한 걸 수정해 준다는 거예요. 내가 얼마냐 됐냐고 그랬더니 한 2~3년 됐다고 그래요. 언제부터 해봤냐고 그러니까 한 5~6개월 지나서 계속하면 조금씩 할 수 있다고 얘기하기도 하고 설계사무소에 여자직원들이 도면 가지고 구청에 들어가요. 거기에서 착안을 한 거예요. 그래서 설계 사무, 건축 설계를 6개월 안에 가르쳐서 설계사무소에 한 사람씩이라도 취직시키자, 그런 아이디어가 번뜩 들었지요. 그때는 오로지 직업훈련에만 관심이 〔쏠려 있었어요〕.

그래서 지금도 간판을 보는 습관이 있어요. 간판에 뭐가 많이 생기나 그게 금방 시류를 읽는 거예요. 그럼 저기 사람 필요하겠다, 자장면 간판이 〔많으면〕 자장집 하나, 만두집이 많이 생기면 그럼 만두를 잘 만들려면 만두집을 가서, 종업원으로 일하다가 만두집 개업하면 되잖아요. 어느 때인가 한때는 자장면 집만 따로 생기는 때가 있었잖아요. 그러면 자장면 만드는 방법을 가르쳐서 자장

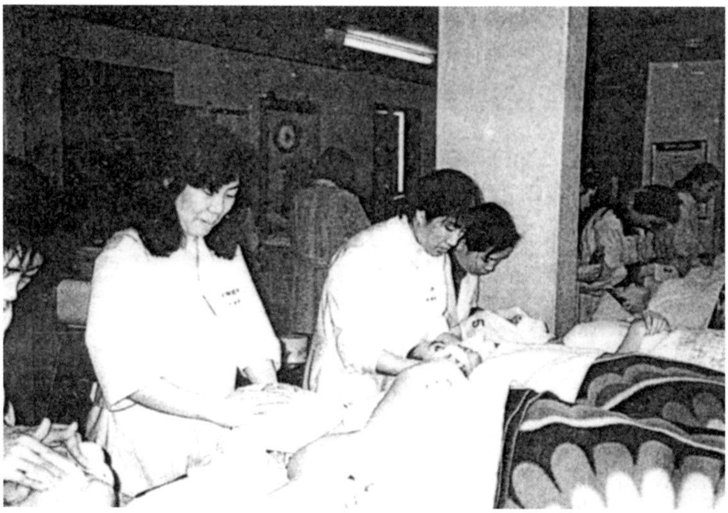

교육이 끝난 후 현장실습을 통해 실력을 기르는 피부미용사 훈련생들은 피부미용실을 개업하거나 화장품 교육강사로 취업했다. 피부관리사에서 1992년 피부미용사로 이름을 바꿨다 (출처: 서울YWCA(1992), 『서울 YWCA 50년 그리고 20년』)

면 만드는 전문가가 되면 어떤가, 뭐 주로 이런 식의 생각이죠. 그리고 호텔 같은 데 가 보면 메이드가 있잖아요. 그런데 호텔학교 같은 데 가 보면 메이드 가르치는 학교는 없어요. 호텔 메이드, 호텔 미화부라는 이름으로 훈련해 취업시켰죠. 한때 호텔을 가면 메이드까지 알아봤다니까요.

피부관리사라는 이름은 절대 버릴 수 없다

내가 독일에 갔을때 통역을 해주신 분이 있었어요. 근데 통역이 우리나라 간호사로 간 사람인데 그 사람이 거기서 코스메틱, 피부관리를 배워가지고 부업을 하더라고. 얼마나 열심히 사는지 몰라요. 그리고 결정적으로 내가 그 여성을 한국에 데려왔잖아요. 강사로. 약간 문화적 충격이긴 한데, 나는 마사지 한 번도 (안 받아봤는데), 독일에 가서 보니까 완전히 전문 병원 수준이에요. 코스메틱이 피부과가 있으면 코스메틱 하는 시설이 함께 있어요. 한국에서는 YWCA 직업교육 과정으로 피부관리사라는 이름으로 1980년도부터 훈련을 시작했고, 많은 여성들에게 각광받는 직종이 되기도 했죠.

처음 YWCA에서는 독일에 다녀와서 피부관리사를 훈련시키겠다고 하니까, 이사회에서 다 반대하시더라고. 무슨 YWCA에서 여자들 마사지를 가르치냐고. 그래서 내가 호소하기를 "우리는 마사지하려는 사람을 기르는 게 아니고, 여성 전문직종으로 미용분야 중 전문 마사지사를 훈련하는 것이고 머리 미용을 배워서 파마 커트 하는 것과 똑같이 피부도 관리해 주는 전문가 훈련입니다. 이

직종은 인간이 존재하는 한 유망직종입니다. 아름다움을 추구하게 돼 있으니까요."라고 말이죠. 그렇다면 이 직종을 과학적이고 전문적으로 훈련시켜서 정말 경제적으로 어려운 여성들한테 월급을 받도록, 또 창업을 할 수 있게 해주자는 것이기 때문에 이것은 굉장히 의미가 있는 사업이라고 〔설득했죠〕.

결국은 이름을 바꿔가지고 피부를 관리해 주는 과정이다라고 허가를 받아서 그때 피부관리사를 처음 시작을 했는데 1년은 너무너무 고생했어요. 누가 와서 피부관리 배운다고 해도 졸업한 사람이 갈 데가 없는 거예요. 그것도 똑같이 실습을 한 6개월 중에 한 넉 달은 이론 교육을 시키고 한 달은 미장원에 실습을 하게 했어요. 몇 년 동안 많은 여성이 훈련받고 취업·창업을 하는 성과가 있었지요.

그때 피부관리사 과정 운영을 조금만 더 했어도 자격증으로 만들었을 거예요. 지금 미용사에 대한 기득권, 아직도 피부관리사 자격증을 분리 못하고 미용사 자격증 하나 가지고 피부관리도 하고, 발관리도 하고 다 해야 되는 거예요. 발 관리사, 하다못해 미국은 커피 타는 방법에 따라서도 자격증을 주는데, 우리 한국은 미용사 자격증 하나죠. 피부관리 전문점이 분명히 따로 운영되지만 피부관리사들이 미용사 자격증이 없으면 개업을 못해요.

그래서 노동부에 분리 신청을 했더니 피부과 의사들이 반대를 해서 못했거든요. 피부관리사라는 이름은 절대 버릴 수 없다. 그걸로 직종 신청도 하고 성공을 해야지. 피부 미용사 그러더니 내가 자리를 옮기고 1년도 못 돼서 벌써 피부 미용사로 하고 미용사협회로 들어갔어요. 지금까지도 직종 분리를 못하고, 미용사 자격증 없이 개업을 못하는 그런 현실이죠. 난 그때 너무 안타까웠어요.

"YWCA에 있어서 너무나 의미 있고 좋으시겠어요."

YWCA 근로여성회관에서의 9년이라는 세월이 참 나한테는 제일 좋았던 시절이 아닌가 〔싶어요〕. 재밌게. 그때는 내가 사람들에게 듣는 말 중에 "YWCA에 있어서 너무나 의미 있고 좋으시겠어요."라는 얘기가 가장 좋았어요. 그 말을 들으니까, '어, 정말 그러네.'라는 생각도 들고, 참 고달프고 힘들었어요. 근데 지나고 나서 생각하면 그렇게 열정적으로 지금 일하고 있는가라고 나한테 묻지 않을 수가 없죠. 물론 업무의 환경도 다르지만 그냥 속으로 그래도 정열이 아직 식지는 않았지 않았나, 해야 되는 일에 대한 책임감도.

난 사실 여성운동의 현장에 있었으면서도 피켓 한번 들고 데모도 잘 못해요. YWCA 주간사로 갔을 때 "최루탄을 쏘지 맙시다."라는 캠페인은 했지요. 그리고는 잘못된 결혼문화를 바꾸는 건전혼례, 이런 패션쇼도 하고 그랬어요. 일반인을 패션모델로 하고 오리지

머리 미용 수료식(1995)

날 리, 이리자 씨가 한복도 한 30벌 주고, 그니까 결혼식장에서 드레스로 입었다가 자크만 딱 떼어 내리면 신혼여행 가면 돼요. 〈웃음〉 너무나도 웨딩드레스스럽지만, 딱 떼어 버리거나 잘라 버리면 바로 그냥 바깥에 평상복이 되는, 그런 패션쇼도 해보고. 그때도 그 버릇을 못 버려가지고 또 지역 탁아모, 그 훈련을 가서 본부에 가서도 그렇게 〔했어요〕. 그래가지고 지역 탁아모 훈련을 했는데 그것이 여성개발원에서 지역 내에서 탁아모라는 이름으로 개발을 했고, 지역이라는 이름을 썼어요. 왜냐하면 그 개념은 그 동네 집에 있는 엄마가 직장 나간 엄마… 그걸 지역 개념으로 지역 탁아모라는 이름으로 하면 좋겠다고 해서 그 이름으로 해가지고 그게 지금은 보육교사가 됐잖아요. 그때 참 잘 시작한 거 같아요. 〈웃음〉

비진학 청소년을 위한 직업훈련

본부에서 성동구에 있는 청소년회관으로 일터를 옮겼죠. 야간 공부방, 대통령이 서민을 만나러 갔어요. 뭐가 제일 어렵냐 그러니

비진학 학생들을 위한 공부방, 독서실, 청소년회관 운영

봉천동 YWCA 어린이집 소풍

까, 어떤 시민이 "공부방이 없어서, 애들 공부할 방이 없어서 안타깝다." 이러니까, 그 사람은 무슨 뜻이었냐면, 집을 좀 어떻게 해 달라는 뜻이었는데, 그 전달을 어떻게 했는지 여기저기에 공부방이 생겼잖아요. 공부방이 예쁘고 좀 크게 지어졌어요. 거기다가 간판을 공부방이라고 안 짓고, 청소년회관이라고 지어 놓고, 그 공부방은 애들이 학교 갔다가 온 다음에 오잖아요. 그런데 낮에는 텅텅 비어 있는 거예요. 그래서 "비진학 청소년이 있다. 학교 안 가는 애들을 낮에 직업훈련 좀 시키게 해달라." 하니까 못하게 하는 거예요. 그냥 못하게 하지만 법적으로 죄 안 되는 거니까 하자 〔해서〕 모집을 하고 그랬어요.

12월달에 시설장들을 불러서 밥을 먹는 모임이 있었어요. 그때 고건 시장일 때, 그때만 해도 얼굴이 조금 알려지고 유명했죠. 본부에서도 자주 텔레비전에 나오고 독산동 사업을 하던 사람이니까 나를 시장님 테이블에 앉혔어요. 그래, '잘됐다' 싶어서 시장님한

1992년, YWCA 제70회 정기총회 모습

테 건의를 했어요. 청소년의 방, 공부방에 낮에는 아무도 없다, 낮에 비워 놓는 게 너무 아깝다, 그래서 비진학 청소년들을 위한 프로그램을 했으면 좋겠다 그랬더니, "내가 생각하는 게 바로 그런 거다. 공무원들은 그걸 왜 안 된다고만 하냐."며 "난 그렇게 생각하지 않는다. 그것 참 좋은 생각이다." 이러시는 거예요.

그래서 비진학 청소년을 위한 직업훈련을 그때 시작한 게 커튼사, 커튼 만드는 거 간단하잖아요. 봉제공 중에 그것도 누가 아이디어를 줬냐면 인데코 백정란 선생님이 아이디어를 줬어요. 그리고 또 그분이 백만 원을 주셨어요. 일인당 교육비가 한 30만 원, 40만 원씩 드는데, 비진학 청소년이 무슨 돈이 있어요. 내가 모금을 했지요. 그때 정부 돈 갖고 할 수 없다고 했기 때문에 모금을 했지요. 한 사람 키우는 데 6개월 동안 30만 원이 드는데, 천은 거저 얻어다 할 거고, 미싱도 사야 되고 뭐 이러니까, 미싱도 주워 왔어요. 〈웃음〉 봉제공장 하다가 망한 사람한테, 그렇게 해가지고 거기서 또 직업훈련을 했어요.

또 거기서 2년인가 3년 있었는데 봉천동을 지[으]라고 또 봉천동으로 발령이 났어요. 모금을 하면서 건축을 하는 일이었지요. 그때 정주영 회장한테 1억까지 받았어요. 우리나라 최초의 수영장이 있는 복지관을 지었죠. 그 다음부터는 정부가 짓는 복지관에 수영장을 넣기로 했어요. 복지관이 완공되고 서울본부 사무총장으로 가게 되어 그때는 현장이라기보다는 행정업무를 주도하는 자리였죠. 현장에서 프로그램을 개발할 때가 훨씬 활력 있었고 재미있었던것 같아요. 3년의 임기를 끝내고 여성인력개발센터 관장으로 일하게 됐죠.

일하는 여성의 집

'일하는 여성의 집'은 가사나 육아 부담으로 정규교육 훈련기관에서 직업교육을 받기 어려운 여성들을 위해 노동부에 의해 1993년에 설립된 여성전문 직업교육 훈련기관이다. '일하는 여성의 집'의 여성 직업교육 훈련을 뒷받침해 주고 있는 법적 근거는 남녀고용평등법인데, 동법 제2장 제10조에 따르면 "국가와 지방자치단체는 근로여성의 능력의 개발 및 향상을 위하여 모든 직업훈련에 있어서 남성과 평등한 기회를 보장하고 근로여성을 위한 직업훈련 시설과 장비의 확보 기타 필요한 조치를 하여야 한다."라고 명시되어 있다(남녀고용평등법령, 1995: 10-11). 위의 남녀고용평등법에 따라 '일하는 여성의 집 설립·운영 및 국고보조지침(1994. 12. 제정, 1997. 8. 29. 개정)'이 마련되어 비영리법인으로서 노동부장관이 관장하도록 규정되어 있다.

다시 1978년 근로여성회관 시절의 현장감 있는 생활을 했죠. 그때 전국 48개 인력개발센터 협의체를 구성, 초대 회장으로 열심히 일할 기회가 주어졌어요. 그리고는 다시 봉천동 종합사회복지관으로 돌아와 일하게 됐구요. 봉천 사회복지관에서 정년을 맞게 됐구요. 아마도 정년이 아니었으면 새로운 일을 생각하지도 않았을 거예요.

원예치료사 공부

나는 그전에 조금씩은 정년퇴직 준비를 했어요. 원예치료[9]를 공부하고 있었죠, 식물을 통한 원예치료란 식물치료인 줄 아는데, 식물을 접하고 자연을 접하는 것을 통해서 인간의 심성을 도와주는 그

9 사람의 사회적, 교육적, 심리적, 신체적 적응력을 향상시켜 몸과 마음과 기분을 개선시키기 위해 식물과 원예활동을 이용하는 과정(AHTA, 1991)'을 말한다. 이는 원예치료사와 문제해결의 도움을 받는 대상자가 식물과 원예활동을 매개체로 만나는 것이며, 그 과정에서 원예치료사는 문제해결을 도와주기 위해 목적과 목표를 설정하여 식물과 원예활동을 준비해서 일련의 순서를 계획하게 된다. 그리고 대상자는 그 과정을 통과하면 문제해결, 즉 목적에 도달하게 됨을 말한다.

런 방법이에요. 그래서 내가 원예치료사 1기예요. 건국대학교 사회교육원에서 그 직종을 배웠어요. 6개월 6개월 두 번 해서 자격증까지 땄죠. 내가 졸업을 하면, 퇴직을 하면, 원예치료 까페를 하려고 했어요. 이거 누구한테 하라고 하지 마세요? 〈웃음〉 왜냐하면 원예를 통한 여러 가지 방법들이 많이 있는데, 인간이 어딘가에 의지하고 몰두해야 되는 게 있잖아요. 뭐 신앙적인 것은 정말 우리가 어딘가에… 또 부모님, 애인, 남편, 친구 누구에게나 다 가장 높은 경지라는 것은 결국 신에게 자신을 맡기는 거 아니겠어요? 그래서 신앙을 갖잖아요. 그런데 그런 중에서도 자기 생활 속에서는 뭔가를 해야 해요.

우리 집엔 사철 꽃이 있어요. 나는 꽃을 좋아해요. 원예치료를 배워가지고, 일종의 사람을 대면하는데 돈 내고 와서 상담을 하고 뭐, 이런 내용이라기보다는 좀 다른 스타일로 조그만 어느 공간이 있으면 공간에다가 각종 꽃이나 요즘 허브니 초화류도 많고 많잖아요. 계절적으로 그런 것을 꼬리표를 붙여 놓을 거예요. 가격을 적절하게 아주 운영만 될 정도로 하고, 거기에는 매개로 여러 허브차나 커피를 비롯해서 아주 좋은 차들을 내놓고, 그런 속에서 식물을 원하면 사 가고 거기다가 우체통 같은 데다가 돈은 자기가 넣고, 그러니까 사람은 많이 안 쓰고 두 사람 정도 사람을 쓴다고 하면, 그 사람의 인건비는 거기서 벌어 가라, 그래서 먹고사는 두 사람을… 그리고 나는 세 사람이 함께 살 수 있을 거야.

그러다 건강이 안 좋아지면 나는 양로원에 갈 거지만, 건강이 허락하고 함께 살 수 있다면 같이 살고, 그들은 거기서 벌어서 뭐, 하여튼 그러한 인력관리부터 운영까지 다 구상해 봤어요.

하여튼 난 혼자 재밌어. 내가 혼자 그렇게 노트에다 막 써요. 그래서 원예치료는 어떻게 할지, 기와집 초가집은 맨날 집에 가면 똑같애. 그리고 인테리어를 잡지에서 다 오려가지고 스크랩〔해 둔 게〕 이만큼이야. 꽃꽂이 하는 것도 봐. 또 꽃꽂이에 대한 책도 보고, 그런 자료를 안 버리고 가지고 다녀요. 그렇게 구상을 재미있게 하기도 했는데, 재단법인 '서울여성'에 생전 처음 이력서 내고 시험이라는 걸 봤네. 무슨 논문 잘 쓸 능력도 없고, 그냥 열심히 이런 일을 했다는 것밖에는 없었는데 그렇게 어떻게 내가 오게 되더라구요. 그런데 내가 원서를 1번으로 냈어요. 망설일 것도 없다. 그렇게 하고서 자기소개서하고 사업계획서하고 몇 가지 내라는데 그냥 내가 하던 생각 중심으로 그렇게 냈어요. 그랬더니 글쎄 내가 일하게 된 거 아니겠어요.

그때 일하면서 정말 하나님 앞에 감사했고, 25년 전에 약 700여 평이 7천여 평으로 커졌구나 〔하는 생각에〕 그때 아주 며칠은 그냥 마음적으로도 잠이 안 오대. 근데 또 열심히 하니까 보람도 있고. 그래서 또 너무 행복해요. 세상에 아무것도 하나도 안 부러워요.

내 일만 하면 되지, 그게 내 진심이에요

내가 늘 내 자신을 가만히 보면 그 다음을 생각하지 않아요. 그 전부터 여성재단에 와야지 그런 생각을 해본 적도 없는데, 그리고 인제 정년이 가까워 오니까 공부를 해야지 그 정도 준비만 하지, 그 이상으로 도전을 못해요. 항상 그래요. 그런데 그것이 나의 행복이라고 생각해. 내가 뭔가에 대한 꿈과 목표를 〔세워〕 놓고 나면 그걸 향해서 막 가야 되니까 힘들겠지만, 그러니까 난 비교적 낙관론자고 좀 느려요. 일을 할 때도, 재단에 와서 이렇게 일을 할 때

(재)서울여성 대표이사직을 하면서

도, '나는 내 일만 열심히 하면 되지.' 그게 내 진심이에요. 일등도 이등도 하고 싶지 않아. 그래서 난 일등은 해본 적이 없어요. 〈웃음〉 그리고 내가 겨우 하는 운동이라곤 탁구를 좀 치는데, 게임해서 이겨 본 적이 없어요. 〈웃음〉 그리고 이기려는 것보다 난 오히려 치는 재미 정도지. 그게 나의 퍼스널리티인 것 같아요. 그러니까 난 뜀뛰기도 못하고 그리고 체육 점수도 만점을 받아 본 적이 없고. 악착같이 이런 걸 못해요. 그것이 나의 단점이지만, 누군가를 밀치고 앞서는 것보다 적절히 양보하는 게 편해요. 그런 게 나은 거 같애요.

조금 더 전문적으로 다양하게 접근해야

YWCA 있을 때는 자원봉사도 하고, 개인적으로는 좋아하는 꽃도 전문적으로 더 공부하고, 또 자원봉사하는 것과 그렇게 이제 좀 내가 좋아하는 취미 쪽으로 활동을 하면서 살아야겠다고 생각을 했는데, 2002년부터 재단법인 서울여성에서 일했으니까 이제 한 3년 됐죠. 이제는 성숙기로 들어가야 하지 않나, 교육 프로그램 개발도 해야 되겠고, 또 네트워킹, 네트워크 프로그램도 조금 더 전문적으로 그리고 또 다양하게 접근을 해야 되지 않겠나 생각을 많이 해요. 민간단체 있을 때는 이런 좋은 시설에 예산만 있으면 얼마나 잘할 수 있을까? 이런 게 아쉬움이고, 예산도 벌어야 되고, 모금해 가면서 프로그램 개발하고, 또 어려운 여건에서 한다, 그랬는데. 비교해 보면 훨씬 더 왕성한 의욕을 가질 수 있는 건 결국 시민운동단체죠. 여기서는 또 다른 나름대로의 제약점이 많아요.

그러나 우리나라 최초로 만들어진 순수 여성재단에서 의미 있는 일을 한다는 것은 정말로 감사한 일이죠. 여성을 위한 여러가지 사업 중에 세계 여성지도자회의, 여성기업인을 위한 '서울 Woman-Biz fare', '유쾌한 치맛바람', 여성 리더십교육 그리고 서울지역뿐 아니라 전국의 여성조직을 위한 지역 위탁교육 같은 건 시민단체가 하기 어려운 일로 서울시의 출연예산이 아니면 하기 어려운 사업이니까요. 그렇게 생각하고 일하다가도 때때로 어려운 것은 조직의 유연성과 시의적절한 기회에 필요한 사업을 그때그때 하기가 어렵다는 거죠. 아마도 이런 마음은 정부 공무원 조직에서는 도저히 이해하기 어려운, 공무원들은 이해 못하죠. 그런 걸 창의적으로 좀더 잘하는 것보다 행정적으로 사무·감사 등등의 행정적인 것이 우선인 부분이 많죠.

APEC 회의에 참가했을 때의 모습

재단 자체가 관료화되는 것은 맞지 않다고 생각

내가 경험한 세월도 그렇게 짧은 세월은 아니었는데, 이제서 내가 패턴을 바꿔서 공무원에게 맞는, 그런 걸로 가기에는 글쎄, 조금 맞지 않는다고 생각을 하고, 나는 재단 자체가 공무원 조직처럼 운영되는 것은 아니라고 생각하고, 재단 자체의 어떤 역할, 정부기관보다는 유연하게 자체의 목적사업〔인〕 할 일을 하라고 한 걸로 알고, 하고 있어요.

재단에서 열심히 준비한 전국 세미나를 참석하지도 않고 C급 행사 운운한다든지 와 보지도 않고 그렇게 말할 때, 나는 그거는 아니라고 생각했어요. 이러는 사람하고는 관계가 좋을 수 없겠죠. 의견은 하나도 없어요. 평가만 있어요. 평가도, 보지 않은 평가를 하는 거예요. 그래서 좀 어려웠는데, 이해를 하고 보면 그분들도 경험 분야가 다 그런 쪽으로 묻혀 있었고. 최대한 이해를 하는 쪽으로 생각을 하고. 하여튼 우리가 우리 일만 충실하게 열심히 하면 되겠다, 그런 생각으로 일을 해요. 또 서울시만 해도 최근의 급격한 변화는 능력 중심으로, 시각이 일 중심이에요. 인맥을 생각하고, 또 정치적으로 생각하고 그랬다면 저는 아주 전혀 해당 사항이 없는 사람인데… 〈웃음〉 계속 일할 수 없었을 거예요.

여성 대중의 소리를 듣는 여성운동

그동안 여성계가 운동가들의 소리가 컸잖아요. 대중의 어떤 여성의식을 몰아 가는 게 아니라, 일부의 소리가 너무 크고, 또 그 일부는 많은 대중이 호응을 하지 못하는, 어떤 과도기적인 변화 속에 있기도 했고, 호주제를 폐지한다든지, 또는 성매매를 방지하는 성매매〔특별〕법이라든지, 어떤 제도들은 또 그런 운동가들의 핵심적인 노력에 의한 운동의 대성과이기도 하죠. 그것도 물론 필요하겠지만, 그게 너무 장기화되고 또 그 소리가 너무 다인 걸로 보여지면 안 된다, 그런 생각이 들어요. 그래서 좀 여성 대중의 소리를 듣는, 현실적인 그런 여성운동〔이 되어야 하지 않나 생각해요〕.

또 그런 여성학자들의 이론, 이런 것들이 이제는 좀 많이 나와야 되지 않겠나, 그래서 정책적으로 어려움을 겪는 여성 중심 그러니까 문제 중심의 여성, 이런 일들을 헤쳐 나가기도 하지만, 어느 곳에선가는 일반 대중 여성을 생각하는 그런 프로그램… 이런 것들이 지금쯤은 많이 연구돼야 되지 않겠나, 그들이 생각할 때는 모두가 다 페미니스트… 또 여성은 지겹다 이럴지 모르겠지만, 이제 그게 왜 그들만 모이는가에 대한 생각〔을〕 할 때가 됐잖아요.

일반 대중 여성들의 입장에서 보면 소수 운동가들을 보면 술 문화, 담배 문화, 이런 것들은 왜 남성을 닮아 가면서 같이 하나? 그들은 술, 담배를 너무나 많이 하는 것 같기도 해요. 물론 대부분 개인적 기호니까. 그렇지만 왜 그 모임에서는 그냥 담배 피고 술 마시고. 아, 그런 분위기들이 남성 문화의 단점을 왜 비슷하게 닮아 가나, 그런 것들이 여성의 문화가 아니라는 쪽으로 가야 되지 않나, 그런 생각도 들구요.

또 지금 여성계를 보면 대개 큰 축이 여성단체연합, 여성단체협의회, 그리구 그외에… 이제 YWCA나 걸스카웃이나 그 다음에 직능 단체들, 경제인, 여성 경제인… 자기네들의 권익 보호를 위한 여성 중심의 전문 단체들이 분명한 색깔을 가지고 나오기 시작하니까, 개별적인 의식을 가진 전체 여성 이슈를 가진 여성단체들이 법개정이라든가, 법개정 중심으로 하는 여성단체가 나타나고, 여성단체협의회 같은 데는 지금 솔직히 말하자면 내부적으로 어려움을 겪고 있기도 하고… 그런 게 있어요. 그래서 이제는 문제 중심 아니면 직능별 개인 권익 우선적인 쪽으로 가요. 그게 이제 어떤 의미로는 바람직한 방향이긴 하겠지만, 때로는 과거의 계몽적인 차원에서 전체 시민의식을 향상시키려고 하는, 그런 운동에도 좀 그 일면이 부각돼야 하지 않을까, 그런 생각도 들더라구요. 지금 경제단체들도 보면 활발하게 자기들의 이익 도모를 위해서 여러 가지 활동들을 적극적으로 하는 면을 보면서 참 많이 발전했다는 생각도 들어요.

그러면서도 상대적으로 여성근로자 보호를 위한 사업에도 적극적인 지원을 해야 되는데, 노동부는 요즘 고용 보험료 받아가지고 교육기관같이 느껴지는…, 전 그렇게 느꼈어요. 그게 아닌데, 그런 식으로 지금 변모한 것 같고, 근로자의 권익 보호도, 특히 여성 근로자는 가장 하위구조에 있잖아요. 임금도 낮고, 또 기능도 낮고, 그러면서도 굉장히 애절한 입장에서 노동자가 되거든요. 남편이 실직했다거나, 또 질병이 있다거나, 먹고살기 힘들 때 어쨌든 아직도 여성 노동자들 개념이 그래서 나오거든요. 그런 부분에 일을 하는 단체들이 조금 많이 힘을 빼지 않았나, 여성 근로자들에게 시각을 돌리는 의식 운동으로의 어떤 여성계 움직임이 활성화되면 하는 생각이 들었어요. 그래서 나는 만약에 YWCA에 지금, 여기 이렇게 일을 하면서 하니까, 더 열심히 하기 어렵겠지만 여성능력개발부, 파출부, 환자 돕는 이 등의 일을 하는 부서에서 부위원장을 맡았는데….

YWCA라도 그런 쪽의 연구와 노력을 해서 그 사람들의 권익을 향상시키는 일들을 해봐야 되지 않을까, 이제 초선(YWCA 이사직)이지만은 그런 생각을 해봐요. 그래서 우리 사회의 문제가 균형이라는 부분에서는 여성 기업인들도 커야 되지만, 근로자의 목소리도 낼 수 있는 분위기, 여성 기업, 기업인들이 뭉쳐서 어떤 권익〔을〕 호소하고, 여자가 기업하기 어려운 제도나 환경을 도와 달라고 한다면, 어떻게 보면, 대기업 내지는 중소기업에서 일하는 여성 근로자 문제도 사회 의식적으로 개선해 나가는, 그런 시각이 좀 있어야 되지 않을까〔생각해요〕. 물론 근로자 노동조합의 기본이 되는 회비는 사실 여자들이 더 많이 내고, 옛날에 제조업이 많을 때는 사실 노조 회비도 여자들이 많이 내고요, 노동운동의 중심에도 여자들이 있어요. 근데 지금도 제 생각에는 40퍼센트선 정도는 여성이 돈을 내는 거잖아요. 물론 그렇다고 남자의 권익만 보호하는 건 아니겠지만, 그래도 여성 근로자의 문제가 좀 많이 흩어지고 덜 부각되고 있다〔는 거죠〕. 이제 가려진 그늘에서 그런 사각지대가 분명히 있을 것 같고, 그런 쪽에서 사회적 시선이 달라져야 되겠다고 최근에 몇몇 얘기를 들으면서〔그런 생각을 했어요〕.

헌신과 봉사의 자세가 기본

최근의 갈등인데, 저는 뭐 민간단체에서도 월급을 많이 받아 보진 못했어요. 그러나 일할 때, 솔직히 한두 번쯤은 월급날에 조금 섭섭하기도 했죠. 그렇지만 그게 다라고 생각하지 않았던 것 같아요. 그래서 좀 월급 많이 주는 데서 "아, 이쪽으로 좀 옮기지." 그

"여성의 일, 만들고 찾아내야죠."

서울여성플라자 대표 변도윤 씨

4일 서울 대방동에 문 여는 국내 최대 규모의 여성종합공간 '서울여성플라자'를 꾸려 갈 주인공은 변도윤 씨(54)다. 서울 YWCA 사무총장을 지낸 그는 일반에 이름이 널리 알려진 명망가는 아니지만, 사회 생활 30년을 오로지 여성들이 자기 일을 찾아 해낼 수 있도록 지원하는 데 바쳐 왔다.

"투쟁적이지 못해서 피켓시위조차 변변히 못해 봤어요. 하지만 여성들이 할 일을 만들어 내고 찾아 내고 하는 일은 자신 있습니다. 여성플라자가 그 일을 해낼 겁니다."

1978년부터 YWCA에 몸담아 온 그는 경제적 능력이 없어 고통받는 여성들에게 직업훈련을 시키는 게 전문이었다. "당시 여성들이 취업할 곳은 간호사, 교사 아니면 가정부밖에 없었어요. 남자들이 도맡고 있던 기능직에 여성들을 투입하자는 생각을 했죠." 아침 댓바람부터 건설 현장에 여자가 나타나는 것을 재수없다고 여기던 시절이었지만, 그는 도배공·페인트공·제도사를 키워 함께 건설현장으로 나섰다. "체면이나 귀천을 따질 때가 아니었죠. 그것도 유망한 산업이라면 여성들이 하기에 유리한 쪽으로 이끄는 것이 중요했다고 생각했어요. 보세요. 지금 그 시장이 얼마나 커졌습니까."

대방동에 서울시가 300여억 원을 들여 완공한 서울여성플라자는 9월이 정식 개관. 하지만 4일부터 일반 공개로 시민들이 이용할 수 있다. 이곳에서 변 대표가 펼치고 싶은 꿈은 그간 해 온 일의 연장이다. "정보교육원은 IT전문인력으로 성장하고 싶은 젊은 여성들을 위해 열려 있고, 연수교육원은 지방 여성들에게도 혜택을 줄 겁니다. NGO 여성들을 돕는 센터와 아트홀도 여성들이 자신의 이야기와 재능을 펼칠 마당입니다." 장소뿐 아니다. 돈도 마련해 뒀다. 여성중소기업인을 위한 서울시의 지원기금 500억 원을 시설·경영 자금으로 준비했다.

(조선일보 2002. 6. 4)

런 권유에도, 그렇게 하지 않은 기억들이 많이 있거든요.

그러면서 저도 꼭 좋은 생각이라고 강조하고 싶지는 않지만, 제가 살아오면서 〔드는〕 생각은 조금의 헌신, 일종의 아, 내가 돈 안 받으면 일 안 하겠다, 이런 생각이 너무 팽배해 있으니까, 요즘 사람들 그렇잖아요. 그게 너무 위험한 것 같아요. 그러니까 헌신과 봉사는 자기 있는 그 자리에서도 해야 되는 게 아닌가, 그런 생각들이 그래도 기본이 돼야 우리 사회가 좀 유연하고, 즐겁지 않을까, 그게 난 또 버릴 수 없는 생각이에요.

시민단체들 80만 원에서 100만 원 받으면서도 밤도 없고, 낮도 없고 열심히 뛰는 사람들 사실 많이 있잖아요. 물론 NGO 쪽에서 그렇게 하니까 다 그래야 된다라는 건 아니지만, 제가 경험했던 분야의 사람들이 또다시 그런 일들을 하는 사람들이라면 조금은 헌신적이고 봉사하려는 그 기본 개념이 없어갖고는 안 될 거라는 생각이 들어요. 어느 직업을 갖던 헌신과 봉사의 자세가 제일 기본인 것 같아요.

질문지

인.적.사.항.

- 가족관계(부모님, 형제자매 관계)
- 어린 시절 집안 분위기
- 남아선호사상 정도
- 부모님의 직업과 교육 정도

고.향.

- 태어난 곳
- 어린 시절 고향과 관련된 추억
- 월남 전후 유년의 삶

교.육.

- 받은 교육 내용 중 인상 깊었던 것들
- 학교 생활(에피소드, 어떤 학생이었는가)
- 황신덕 이사장과의 만남과 진로에 미친 영향
- 영향받은 인물이나 책이 있으면 소개
- 대학 진학 시 사회사업학과를 택한 이유
- 대학시절 다녔던 봉사활동 내용

직.업.관. 및. 여.성. 활.동.가.로.서.의. 경.험.담.

- 첫 사회복지단체에 들어갔을 때
- 사회복지사의 길을 접었던 이유
- 여성문제연구소 간사 활동
- 노동부 전문위원 활동
- 여성 시민단체에서의 활동 내용(YWCA를 중심으로)
- 여성 시민단체의 활동가로서 갖는 자세와 포부
- 여성의 노동문제에 관심을 가지게 된 이유
- YWCA 근로여성회관 관장 시절 가장 기억에 남는 것
- 여성 직업훈련생과의 친분에 대해

- 여성의 권익 보호나 인권 신장을 위해 가장 중요한 점은 무엇인가
- 근로여성의 직업개발 및 훈련을 하면서 힘들고 아쉬웠던 점
- 비진학 청소년 직업훈련에 대해

현.재.의. 생.활.

- (재)서울여성의 대표로서의 업무
- 여성 활동가로서 살아온 삶에 대한 회고
- 후배 여성단체 활동가들에게 해주고 싶은 말
- 노후 계획

한국 여성 시민단체의 산증인

변도윤의 구술자 선정 과정은 그리 어렵지 않게 진행되었다. 오랜 기간 동안 여성의 권익을 위해 실제 현장에서 실무를 담당해 온 인물을 찾기로 의견을 모은 후 현재 '재단법인 서울여성'의 대표로 있는 그녀를 섭외하기로 했다.

변도윤은 중앙대 사회사업학과를 졸업한 후 35년 가까이 여성 관련 단체에서 활동해 온 여성 활동가이다. 여성계 일을 하고 있는 사람이라면 그녀의 이름을 한 번쯤은 들어 보았을 것이다. 너무 알려진 여성이 아닐까, 우리 연구에서 지향하는 바와 배치되는 것은 아닐까 하는 우려도 했지만, 수십 년 동안 여성의 권익을 위해 일한 여성이라면 그런 직책을 가질 법하다고 판단해 진행하기로 했다.

처음 대방동 서울여성플라자를 찾았을 때, 변도윤 대표의 첫인상은 마음씨 좋은 이웃 사람 같았다. 큰 기관을 맡아 많은 직원들을 통솔하며 여성 관련 사업들을 해 나가는 인물들의 보편적인 이미지와는 거리가 있었다. 처음 만남에서 우리 연구의 취지를 설명하자 그녀는 자신이 적합한 인물이 아닌 것 같다며 겸손하게 거절하려 했다. 그러면서도 언젠가는 자신의 삶을 정리하는 시간을 가져 보고 싶었다며 완곡한 표현으로 허락해 주었다.

1차 예비 인터뷰를 마치고 돌아와, 여성 활동가 변도윤에게 어떠한 질문을 할까 고민하며 질문지를 작성하였다. 그러나 1차 인터뷰를 약속한 날, 너무나 바쁜 그녀를 보고 인터뷰를 진행할 수 없어 돌아와야만 했다. 변도윤과의 구술 작업은 이후 세 차례 인터뷰 과정에서도, 또한 공동 편집 작업에서도 늘 바쁜 일정에 쫓겨 약속을 계속 조정해야만 했다.

특히, 변도윤은 이번 구술 작업이 여성의 공적 역할뿐만 아니라 사적 생활까지 모두 포괄하는 구술 생애사라는 설명을 듣자, 독신인 자신의 개인 생활은 들을 것이 별로 없다며 다시 한 번 자신이 구술 대상자로 적합한지 반문해 왔다. 무척 난감한 마음을 갖고, 1차 면접 준비를 이미 마친 상태라 최선을 다해 설득해 나갔다. 하지만 연말 일정 때문에 거의 한 달 동안 그녀와 만날 수 없었고, 간신히 2004년 12월 23일 오후에 (재)서울여성 대표실에서 첫 번째 인터뷰를 할 수 있었다. 그리 길지 않은 약 1시간 10분 정도에 걸쳐 황해도 연백에서 출생해 어려서 피난 나온 이야기며, 가부장적인 집안 분위기에 대해 구술해 주었다. 변도윤이란 이름의 뜻과 자신이 그동안 해 온 일, 현재 하고 있는 여성 관련 일들이 모두 연관성 있다는 말로 시작하였다.

처음에 사회사업학과 관련된 복지 일을 하다가 여성 관련 일로 방향 전환을 하게 된 계기를 들을 때는 인간적으로 많은 공감을 느끼게 되었다. 그녀는 사회복지사로서 객관적 시각을 유지하며 복지사 일을 해나가기 어려워 그만두었다는 것이다. 복지 업무에 너무 감정이입이 잘돼 힘들었다며, 고아원 봉사활동 때의 일화를 들려주기도 하였다.

이후 2차 인터뷰에서는 '여성문제연구회' 간사 일을 시작으로 거의 35년간 여성 관련 일을 해 오는 동안 인생의 황금기로 기억하는 YWCA 근로여성회관 관장 시절의 이야기를 해주었다. 1970년대 후반부터 YWCA와 인연을 맺어 온 그녀의 삶은 한국 여성 시민단체의 산증인임을 입증하기에 충분했다. 특히 사회적 안전망 구축을 위해 여성의 직종을 개발하고 교육훈련 프로그램을 개발하는 등 그녀가 해 온 많은 일들은 작게는 한국 YWCA의 역사요, 크게는 한국 근로 여성의 역사이기도 했다. 그 시절을 기억하며 구술해 나가는 변도윤의 목소리에는 힘이 가득 실려 있었다. 도배사나 타일사, 피부관리사와 같은 직종들을 개발하고 교육생들과 근로여성회관에서 동고동락하였던 그때를 떠올리며 순간순간 깊은 감회에 젖곤 했다.

마지막 면접에서는 현재 맡고 있는 '(재)서울여성'의 대표 일과 노후 생활, 또한 현재 여성계에 대한 전망을 질문했다. 이 과정에서 변도윤은 현재 여성 관련 NGO 단체에서 일하는 여성들의 자세와 최근 여성계에 대한 문제점을 비판적으로 지적해 주기도 했다.

세 번에 걸친 그녀와의 만남에서 (재)서울여성이란 큰 살림을 꾸려 나가는 힘이 무엇일까 생각해 보았다. 그동안 여성단체 현장에서 다양한 실무들을 중심으로 쌓아 온 노하우 말고도 그녀 자신만의 부드러우면서 강한 추진력이 그 실체인 것 같았다.

'1등을 목표로 일하지 않고, 매 순간 최선의 자세로 소외된 여성들과 부조리한 여성 현실을 개선하기 위해 살아왔을 뿐'이라는 그녀의 구술 속에서 그녀만의 삶의 철학을 찾을 수 있었다. 또한 이 말은 그녀가 오랜 세월 다수 대중 여성의 지위 향상을 목표로 때로는 적극적이면서도 창의적으로 사업을 펼쳐 나간 여성 활동가의 자취를 느끼게 한다.

박선애

성폭력 생존자

조윤숙

성폭력 피해자들이 이제 여덟 명이 집단상담을 하는데, 똑같은 거예요. 그 사람이 얘기하는 게 내가 얘기하는 거고, 제가 얘기하는 게 하나같이 비합리적인 신념들, "내 탓이야, 내 잘못이야. 나는 더럽혀진 몸이야. 난 소박맞을 거야. 행복하지 못할 거야." 한 사람이 얘기를 하면 다 공감이 되면서, 대단한 치유를 경험했었거든요.

● 약력

1968년 11월.. 경상북도 대구에서 출생

1991년 2월.. 계명대학교 수학과 졸업

1991년 3월.. 계명대학교 여성학 대학원 가족복지학과 입학

1991년 7월.. 대구여성의전화 '3기 여성 상담원 교육' 수료 후 회원 가입

1993년 8월.. 계명대학교 여성학 대학원 가족복지학과 졸업, 「저소득 모자가족의 빈곤화 원인에 관한 연구」

1994년~1995년.. 대구여성의전화 소식지 「쉼터」 편집위원

1995년 11월~12월.. 대구 교구청 가톨릭여성연합회 근무

1995년 11월~2000년 12월.. 여성과현실연구회 회원 활동, 공동 연구 「도시 빈민 여성의 삶 읽기 – 대구광역시 월성주공아파트 2단지를 중심으로」, 여성과현실연구회 제4회 학술토론회 참가

1996년 1월~1998년 6월.. 대구여성의전화 교육조직부 간사

1998년 7월~1999년 12월.. 대구여성의전화 부설 성폭력상담소 부장

1999년 5월~1999년 12월.. 한국여성의전화연합 '인권사회위원회' 운영위원

2000년 1월~2001년 6월.. 대구여성의전화 인권부장 겸 성폭력상담소 소장

2003년 9월~현재.. 대구여성의전화 사무국장

2004년 1월~2004년 12월.. 한국여성단체연합 조직위원회 운영위원

2004년 1월~현재.. 한국여성의전화연합 지역여성운동센터 운영위원

2004년 1월~현재.. 대구경북여성단체연합 집행위원장

2004년 8월~현재.. 대구여성의전화 부설 가정폭력상담소 소장

2005년 2월.. 서울불교대학원대학교 상담심리학과 졸업 「성폭력 생존자의 통합집단상담을 통한 치유」

2005년 3월~현재.. 대구시민단체연대회의 운영위원

2006년 3월.. 영남대학교 교육학과 박사과정 입학

저희들을 방치하다시피 그렇게 키우셔서

저는 대구에서 출생해서 계속 대구에서 자랐어요. 대구에서 1968년도에 태어나서, 형제 관계는 2남 3녀, 그니까 큰오빠 있고, 언니 있고, 작은오빠 있고, 저 있고, 여동생 있고, 이렇게 5남매가 있고, 어릴 때 아버지가 자수성가를 하신 분이세요.

〔아버지께서〕 어렵게 크셔서, 그때는 다 부모님들이 그렇게 자라셨지만, 굉장히 열심히 엄마랑 같이 일하셔서 늘 바쁘셨어요. 그니깐 뭐, 건재소도 하시고 나중에 벽돌도 찍으시고, 운수〔업〕도 하시고 그러셨어요, 부부〔가〕 늘 같이 일했기 때문에, 엄마는 계속 직장생활 하시고. 그래서 엄마가 또 작은오빠를 놓고도, 계속 일을 하다가 저를 놓기 전인가, 놓을 때에 돼서는 일을 그만두시고, 몸이 아프셨는지 어떤지 그만두시고, 계속 굉장히 바쁘시고. 애들도 많고 그러니까, 애들을 왜 요즘 애들 키우듯이 그렇게 막 사랑 주고 못 키우고, 애들을 그래 방치하다시피 〔하셨어요〕. 저희〔들을〕 방치하다시피 그렇게 키우셔〔서〕, 부모님의 관심과 사랑은 많이 못 받

고 자란 것 같아요.

그리고 또 아버지가 아들 굉장히 많이 위하고, 딸들은 공부는 시켜 주겠지만, "딸이 무슨 소용 있노?" 이렇게 해서 그런 차별대우를 많이 받아서 '왜 내가 여자라는 이유만으로 이렇게 차별을 당할까?' 이런 생각 많이 했었어요. '참 이상하다. 왜 내가 여자인 것이 차별의 이유가 될까?' 그래서 크면서도 여동생하고 저는 여자기 때문에 계속 둘이 얘기했죠. '너무 심하지 않나?' 이렇게 막 얘기하면서 오빠는, 예를 들어서 용돈을 달라고 하면, "너는 남자니까 돈이 많이 필요하니까" 돈을 주고, 내 여동생과 내하고 용돈을 달라고 그러면 "여자가 무슨 돈이 필요하노?" 이러면서, 예를 들어 만 원을 돌라고(달라고) 그래도 2박 3일 조르면 9,900원을 준다든지, 하여튼 약을 올리면서 여자인 게, 여자라서, 여동생하고 내하고 둘이 농담 삼아, "우리 어디 가서 남자 성기 하나 달까?" 이런 얘기를 할 정도로 그랬었어요.

아버지 외도 땜에 굉장히 시끄러웠어요

아버지 외도 땜에 굉장히 시끄러웠어요. 아버지가 제가 중학교 때 외도를 굉장히 심하게 하셔서 집에도 잘 안 들어오시고, 엄마 아빠 싸우셔도 별로 이렇게 많이 드러내(지 않았고). 엄마가 많이 참으시니까. 아버지 성격이 굉장히 경상도 남자들, 화 팍팍 내시고 이랬는데, 엄마는 인내해야 된다, 여자는 참아야 된다, 순종해야 된다, 이런 거 때문에 굉장히 참고 사셔서, 별로 싸운 적이 없었는데. 외부 사람들이 엄마한테 남편이 어느 여자랑 뭐 어디 가는 걸

봤다든가, 이런 얘기를 하니까 너무너무 엄마가 스트레스 쌓였는데, 아버지가 어느 날 집에 들어와서 같이 부부싸움을 하다가 엄마가 "도저히 못 살겠다, 못 참겠다." 막 그래서, 아버지가 화가 나서 상을 뒤엎으시고 그러니까, 그때 현관문 밖에서 막 울면서 '엄마 아빠는 왜 이혼을 안 하시지? 엄마가 그렇게 힘들게 사시는데, 왜 이혼을 안 하실까? 이혼을 해서 슈퍼라도 하시면서 우리랑 살면 될 건데…'〔하고 생각했어요〕. 그러니까 아빠를 굉장히 미워했던 그런 기억들이 있고, 그러면서 엄마도 계속 일도 하시고, 집에도 늦게 들어오시고, 학교 갔다 오면 엄마 없고, 이렇게 해서 작은오빠랑 나랑 여동생이랑 세 명 이렇게 놀았던 기억들이 〔있어요〕.

제가 여섯 살 때인가 어릴 때 기억인데, 그 기억을 하지 못하다가 제가 성폭력 경험 드러내면서, 계속 성폭력 생각하다가 그때 기억이 났었어요. 억압했던 부분이었을 것 같은데…. 그때 아버지가 벽돌 공장을 하고 있었는데, 집에 인부들이 많았어요. 인부들이 많았는데, 저희 집에 우물이 중간에 있었는데, 점심을 먹고 난 후였다고 생각이 드는데…. 그때 인부 아저씨가 제게 뽀뽀를 했는데, 지금 생각해 보니까 뽀뽀가 아니고 그게 키스였던 것 같아요. 제가 그 아저씨가 점심을 먹고 난 후에 그 음식 냄새가 내 입으로 확 전달됐었거든요. 그니깐 난 그게 뭔지도 모르고, 얼떨결에 '그 아저씨가 내 예뻐서 그랬겠지.'라고 생각을 했는데….

지금 생각해 보니까 '아, 그게 성폭력이었구나. 내가 이제 강제추행을 당한 거구나.' 그러면서도 그때마다 이제 입에서 칙칙한 냄새, 그런 게 날 때마다 그 기억이 한번씩 떠오르고 그랬었고.

낯선 남자를 따라가지 말라고 얘기한 적도 없고

언니가 그때 고등학교 2학년 때인가 3학년쯤, 그때 제가 초등학교를 다닐 땐데, 4월달이었어요. 야간 자습을 마치고 오면 자기를 데리러 오래요. 버스 정류장에. 그래 엄마가 가야 되는 거잖아요. 10시쯤 돼서, 난 또 그게 아무 보호를 받지 못하니까, 내가 당연히 가야 되는 거구나 생각을 하고 갔어요. 갔다가 언니하고 어긋나서 언니가 더 늦게 온 거예요. 기다리다가 언니가 안 와서 4월달이라서 좀 이렇게 쌀쌀하기도 했고. 밤에 체육복 바지 입고, 티를 입고 있었는가, 하여튼 그래서… 저희 〔동네〕 구조가 어떻게 되냐 하면 버스 정류장이 이렇게 있으면 대로가 이까지 있어요.

대로가 있고, 여기서부터는 골목으로 들어와서 집으로 오는 거예요. 이제 아주 좁은 골목, 집이 딱딱 〔붙어〕 있는. 대로에〔서〕 150미터 정도 걸어오고, 골목에 한 100미터를 가야지만, 이렇게 가는데, 대로를 막 걸어오는데 골목에 다 와가(올) 즈음 돼서, 어떤 아저씨가 뒤에서 나를 이렇게 부르는 거예요. 등을 툭 치면서.

그래갖고 내가 아저씨를 보니까 아저씨가 부탁이 있다고, 들어줄 수 있겠느냐라고. 그런데 저는 그때 언니 심부름으로 뭐를 많이 했냐 하면, 언니가 남자친구를 사귀고 있었는데, 태권도 도장인가, 거기에 있는 남자친구를 사귀었는데 집에 있으면서 그 남자랑 연애를 하다가 그때는 휴대폰도 없고 그러니까 내가 인편이 돼서 가는 거죠.

그래 내가 그걸 워낙 많이 했기 때문에, 이 아저씨도 사귀는 여자가 있는데 그 여자를 부르려는데 자기가 못 부르니까 나〔에게〕 불러 달라고 그러는 갑다 〔생각했어요〕. 아무런 오해도 하지 않고.

그러고 누가 내한테 손 저으면서 낯선 남자를 따라가지 말라고 얘기한 적도 없고. 그리고 그 아저씨가 아주, 그니깐 저도 이제 성폭력 상담을 해보면 여자들이 뭐, 귀신이 씌여서 따라갔다고 얘기를 많이 해요.

제발 목숨만은 살려 달라

그게 〔성폭력 피해 당시〕 지금 생각해 보니까, 그 아저씨가 나에게 미끼를 던진 것 같아요. '따뜻함', 제가 그때 따뜻함을 그리워하고 있었는데, 굉장히 따뜻하게 "그렇게 해줄 수 있겠니?" 그래서 "어, 해주겠다." 그러니까 걸어가면서 "어느 학교 다니느냐? 내가 그 학교 선생님을 잘 아는데 니가 너무 착해서 그 선생님한테 얘기를 해주겠다." 그러면서 '참 좋구나.' 그렇게 〔생각〕해서 갈 동안은 굉장히 행복했던 것 같아요. 그러다가 골목에 딱 들어가자마자 아저씨가 칼을 들었는지는 어땠는지 기억이 안 나는데, 나를 인제 협박을 하고, 칼을 들었는지, 하여튼 제가 '아, 이래서 죽겠구나.'라는 생각이 드는…. "니가 내 말을 듣지 않으면 너를 죽일 거다." 이렇게 얘기를 갑자기… 그래서 저는 그때 '아, 이 아저씨가 그만 날 죽일지도 모른다, 날. 이 아저씨 말을 듣지 않으면….' 그렇게 해서 아저씨가 나를 눕혀서 이제 누운 거예요. 그래서 내가 그때 누워서 있는 나를, '딱 죽겠구나.' 이런 죽음의 공포 직전까지 딱 오면서 "제발 목숨만은 살려 달라." 그렇게 얘기를 한 거예요. 죽음의 공포 때문에. 그니깐 아저씨가 나를 눕히고, 바지를 벗기고, 팬티를 벗기고, 그러니깐 모르죠, 성기를 삽입을 했는지 안 했는지 나는 모르죠. 인제 그렇게 아주 찰나였는데, 동네 아줌마들이 웅성웅성 있다가, 동네 아줌마들이 그때가 10시쯤 되니까 아줌마들이 웅성 웅성〔거리면서〕 그 아저씨를 본 거예요. 그래서 그 아저씨가 황급히 도망을 갔어요. 도망을 가고 내가 일어나서 흙을 털고 바지를 입고, 막 울면서 집에 왔죠.

울면서 집에 오니까 엄마 아빠〔는〕 주무시고 계시는 거예요. 그래서 문을, 방문을 탁 여니까, 엄마 아빠가 자다가 벌떡 일어난 거죠. 내가 막 울면서 어떤 아저씨가 날 끌고 가서 이렇게 했다, 이라니까 아버지는 탁 돌아누우시는 거예요. 그러더니 엄마가 황급히 뛰어 나와서 "아무한테도 얘기하면 안 된다."고, "니가 누구한테라도 이 얘기를 하면 안 된다."라고 얘기를 하더라고요. 그래서 이게 뭔지, 저는 그게 무슨 행동인지도 모르고, 근까 성교육도 안 받았고, 그게 뭔지도 모르고 성폭력이 뭔지도 모르고 그랬었는데. 엄마가 "언니한테도 얘기하지 마라. 아무한테도 얘기하지 마라." 그러고. 그때 제가 음… 아저씨가 삽입을 하려고 그랬는데, 내가 너무 어려서 삽입이 안 되니까 질이 조금 찢어졌나 봐요.

『슬픈 란돌린』(카트린 마이어 지음, 아네테 블라이 그림, 허수경 옮김, 문학동네), 어린이 성폭력을 정면으로 다룬 책

삽입은 되지 않고 그러니까 아주 찰나에 진짜 질이 좀 찢어져서 피가 나서, 나는 그게 처녀막이 파열됐다라고 생각을 하고. 지금 생각해 보면 엄마가 나를 병원에 데려가든지, 상담기관에 데려가든지 이래야 됐는데…, 억압만 하고 "아무한테 얘기하지 마라." 그래서 나는 내가 정말 잘못했다고 〔생각하고〕 죄를 지었고 더럽혀졌고 순결을 잃었고, 나쁜 아이구나 이렇게 강화되었는데….

그 다음 날 아무 일 없었다는 듯이 학교를 갔는데, 학교에 그 아저씨가 찾아올까 봐 너무 불안했어요. 아저씨가 내가 몇 학년 몇 반인지도 알고, 혹시나 아저씨가 나를 찾아오면 어떡하노, 불안했었는데. 그리고 며칠 후에 내 짝이 자기 집에 놀러 가자고 해서 놀러 갔는데 막 저그 엄마 백과사전을 펼쳐 주더니 "여자와 남자가 어떻게 하는 줄 아니? 이렇게 하는 거야."〔라고 말해서〕 '아, 내가 한 게 그거였구나! 어떡하노! 내가 한 게 그거였구나!' 〔생각했어요〕. 그래서 성이 굉장히 더럽다, 참 더럽고 좋지 않고 부정적이다, 이렇게 생각하는 성적으로 계속 억압을 했었죠.

성폭력, 성적 억압에다가 절대 남자를 사귀어서는 안 된다

이렇게 하다가, 그 일이 있고 계속 성적 억압을 하다가, 사춘기가 되어도 남들은 사춘기라 인생에 대해 고민을 하고, 낙엽이 떨어지면 죽고 싶다고 이러는데…. 하도 그런 생각이 안 들어서 나는 항상 사람들 보고 얘기하는 게 '난 사춘긴데 고민이 없는 게 고민'이라고, 이렇게 지내고. 그러다가 고등학교 때가 되었는데, 친구들이 막 남자친구를 사귀니까, 저도 남자친구를 너무너무 사귀고 싶은 거예요. 욕구는 너무너무 사귀고 싶은데 제 속에 남자에 대한 적개심, 분노, 그 다음에 남자에 대한, 사귀고 싶고, 잘 지내고 싶은 두 가지 욕구가 막 생겼는데, 그러다가 친구가 미팅을 시켜 줘서, 고등학교 때 처음이자 마지막으로 미팅을 했어요.

그래서 미팅을 했는데, 제가 그 남자애한테 전화번호도 가르쳐 주지 않고, 그 남자하고 다시 만나자 약속도 정하지 않았는데…, 그랬는데 어느 날 밤에 그 남자한테〔서〕 연락, 전화가 온 거예요. 저녁 8시쯤 되니까. 아버지가 그때 집에 계셨는데 전화기가 마루에도 있고, 큰 방에도 있고, 전화가 연결이 되어 있는 거죠.

그랬는데, 그날따라 전화기가 고장이 난 거예요. 마루 전화가 고장이 난 거예요. 엎친 데 덮친 격이라 아버지가, 그 성폭력 [경험 이후] 성적 억압에다가 "절대 남자를 사귀어서는 안 된다, 남자랑 신체적 접촉도 하면 안 된다." [하고] 계속 끊임없이 부모님들이 강화한 거예요. 순결을 지켜야 된다. 순결을…. 순결하다고 생각도 안 하는데 계속 강화하고 그러다가 그 남자가 전화가 왔는데, 너무 너무 겁나서 "전화하지 마라."[하고] 끊었는데, 나는 끊었다고 생각을 했는데 아버지가 거기서 전화가 오니까 받은 거예요. 그 남자가 전화가 몇 번이 와서 아버지가 받으니까 누구 바꿔 달라고 하니까 아버지가 "누구냐, 누군데 윤숙이 바꿔 달라 그러느냐?"고. 아버지에게 눈물을 흘리면서 나는 '절대 그게 아니다.'라고, 그냥 한 번 소개팅을 해서 만났을 뿐이라고 얘기를 하는데, 아버지는 오해를 하시고 나를 때리고. 나는 너무나도 억울한 [심정이었어요].

정말 인간으로서 컸으면

제가 고등학교 때 성격이 굉장히 밝았어요. 오락부장 같은 거도 하고 친구들하고 설치고 댕기고 그랬어요. 사진을 너무 배우고 싶어서, 사진반에 가겠다라고 고등학교 입학 때 엄마한테 이야기를 하니까, "니는 성격도 그렇고 여성스러워야 되는데 사진이나 찍고 들판이나 돌아다니면 안 되니까 꽃꽂이부에 다녀. 내가 꽃꽂이 값은 대주겠다." 그러는 거예요.

그래가지고 꽃꽂이부에 들어가서 꽃 꽂고, 하여튼 꽃꽂이부에

가 보니까 성격이 막 괄괄대는 애들이 몇 명이 왔더라고요. 쟤들은 왜 들어왔지 〔생각〕하면서…. 그때 사진을 배우지 못한 게 아직까지 사진을 배우고 싶은 열망, 이런 것들이 아직까지 배워야지! 배워야지! 계획을 세우면서, 시간상 여러 가지가 없어서 못 배우고 후회스런 부분, 그리고 대학교를 졸업할 때쯤 돼서도 운동을 배우고 싶고, 테니스나 수영이나 굉장히 배우고 싶고, 활동적이고 그러고 싶어서 돈을 돌라 그러면, 그런 거 배우지 말고 〈웃음〉 요리를 배우면 요리 값을 대주겠다, 전폭적으로 지원해 주겠다, 이렇게 나온 거예요.

요리 배우는 재료비 달라 그러면 두말없이 주고, 그러면 엄마 아빠가 너무 좋아하고. 그래서 그때는 요리 배와 오면, 집에서 실습도 하고, 이제 배우다 보니까 또 재밌어서, 한 4개월 정도 배워서 조리사 시험까지 치고, 그리고 조리사 시험 친다니까 엄마가 너무 좋아가 시험 치는 데까지, 아침에 날 〔차로〕 태워〔다〕 주고. 근데 제가 필기는 붙었는데 실기에는 떨어져서 한식 조리사를 못 땄었는데. 하여튼 그렇게 계속 내가 여자로가 아니라, 내가 정말 인간으로서 컸으면 참 지금보다도 정말 활짝 폈을 거란 생각이 들어요.

순결하지 못해서

근데 어떤 억눌린 부분들 때문에, 굉장히 나를 찾기가 힘들었어요. 나의 정체성이, '내가 누군가?' 하여튼 힘들었어요. 그리고 계속 성적 억압을 하다가, 나는 순결하지 못해서, 결혼해서도 행복하게 살지 못할 것 같고, 정상적인 남자랑 결혼해 떳떳하게 살 수 있을까? 내가 결혼을 해서 소박을 맞진 않을까? 막 그런 불안한 것들, 비합리적인 신념들이 굉장히 많어요.

근데 이제 성폭력[1]이라는 게, 제가 드러내 놓기 전에는, 나만 있는…, 그리고 그게 굉장히 사회문화적인 영향을 받기 때문에, 내 수치심으로 오는 거잖아요. 그리고 제가 어릴 적에 그 일이 있어도 엄마 아빠가 '그건 너는 아무것도 아니야(네 잘못이 아니야). 그 아저씨가 나쁜 사람이야. 그 아저씨가 나쁜 사람이야.' 하고, 치료를 받게 했으면, 후에 내가 뭐야 이럴 건데…. 굉장히 이제 억압된 부분들이 성폭력에다가 남자친구 사건에다가, 계속 억압적인 부분들 때문에, 성적인 것에 너무나 부정적인 〔고정관념이 자리 잡았어요〕.

그러다가 대학교 가서 너무나도 남자를 사귀고 싶어서, 제가 꼭 여대는 죽어도 가지 않으리, 그리고 과도 바꾸고, 가정대 이런 데 죽어도 안 가리, 그래갖고 수학과를 갔었는데…. 거기에서 1학년이 오리엔테이션을 하잖아요. 어떤 남자를 탁 보는데 멋있는 거예요. 제가 못 보던 이상형은 아닌데, 너무 잘생기고, 딱 내가 좋아하는 스타일인 거예요. 그래서 걔를 찍었죠. 괜찮겠다 싶어서 딱 찍어서 인사를 했는데, 음… 학번(출석번호)이 제가 78번이고, 걔가 77번인 거예요. 그러다가 걔를 좀 좋아했었죠. 그래서 계속 좋아하다가, 채플 시간에, 저희들은 학교가 기독교 학교라서 채플 시간에 예배를 드리는 〔시간이〕 일주일에 한 번씩 있었는데, 밤마다 라디오에다가 누구랑 이렇게 듣고 싶어요, 이렇게 내면 〔신청곡이〕 한 번씩 나와요. 대구방송이었는데. 그래서 그때 채플 시간에 걔한테 말을 걸어서, 밤에 라디오를 듣냐니까 듣는다고 하니까, "오늘 제 방송이 나올 거니까 들으세요." 그래서 내 생각을 좀 하게 해야지 이

1 성폭력(性暴力, sexual violence). 성(性)을 매개로 신체적·언어적·심리적 폭력, 강간뿐만 아니라 희롱이나 음란 전화, 성기 노출, 추행 등의 여러 가지 형태를 포함한다. 또한 일상생활에서 막연히 느끼는 불안이나 공포, 행동의 제약도 넓은 의미의 성폭력에 해당한다. 이와 같은 성폭력의 개념은 1980년대 후반 여성학자나 여성운동가를 중심으로 공고화되었다. 1980년대 들어 급증한 강간 사건이 중요한 사회문제로 부각되면서, 성폭력은 성차별주의 사회에서 나타나는 여성 억압의 단적인 증후로 비판되는 한편, 여성운동의 주요한 이론적·실천적 해결 문제로 등장했다.

렇게 했는데 밤에 라디오를 안 듣는대요.

지금의 남편, 오리엔테이션 때 찍었던 그 남자가 그때 우리 과 엠티를 가던 날에, 엠티를 가지 않고, "나랑 부산에 놀러 가지 않을래?" 그렇게 얘기를 하더라고요. '좋다'〔고 했지요〕. 부산에 놀러 가서 좋아한다고, 부산 가기 전날에 저녁에 만나자고 그래서 "니를 참 좋아했고, 옛날부터 참 좋아했었다. 사귀고 싶다."고 얘기를 하더라고요. 그래서 "그래, 나도 좋다." 그러면서 부산에 놀러 갔었어요.

그래갖고 걔랑 계속 사귀고, 이제 대학교 1학년 때부터 제가 스물일곱 살에 결혼했으니까 7년, 7년 사귀고 이제 결혼한 지 10년째 되는데, 7년 계속, 그러니까 걔 외에는 남자를 사귄 경험이 그렇게 없어요. 대학교 때부터 그리고 중간에 걔가 군대를 가지 않았거든요. 걔랑 사귀고, 걔가 군대를 안 갔어요.

하여튼 그렇게 〔남자를〕 사귄 경험이 없는데, 걔가 대만에 있을 때, 걔 친구가 음대를 다니는데, 내 선배가 니를 꼭 한 번 보자, 그래 잠깐 만나자, 그렇게 얘기를 하더라고요. 그래서 한 번 딱 만났었는데, 그 남자가 마음에 든다고, 사귀면 어떻겠냐고…, 복학생이었는데, 그렇게 얘기를 하더라고요. 그래서 제가 나는 남자친구가 있고, 그래서 사귈 수가 없다고, 내 남자친구가 내가 당신하고 만나는 걸 알면은 얼마나 기분이 나쁠 것이냐, 남자친구에 대한 예의를 지켜야 한다, 그렇게 얘기를 하니까 그 남자가, "요새도 니 같은 여자가 있나?" 그러면서 알겠다 그러더라고요. 그러니까 제가 순결을 이데올로기, 정조 이데올로기인 거죠, 한 남자만, 걔랑 결혼 약속을 한 것도 아니고, 그냥 단순히 사귀고 있었는데, 딴 남자 만나도 되는 것을, 지금 생각해 보니까 제일 후회스러운 거예요.

그 젊은 청춘에 연애를 좀 마음껏 하고, 이러면 남자 보는 눈도 좀 기르고, [그게] 지금은 너무 억울한 거예요.

절대 결혼 전에 하면 안 된다

지금 내가 제일 억울한 게 그때 내가 왜 그렇게 살았을까? 그런 부분이 제일 억울하고, 그래서 남자친구랑 결혼을 했는데, 어, 결혼하기 전에 남자친구가 계속 성적인 요구를 했었어요. "섹스를 하자, 하고 싶다." 그러면 '나는 안 된다'[고 버텼죠]. 왜냐면 내가 처녀가 아닌 게 들통날까 봐, 이제 저도 하고 싶지만.

그리고 엄마가 항상 하시는 말씀이, 남자친구를 사귀고 있는 거를 알고, 있기 전에나 있을 때도 절대 결혼 전에 하면 안 된다, 계속 그 주의를 하는 거예요. 그래서 저는 그렇게 하면 안 된다고 생각하고, 죄책감이 있으니까. 제가 만약에 남자친구랑 섹스를 하면 엄마 얼굴을 못 볼 것 같은 생각이 드는 거예요. 그래서 안 된다고 얘기를 하니까, 남자친구가, "너 혹시 어릴 때 어디 성폭력당한 경험 있냐? 왜 그렇게 성에 대해 그렇게 [완고]하냐?" 그렇게 얘기를 하더라고요. 그래서 "그거는 아닌데 엄마가 하지 마라 그랬다." 하면서 나도 준비가 안 됐다, 안 하겠다[고 말했어요].

집에서는 제가 대학교를 졸업하고, 다른 대학원을 갔었거든요. 수학과를 졸업했는데도, 수학에 대한 관심보다는 사회학이나 여성학, 그때 제가 대학교 3, 4학년쯤 돼서 여성학이 굉장히 보편화됐었는데, 여성학과가 생겨나고, 그때 오숙희 선생님이 대구 계대(계명대) 강사로 오셔서, 처음에 강의를 듣다가 인원이 너무 많아서 분반을 하고 그렇지만, 3, 4학년 때 여성학이, '아! 내가 이렇게 차별을 받아 온 게 여성학으로써 푸는 문제가 될 수 있구나.' 그렇게 해서, 그때 폭력 이런 비디오 보고, 계속 차별 이런 거 들으면서 '여성학을 공부하면 참 좋겠다!' 그러면서 대구에 그때 계대랑 가톨릭대에서 여성학과[가] 90년도부터 생겼어요. 여성학 대학원이 90년도 생겨서 제가 91년도 2월달에 졸업(학부 졸업)을 했었는데…. 남자친구가 지원서를 뚝 들고 왔는데, "어여! 계대에서 여성학 대학원 사람을 뽑는다." 이렇게 보여 준 거예요. 그래서 제가 어, 맞나 하면서 같이 서류 준비 해가, 면접 보고 시험 칠 때도 남자친구 기다리고, 하여튼 좀 그렇게 해서, 제가 태어나서 그렇게 따뜻한 사람하고 관계를 경험하니까, 남자친구니까 지속적이고 끊임없는 애정을 보여 주고….

뭐, 부모가 잘해 줍니까? 형제가 잘해 줍니까? 그런데 지속적으로 끊임없는 애정을, 데려다 주고 데리러 오고, 같이 놀러 가고, 뭐 이런 것들 있잖아요. 그런 게 너무 좋아서, 그리고 너무 만만한 거예요. 아버지가 너무 권력적이고 권위주의고 강압했기 때문에, '난 절대 저런 남자랑 결혼하지 않으리.' 그러니까 내가 아주 평화스럽고, 평등적인 남자하고 결혼하리, 그랬는데 남자친구가 그게 가능했었죠. 그래갖고 결혼했는데, 결혼하고 애 둘 놓고, 머슴아 둘이. 지금 여덟 살, 여섯 살.

아버지가 공부하는 건 너무 좋아하셔서

그러다가 집에서 제가 대학원을 졸업하고 이렇게 하니까, 아버지가 공부하는 건 너무 좋아하세요. 아버지는 너무 공부를 하고 싶었는데, 너무너무 돈이 없어서 그니깐 고무신도, 사람이 안 보면 맨발로 다니고, 고무신 닳을까 봐, 그래서 너무 공부에 대한 소원이 있어서, 저희 오빠한테도 굉장히 기대를 많이 하시고, "내가 이루지 못한 성공을 니가 이뤄라." 그렇게 해서 오빠도 대학교 졸업하고 막 대학원에 가게 하고, 그랬는데 다른 자식들은 공부를 너도 나도 가기 싫다 해서 안 가서 그렇지.

대학원을 졸업할 때 되니까, 아버지가 욕심이 생겨서 자식을 교수 아니면, 정치인 아니면, 이렇게 막 시키고 싶은 거예요. 나에게는 "너는 교수를 해라, 유학을 가라." 그래서 '싫다, 머리 아프다.' 〔고 했어요〕. 너무너무 부담스럽고, 내가 외국에 가서 학위를 따 와서 떳떳한 교수가 될 자신도 없고. 그리고 공부가 좋지만, 유학까지 가서 할 그건 안 되고. 그리고 결혼해서 아버지를 떠나고 싶고, 그래서 지금 내가 생각을 해보면, 꼭 학위를 받아 와야 되나, 유학을 가면 되는데……. 지금 와서 제일 후회스러운 게, 내가 그때 유학을 가지 않고, 결혼을 했다라는 게 제일 후회스러운 거예요.

결혼해서 첨에는 너무 좋았어요. 독재적인 아버지한테서 벗어나서 사는 게. 그런데 살아 보니까, 싸우다가 "내가 〔부모님〕 얘기를 들었으면 좋았을 텐데…〔생각했지요〕."

일하던 직장을 다니다가, '한국여성의전화'에서 회원 활동…, 대학원에 91년도에 갔었는데, 91년도부터 여성단체에서도 활동을 하고 싶어서, '여성의전화'에서 교육을 받고, 그때부터 '여성의전화' 회원 활동을 했었어요. 그런데 회원 활동 할 때도 굉장히 열심히 했었어요. 회집 편집, 이런 활동도 하고, 소모임 리더도 하고 뭐 여성학 공부하는 소모임 리더도 하고, 상담 활동도 열심히 하고,

굉장히 재밌게. 하여튼 모임 있으면 다 가고, 활동하다가 95년도 말 즈음 돼서, 상근자 하라고 제의받아서 너무 좋았어요.

제가 그 직장을 그만두고, '여성의전화'를 간다고 하니까, 사람들이 전부 다 미쳤다, 월급도 반도 안 되고. 그때 제가 여성의전화

한국여성의전화연합

1983년 설립된 '한국여성의전화 연합'은 우리나라에서 '매 맞는 아내' 문제를 처음으로 제기한 단체이다. 창립을 주도한 사람은 이현숙 '평화를 만드는 여성회' 상임대표와 이화수 아주대 명예교수, 그리고 17대 총선에서 국회에 진출한 이계경 한나라당 의원(비례대표, 여성문화재단이사장), 김희선 열린우리당 의원 등 4명. 당시 미국에서 갓 귀국한 이화수 교수가 "아내에 대한 폭력 문제가 심각하다."며 문제를 제기해 단체를 결성하게 되었다. 초기 여성의전화는 서울 중구청 근처 애플 다방 4층의 옥탑방에 회원 몇 명이 두 대의 전화를 놓고 차별과 폭력에 시달리는 여성들의 전화를 받는 것으로 출발하였다. 하지만 여성폭력을 둘러싸고 잠재했던 문제점이 폭발하면서 전국 각지에서 자발적 조직들이 생겨났다. 현재 여성의전화는 서울 장충동 여성평화의 집에 위치한 사무처 산하에 3개국과 인권센터, 지역운동센터, 미디어 운동센터 등 3개 센터를 두고 있으며, 전국적으로 25개 지부와 1개의 지회를 두고 있다. 전국적인 회원 수는 천 명이 넘는다.

여성의전화가 사회적으로 주목받은 계기는 1988년 주부 변월수 씨 사건이다. 자신을 성폭행하려던 남자의 혀를 깨물었다가 폭력 혐의로 구속된 변씨에 대해 여성의전화는 정당방위였다며 맹렬한 구명운동을 벌였고, 결국 무죄 판결을 이끌어 냈다. 또 1991년에는 9세 때 자신을 성폭행한 남자를 찾아가 21년 만에 보복 살해를 한 김부남 씨 구명운동을 벌이기도 했다. 이러한 여성의전화 활동은 이후 성폭력특별법(1993), 가정폭력방지법(1997) 제정의 밑거름이 되었다.

에서 1996년도에 받았던 활동비가 37만 원이었어요. 다른 데서 받던 [월급의] 반도 안 되는 그 돈을 받은 [거죠]. 그러나 나는 뿌듯한 거예요. '난 속물적인 인간이 아니야.' 속물적인 인간이 아니고, 정말 운동을 하기 위해서 [일]하는 인간이야 [하고 생각하니] 너무나 자랑스러웠고. "너희들은 나를 몰라." 막 이렇게 얘기를 하면서.

그렇게 자랑스러워하면서 96년도부터 일을 했었는데, 성폭력 상담 교육을 제가 받으러 다녔더니, 우선은 부설로 성폭력상담소에 있었기 때문에 자격증이 필요했었고, 그래서 서울에 한국여성개발원에 2주 동안 교육을 받으러 갔었는데. 지금은 지역에서 다 교육을 할 수 있지만, 거기는 금방 법(성폭력특별법)[2]이 생기고 나서, 네 군데, '한국여성의전화', '한국성폭력상담소', '여성개발원', '전주성폭력예방치료센타' 이렇게 된 거예요. 2주 동안 일주일 교육을 받고, 계속 눈만 뜨면 성폭력, 성폭력, 내가 성폭력 피해를 입은 것조차 잊어버리게, 그동안 스스로 억압하는 그런 상태였는데. 4월달이 되면, 4월달이 주로 못해요. 4월 지나면, 잔인한 4월이 지나면, '지났어! 다행이다.' [했지요].

왜냐하면 4월이 되면 그 일이 또 잊혀지고, 그리고 제가 임신했을 때, 제일 좋았던 점이 임산부를 누가 건드리리, 이런 거였고. 계속 어디를 가도 성폭력에 대한 불안이 굉장히 많이 컸었고….

억압된 성폭력에 대한 게 올라왔나 봐요

96년도에 성폭력 상담 교육을 받고 1주 동안 대구에 왔다가, 주말에 대구 왔다가, 다시 서울에 갔었는데, 그때는 결혼을 했었을

2 정식 명칭은 '성폭력 범죄의 처벌 및 피해자 등에 관한 법률'. 성폭력 사범의 처벌을 강화하고 피해자 보호 장치를 마련함으로써 국민의 인권 신장과 건강한 사회질서 확립에 이바지하고자 만든 법률. 1994년 1월 5일 법률 제4702호로 제정되었고, 1998년 12월 28일 6차 개정되었다. 전문 37조와 부칙으로 되어 있다.

때였죠. 그 2주째 되는 〔때〕 기억이… 가슴이 벌렁벌렁거리고, 너무나도 불안하고, 갑자기 불안한 거예요, 그리고 말 떨림 증상이 일어나고, 막 떨리는 거예요.

그래서 그때 산부인과 의사 선생님이 오셔서 슬라이드를 막 비춰 줬는데, 피해자 상태, 찢어진 팬티, 어린이 성폭력, 이런 거 막 보여 줬어요. 그러면서 내 억압된 성폭력에 대한 게 올라왔나 봐요. 떨림 증상, 불안과 떨림, 사람들과 말을 할 때 떨리는 것, 그리고 제가 사람들 앞에서 그전에〔는〕 말할 때, 떨리는 불안이 하나도 없었는데, 그런 불안증이 생기고. 사람들 앞에 발표할 기회가 많잖아요. 이제 교육하러 가면, 조별 토론에서 발표하면 커리만 보는 거예요. '어머! 내 발표시키면 어떡하지?' 속으로 계속 불안하고, 막 그러다가 슬라이드로 비춰서 발표하는데, 돌아가면서 발표하는데, 내가 발표를 안 할 수가 없으니까 발표를 했는데, 그때는 조명이 있었어요. 슬라이드로 보면서 하니까 겨우 면했는데…, 마지막 날 돌아가면서 발표하는 거 있잖아요. 꼭 서서 발표하잖아요. 그것도 앉아서 하는 게 아니라 앞에 나가서 서가지고 발표하는 거, 너무 불안하고 땀이 나고, 저 문을 열고 도망 나가고 싶은 맘이 드는데, 또 〔여성〕개발원에서 비디오 촬영을 하는 거예요. 내 소감 발표하는데… 비디오는 돌아가고 불안하재. '이거 어떡하재?' 얘기는 못하고, 나갈 때 얘기를 했는데 어떻게 했냐면 '제가 교육기간 동안… (아주 작은 목소리로)' 이렇게 얘기를 한 거예요. 그러니까 사람들이 "재 왜 저러노?" 대구로 돌아오는 기차에서 아는 사람이 그러더라구요. "왜 그렇게 떨었어요?" 막 이렇게 묻는데, 그래서 내가 얘기하면서 "그… 뭐고? 공포증이 있는데, 그걸 촬영을 하니까 떨었어요." 하고 이렇게 막 변명하고. "사진 찍으니까 떨려요." 그게 읽으니까 떨려서, 이렇게 얘기… 변명하고, 계속 불안했는데….

대구에 내려와서도 사람들과 얘기하는데, 일대일로 얘기하면 괜찮은데 소모임 같은 〔데서〕 발표하잖아요. 불안하고 거기에서 에너지가 다 가니까(빠져나가니까), 내용이 생각이 안 나고. 나는 떨리지만 않으면 내 얘기 잘할 수 있을 것 같은데, 그러면서 좌절감이 계속 〔생기고〕, 떨고 나면 '바보야, 골골대면 바보야.' 계속 나를 학대하는…. 그래서 항상 그거 땜에 죽고 싶은 마음이 들고. 이렇게 사무실 출근하면서 운전하다가도, 확 교통사고가 나서 그냥 병원에 입원해서 좀 쉬고 싶다, 내가 이 상황을 어떻게 할지 모르니까 죽고 싶다 〔하는 마음이 생겼어요〕. 그게 지금 보니까, 그때는 그게 우울증인 줄 몰랐는데, 이게 우울증이더라구요. 죽고 싶다, 사람들도 만나기 싫다, 뭐 이런 대인 기피증도 오고. 그러다가 제가 너무나도 괴로워서 이렇게는 내가 도저히 살아갈 수 없겠다는 생각이 드는 거예요.

그 이유를 선생님한테 얘기를 하겠다

그렇게 해서 제가 도저히 이렇게 해서는 살 수가 없겠다는 생각이 들어서, '여성의전화'에는 '여성평화를 위한 의료인 모임'에 의사 선생님도 계시거든요. 그 중에서도 여자 의사 선생님들, 아는 의사 선생님 있어서, 신경정신과에 그분을 찾아갔어요.

제가 전화드리고 가도 되냐고 그러니까 가도(와도) 된다고… 〔해서〕 찾아가서, 제가 너무 떨린다고, 그거 땜에 왔다고 그러니까, 묻는 게 "가족이 뭐 하느냐, 남편은 뭐 하느냐, 오빠는 뭐 하냐, 엄만 뭐 하느냐, 몇 남매 몇째냐?" 이런 거 묻고. 전 좀 황당한 거예요. 떨리는 거기에 대해 상담이 들어가야 되는데. 그리고 또 그 선생님이 나를 너무 잘 아니까, 이런 부분〔을 상담〕하기가, 제가 좀 저항하는 부분, 방어하는 부분도 있고. 그땐 약을 주시더라구요. 떨릴 때 약을 먹으라고 약을 주시더라구요.

그래서 제가 한 날은 같이 모임을 하는데, 그때 뭐 했냐 하면 지역에서 여성학을 공부하는 사람들이 모여서 연구회를 하나 만들어서 학술 연구를 했었어요. 같이 공동으로 학술 연구를 했었는데… 그때 모이면 자기 뭐 했는 거 발표하고 이러잖아요. 세 명이 모였는데도 발표하려니까 떨리는 거예요. 근데 그게 보면 어떨 때는 떨리는데, 어떨 때는 떨리지 않고, 근데 어떨 때 떨리는지 잘 보니까, 내가 뭐 말을 잘하고 싶고, 인정받고 싶을 때 떨리는 거예요. 그게 이렇게 편한 사람은 괜찮은데, 이거를 너무 잘하고 싶을 때는 더 떨리고, 말 잘하는 사람 보면 '저 사람은 안 떨고 어떻게 저렇게 말 잘할까. 난 바보야.' 〔라고〕 학대하고. 그래서 약을 먹었어요. 약을 먹고 나니까 몽롱하니 머리가 아프고, 정신이 하나도 없는 거예요. 그게 너무 자주 오는 거예요. 정말 아파서 집에 가겠다고, 집에 가겠다고.

그런 약이 아닌데, 그래서 쌤(선생님)한테 상담받기가 불편하다고, 아는 사람이고 그러니까 자기 아는 신경외과를 소개시켜 주겠다라는. 그래서 그 쌤한테 두 번 갔다가, 신경외과에 떡 가니까, 할머니들 류마티즘 관절염에 걸린 할머니들이 오는 곳이에요. 그래가지고 이제 딱 가니까 의사 선생님이 앉았는데, "너무 떨려서 왔어요." 했더니, 안 떨린 사람이 어딨냐고, 나도 발표할 때 다 떨린다고, "아, 예." 하면서, '저런 사람이 다 있노?' 하면서, 그래서 그때 바로 제가 어느 상담실에 전화해서 상담 받으러 가도 되냐고, 그게 또 여성의전화에서 어느 교수님을 어버이날에 초청해서 대중 강연회를 한 적이 있었어요. 이제 아는 사람이 없으니까 그리고 주위에 내가 이런 고민을 가지고 있으니까, 상담가를 소개시켜 달라, 이런 것도 안 되고, 내 혼자 괴로워하니까 그 상담실에 딱 갔어요. 그래서 상담을 갔는데, 첫 상담에서 이런저런 얘기를 하다가, 내가 이렇게 떠는 거는 이유가 있다는 점, "나는 그 이유를 아는데 그 이유를 선생님한테 얘기를 하겠다."라고 하니까, "얘기를 해라."

저는 처음 얘기하는 거잖아요. 눈물이 막 나고, 꺼이꺼이… "있잖아요, 제가요." 울면서 이러니까, 선생님이 "얘기를 못하겠으면 적어 온나, 다음에…." "아, 나는 오늘 꼭 얘기를 해야겠다."고, 이걸 꼭 얘길 하고 가야 되겠다고, 상담 시간 다 지났는데 꺼이꺼이 울면서, 이 일이 있었다라고 얘기를 하고 나왔어요. 그 뒤로 선생님하고 일주일에 한 번 상담을 받으러 가는데 주위에 다 비밀로 했어요. 테레비전에 나오는 사람을 딱 보면 '어떻게 저 사람은 테레비전에 나와서 얘기를 하는데도 떨리지 않을까?' 그래. 그래서 그때 한창 96년도에 성폭력 사건이 많이 생기고, 테레비에서 성폭력 피해 패널들, '여성의전화'가 왔으면 좋겠다 〔하고 방송국에서〕 온 거예요. 그런데 그때 단체 상황이 어땠냐면 누구는 출장을 가 버리고, 누구는 어데로 가 버리고. 저도 그날 서울로 출장을 가야 되는 상황인데, 나밖에 갈 사람이 없는 거예요. 난 나가서 정말 얘기를 했으면 좋겠어. 성폭력 이렇게 많고 〔이런〕 얘기를 했으면 좋겠는데 떨려서 못 가니까, 아, 우리 단체는 안 된다고 접었죠. 그래서 제가 쌤한테 항상 상담받으면서, "언제쯤 안 떨릴까요? 저도 테레비전에 나가서 언제쯤 얘기를 할 수 있을까요?" 하니까, "곧 때가 와요." 이렇게 얘기를 했어요.

근데 제가 96년도에 그러고 지속적으로 치료를 계속 했었죠. 계속 개인적으로 치료도 하고, 상담도 받고, 치료를 했었는데, 제가 저번 주 토요일 날 대구 방송에 아침마당에, 대구에는 지방 스튜디오에서 하거든요. 패널로 오라고 연락이 온 거예요. 그래서 제가 가겠다고 얘기를 하고 가서 패널로 테레비에 나왔는데, 하나도 안 떨고 말을 너무 잘한 거예요.

내가 생각해도 말을 너무나도 논리적으로 진짜, '그 우울증은 성적 억압이 원인이고, 여성들에게는 많은 이유가 있고, 사회 영향력이 크고, 진짜 막 얘기를' 하고, 그리고 제가 굉장히 과격하게 얘기를 하거든요. 근데 그거를 피해의식 때문에 그러는 걸 알고 논리적으로 얘기하게 노력을 하고, 흥분하지 않고, 논리적으로 하게… 하고 나서도, 너무 뿌듯하고. 패널 중에서 한 분은 계대 교수님이 계셨는데, 내 보고 "어쩜 말을 그렇게 논리적으로 잘하느냐."고, 인정받아서 너무 기분 좋고, 또 우리 활동가가 보고 "언니 진짜 말 잘한다." 이렇게 얘기를 하고, 그래 너무 뿌듯하고, 기쁘고, 테레비에서 그날 이렇게 음… 얘기를, 이렇게 과거로부터 필름이 막 돌면서 어떻게 이런 내가 되었나, 난 정말 대단한 치유의 경험을 하고 있는 거다 〔라는 생각에 마음이〕 굉장히 뿌듯하고.

나의 치유 경험을 세상에 알리고

그리고 작년에 제가 성폭력상담소의 '말하기 대회'를 알았어요.

가고 싶었는데, 작년까지는 내가 사람들 앞에서 이 얘기를 한다는 게, 아직까지 한 모퉁이에서 저어하는 부분들이 많더라구요. 이제 올해 2004년, 내일이나 모레 한국성폭력상담소에서 말하기 대회를 하거든요.

11월 25일이 마감이었어요. 내일 토요일 날 참가를 하는데… 제가, 음… 아직 어떻게 얘기할지는 결정을 하지 않았고, 내일 그 상담소의 담당자를 만나기로 했거든요.

근데 그 담당자와 통화를 하면서 굉장히 '말하기 대회'를… 내가 〔신청〕한 부분에 대해서, 너무나 뿌듯하고, 기쁘고, 그런 생각이 드는 거예요. 내가 생존자 대회에 나가면서도 99퍼센트는 너무 좋으면서 1퍼센트는 약간 과연 내가 가서 어떤 얘기를 할까? 이런 〔걱정이〕 조금 있었는데….

그 담당자랑 얘기를 하면서, 담당자가 굉장히 배려해 주고, 그리고 "선생님, 저도 작년에 '생존자 말하기 대회'에 참가했었어요." 이렇게 얘기하는 부분들이 굉장히 위안이 되더라구요. 그저 통화를 하면서도 마음이 따뜻해지고, 아, 그게 정말 활동가의 자질이구나! 내가 좀 배워지고, 그래서 가는(참가하는) 게 뿌듯하면서도 기쁘고. 나의 치유의 경험이 내 개인적으로 너무 힘들었기 때문에, 그깐(그러니까) 내가 나의 치유 경험을 세상에 알리고, 이렇게 극복할 수 있다는 걸 알리면, 얼마나 많은

(대구여성의전화. 2005. 보도자료)

·다·녀·왔·습·니·다·

'생존자 말하기 대회'를 다녀와서

조 윤 숙/본회 사무국장

한국성폭력상담에서 작년 11월에 개최한 제 2회 성폭력 생존자 말하기 대회를 참가하였다.

1회 말하기 대회에 참여하고 싶었지만 시간이 맞지 않았고 그 동안 치유를 위해서 그렇게 힘들게 노력했음에도 불구하고 대회에서 나의 성폭력의 경험을 이야기 한다는 것에 대한 자신이 없었다.

2004년 2월 '성폭력생존자 집단상담'에 참여하고 치유가 많이 되어서 말해야 겠다는 의지도 생기고 다행히 시간도 맞게 되었다.

처음에 참여한다고 이야기 했을때 담당하였는데 기획팀과의 몇차례 통화후부터 마음이 설레이기 시작하였다. 많은 생존자들과 함께 나눌수 있다는 것… 서로의 힘듦과 고통을 위로하고 지지할 수 있는 만남이 너무 설레었다. 초등학교 6학년때 성폭력 경험이후에 16년동안 아무에게도 말하지 않고 없었던 일인냥 억압하고 있다가 1996년 대구여성의전화에서 상근을 하면서 2주동안 한국여성개발원에서 '성폭력상담원 교육'을 받고 그동안 억압하였던 성폭력 때문에 사는 것이 힘들게 되었다. 너무 힘들어 내 발로 찾아간 상담자에게 처음으로 성폭력 사실을 이야기 했는데 '네가 무의식적으로 성폭력을 원했기 때문이야'라는 이야기를 들었으며 남자들은 나의 성폭력에 대해서 이야기를 하였을 때 '왜 울지 않고 이야기 하느냐'며 의아하다는 반응이었다. 성폭력이 내 잘못이 아닌데 사람들은 왜 나를 이상하게 보며 또 왜 나는 내가 이상하다고 생각하며 살았을까? 그런데 성폭력 생존자들이 자신의 피해경험을 이야기 하고 서로 위로와 지지와 치유의 기회를 갖게 된다는 것은 얼마나 기쁜 일인가?

대회 날 언론사와 연구를 목적으로 하는 사람들은 듣기 참여자에서 배제되고 입구에서부터 휴대폰과 모든 카메라와 녹음기는 진행팀에게 맡겨지고 듣기에 준비된 사람들의 입장만 받았다. 기획팀에서는 말하기 참여자에 대한 정서적 지지자도 담당이 있었고 만반의 준비가 있었다. 성폭력에 대해서 이야기 하고 듣고 같이 치유한다는 것이 얼마나 뜻깊은지…

처음에는 7명의 정도의 참여자가 있었는데 최종 3명이 말하기 대회에서 이야기 하였다. 3명의 참가자가 말하고 난뒤 즉석 말하기 참여자의 신청을 받아 오후 5시부터 시작한 대회는 11시가 넘어서야 끝이 났다. 첫 번째 생존자가 말을 시작하는데 그동안 성폭력 때문에 힘들었던 과정들이 파노라마처럼 지나가면서 눈물이 났다. 두 번째 생존자가 이야기를 할때 마음의 평정하게 되어 세번째로 내가 이야기를 하였다. 서로 울고 웃고 박수를 치고 가해자에 대해서 욕하고 한바탕 치유의 굿을 하는 기분이었다.

이땅에서 얼마나 많은 여성들이 자신의 성폭력 경험 때문에 힘들게 살아왔는지 가슴이 아팠다. 이땅에 성폭력이 없어지는 그날까지 여성운동은 계속 되어야 할 것이다.

2005년 38세계여성의 날 97주년 기념 제 21회 한국여성대회에서 제 1회와 2회에 성폭력생존자 말하기 대회에 참여한 참가자 24명이 디딤돌 상을 받게 되었다. 지난 2003년과 2004년 총 2회에 걸쳐 한국성폭력상담소에서 주최한 '성폭력 생존자 말하기 대회'에 참여한 생존자 24명은 자신의 생존이야기를 행사 참여자에게 진솔하게 전달함으로써 다른 성폭력 생존자를 지지하고, 성폭력 문제에 대한 사회적인 관심을 환기시키는 소중한 기회를 마련해 주었으며, 생존자의 목소리를 외면하고, 발언권을 인정하지 않는 시회현실 속에서, 이들의 말하기는 우리사회의 부당함을 감내하며 싸워가고 있는 많은 여성들에게 살아있는 희찬 울림이 되었다는 이유였다. 한국성폭력상담소에서 말하기 대회에 기획한 어린과 말하기 참여자를 대표하여 내가 상을 받았다. 성폭력 때문에 힘들고 없었던 일인냥 거부하는 날들이 많았는데 그 일 때문에 상까지 받게 되다니…

2004년 '성폭력생존자들의 통합집단상담을 통한 치유'라는 제목으로 논문을 써서 대학원을 졸업하게 되었다. 올 4월에는 성폭력 생존자 미술치료 집단과 탈성매매 여성들을 집단상담할 계획에 있다. 어렵고 힘들었던 나의 치유과정의 경험을 많이 나누며 이땅의 성폭력 생존자의 치유와 성폭력 없는 사회를 위하여 열심히 운동할 것을 다시 한 번 더 다짐해 본다.

여성들에게 도움이 되겠노? 그래서 저희들이 생존자 집단상담 하려고 단체 공고를 내도 아무도 안 와요.

그리고 내가 이렇게 얘기하는 것도, 어느 정도 내 탓이 아님을 세상에 공포하는 거죠. 내 탓이 아니고 더럽고 기분이 나쁜 아이가 아니라는 걸 공포하는 거고. 그리고 제가 강의를 갈 때도 성폭력 경험을 얘기를 해요. 내가 성폭력 경험이 있었고, 이렇게 극복이 됐었고, 그러면서 그 여성들이 얼마나 힘들고 그래서 여러분이 상담을 하거나 여성들이 지원을 할 때, 이렇게 사례를 얘기해 주고, 그리고 치유가 가능하다[는 말을 해줘요]. 이제 저는 할 일이 그런 생존자들을 치유를 하기 위해서, 내가 많은 보탬이 돼야겠다는 생각이 들어서 그 생존자라는 걸 밝히고요.

그리고 제가 [석사] 논문[3]도 지금 그 상담심리학과 논문 학기인데, 성폭력 생존자 집단상담 치료 논문을 썼어요. 이제 2월달에 논문을 내는데, 논문을 쓰면서도(준비하면서도) 제가 굉장히 치료가 많이 됐어요.

내 탓이야, 내 잘못이야, 나는 더럽혀진 몸이야

성폭력 피해자들이 이제 여덟 명이 집단상담을 하는데…, 똑같은 거예요. 그 사람이 얘기하는 게 내가 얘기하는 거고, 제가 얘기하는 게 하나같이 비합리적인 신념들, "내 탓이야. 내 잘못이야. 나는 더럽혀진 몸이야. 난 소박맞을 거야. 행복하지 못할 거야." 한 사람이 얘기를 하면 다 공감이 되면서, 대단한 치유를 경험했었거든요.

3 「성폭력 생존자의 통합 집단상담을 통한 치유」, 서울불교대학원대학교 상담심리학과, 2004.

집단상담 때 리더 선생님이 저를 치유해 주셨는데, 그분도 굉장히…, 아무래도 리더도 여성주의로 정말 잘해 주셨고, 그래서 음, 한편에 제가 그 성폭력 부분, 치유되지 못한 부분 상담을 받으면서도 제가 그 상담을 받았던 게, [처음엔] 대상관계 이론[4]으로 상담을 받았었는데, 그게 무의식을 굉장히 중요시 여기고 하기 때문에, 그 선생님이 내한테 했던 말이, 굉장히 반여성적인 상담을 받았어요. "니가 원해서 성폭력 피해를 당한 거다, 니 무의식에 그 남자를 끌어들인 거다." 막 그렇게, "그 남자들은 밥을 보는데, 니가 그 밥에 걸려 드는 거는, 니 원인이 있다." 그렇게….

96년도에 [상담 치료를 받을 때], 예전에 상담을 받으러 갔을 때, 그 대학교 때 교수님인데, 상담 전문가… 대상관계 이론으로, 저는 전에 그때 그 선생님한테 상담을 받으면서 대상관계 이론, 그 워크샵도 계속 공부를 했었거든요.

그래서 상담을 받으러, 일주일에 한 번 상담도 받고, 일주일에 한 번 워크샵도 초급, 중급, 고급, 일주일에 한 번씩 받곤 했었는데, 그 선생님이 그렇게 얘기를 하니까, 그게 무의식적으로 보면 상호작용이잖아요, 다…. 폭력도 상호작용이고, 성폭력도 그렇게 그걸 내가 받고, 내가 더 잘못이라 그렇게 느껴지고, 그리고 또 그 사람(처음 상담을 받은 교수)이 나에게 심어 준 게 뭐냐 하면, "왜 화가 나요?" "왜 화가 나요?" 이렇게 얘기를 해요. 난 너무너무 화가 나고 분노 표현을 하고 싶은데, 안 그래도 내가 분노 표현을 못하고, 내적으로 막 이렇게 들어가는데, 그거를 분노를 표현하고, 화가 났다고 그러고, 아직까지도 화가 나는, "화는 나는 게 아니야. 사람은 원래 화가 나는 존재가 아니야." 이렇게 되니깐(말을 해주니까), 화를 더 억압하게 되고, 진짜 화를 억압하고, 그래서 상담을

4 대상관계 이론은 사람은 태어날 때부터 혼자가 아니라 대상에 따라서 대상관계를 맺는 양상이 이해의 초점이 돼야 한다는 것이다. 대상관계라는 개념은 이미 프로이트가 썼으나 이것을 일반이론에 체계화하지 않았다. 유기체를 한 소외된 상태로 보지 않고 환경과의 상호작용 속에서 연구하려는 1930년대의 일반적 추세에 따라 정신분석학 내에서도 차츰 그에 대한 관심이 높아 갔다. 정신분석학적 개념으로서의 대상관계란 실제적 관계와는 구별된다. 자신의 성격 특성을 가지고 태어나는 각각의 개인은 그의 발달과정에서 주요 대상과 환경과의 관계에서 성장한다. 여기서 내재화와 외재화의 과정이 일어난다. 이 과정을 체험하는 주체는 이 체험의 현실적, 상상적 내용을 심리 내적인 표상으로 변화시키며 이는 심리 내적인 조절 작용을 하게 된다. 다시 말하면 인간에게는 자기 표상과 대상 표상이 형성되고 이 둘 간에는 어떤 관계가 형성된다. 이 표상들은 발달과정에서 수정되거나 부분적으로 억압되어 무의식적인 소망으로 머물게 된다. 이것은 전이현상을 일으키는 주요 요인이 된다.

하면서, 어느 정도 내가 떨림은 해결되고.

그리고 제가 그때 둘째 애를 2000년도에 낳았었는데, 한 3년 6개월 상담을 받고, 96년도부터 받다가, 선생님이 그만두자, 둘째 애를 놓고 그만두자, 둘째 애를 놓을 때까지만 하자라고, 그렇게 얘기를 하더라고요. 그래서 제가 첫애는 굉장히 잘 키웠어요. 첫애를 키우면서 계속 상담을 받았기 때문에, 육아 상담 이런 걸 하면 선생님이… 그래서 첫애는 지금 굉장히 안정적이에요. 근데 둘째 놈은 제가 둘째 놓고 부부간의 갈등도 심해지고, 제 자신도 굉장히 힘든, 막 개인적으로 정체성 땜에 힘든 고비도 넘기고, 이러다가 둘째 애는 신경도 많이 못 써 줘가, 둘째는 주위가 산만하고. 그래서 보면 표시가 나요. 안정과 산만한 형. 그래갖고 제가 2000년도에 상담이 끝나고, 너무 허전해서 제가 또 가면 안 되냐고 그러니까는, "혼자서 살 수 있으니까, 죽을 정도가 아니면 안 와도 된다."라고. 이렇게 있다가 2000년도에 여성주의 상담[5] 워크샵을, 음… 1999년도에 했나, 2000년도에 했나, 하여튼 '여성의전화'에서 김예숙 선생님을 모시고, 1박 2일로 워크샵을 했었어요. 제가 그 선생님한테 나 여성주의 상담을 받아야 되겠다고 〔하는〕 생각이 들더라고요.

'선생님은 유일하게 나를 받아 줄 수 있겠다.' 그렇게 해서 그 선생님한테 이제 연락을 했었는데, 상담을 받으러 오라고 해서, 2000년 12월달부터 상담을 받으러 갔어요. 2000년 10월달에 워크샵을 하고, 2000년 12월부터 상담을 받으러 가서, 선생님하고 상담을 받았는데, 성폭력 부분보다는 조직적 갈등, 개인적으로 힘든 얘기, 그 다음에 억울함, 그러니깐 젊었을 때, 그렇게 남자를 사귀지 못한 억울함, 이런 것들, 그때 올라오더라고요. 막 그러고 내 정

5 여성주의 상담에서는 피해자가 성폭력으로 인해 무엇이 침해되었는지를 스스로 정의하고, 그에 따른 치유의 방법론을 고민하는 과정을 함께 하여 피해자가 피해의식에서 벗어나 생존자가 될 수 있도록 한다. 성폭력의 피해 여성은 자신의 고통을 개인적인 것으로 받아들이고 자기 탓으로 돌려 죄책감을 가지기 쉽다. 그러나 여성주의 상담에서는 성폭력 피해를 가부장적 성별 구조에 따른 남성과 여성의 권력 차이에 기반하고 있다고 인식하며, 그렇기 때문에 여성주의 상담에서 중시하는 것은 가부장적 성별 구조에서 여성에 대한 비난과 편견을 줄여 나가는 것이다. 여성에 대한 비난과 편견은 피해자 내부에 살아 있기도 하고, 피해자 외부에서 피해자를 지속적으로 고통스럽게 만드는 2차 피해와도 깊이 관련되어 있다. 여성주의 상담에서는 이런 내외부적인 문제를 해결하는 과정에 동참한다.

체성 발달 단계, 이렇게 해서 그때 제가 사춘기가 온 거죠. 사춘기, 겪지 못한 사춘기. '나는 뭔가?' 뭐 그런 인생의 회의 이런 것들, 그때 사춘기가 왔었거든요.

우리는 왜 이렇게 힘들게 살아야 될까

그때 상담을 쭉 했는데, 그러다가 선생님(김예숙)하고 상담을 계속 하다가 2002년도에, 제가 아바타 교육을 갔다 와서, 굉장히 영적으로 너무 좋아졌다고 확신을 하고, 선생님한테 이제 상담을 받지 않고, 혼자 할 수 있겠다고 얘기를 했어요. 그러니까 선생님이 혼자서 살라고 하고, 그때까지 개인 상담을 받고, 그러고 있었는데, 한 2000년도 정도 돼서 제가 주위에 이야기를 하기 시작했어요. 성폭력에 대해서. 그게 이제 잘 아는 언닌데, 진주에 사는 언니가 대구에 우리 '여성의전화' 회원들을 토요일마다 집단상담을 실시했었어요. 2000년도부턴가 20001년도부턴가.

그래 이제 그 집단상담을 시작하면서, 그 언니랑 얘기를 많이 나누고 그러다가, 언니한테 할 얘기가 있다면서, 내가 실은 성폭력의 경험이 있는데 언니한테 얘기를 해야 될 것 같다, 그 언니한테 울면서 얘기를 했어요. 전화로. 울면서 언니 내가 성폭력 그랬었다, 그러면서 울면서 상담을 받았는데 상담 선생님이 "니가 원했기 때문에 그랬다."고 〔했더니〕, 그 언니가 "어느 놈이 니한테 그런 얘기를 하더노?" 하면서 언니가 더 흥분해서 울면서, "니 되게 힘들었겠다. 그래 니가 성폭력 경험이 있었구나." 하면서 굉장히 진의적으로, 굉장히 자매애로써 극복을 많이 한 것 같아요.

그리고 또 같이 활동하는 언니한테 "언니한테는 얘기를 해야 될 것 같다." 이제 서서히 주위에 얘기하게 된 거죠. 언니한테 얘기하면서 "제가 성폭력 경험이 있었고, 그 진주 언니한테도 얘기를 했는데, 언니한테도 얘기를 해야 될 것 같다." 얘기를 하니까, 그 언니가 "무어냐?" "언니야, 나는 목숨만 살려 주세요, 이렇게 얘기를 한 게 굉장히 수치스럽다." 이렇게 얘기를 하니까, "그게 수치스럽냐?" 그러면서 "니 정말 똑똑하다."면서 "6학년이 어떻게 그런 상황에서 니가 니를 보호하기 위해서 목숨만은 살려 주세요, 이렇게 얘기를 했노?" 그러면서 재명명화되는 거예요.

그 언니가 "니도 그래서 이해가 된다. 너의 불안하고 그런 부분들이 이해가 된다." 그리고 지금은 제가 말을 천천히 하는데, 말도 빠르고 굉장히 분잡했어요. 그래서 옛날에 본 사람들이 "너 왜 이렇게 내성적이 됐는데? 말도 없어졌네." 이렇게 [말해요]. 옛날에는 막 떠들고, 그래 사람들이 보면 주위 산만했어요. 불안하니까. 떠들고 말도 빠르고, 막 분잡고, 주위 산만하고, 지금도 주위가 산만하지만. 막 그렇게 내가 얘기하니까 "진주에 꼭 니 같은 애가 있는데 내 친군데 니를 소개시켜 줄게." 이렇게 된 거예요. "개를 만나봐라. 도움이 될 거다." 그래서 제가 진주에 갔어요. 내가 진주까지 가갖고 언니를 딱 만나는 순간 그 언니가 학교 계단을 내려오는데, 생존자 삘이 딱 오는 것 같은 거예요. 다가와서 그 언니를 만나니까 처음 만나는 사람인데도 굉장히 친밀감이 느껴지고, 동생 할 수 있겠다 느낌! 창원에서 만났는데 같이 차 타고, 진주까지 같이 오면서 성폭력으로 힘들었던 얘기를 하면서, 그러면서 제가 차 안에서 울면서 얘기했던 게 "언니, 우리는 왜 이렇게 힘들게 살아야 될까?" 울면서 "왜 이렇게 힘들지, 우리는? 사는 게." 그러면서

"맞제, 그렇제." 그러면서 그 언니랑 계속 또 생존자 경험도 나누고, 그리고 주위에다 우리 둘이는 생존자 커플이다 생존자파다, 이렇게 얘기하고. 그리고서 제가 대구에서 2002년도에 생존자 모임을 꾸렸어요.

그러고 제가 논문을 써야 되겠다 그래서 생존자들을, 제가 생존 경험을 얘기하니까, 주위에서 생존 경험을 얘기해서 아는 사람이 굉장히 많았어요. 근데 성폭력 생존자라고 그러니까, 이해되는 부분도 많고, 공유되는 부분도 많아서 집단을 꾸릴 때도 홍보를 했을 때는 아무도 오지 않고, 그리고 내 아는 생존자들도 막판에는 자기 자신감 때문에 오지를 않고, 그렇게 집단상담을 할 때 자기 얘기를 한다는 게 대단한 경험이죠. 그리고 대단한 용기가 필요하고. 이렇게 막판에 안 오고, 몇 명은 대단한 치유의 경험을 하고 그렇게 해서 그 생존자 집단에 참석한 한 명은 "언니는 내 생명의 은인이다. 집단을 이렇게 꾸려 준 게… 너무나도 정말로 전무후무한 집단이 아닐까?" 그래서 계속 논문 쓰고, 계속 얘기 나온 게, 우리가 모여서 치료하는 게 너무나도 좋다, 일반 사람, 직장 사람한테 가서 이런 얘기를 꺼내면, 남자들은 우릴 이해하지 못하고, 다른 사람들은 이해하지 못하고 해서 파편화되는 느낌이 많이 드는데, 여기서는 통합되는 느낌이 든다, 그러면서 또 집단이 자아 초월적으로 "인간은 완전하다." "당신은 영적이다." 이런 관점으로 들어갔거든요. 이렇게

31세 여인 투신자살(조선일보 1991. 9. 13)

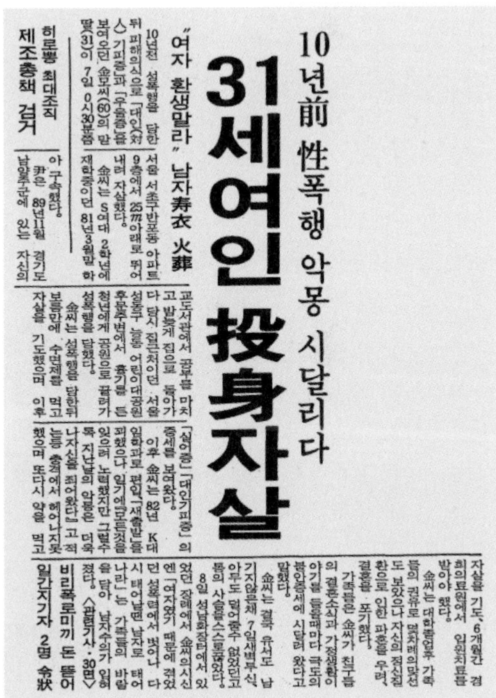

10년前 性폭행 악몽 시달리다
31세여인 投身자살
"여자 환생말라" 남자寿衣 火葬

10년전 성폭행을 당한 뒤 피해의식으로 「대인(対人)기피증」과 「우울증」을 보여오던 金모씨(60)의 딸(31)이 7일 0시30분쯤 서울 서초구반포동 아파트 9층에서 25m아래로 뛰어내려 자살했다.

金씨는 S여대 2학년에 재학중이던 81년3월말 학교도서관에서 공부를 마치고 밤늦게 집으로 돌아가다 당시 집근처이던 서울 성동구 능동 어린이대공원 후문주변에서 흉기를 든 청년에게 공원으로 끌려가 성폭행을 당했다.

金씨는 성폭행을 당한뒤 보름만에 수면제를 먹고 자살을 기도했으며 이후 「실어증」「대인기피증」의 증세를 보여왔다.

이후 金씨는 82년 K대 임학과로 편입,「새출발」을 꾀했으나 일기에「모든것을 잊으려 노력했지만 그럴수록 지난날의 악몽은 더욱 나자신을 죄어왔다」고 적는등 충격에서 헤어나지못했으며 또다시 약을 먹고 자살을 기도, 6개월간 경희의료원에서 입원치료를 받아야 했다.

金씨는 대학졸업후 가족들의 권유로 몇차례의 맞선도 보았으나 자신의 정신질환으로 인한 파혼을 우려, 결혼을 포기했다.

가족들은 金씨가 친구들의 결혼소식과 가정생활이야기를 들을때마다 극도의 불안증세에 시달려 왔다고 말했다.

金씨는 결국 유서도 남기지않은채 7일새벽 투신, 아무도 덜어줄수 없었던 고통의 사슬을 스스로 끊었다.

8일 서남화장터에서 있었던 장례에서 金씨의시신엔 「여자였기 때문에 겪었던 성폭력에서 벗어나 다시 태어날땐 남자로 태어나라」는 가족들의 바람을 담아 남자수의가 입혀졌다. 〈관련기사·30면〉

히로뽕 최대조직 제조총책 검거

아 구속했다.
尹은 89년11월 경기도 남양주군에 있는 자신의

비리폭로미끼 돈 뜯어 일간지기자 2명 令狀

자아 초월과 여성주의로 접근해서 통합적으로 했었어요.

그전에 그 울산에 계시던 선생님이 그 연구를 하는데 생존자 개인 경험인데, '해도 되겠냐?'고 나에게 물어본 거야. 3개월 동안 세 번 만나고, '성폭력 경험과 나의 인생', 상처받은 걸 보여 주고, 그리고 이제 힘든 거, 성폭력 때문에 힘든 거 쭉 얘기를 하고, 하여튼 세 번 만나고, 선생님께 나의 히스토리를 쭉 듣고, 성폭력과 관련된 경험과 꿈, 그 다음에 내 성격 유형, 그리고 또 성, 심리 검사가 있는데. 그거 검사받은 평가, 이런 것들을 종합해서 선생님이 리포트를 쓰시는데 세 번 동안 쌤(선생님)을 만나면서, 굉장히 제가 치유를 많이 했었어요.

어릴 때부터 따뜻함을 받지 못했고, 그리고 따뜻함을 최초로 느낀 게 성폭력을 한 아저씨였고, 그리고 그 다음에 아저씨가 나를 성폭력을 해서 인간에 대한 배신감 때문에 사람을 잘 믿지 못하고, 사랑받지 못한 게 이렇게 힘들고, 그리고 내가 힘들어지니까, 그때 딱 어떤 게 있었냐면 굉장히 따뜻함을 원하는데, 여자들은 아무리 잘해 주고 따뜻함을 줘도 나는 그게 충족이 안 되고, 남자의 따뜻함을 계속 그리는 거예요. 그러면서 참 남자들, 아버지의 따뜻함, 남편의 따뜻함, 뭐 다른…, 그러니까 제가 일반적으로 만나는 다른 남자의 따뜻함, 이런 걸 굉장히 그리워하는… 근데 내가 아바타 가서 통찰이 왔어요. 내가 왜 그런 그리움을 그리워하는지. 아바타 가서 혼자 이렇게 명상을 하는데, 그때 경험이 딱 떠오르면서 그 아저씨가 최초로 나에게 해준 따뜻함, 그래서 그게 따뜻함이라고 생각하고 여성들하고는 엄마하고도 언니하고도 따뜻함을 갖지 못하고, 갈등 관계였잖아요.

그니깐 언니는 가정 살림도 잘하고 뭐 집안 살림도 잘하고, 나는 애들도 3개월 때부터 놀이방 맡기고 직장 다니고, 이러니까 얼마나 우리 엄마가 봤을 때 나를 비판했겠습니까? 그쵸? 살림도 잘 안 하고, 그렇게 막 일하니까. 그래서 저는 여성들하고의 연대는 정말 자매애가 안 되는 거예요. 조금만 해도 이 둘이가 붙어갖고 나를 칠 것이다, 이런 불안감이 생기고. 근데 남자들은 일단 남편이 잘해 준 것도 있고, 성폭력 아저씨가 따뜻한 느낌을 준 게 있고, 남자들의 그런 연대를 그리워하고 있었고, 그래 여자들이 "너는 왜 남자냐?" 막 이렇게 아바타에서 통찰이 쫘악 와가지고, 그때부터 내가 남자의 따뜻함, 남자들의 그런 따뜻함, 이런 게 극복이 됐어요. 그래서 참 좋았고. "윤숙 씨는 참 따뜻함이 그리웠구나. 그것도 남자의 따뜻함이고, 이해가 되네요." 그러면서(선생님이 보듬어 주면서) 치유가 많이 되고, 그걸 연구를 하고 나서.

1991년 4월 13일 이화여대 중강당에서 한국성폭력상담소 개소식을 축하하는 노래 한마당이 펼쳐지고 있다(나눔터 1991. 7 창간호).

논문 쓰기 위한 상담에서 마지막에 하이라이트로 뭐를 했냐 하면 나는 6시에 집단상담이 끝났는데, 마지막 날 오후 1시쯤 되었는데 그때 내가 이제 퇴행한 거예요. 초등학교 6학년 때로 누워 있는 나, 아저씨가 나를 성폭행하고, 그때도 내가 누가 나를 먼지를 털어주거나, 일으켜 세워서 너 괜찮냐고 말 한마디 못하고 내가 먼지를 털고 일어서서 가는 불쌍한 나, 그러면서 내가 이렇게 누워서 뭐를 했냐 하면, 아, 눈물 날라 한다. 〈손등으로 눈물을 훔침〉

어, 누워서 〈울먹이면서〉 "니가 얼마나 힘들었느냐? 정말 힘들었겠구나! 병원 가자." 뭐 이런 거, "니 잘못이 아니다." 집단상담에서 따뜻한 말을 해주고, 그러니까 제가 "개를 보내야 할 것 같다."고 그러니까 선생님이 손잡고 "걔를 혼자서 보낼 수 있겠냐?"고, 그래서 혼자 보내면 걔가 가다가 도로 올 것 같고, 같이 보냈으면 좋겠다 〔고〕 하니 누워서, 아저씨가 그날 밤 가고, 사람들이 먼지를 털어 주고, "괜찮다! 니 잘못이 아니다." 그때 방에서 집단상담을 했었는데, 마루에 데리고 나와서, 계속 쓰다듬어 주고, 안아 주고, 거기에서 내가 대단한 치유의 경험 하고 나서, 더 자신감 많이 생기고.

그러니까 선생님이 말씀하시는 게, 개인적으로 치유의 경험을 책으로 해서 내면, 상담을 오지 않은 많은 여성들이 도움을 받을 수 있다, 아주 구구절절한 정말 너무나도 그런 힘든 과정을 극복하고 그러니까 예전하고 정확히 달라진 부분들이 너무 극명하게 나타나니까, 떨지 않고, 내가 1회 생존자 말하기 대회에 참가하기 꺼렸었는데… 지금은 말하게 됐고, 그 다음에 제가 이렇게 신문에도 생존자라고 밝히고, 텔레비전에 나가서 떨지 않고, 그래서 제가 그때 생존자 8명 집담(집단상담)하고 나서 너무 좋았어요. 일반 사람들하고 이런 걸 다 풀었었는데, 책을 내자고 합의를 봤는데, 논문은 내는 대로 내자, 논문은 부분적으로 질적 분석을 한 거고, 전체적으로 나와야 하는 부분들이 있어서…. 가해자는 그것을 가해라고 생각하지 않고 하는 부분들이, 생존자는 정말 돌 던져서 개구리 죽듯이 우리는 이렇게 힘들었었다, 여자는 이렇게 힘들다, 너희들이 장난 삼아 하는 행동들이, 얼마나 여성들이 힘들어하느냐, 말을 하지 않아도, 정말 그거를 보여 줄 필요가 있다고, 책을 내자고 합의를 보고.

성폭력상담소에서 그렇게 하는 걸 보니 감동적이었어요

생존자[6] 말하기 대회(2004. 12. 4)를 선생님(면접자) 만나고, 그 다음 다음 날 갔었어요. 첨에 그 생존자 말하기 대회[7]를 이제 간다라고 했을 때, 별로 부담이 크진 않았어요. 정말 정신없이 지내다가, 그때 말씀드렸나? 그 일하는 담당자하고 통화를 했었는데, 그때 담당자가 두 명이었는데, 한 명하고 통화를 했었는데, 그 사람이 내가 다른 사람하고 통화한 줄을 모르고 똑같은 이야기를 안내를 하려고. 전화가 왔어서 그 사람이 하는 말이, 조윤숙 씨, 저도 작년에 생존자 말하기 대회에 참석해서 참 좋았다고, 그래 선생님이 그래 하게 돼서 참 좋다고, 이렇게 얘기를 하니까, 안심이 탁 되더라고요. 안심이 되고, 좀 이렇게 가서 얘기하는데, 뿌듯하고 가슴이 막 설레고, 그래서 참 좋았어요.

생존자 말하기 대회를 참석하는데 참 설레고, 참 좋고, 그리고 그 성폭력상담소에서 같이 퇴장하고 싶은 사람, 그 다음에 꽃다발 받고 싶은 사람, 굉장히 그 한 사람을 배려하는 〔마음으로〕 그렇게 하더라고요. 성폭력상담소에서 그렇게 하는 걸 보니 감동적이었어요, 정말. 그 사람들은 행사는 정말 중요하지 않고, 그 사람이 상처를 받게 하지 않는 것, 그래서 마지막에 오겠다라고 많이 했는데, 마지막에는 〔참가자가〕 저까지 합쳐서 세 명만 말하기를 했대요.

근데 저도 단체에서 일하고 있고, 기획을 이렇게 〔하고〕 있는데, 막판에 안 오고 그러면 억수로 속상하잖아요. 같이 워크샵 다 하고, 하겠다 그랬는데. 그리고 행사가 많은 사람이 얘기를 하면 좋은데, 한 사람은 피아노를 친다 그러고, 한 사람은 시를 읽는다고

6 성폭력 피해자를 생존자라 부르는 이유는 그간 '피해자'란 말이 지닌 '약자의 이미지'에서 벗어나, 견디기 힘든 고통을 이겨 내고 살아남은 생존자로서, 자신의 삶을 만들어 가는 주체적인 존재로 다시 명명하기 위해서이다.

7 한국성폭력상담소 주최 '생존자 말하기 대회'는 2003년부터 매년 성폭력 피해 여성들을 위해 참가자들에게만 알려지고 장소 시간이 비공개로 개최된다. 생존자들이 아픈 상흔을 주저없이 말할 수 있도록 배려하기 위해 비공개 방식을 택했다. 외국에서는 15년 전부터 생존자들을 위한 '스피크 아웃 데이'라는 이름의 생존자 말하기 대회가 정기적으로 열리고 있다.

그러고, 그러니까 직업의식이 발동해서 내가 가는 게, 성폭력상담소에 굉장히 도움이 되겠다, '중요하네!' 〔생각했죠〕.

근데 나는 비도 막 오고, 이제 좀 늦었어요. 그러다가 좀 늦게 들어와서 기다려서 그거 딱 주고, 시작하기 조금 전에 아는 사람, 단체에서 오래 생활했었으니까, 아는 사람을 굉장히 많이 만났어요. 민우회[8] 활동하는 친구나, 옛날에 우리 회원이었던 친구나, 여성의전화 사람들이 많이. 나 말하기 대회 참석했다면서 인사하고, 그래가 딱 시작을 하는데, 앞에서 요가로 목 풀고 오프닝 멘트 하니까. 음악 틀고, "우린 살아 나가야 된다." 이렇게 할 때, 눈물이 핑 돌더라고요. 또 처음에 피아노 치고 얘기하고, 이런 부분에서 굉장히 눈물이 막 복받쳐서, 가슴도 다 아프고 그래서 나가서 얘기할 수 있을까, 내가 눈물이 〔나서〕 너무 걱정이 되더라고요. 그래서 옆에서 같이 온 그 선배 언니가 손도 잡아 주고, 어깨도 주물러 주고 이래서.

두 번째 얘기하는 사람이 그렇게 많이 울면서 얘기를 했어요. 너무 고통스럽게, 울면서 나와서 굉장히 울고, 그때 좀 안정이 돼서, 올라가서 저는 단상에 서서 얘기를 했었는데 다른 사람들이 이렇게 보고 읽더라고요. 글들을…. 다 피아노 치고 나서 읽고, 시인하고 나서 읽고, 이렇게 했는데, 저는 이제 읽을 문구를 들고 갔지만 읽는 거보다 감정을 전하는 게 차라리 〔나을 듯했어요〕. 주욱 그쪽에서 사람이 적으니까, 시간은 제한을 받지만 오래 해도 된다 그래서. 내가 그동안 성폭력 경험과 그걸 어떻게 해결했으며 치유 과정은 어떠했고, 그리고 성폭력 생존자들이 여기에 있다면 정말 치유 과정에서 상처 안 받고 치유했으면 좋겠다, 나는 상담사를 잘못 찾아가서 거기서 상처를 받았다, 반드시 상담을 할려면 여성주의 상

8 한국여성민우회. 여성으로서 받는 모든 억압과 무권리 상태에서 벗어나 정당한 자신의 권리를 주장하고, 하나의 주체로서 보다 나은 인간다운 삶을 살아가려는 여성들의 자발적인 참여 공간. 1987년 9월에 발족했다. 주부들의 경우는 공해추방 및 소비자 운동, 생활협동 운동, 여성 인권보호를 위한 활동, 교육 강좌 등이 있고, 사무직 여성들을 대상으로 한 여성노동상담실 운영, 남녀고용평등법 개정운동, 여성의 평생·평등노동권 확보를 위한 다양한 선전활동, 교육활동 등을 펼치고 있다.

담가에게 받고, 주위의 지지도 집담도 굉장히 필요하고, 또 〔나의 경우에는〕 주위 도움도 굉장히 많이 한 거고(받았고), 그리고 마지막에는 내가 지금 이렇게 지내는 게 대견스럽다, 그리고 제가 다른 거는 그냥 얘기하다가 집담에서 나를 보내는 작업, 집담에서 어린 시절을 위해서(그 부분에서) 굉장히 힘들었다, 털어 줄게 그러던 것이.

그날(생존자 말하기 대회 날)도 다른 때는 얘기할 때 괜찮았는데, 고 얘기할 때는 감정이 조금 북받치더라고요. 그래서 얘기를 딱 했는데, 얘기를 하면서도 내가 너무 자랑스러운 거예요. 이렇게 얘기를 많은 사람들한테 하고, 그리고 치유 과정을 함께 나누고 싶다고 얘기를 하고, 굉장히 뿌듯하고, 굉장히 기쁘다, 이렇게 탁 하고(말을 다 하고) 내려올 때, 그 대구에서 온 사람과 성폭력상담소 사람 따라 들어오면서 앉고, 그래갖고 참 좋았어요. 그리고 끝나고, 잠시 쉬는 시간에, 그 언니랑 밖에 나가서 이야기하면서 "언니, 내 말 괜찮았나? 이해가 되나?" 얘기하니까, "정말 잘했다."면서 그렇게 하고. 그렇게 하고 들어와서 그 듣기 참여자들이 즉석에서 말하기 신청을 해가 올라가 11시 반에 끝났어요. 굉장히 오래 했고, 중간에 공연도 하나 있었고, 끝나고 뒤풀이를 가는데….

축제 같은 분위기 있잖아요. 나를 위한 참여자와 행사 기획팀도 있고, 성폭력상담소에서 온 사람도 있고, 자원 활동가도 있고, 다 모였는데 하나같이 다 그 기획팀에서 일하시던 분도 생존자가 굉장히 많고, 그리고 작년에 '말하기 대회'에 참석했던 사람이 또 기획팀으로 일하고, 그러면서 '생존자 대회' 하고, 그런 식으로. 나중에 들어보니까, 생존자 한 명 한 명을 맡았더라고요. 그 사람을 계속 끝까지, 혼자 가면 뻘쭘 하고 상처받아서 이야기하기 힘들까 싶어서, 그래서 그 사람 끝까지 지원하는 관심 가지는, 그런 게 있

제1회 성폭력 생존자 말하기 대회 포스터

었더라고요. 그게 참 따뜻하고 좋았고, 또 끝나고 2주 후에 치유 2박, 그니까 그 사람들이 뭐냐 하면 이렇게 얘기를 해서 상처 안 받았으면 좋겠다, 힘들게 얘기하고, 그거 땜에 힘들까 봐 굉장히 염려하고, 2박 3일 치유 프로그램을 같이 갔으면 좋겠다 그래서, 나는 일정이 잡혀 있어 못 갈까 싶었는데, 다 소개를 하고, 전부 하나같이, 한 90퍼센트는 생존자인 것 같아요. 요번에 내가 얘기할라 그랬는데, 나는 꼭 얘기하겠다, 한국의 성폭력 생존자가 그렇게 많은 거는 첨 알았지만, 근데 왜 굉장히 지지받는 느낌, 함께하는 느낌, 그래서 참 좋았어요. 그날….

그래서 그날 놀다가 첫차 타고 내려오고, 갔다 와서 그 소감을 적었어요. 경험을, 컴퓨터로, 소감을.

그거를 좀 해서 주변의 생존자들하고, 주위에 보내려고 했는데 안타까워서 다시 감아도 생각 안 나고. 그래서 갔다 와서 주위에서 여성주의 집단상담을 하는 친구들이랑, 거기서도 생존자가 많아요. 여섯 명 하는데 네 명이 생존잔데, 그래서 제가 갔다 온 거 좋았던 거 얘기하고, 우리 내년에 대구에서 대구 생존자 말하기 대회를 하자, 그렇게 해서 다 좋다 그러고. 여기서 세 명 정도만 말을 해도 되니까, 그러면서 내년에 〔열자는 말을 했지요〕. 참 많이 생각나더라고요. 그 친구들이…. 말을 하지 않아도, 같이 듣기만 들어도 참 치유가 될 텐데, 이렇게 〔따뜻한〕 공간에서 성폭력을 얘기할 수 있다는 거, 그리고 여자들의 언어로 얘기하는 성폭력의 경험을 남성들은 의아해하고, "왜 울지 않으면서 얘기하냐?" 그러고, 은근히 추궁받는 느낌이 들었는데, 거기서는 그냥 한마디만 해도 "니가 참 아팠겠다, 힘들었겠다." 그런 공감들이 와서 굉장히 치유가 더 되고, 또 나의 치유에 대한 확신도 생기고, 그래서 참 좋아서 그래 생각이 많이 나더라, 내년엔 갔으면 좋겠다, 막 얘기를 하고.

에너지가 그쪽으로 다 꽂혀서

그리고 2주 후에 여성주의 상담 워크샵을 갔었는데, 스승이 제자들을 트레이닝을 시키는 거예요. 나가서 강의할 수 있는, 그런 교육을 시키는. 성폭력 파트가 나왔을 때는, 성폭력은 내가 전문가인데도, 경험도 있고 논문도 쓰고, 이렇게 하니까. 그리고 제가 지적인 것에 대한 그런 열등감이 있었거든요. 그러니까 말을 잘하고 싶고, 똑똑하고 싶고, 그런 거가 있었는데, 요번에 교육에서 내가 굉장히 똑똑하다는 확신을 얻었어요. 그래서 선생님하고 일대일로 공부할 때 항상 선생님이 나를 야단치셨거든요. 논리적으로 얘기하지 못한다, 감정이 섞여서 얘기를 하고 논리적으로 딱 얘기하지 못한다, 이 여선생님, 성격이 굉장히 반대로 여성적, 논리적이고, 정말 합리적이고 굉장히 딱딱한데, 나는 계속 희스스 하고 막 이렇게 얘기를 하니까, 선생님이 "그렇게 얘기를 해도 어떻게 논리적으로 설명을 할 수 없냐?"면서 공부를 더 해야 한다, 이렇게 얘기를 해서 굉장히 힘들었던, 내가 이렇게까지 모자라고 논리적이지 못한 인간인가, 이렇게까지 머리가 안 좋은 인간인가, 그리고 논문을 쓰면서 글이 안 풀릴 때, 내가 글도 못 쓰는 인간인가, 막 이런 열등감이 들었는데.

근데 생각을 해보니까 내 원인도 있지만, 내가 성폭력 피해자, 아니면 여자로서의 부당한 이런 거 때문에, 에너지가 그쪽으로 다 꽂혀서 공부할 에너지가 없는 거예요. 그러면서 나를 포장하는 에너지, 내가 그런 사람이 아니다라고, 이렇게 제가 91년도에 대학원에 다닐 때만 해도, 나의 있는 모습과 보여 주는 모습, 굉장히 차이가 컸어요. 그 성폭력 사건 얘기하지 않고, 괜찮은 인간인 척, '난 괜찮아.' 이렇게 하고, 그러면서 밖으로 좋은 사람이라고 해도 나는 하나도 충족이 안 되는 그런 기분을 느꼈기 때문에, 그걸 그렇게 에너지를 거기에 쓰는데, 어떻게 공부할 에너지가 되겠느냐고, 나를 인정하게 됐어요. 그러면서도 공부를 그렇게 안 해도 대학교 가고, 대학원도 두 개나 다닌 내가 적어도, 공부 잘해서도, 대학 하면 땡이고, 전업주부였는데. 난 끊임없이 공부하고, 끊임없이 자기에게 투자하고, 그게 참 나를 사랑하고 있었구나!

우리 아버지가 뭐라 하지는 않고 항상 이상하다는 메시지가, 그리고 어른들도 내가 순종적이지 않고, 존경하지 않으니까 싸가지 없이 막 구니까 버거워하고, 나를 싫어하고, 권력으로부터 나를 이렇게 치는 경험도 많이 당하고. 그런데도 나는 세상이 원하는 게 뭐고, 내가 원하는 게 뭔지 미친 듯이 [찾아]다녔던 거, 사랑과 인생과 세상이 정말 믿음이란 것을 알기 위해서 그때는 일주일 동안 무전여행도 가고, 막 그랬었거든요. 그럴 때 주위의 친구들이 내 보고 미쳤다고 했어요. 제정신이 아니고, 절대 가족도 돌보지 않고, 저렇게 찾으러 다니고, 정말 이해할 수 없다고. 옆에서 비난을 하고, 그때는 또 [아무도] 나를 이해 못한다고 상처를 받았던 기억이, 지금 와서 보니까, 내가 나를 찾기 위한 과정이고, 잘 찾아왔다, 그래서 인성이나 사람이 주위에서 주어지는 게 아니라 내가 나로부터 시작됐기 때문에 바닥에서부터 내가 올라온 거, 이건 온전히 내 거다, 참 장하다, 이렇게 계속 느껴지는 거예요. 요즘은.

그래서 2004년에 나의 영리함을 확인하는, 감정이나 나를 찾으면서 이때까지 에너지를 썼다면, 2005년도에는 더 학문적으로 성폭력이나 여성문제에 대해서 연구하고 더 고민하고 영어 공부도 좀 열심히 해서 학문적인 거와 운동, 그런 여성주의 상담과 반증과 이런 걸 통합하는, 그런 걸 해야 되겠다 [생각해요].

미쳤는지 살았는지 체력이 억수로 좋아서

시댁에서 같이 사니까 시어머니가 살림을 다 해주세요. 애가 1학년에 올라가려고 하니까 걱정이 되더라고요. 애 둘이가 어린이집 다닐 때에는 일주일에 막 열흘, 어떨 때 열흘, 서울에 갈 때 맡기고, 애가 이제 학교를 가야 되니까 그렇기도 하고, 그리고 집도 정리를 해서, 공부하는 데 돈이 많이 드니까, 집을 팔아서 그 돈으로 또 공부에, 너무나도 집중도를 갖고 싶고, 여러 가지 [이유]로 해서, 집을 팔려고 내놨는데 겨울에 또 집이 나갔어요. 싸게 팔았지만. 그렇게 해서 시댁에 들어가서 사니까, 시어머니가 저를 인제 들어오지 말라고, "니가 살림을 열심히 사나, 청소를 잘하나? 애들도 버겁고, 나도 힘들고 들어오지 말라."고 확 뭐라 멀리 하고, '난 들어가야 된다, 애들도 그렇고, 나도 그렇고 들어가야 된다.' [해서] 들어갔는데, 아파트에서 차도만 건너면 바로 학교예요. 그래서 시댁에 들어가서 사니까 참 편하잖아요. 새벽에 나와도 되고,

밤늦게 들어가도 되고, 교육 마음대로 와도 되고, 시어머니한테 미안하지만. 근데도 좀 잘해야 되는데, 제가 이렇게 할 수 있는 건, 집안일을 안 하기 때문에… 그냥 내 빨래만 빨지, 아침에 시어머니가 채려 주는 밥 먹고, 도시락 싸 오고, 저녁에 늦게 들어가고. 그리고 가을에는 되게 바빠서 계속 애들을 사무실에 데려가서, 사무실에서 계속 늦게 퇴근하고, 애들도 자고 새벽에 갈 때도 있고, 뭐 그땐 진짜 안 들어가는 날도 많았어요. 애들, 초등학교 1학년이 지하철 타고 오라고 하면 오거든요. 작은 놈은 그 앞에 어린이집 버스가 오니까 데리고 오고. 둘이서 데리고, 11시까지 사무실〔에서〕 일하고, 11시부터 논문을 새벽까지 쓰고 그랬어요.

미쳤는지 살았는지 체력이 억수로 좋아서, 애들 데리고 재워 가면서 그래 새벽에 일하고, 애들이 방학이니까, 또 요번에 내가 집을 비워도 어머니한테 부탁을 하고, 애들도 제가 양육을 하지 않는 거에 비하면 잘 컸어요. 근데 딴 사람들이 보면 상처가 보인다 얘기를 하는데, 그거야 내가 나중에 품어 주면 되는 거고.

그리고 첫째 변한 게 뭐냐 하면 애들이 너무 귀찮고 싫고 그런 거 있잖아요. 쟤들이 있어서 나를 옭아매지 않나, 쟤들만 없으면 내가 하늘로 날라 다니고, 유학도 가고, 서울도 가고 막, 내 맘대로 선택을 할 건데, 쟤들이 내 발목을 잡아서… 뭐 〔이런 생각에〕 걔들이 막 밉고 없어졌으면 좋겠다는 마음도 들고, 너무 버거워하고 그랬었거든요. 내가 저것들을 낳아서, 저것들을 어떻게 키우고, 잘 키울 자신도 없고 그랬는데, 어느 순간 서서히 가을부터는 갑자기 애들이 예뻐 보이고, 그리고 또 요번에 마음이 굉장히 평화로워지는 경험을 겪고 나서는, 신기하게 애가 사무실에서 떼를 쓰면 안 되잖아요. 사람들이 일을 하는데 떼를 쓰고, 작은 놈이 떼를 많이 써요.

그러면은 걔를 내가 감당이 안 되니까, 말을 해도 안 되니까, 구석에 데려가 협박을 했어요. "다음부터 사무실에 안 데꼬 오고, 너 혼자 집에 있을 줄 알아라. 할래 안 할래?" 애가 겁나서 안 할 텐데, 어제 아침에 제가 하도 정신이 없고, 잠도 못 자고, 서울은 와야 되는데, 일은 많고, 안 끝나고, 이런데 애가 막 장난감 사 달라고 떼를 쓰고, '엄마, 거기 장난감을 사러 가고 싶은데, 지금 장난감을 사러 가자느니, 빨리 나가자느니 〔하니까〕' 너무너무 미안해가지고 교육실에 데려가서, '진짜 미안한데 엄마가 일이 끝나고 가야 되고, 장난감은 며칠 후에 집에 가야 살 수 있고, 문을 닫았을 수도 있고, 진짜 미안한데 며칠만 정말 기다려 줬으면 좋겠다.' 그러면서 안고 얘기했더니, 아가 금방 풀더라고요.

생존자 치유와 성폭력 없는 세상 만들기

3·8 〔세계〕여성대회[9] 때, 생존자 말하기 참가자들이 그 디딤돌상을 받게 된 건데, 상을 받으러 갔었어요. 성폭력상담소에서 전화가 왔더라고예. '여기로 올 수 있냐' 고. 상 탄 사람들 연락 다 했나 봐요. 그래서 당연히 대구에서 활동을 하니까 대구에서 차를 맞춰서 가는데, 그래서 올라가서 상 받는 부분에 대해서 얘기를 하다가, 그럼 생각을 해보겠다라고.

저는 올라갈 때도 내가 거기에 여성단체 사람들도 다 오고, 언론이 오긴 했지만, 지나가는 남자들이 앉아 있는 것도 아니고, 이해해 줄 만한 사람들이라고 생각했기 때문에, 그렇게 해줄 사람, 저는 그 생존자 말하기에 참여했던 사람들 중에 하나고, 근데 나의

9 세계여성의 날은 미국에서 1857년과 1908년 3월 8일 여성의 지위 향상을 위해 여성노동자들이 시위한 뜻을 기념하기 위해 독일의 노동운동가 클라라 제트긴이 제창하여 1910년 3월 8일 처음으로 시작되었다. 유엔은 세계여성의 해였던 1975년부터 이날을 국제기념일로 선포하였고, 중국·러시아 등 일부 국가에서는 이날을 공식 휴일로 지정하였다. 우리나라에서는 1920년대 진보적인 여성들이 세계여성의 날 기념대회를 하기도 했으나 그 후 중단되었다가, 1985년부터 매년 기념행사가 열리고 있다.

치유는 여러분들의 자매애, 동지애로 된 거 같고, 앞으로 생존자 치유와 성폭력 없는 세상을 만들기에 열심히 운동할 거라고, 그리고 "여성의전화 조윤숙입니다."까지 얘기했어요. 그리고 저는 사람들의 반응이, 생존자 말하기 대회 땐 사람들의 반응이 굉장히 지지적이잖아요. 근데 얘기를 하고 나서 제가 생각해도 답답한 거예요. 사람들이 상을 받았는데 축하한다가 아니고, 외면한다는 느낌이 들더라고요. 그래가지고, '이 느낌이 뭘까?' 왠지 사람들이 나를 좀, 그러니까 제가 좀 전국 여성단체에 아는 사람들이 많잖아요.

여성의전화도 여연(한국여성단체연합)에도 아는 사람 많고. 거리에서 만나니까, 왠지 거기에 대해서 언급을 회피하는 듯한, 그런 모습에 놀랐어요. 한편으로는 보수적인 사람들이 여성단체라고 해서 다 성적으로 개방적이지는 않다, 한편으로는 저 여자가 성폭력을 당하고도 저기 올라가서 저렇게 이야기하고, 저 여자가 제정신이 아니다, 이렇게 생각할 수도 있겠다. 내 맘 같지 않게. 한편으

2005 여성의 날 행사

로는 무슨 마음인지 나도 모르겠다.

대구에 와서 물었어요, 같은 단체 사람들한테. 그때는 괜찮았는데 왜 눈물이 나지. 〈눈물을 흘리면서〉 이게 내 느낌인지, 뭔가 정상적이지 않다, 왠지 좀 이상하다. 그러니까 막상 성폭력 얘기를 할 때 아웃사이더가 되는 느낌이 들어요.

2005년 디딤돌 수상 사진(왼쪽에서 두 번째)

집담 리더 할 기회가 많아서

그렇게 얘기하고 여성상담소 선생님이랑 집담 리더 때문에 얘기를 했었는데, 제가 올해에는 집담 리더 할 기회가 많이 생겨서, 그 선생님이 춘해대 학생, 대학생들 거기서 수업 때 이론을 가르치고 실습을 하는데, 이론을 선생님이 가르치고 실습을 1박 2일 동안, 3박 4일이니까 음, 그거를 할 수 있겠냐고 그래서, 그렇게 잘할 자신은 없지만 할 수 있을 것 같다고 그러니까, 선생님이 그 학교에다가 추천을 해서 그렇게 하기로 했어요. 그리고 4월 말에, 생존자 미술치료 집단상담에 선생님은 리더 하시고 저는 코리더 하고, 그렇게 하기로 했고, 3월 말부터는 탈성매매 여성들 집회에 집단상담, 두 명이 공동해서, 굉장히 좀… 옛날에는 제가 집단상담을 다녔다면, 또 리더로 해야 되고 부담도 되고, 그리고 2월달에 그… 여성주의 선생님이 집단상담을 했었는데, 그때 선생님이 꿈을 꿨다고 저를 아침에 부르더라고요. "집단상담 중에서, 꿈을 꿨는데, 윤숙 씨가 내면으로 더 들어가야 될 것 같다." 내면으로 들어간 경험을 얘기해서 다른 사람들도 집단상담을 잘할 수 있을 것 같다고.

흔쾌히 맡기시겠다고 그렇게 얘기를…. 생각해 보니까 이런저런 집단상담 때문에 근황을 보고를 하다가, 그래 그만 3·8 때 디딤돌상을 받았고, 사람들의 반응이 너무 놀랍다, 상처가 되었다고 얘기하니까, 기분이….

"사람들이 놀라서 그럴 수가 있다. 그니까 여성단체라고 다 성폭력에 대해서 100퍼센트 통념을 안 가지고 있는 부분은 아니다. 윤숙 씨처럼 치유받기란 어렵다." 근데 지금 저는 내 잘못이 아니라는 생각이 99퍼센트 드는 거예요.

우리나라 문화가 여성단체에서도 그런데, 다른 데서는 정말 오죽하겠냐, 그래서 99퍼센트 내 잘못이 아니다라는 이런 생각 때문에, 그렇게 3·8 때 얘기도 했고. 그리고 3·8 때 얘기를 하고 나서 서울에 있는 언니한테〔서〕 전화가 와서, 생존자가 말을 하는데 모자이크 처리해야 되는지 그냥 내보내야 되는지 고민을 하더라, 그래서 그 얘기를 듣고 "나는 니를 아니까, 니한테 전화를 하는 거다." "내가 뭐 거기에 올라가서 얘기한 거는 공개해도 된다는 거지, 괜찮다."고 그러니까, "그래 알았다."고 그렇게 전하겠다고 전화가 오고, 뭐 그러니까 대부분 그게 당연하지요. 그러니까 옛날에 그 일을 겪고, 굉장히 힘들어했던 막… 거기에 대해서 이 상태면 못할 것 같다, 나 죽을 것 같다 〔그런 것도 아니고〕.

남자들은 모른다, 얼마나 고통스러워 하는지

10 공통의 과제를 이루려고 다양한 단체들이 힘을 모아 연대해 나가는 모임.

성매매 연대체[10] 꾸렸을 때 제가 담당했었는데, 그걸 공동기획 마지막으로 하면서, 그 글을 써 달라고 그러더라고요. "선생님께

연대체 꾸릴 때 성과 어려웠던 점[을]" 글[로] 써 달라고 그래서 처음부터 공동제작 때부터, 그 사람이 나에게 첫 글은 선생님(구술자를 지칭)이 써 주는 게 어떻겠냐고 그래서, 제가 다른 사람이 썼으면 좋겠다라고 얘기했는데, 만약에 내가 글을 쓴다면 나의 경험을 얘기할 수 있겠다는 생각이 들더라고요. 그래서 마지막에 글을 쓸 때, '남자들은 모른다, 얼마나 고통스러워하는지, 성매매 여성들, 나는 성폭력 생존자인데 이렇게 힘들었는데 성매매 여성들은 더 심하다.' 이렇게 시민단체 사람들이 많이 볼 건데 여파가 있겠구만 이렇게 생각이 들었어요.

그리고 회지에도 생존자 말하기 대회에 참여하고 나서, 지금 보니까 글을 너무 못 써서, 제 아는 언니가 "내용은 좋은데 글이 왜 이러냐." 그렇게 하고, 회지를 보냈는데.

우리 언니도 우리 오빠도 회원인데, 언니 오빠는 내가 얘기하는 걸 보면 놀랄 것이다, [명단을] 못 찾겠더라구요. '보면 보고 말면 말고' 그렇게 했고.

저는 원래 가족들만 괜찮으면, 그거는 제가 감당해야 될 것 같아요. 왜냐하면 이렇게 얘기를 하는 게 나도 더 치유가 되고, 그리고 다른 여성들도 많이 치유가 될 것 같아요. 그건 괜찮아요. 근데 저는 가족들, 그니까 엄마 아빠나 남편도 그렇고. 제일 맘이 쓰이는 [사람은] 엄마 아빠가 맘이 쓰이고, 엄마 아빠는 여성학이나 이런 쪽으로 별로 [관심이 없으시니까].

그러고 텔레비전에 딴 거 때문에 토론회를 나가는 거면 좋아하시고, 성폭력 생존자라고 나가면, 그거는 싫어하시지. 지금 제가 하는 분야가 별로 부모님들한테 상처가 안 되는 분야기 때문에. 또 모르죠. 회지가 많이 홍보되어서 대구에 "딸이 성폭력 생존자라고" 하면, 그건 또 부모님이 감당해야 하는 부분이고.

저번에 그 학회지에 제 사례가 나갔는데, 선생님한테 실명으로 나가도 된다고 했는데, "너무 늦어서 지금〔은〕 실명으로 할 상황이 아니다." 〔그래서〕 그냥 나가기로 했는데.

그리고 우리 여성지에 있는 여선생님이 성폭력에 대해서 내년쯤에 책을 한 권, 실제적으로 성폭력 생존자들의 치유에 도움이 되는 책을, 저와 그리고 다른 생존자가 요번에 논문 쓴다고 연구로 집단상담을 따로 선택하거든요. 여성 생존자 같이 내면… 그 책을 낼 때도 생존자가 같이 해야 되는데, 내가 생존자고 그 책을 낸다고 밝히고 책을 내고. 평화뉴스[11]에 제가 인터뷰(기사), 거기 보면 글이 있거든요. 한번 보세요.

저는 여성의전화 사무국장 하고 있고, 그리고 가정폭력상담소장도 겸임하는데, 일단 계속 그런 여성운동을 계속 죽을 때까지 할 것 같은, 내가 여성 상담자가 되던지, 지역운동가가 되던지, 여러 가지 〔다른 일을 하든지〕….

성매매피해 여성의 고통을 아십니까?

"요즈음 많이 바빠서요. 뜻에는 동참하지만 열심히 활동하기는 어려울 것 같아요."

"많이 바쁘시죠? 근데 탄핵무효운동 때도 바쁘시지 않았습니까? 언제 시민단체가 한가할 때가 있습니까?"

'성매매 없는 사회를 위한 대구시민연대'를 결성할 때 한 시민단체 활동가와의 대화 내용이다. 단체에서 제일 바쁜 시기인 11월에 연대 결성을 제안하였기에 그러한 반응이 무리는 아니라고 생각되지만, 성매

11 조윤숙, 「성매매 피해 여성의 고통을 아십니까」 (평화뉴스 2005. 3. 13)

매 근절에 대해서 얼마나 마음을 내고 있는가 하는 생각이 들었다.

인권과 평화와 진보를 고민하는 친구와 성매매에 대한 이야기를 하다가 대뜸 그 친구는 "성매매 걱정하지 마라! 나는 사고 싶어도 돈이 없어서 절대 살 일이 없으니 말야!" 하고 이야기를 하였다. 평소에 그렇게 인권을 외치던 친구가 이런 발언을 하다니? 그럼 그 친구는 인권을 이야기할 때 여성의 인권은 배제한 남자의 인권만을 중요하다고 생각했다는 말인가?

내가 "살인에 대해서는 걱정을 하지 마! 나는 사람들을 죽이고 싶어도 칼 살 돈이 없어서 못 죽이니까 살인에 대해서 절대 걱정하지 마!"라고 했을 때 그 친구는 어떻게 그런 말을 하느냐면서 매우 놀라는 반응을 보였다. 사람을 때리고 죽이는 것만 폭력인가?

성매매가 아무리 범죄라고 외쳐도 사람들은 왜 모르는 걸까?

가정폭력이 아무리 범죄라고 외쳐도 부부싸움이라고 생각하는 변하지 않는 의식과, 성매매가 아무리 범죄라고 외쳐도 남자들의 성욕을 위해서는 사회의 '필요악'이라고 여전히 생각하는 의식을 어떻게 바꿀 수 있을까?

성폭력특별법, 가정폭력방지법, 성매매방지법 등 여성 관련 법들의 제정에 대해서는 다른 나라들이 부러워할 만큼 잘되어 있다. 전태일 열사가 죽으면서 외치던 말이 '근로기준법을 제정하라.'가 아니고 '근로기준법을 제대로 시행하라.'였지 않았던가? 법이 아무리 잘 만들어졌다 하더라도 시민들의 의식이 바뀌지 않는 한 법이 제대로 시행되기는 어려울 것이다.

나는 성폭력 생존자이다. 나는 피해자임에도 불구하고 사회의 잘못된 성문화의 이데올로기에서 힘든 치유과정을 겪었다. 남자들은 내가 성폭력 생존자라고 이야기하면 두 가지 반응이다. "왜 울면서 이야기 하지 않느냐?" 또는 "그래서 그렇게 피해의식이 많으냐?"이다.

길거리에 가다가 소매치기를 당하거나 집에 도둑이 들어오면 주위에 다 이야기를 한다. 그러나 유독 여성에게 가해지는 폭력은 여성들이 입을 다물게 하는 사회이다. 왜 그런가? 여성 폭력에 대해서는 여성들이 폭력의 원인을 제공했다고 하는 '피해자 유발론'이 있다. 폭력을 행한 자는 쏙 빠지고 '저 여자에게 뭔가 잘못이 있을 거야.' 생각을 하니 많은 여성들이 폭력의 피해를 당하고도 입을 열지 못한다.

성매매 피해여성의 삶을 듣고 성매매 여성들이 당하는 고통과 폭력이 그대로 나의 몸을 엄습해 와서 나는 하루 종일 몸살을 앓았다. 신체적, 성적 학대의 경험을 가진 성인 여성의 심각도는 38.6인 데 비해 성매매 피해여성들의 '외상 후 스트레스 장애' 심각도는 59.37로서 베트남 참전군인의 심각도 50.6에 비해 더 높을 정도로 성매매 피해여성들은 큰 고통 속에서 살아가고 있는 것이다. 폭력은 기본이고 살인에까지 노출되어 있는 성매매 피해여성들의 삶이 어떠한지를 조금이라도 알면 "성매매는 필요악이다." "성매매 피해여성들은 그 직업을 원해서 하는 거다."라는 말은 할 수가 없을 것이다.

성매매 근절은 여성만의 문제가 아니라 시민사회단체가 함께 앞장설 문제라고 생각되어 대구경북여성단체연합에서 '성매매 없는 사회를 위한 대구시민연대'를 제안하여 대구지역의 34개 시민사회단체로 구성되어 작년 12월 1일 발대식과 캠페인을 가졌다. 8회의 운영위원회 회의와 1회의 대표자 회의를 가졌으며, 작년 12월 28일 캠페인과 올해 1월 26일 성업지역의 현장방문 캠페인, 2월 21일 대구지하철노조와 함께 '성매매 없는 대구 만들기' 현판식과 캠페인을 하였다.

시민사회단체의 성매매에 대한 오해와 진실을 이야기하고 의식을 전환시키고자 하는 NGO 교육을 제안하였는데 여성단체만 교육을 하였을 뿐 다른 시민사회단체의 반응은 없었다.

의식을 변화시키기 위해서 언론의 역할이 중요하다고 생각되어 언론에 릴레이 기고를 하기로 하였는데 〈평화뉴스〉가 흔쾌히 뜻에 동의하여 공동기획을 하였다. 연대에 참여하고 있는 대표와 활동가들 10명이 성매매에 관한 글을 적어 12월부터 2월까지 총 10회에 걸쳐 〈평화뉴스〉에 실렸다.

성매매 없는 사회를 위해서는 성매매가 근절될 때까지 연대를 지속해야 하겠지만 성매매방지법이 제정된 3월 22일에 해단식을 하기로 하였다.

나는 여성운동을 하면서 우리나라의 이중적이고 남성 중심적인 성문화에 접하면 앞도 뒤도 꽉 막혀 버리는 기분이 들 때가 한두 번이 아니다. 우리나라의 잘못된 성문화가 바로잡혀지지 않는다면 우리뿐만 아니라 우리의 아들과 딸들이 왜곡된 성문화를 그대로 답습하여 행복한 삶을 누리기 힘들 것이다. 우리 모두 평화의 민감성을 확장시켜 평등하고 행복한 세상을 위하여 다 함께 노력하여야 할 것이다.

(평화뉴스 2005. 3. 13)

그때는 안 하겠다는 사람들이 지금은 또 오고

나는…, 그리고 문화가 바뀌진 게 뭐냐면 제 논문 쓸 때는 사람들을 겨우 모았거든요. 우리가 공개를 해서 여성의전화에서 생존자 집단상담 한다고 그러고 안 와요. 그 사람들이, 성폭력 피해자가 있는데. 요번에는 4월달에 집담에 사람이 많아서 잘랐어요. 그때는 안 하겠다는 사람들이 지금은 또 오고, 막 이렇게. 성폭력도 확산이 되니까, 그렇게 집단상담에 오는 거는 대단한 용기거든요.

많은 사람들 앞에서 〔얘기〕한다는 것 때문에, 웬만한 힘(용기)이 없으면 못하는 건데, 그래서 그런 문화가 참 좋은 거 같아서, 대구에서 생존자 말하기 대회에, 올해 하기로 했었고, 여성의전화 사업으로 했고 얘기할 사람 정말 많고….

반공 이데올로기보다도 강한 게 여성의 순결 정조 이데올로기라서

저는 사회 성문화, 일단 거시적으로 성문화가 너무나도 저 운동하면서도 평화뉴스에도 썼는데, 성 얘기가 나오면, 앞쪽에서 딱 막혀 버려서 옴짝달싹도 할 수 없다는 생각이 막 들어요. 사람들의 의식이 너무나 투철해서, 반공 이데올로기보다도 더 강한 게 여성의 순결 정조 이데올로기라서, 이게 몸에 그대로 막 체화돼서 사람들이 그래서 성폭력 이런 거를 정확히 정말 피해자[를] 비난[의] 눈으로 보는 게. 그리고 저도 그렇게 완전히 극복했다고 할 수 없을 거 같고, 피해자를 비난의 눈으로 보는 문화, 아직도 성폭력을 남자들이 정말 가볍게 생각하는, 장난으로 막 하는 거. 그리고 피해자는 그게 힘들어서 정말, 그 생애를 차지하는데. 남자들은 가벼운 호기심이나 아니면 자기 분노 표출 이렇게, 피해자만 벗어나지 못하는 거, 그게 또 피해자들이 그 피해를 얘기를 안 하니까, 남자들이 몰라서 그런 경우들[도 있을 테고요]. 상호작용으로 물려 들어가는, 남자들이 자기들이 폭력 피해자가 되지 않기 위해서, 여자들의 입을 막아 버리는 그런 경우도 있고, 피해 여성들이 힘들게 입을 열면, 지지가 잘 들어야 되는데(그들의 아픔을 이해하고 어루만져 줘야 하는데), 그니까 문화가 남성 중심적인 성문화라서 평등한 문화로 바꾸는 게, 굉장히 운동을 열심히 하지만, 너무나도 벽을 느끼는 [현실이죠]. 그리고 인권을 외치고 평화를 외치고, 의식이 진보했다는 남성들이

'밀양 성폭행 사건'에 대한 경찰의 철저한 재수사를 촉구하는 촛불집회 (2005. 1. 12)

성에는 보수적인, 운동권 내에서도 성폭력이 많잖아요.

그건 남자들의 인권이지

일단 남자들이 범죄라고 생각하지 않는 것 같고요. 그게 정말 나쁜 거라고 생각하지 않는 것 같고, 그리고 인권, 진보 이런 데에 여성이 안 들어간 거 같아요. 인권을 그렇게 외치는 사람이 어떻게 여성들의, 성매매 여성들의 인권은 그렇게 [외면]하는 건지. 그러면 그 사람들의 인권은 모든 소수자나 약자들을 아우르는 인권이 아니잖아요. 그건 남자들의 인권이지. 그리고 그 사람이 악의가 없이 [하는 말이나 행동 때문에도] 제2의 피해자가 발생하는데, 악의가 없지만. 우리도, 저도 여성운동 하면서 내 안에 가부장성을 보고 깜짝깜짝 놀랄 때가 있는데, 그런 것처럼, 그냥 깨어서 생각하지 않으면, 그리고 그거를 누가 이렇게 쥐어서(짚어서) 얘기해 주지 않으면, 그대로 [가부장적] 문화를 답습하게 되는, 그런 것 같아요. 의식 전환 교육도 중요하고, 자꾸 외쳐야 될 것 같애. 그래 자꾸 외쳐도 안 되는 부분이 여성의 폭력에 대한 부분인 것 같아요.

굉장히 보수적입니다. 정말 대구에서 여성운동, 시민운동 하기도 [어렵지만] 여성운동 하기 더 어려운 것 같아요. 〈웃음〉 세게 나가도 남자들하고 얘기를 해도, 아유, 이제 얘기할 때도, 조크를 주면, [남자들은] "피해의식이다."라고 하면, 피해를 받았으니까, 피해의식[을 갖는 것]은 당연한 거거든. 당연한 거라고. 제가 생존자라고 떠들지는 않지만, 평화뉴스에 나갔으니까.

저희들이 회원들, 이제 교육을 하다 보면, 성폭력 교육 다 끝나고, 통념, 가치관 있잖아요. 그니까 같은 여성이라도 성폭력 여성을 바라보는 통념들이 바뀌어지지 않은 부분들이 많더라고요. 아들을 가진 엄마들, 굉장히 놀란 때가 있었는데. 교육하다가 어떤 엄마가 "나는 아들이 둘인데, 만약에 남자들이 여자들 끝까지 반항하면 그걸 못한다. 어떻게 그걸 할 수 있냐?"고 그렇게 얘기를 하더라고요. 다들 그렇게 믿고 있죠. '어떻게 저런 생각을 할 수 있을까.' 아무리 성폭력 경험이 없다고 해도 [이해할 수 없죠].

그러니까 결혼생활 내에서도 여자가 섹스를 안 하겠다고 그래도 남자가 강제로 힘을 가하면 할 수 있는데, 남자들의 성폭력이란 게 얼마나 강제적인, 그 정신적 신체적 위협이 있는데, 저 사람이 저렇게 묻고 있을까. 그리고 또 굉장히 여성주의 교육을 하면 여성들이 반발을 많이 해요. 너무 여성, 여성 한다[는 거죠]. 여성의전화는, 개인하고 환경이 중요하다 이렇게 얘기하면, 개인만 잘되면 환경이 뭐 중요하냐, 이렇게 얘기하시는 분들도 있고. 무슨(어떤) 남성분들은 [그렇게] 생각할 수도 있겠다, 지금 상태에서는… 그렇게 생각하는데. 그런데 여성분들이 저는 성이 많이 개방됐으면 좋겠어요. 그러니 이게 그러니까 제가 왜 저번에도 말씀드렸는데 여성사 공부를 하다 보니까 조선 중기에 가지고 있는 이데올로기를 계속 여성들이 가지고 있는 거예요. 저도 그렇고.

여성들이 자기를 더 많이 사랑했으면

성에 대한 게 어쩌면 [그렇게] 변한 게 없는지. 그래가지고 전 성폭력이 없어지고, 성매매가 없어지려면, 여성들이 성적 억압을 시키지 말고, 정말 자연스럽게 드러내 놓고 얘기하고… 그니까 남자들은 성에 대해서 자연스럽게 얘기하는데… 여자들은 너무 억압시키는 분위기기 때문에, 오히려 그게 더 잘못됐기 때문에, 전 여자들도….

지금 전 후회되는 게 뭐냐면, 그런 이데올로기가 없었으면 제가 선택했을 거예요. 자유롭게. 내가 선택했을 건데, 내가 선택하지 않고 억압적으로 선택을 강요당한 거죠. 여성들이 자기가 선택했으면 좋겠어요. 이데올로기 말고, 제도권 이런 거 신경 쓰지 말고, '니가 정말 뭘 원하느냐?'〔를 들여다보았으면 해요〕. 여성들을 옭아매는 그런 제도가 아니고, 좀 프리하게(자유롭게) 했으면 좋겠고, 그러면 성폭력, 성매매가 없어질 것 같아요. 그런 생각이 들어요.

그게 막 나가는 성이 아니라 자기를 책임질 수 있게끔 하는 상태에서는, 자기가 원하는 대로 했으면 좋겠다〔라는 생각이 들어요〕. 제도가 아니라. 그러고 또 그런 여성이, 여성을 바라보는 통념들, 그런 것들이 많이 변했으면 좋겠고. 여성들이 또 자기를 더 많이 사랑했으면 좋겠어요.

질문지

인.적.사.항.

가족관계

- 가족관계(부모, 형제자매)
- 유년 시절의 추억
- 집안 분위기

교육

- 학창 시절(학교생활, 이성 문제 등)
- 사춘기 시절 특히 힘들었던 점
- 대학 생활

성.폭.력. 경.험. 이.야.기.

성폭력 경험

- 성폭력 경험의 전후 이야기
- 성폭력 경험 후 부모의 대응
- 성폭력 경험이 미친 성격 및 심리적 변화
- 성폭력 경험 후 남성에 대한 생각

결혼

- 연애에서 결혼까지
- 순결 이데올로기에 얽매였던 연애 시절 이야기
- 일과 육아

성.폭.력.경.험.의. 커.밍.아.웃.과. 치.유.과.정.

여성단체에서 활동하며

- 여성학과 대학원에 진학하게 된 계기
- 여성학을 접한 후 의식의 변화
- 여성단체에서 활동하게 된 계기
- 여성단체에서의 활동 내용(주로 담당했던 업무)

커밍아웃

- 주변 사람들에게 성폭력 생존자임을 처음 말한 시기
- 커밍아웃 후 사람들과의 관계 변화

치유

- 성폭력 경험의 치유 과정(구체적으로)
- 상담을 통한 치유 과정
- 치유 과정에서 일어난 삶의 변화
- 가족과의 관계를 어떻게 풀어 가고 있나

앞.으.로. 삶.의. 계.획.

- 성폭력 생존자 말하기 대회를 다녀 온 후의 소감
- 실제 현장에서 피해여성의 집단상담을 통해 느낀 점
- 여성주의 상담가로서의 삶에 대해(왜 여성주의 상담이어야 하는가)
- 성폭력 경험자들에게 들려주고 싶은 말
- 한국 사회의 성 규범, 성문화에 대한 견해

성폭력 경험의 치유

이번 『한국여성인물사 3』을 위한 정기 세미나를 진행하며 1980년 이후 현재까지 여성의 변화된 삶을 보여 주는 데 있어, 무엇보다도 성폭력 경험을 밖으로 드러내기 시작한 것이 중요한 변화라는 데 연구팀 모두가 의견을 같이했다. 그리하여 처음 계획한 성매매 경험자 섭외에서 성폭력 경험을 드러낸 여성을 구술 대상자로 찾기 시작했다. 하지만 매스컴을 통해 보도된 사례가 아니라면 과연 자신의 성폭력 경험을 구술해 줄 여성이 있을까? 또 그런 대상자를 어디에서 섭외해야 하나? 하는 과제들이 눈앞에 떨어졌다. 과연 쉼터나 관련 기관의 도움을 받는다는 것은 처음부터 어려웠다. 경험의 성격 탓에 대상자가 있더라도 기관의 장들은 그들을 나에게 소개하는 것을 꺼렸다.

구술자 섭외 때문에 고민하던 중 정말 우연히 여성신문에 난 아주 짧은 기사를 읽게 되었다. '대구여성의전화' 사무총장으로 있는 조윤숙에 대한 인물 기사였다. 그녀가 성폭력 생존자라는 것이다. 여성신문의 기사 한 줄을 가지고 대구여성의전화에 문의해 연락처를 알았고, 드디어 조윤숙과 전화 통화를 할 수 있었다.

나는 그녀에게 연구 취지를 설명하고 구술 제의를 했다. 구술 허락을 받기가 쉽지 않을 거라는 걱정과는 달리 그녀는 흔쾌히 허락해 주었다. 조금은 뜻밖이었지만, 이 의문은 구술 과정에서 풀리게 되었다. 그녀는 본래 활발하고 밝은 성격을 지니고 있었다. 그러나 그런 성격이 성폭력 경험으로 인해 많이 억압되어 가려져 있었음을 알 수 있었다.

조윤숙에 대한 정보가 많지 않아 고민하던 참에, 첫 인터뷰를 끝낸 후 나는 성폭력 생존자에 대한 잘못된 편견을 수정해야만 했다. 성폭력 경험이 있는 여성은 어딘가 움츠러들어 있고 피해의식에 사로잡혀 뭔가 다를 거라고 생각했던 것이다. 아니 좀더 솔직히 말하면 그녀들과 그렇지 않은 여성들과 뭔가 구분되는 점이 있을 거라는 느낌이 있었다.

하지만 나는 조윤숙과의 세 차례 구술 작업을 통해 여성 인물을 연구하는 연구자로서의 내 자세에 대해 심각하게 반성하지 않을 수 없었다. 특히 여성 인물의 생애사를 연구하면서 구술 대상자들을 나도 모르게 특별한 경험을 가진 여성으로 여기면서 연구하고 있는 것은 아닌가 하는 생각을 했다. 우리 연구의 목적 역시 우리 주변의 삶 속에서 늘 함께하는 여성의 목소리를 재현하는 것인데, 나 스스로가 구술 대상자에게 특별한 의미를 부여하며 뭔가 다른 존재로 만들어 가는 것이 아닌가 싶었다.

그녀가 성폭력 상처를 치유하는 과정을 눈물 섞인 목소리로 구술할 때는 나도 모르게 피부에 돋는 소름과 전율을 느끼며 강한 연민과 분노로 마음이 진정되지 않았다. 길고 긴 시간을 성폭력으로 받은 상처 때문에 고통받고, 자신을 억압하며 살아왔을 구술자의 마음이 어느새 나에게도 전해지는 것 같았다.

어린 시절 너무나 가부장적이었던 아버지, 끊임없이 여성다움을 강요하는 어머니, 형제들 간의 관계 속에서 그녀는 끊임없이 사랑이 부족했음을 말한다. 이런 마음은 기억하고 싶지도 않은 초등학교 6학년 때 성폭력 경험을 구술하면서 더 자주 표현되었다.

그녀는 구술 과정에서 기억해 내는 것만으로도 고통인 성폭력의 경험을 비교적 차분하게 구술해 주었다. 특히 사춘기 시절 남성을 향한 무조건적인 증오심과 분노로 괴로웠으며, 대학시절 남자친구와 사귀면서도 순결 이데올로기로 인해 한없이 움츠러들었던 자신의 모습을 구술할 때는 그녀가 방황했을 많은 순간이 머릿속에 그려지곤 했다.

하지만 그녀는 좌절과 방황에 머물지 않고 자신을 치유하기 위해 적극적으로 방법을 모색했기에 용기 있고 현명한 여성으로 우리에게 다

가왔다. 수많은 시간 동안 우울증과 대인 기피증에 시달리다 상담 치료까지 받으면서 그녀가 해결하고 싶었던 것은 무엇일까? 그녀는 가족과 주위 사람들 누구에게서도 위로받지 못하고 늘 자신을 억압하며 죄인처럼 살아왔던 삶을 더 이상 지속하고 싶지 않았을 것이다. 그리고 더 이상 자신의 탓이 아니었음을 알고 싶었을 것이다. 또한 본래의 자신을 찾고자 했을 것이다.

그녀는 자신과 같은 성폭력 생존자들의 치유를 위해 대학원에서 집단상담을 전공했고, 이를 바탕으로 여성주의 상담사의 길을 가고자 하는 포부를 가지고 있다. 지역에서 성폭력 생존자를 위한 집단상담을 해나가면서 "이렇게 대한민국에 성폭력 생존자들이 많은지 몰랐다."는 그녀의 말 속에는 씁쓸함이 묻어났다. 또한 우리나라에서는 반공 이데올로기보다 순결 이데올로기가 더 무섭다며 구술을 마무리하던 그녀의 모습이 자꾸 내 머릿속을 맴돈다.

박선애

한부모 여성

박선남

초기에 한부모로서 어려웠던 점은 당연히 양육 문제죠. 왜냐면 아이는 어리고 그렇다고 어디 뭐 하나, 예를 들어서, 아이가 아프다 그러면은 내가 회사를 때려치고 와가지고 조퇴를 하든지 해서 이 애를 어떻게 해야 되잖아요. 그거를 어떻게 해줄 수 있는 게 없어가지고, 어린이집에다가 하는(맡기는) 것도 한두 번이고, 한창 자랄 때, 아이가 어릴 때는 힘들더라구요.

●— 약력

1961년.. 전북 고창 홍덕 출생

1970년.. 서울 상경

1976년.. 고입 검정고시 합격

1982년.. 대입 검정고시 합격

1985년.. 방통대 중문과 입학, 로페 취직

1993년.. 10월 중매로 남편 만남

1994년.. 방통대 졸업

1994년.. 11월 1년 전 중매로 만난 남편과 재회

1995년.. 결혼

1996년.. 딸 출산

1997년.. 보육교사 2급 공부

1998년 2월.. 이혼 소송 시작(남편의 폭력 행사, 이혼의 직접 사유)

1998년 12월.. 이혼

1999년.. 새움터 공공근로, 5월 여성민우회 활동 시작, 하반기 한국소비자 연맹 부설 강남 일하는 여성의 집 고객상담사 과정 교육 수료

1999년~2000년 2월.. 하나로통신 근무

2000년 2월~9월.. AIG생명 근무

2000년 하반기~2002년 초.. 한부모 자조모임 '행복을 만드는 사람들'의 이끎이로 활동

2002년 9월~현재.. 인터넷 학습지 교사

2002년.. 딸 지원이 초등학교 입학

2003년~2004년.. 신흥대학교 부설 사회교육원 전문상담사 과정 공부

2004년 2월.. 신곡중학교에서 학생상담 자원봉사

선남, 좋은 남자(아들) 하나 얻게 해달라고

부모님이 항상 하는 얘기가 아들 낳을려고 계속… 무조건 많이 낳을려고 한 게 아니라, 아들이 많을수록 좋았잖아요, 옛날에는. 할머니 때가 농경문화니까. 그래서 맨 첫해에 아들을 낳았는데 우리 친정엄마가. [큰오빠가] 세 살 때 죽고, 갑자기 무슨 급성 저기로 죽고, 그 담에 인제 오빠를 낳았는데 오빠는 좀 몸이 약해서 골골했고, 불안하니까 또 이제 아들 낳을려고 했는데 또 딸이었고, 그러니까 딸 영남 이렇게 했는데, 또 낳았는데 또 딸이었어. 선남. 요거는 노는 게 뱃속에서 영락없이 남잔데 낳아 놓고 보니까 [딸이야]. 이름까지 먼저 선남 이렇게 지어 놨는데 낳아 놓고 보니까 아주 못생긴 딸이 났고. 그리고 나서 인제 요번에는 또 아들을 낳으려고 딱 낳았는데 또 딸이야. 그러니까 엄마는 그때는 "두레야." 하고 받으면 아들을 난대요. 옛날 말에. 낳자마자 "두레야." 하고 받으면 아들을 난다고 그래서 걔는 낳자마자 "두레야." 하고 받아서 계속 두레로 어렸을 때는 불렀어요. 나중에 미경이라는 이름으로 개명을 했지. 영희로 불리다 미경이로 하다가. 그래서 인제 두레 했는지 어쨌는지 그 효과인지 터를 잘 깔았는지 남동생이 났고. 그러다 보니 벌써 5남매가 됐고 그리고 나서 인제 쪼끔 떨어져서 막내는 그냥 낳으신 것 같고.

내 이름이 그때는 아무 생각 없이 선남, 좋은 남자 하나 얻게 해 달라고, 이름을 미리 선남이라고 지어 놨대요. 인제 낳으면 노는 게 영락없이 태몽이며 노는 게 아들이었대요. 그래서 선남이다 아들이다, 이제 몇을 낳아 본 경험으로…. 그래서 이제 선남이라고 지어 놓고선 낳아 보니까 딸이죠. 호적[에]도 안 올라갔어요. 열일곱 살 때 이제 민방위훈련이 나온 거야. 남자들 군대 가라고, 훈련 받으라고. 그래서 인제 가 보니까 호적도 안 올려져 있고 동사무소에는 올라와 있고. 그래서 그때 가서 호적에다 올렸어요. '착할 선' 자에다가 '사내 남' 자죠.

가세가 기울어 서울로 왔어요

어렸을 땐 부모님들이 전라북도 고창군 신림면 홍덕이라 그러는데 거기서 자랐죠. 거기서 예닐곱 살까지 자라고 가세가 기울어 서울로 왔어요. 정리하고 서울로 와서 [초등학교를] 한 다섯 군데는 더 다닌 것 같아요. 초등학교 때부터는 친구가 별로 없어요. 학교를 한 네 번 정도는 옮겼던 것 같아요. 맨 첨에 이사 간 데가 한남동. 한남동에서 2학년 다니다가 신림동에서 포장을 치고 무허가처럼 이렇게…. 거기서 2, 3학년 있다가 집을 짓고 거기다가, 봉천초등학교, 당곡초등학교, 신림초등학교 이렇게 학교를 옮겨 다녔어요. 초등학

초등학교 4학년 때 봄 소풍

교에서 중학교도 거의 신림동 그쪽에서. 중학교 때까지도 다 거기서 살았죠. 굉장히 좀 어려웠어요.

어렸을 때는 집안 분위기가 아버지는 막 술 드시고, 엄마는 굉장히 폭력적이고 소리 지르고 막 그래가지고 너무너무 싫었어요. 집에 들어오기가 싫었어요, 진짜. 밖에 나가서 놀다가 저녁 때 집에만 들어갈라면 가슴이 두근두근 왠지 싫고 시끄럽고, 그래서 정말 나만의 쪼끄만 공간이나 〔가져서 부모님을〕 안 보고 살 수 있는 그런 거였으면 좋겠다 〔생각했어요〕.

그러니까 그때 먹고살기는 힘들고 시어머니까지 〔모시면서〕 6남매를 뒷바라지를 해야 하니까, 엄마가 무지 힘들었던 것 같애요. 안 그래도 성격이 워낙 괄괄하신 분이, 그래서 위로 오빠들 많이 때리고 동생들 많이 맞고 그랬어요. 인제 자식들한테 때리고 이런 걸 〔보면〕 나는 좀 마음이 약해가지고 알아서 기었죠. 엄마가 매를 들고 때릴라 그러고 오면은 걸레 빨아가지고 와서 방 닦고 미리 알아서 공부하고 숙제하고 눈치 봐 가면서. 눈치만 자라가지고 그래서 좋지는 않은데 어쨌든 그래서 친정엄마의 머릿속에는 착한 딸로 기록은 되어 있는데, 나는 그렇게 엄마가 좋지 않게 되어 있어요.

아버지하고는, 자식들하고는 별로 그런 게 없었어요. 아버지는 거의 마땅한 직장이 없이 공사장에서 일도 하시고 낮에는 인제 돌아가시기 한 20년 전부터는 계속 오일장을 다니면서 옷 장사를 하셨기 때문에 새벽에 엄마랑 일찍 나가셔서 저녁 늦게 오시고. 그렇게 장을 돌아다니셨기 때문에 거의 대화가 없이 "오셨어요?" "다녀오세요." 뭐 이런 거 정도. 그래서 아버지와 자식들과의 대화가 전혀 없었던 것 같애요. 명절 때나 이런 때 모이면은, 그때 아버지는 그냥 앉아서 술 드시고 테레비 좀 보다가 또 누워서 주무시고 그러니 뭐. 굉장히 좀 뭐랄까, 친구들도 없으시고 일밖에 모르셨어요. 그러셨기 때문에 술도 드시고 엄마랑 많이 싸우는데 그래서 좀 티격태격하기는 했죠.

어떤 계급체계, 조건이나 이런 게 학벌이다

어렸을 때부터 형제들이 많은데 저는 그 사이에서 좀 뭐랄까, 맞지 않고 알아서 기어서 좀 이렇게 할려고 하다 보니까 인정을 받을려고 하는 게 좀 많았었나 봐요. 그래서 어떻게 공부를 좀 하는 게 낫겠다 〔생각했어요〕. 그리고 이렇게 남녀차별을 많이 받는 그런 게 눈에 띄었어요. 제가 그래서, 여자가 어떤 지위랑 기존의 학벌에서 어떤 계급체계, 조건이나 이런 게 학벌이다, 현재는 학벌을 통과하지 않고는 참 힘들다 〔느꼈지요〕. 그 당시에는.

그래서 어느 정도의 학력을 해야만이(갖추어야) 우리가 이렇게 가난이라든가 아니면은 좀 없이 사는 이거를 탈피를 할 수 있겠다 해서 꼭 〔학교에〕 들어가야 된다라고 생각을 했었어요. 그리고 그렇게 잘은 못했는데 좀 할려고 노력을 하는 게 뒤에선 좀 잘하는 거라고 생각을 하셨나 봐요. 그래서 그쪽으로 인정을 받으니까 좀 할려고 노력을 했었던 것 같고. 그리고 또 워낙 학교들이 실력들이 별로 없는 학교잖아요. 그러니까 쪼끔만 해도 전교 일등도 하고 그랬던 것 같아요.

할머니랑 주로 살았기 때문에 엄마나 아버지는 자식이나 자식교육은 아예 관심이 없었고…. 항상 이 할머니는 남동생이 있으면 왜 그런 거 있죠? 항상 식사를 해도 먼저 챙겨서 따뜻한 고기에다가 밥은 남동생 주고, 찬밥 있으면 우리가 먹고, 좁으면은 남자애들은 딱 이렇게 상에서 앉아서 밥을 먹고 여자들은 그 뒤 옆에서 빠져서 먹고.

그 다음에 특히 제사 때는 큰집이니까 다 오시잖아요. 근데 나는 그게 항상 불만이었어. 큰집이었으니까 다 오는데 제사 때는 죽기살기〔로〕 여자들은 일만 하는 거야. 3박 4일로. 하기 전부터 전 하고(부치고) 뭐 하고…. 그리고 끝나서 술 심부름, 잔심부름 끝까지. 일만 하지 뭐. 그 주체적인 그러면서도 딱 나서서 뭐 하나 할 수 있는 게 아무것도 없더라구요. 제사 문화가 나는 너무 싫었어요. 남자들은 그냥 기다렸다 상 다 차려 놓으면 있는 걸로 다 대접을 받고, 싹 새 옷으로 갈아입고, 절 착 하고 서로 앉아서 착 먹고, 그러고 의젓하게 앉아서 얘기를 나누고, 그게 인제 2박 3일이 딱 지나면은 난장판이 되지만… 어쨌든 처음에 올 때는 그래요. 첫날 제사 지내고 차례 지내고. "술! 안주! 뭐!" 하면은 우린 계속 심부름하고. 그래서 명절이 나는 너무너무 싫었어요. 참 여자라는 거는 아무런 인격적인 존재가 아닌가 보다 〔생각했어요〕. 저도 그래서 고등학교 때까지도 여자라는 게 많이 싫었던 것 같애요. 친정엄마는 항상 입버릇처럼 "내가 죽어서 다시 태어나면 절대 남자로 태어나지 여자론 안 태어난다고 입버릇처럼 〔말〕했는데, 지금도 그러시는 〔모습이〕 생각나요. 어머니도 시어머니로부터(때문에) 많이 힘드셨는지….

고등학교 때는 꿈이 없었어

저도 여자라는 개념은 어떤 뭐 사회생활을 할 수 있거나, 어떤 특별한 위치에 오를 수 있거나, 이런 게 없었던 것 같애요. 오죽하면 제가 중학교 때 꿈이 고등학교 졸업해가지고 경리를 해서 돈을 벌겠다는 그런 꿈을 했는지(가졌는지) 모르겠어요.

근데 고등학교 때는 꿈이 없었어. 고등학교 때 꿈 적으래니까 '된 사람' 이렇게 적은 생각이 나요. 그때 교과서에서 사람들이 세 가지 사람이 있는데 된 사람, 든 사람, 난 사람이 있대요. 든 사람은 많이 배운 사람, 난 사람은 사회적으로 출세한 사람, 된 사람은 가진 건 없어도 인간적인 사람. 그러니까 이제 나는 '된 사람' 이렇게 써 놨더니 담임선생님이 들어오셔서 오늘 '돈 사람' 이라고 쓴 사람 나오래요. 웃기실려고 그랬는지 어쨌는지 몰라도 아무튼 그 생각이 나. 우리반 애들이 배꼽을 쥐고 누구냐고 막…. 아이고, 그래 내, 말 못하고 가만 있었지. 꿈을 그렇게 적었던 생각이 나는데 꿈을 꿀 수 없는 상황이었어요. 중학교는, 고등학교는, 어렸을 때는 그래서 색상을 그린다면은 회색이나 검정에 가까운 재색이나 쥐색이나 이런 색이었던 것 같애요. 그렇게 기쁜 느낌이 없네요.

고등학교 2학년 때 보광사 수련회에서. 당시 반장을 맡았다.

친정이 다 멀지는 않아요. 6남매 중에서 다들 서울에도 있고 광주에도 언니도 있고, 오빠는 서울에 있는데 위로는 다 어려워요. 그러니까 언니 오빠들도 다 학교를 못 나왔어요. 그러니까 내가 유일하게 혼자서 대학교를 나온 케이스고, 언니 오빠들은 중학교도 못 나와가지고 힘들게 사시고 그렇게 그럭저럭 살고 내가 그렇게 대학교를 나오고 나니까, 여동생이 대학교의 문을 쉽게 두드려서 교대를 나와서 한 20년 이상 초등학교 교사를 하고, 남동생은 또 공부를 시킬라고 해도 자기가 안 해가지고, 그래도 자기 나름대로 어떻게 좋은 공부를 해서 시험 봐서 시청에서 오랫동안 근무를 하고 있고.

검정고시를 봐서 한 3년 쉬었다가 또 공부하고

인제 또 거기서 조그맣게 가내수공업을 부모님이 하셨는데, 그게 잘 안 되어서 의정부로 또 왔죠. 의정부로 와서 이제 나머지 기간 다… [의정부에서 지냈어요]. 열일곱 살 때 왔으니까, 지금 마흔넷이니까 27년 됐나요? 예, 그러네요. 의정부에서 인제 학교 다니고…, 의정부 중학교랑 의정부 광동 전수학교[1]였는데, 공부하는데 굉장히 힘들게 했죠. 초등학교 때 이렇게 힘들게 다니다 보니까, 중학교 갈 상황이 안 돼서. 중학교를 못 갈 상황이었거든요? 그래서 학교 선생님이 고등공민학교[2], 한광고등공민학교라고 거길 좀

1 직업준비 중심의 중학교 및 고등학교 과정을 교육한다. 중학교 과정의 전공분야는 전자·통신 등 기술 분야와 원예·농예 등 농업 분야에 8개 전공 분야가 있다. 고등학교 과정의 전공은 훨씬 다양해서 40여 가지이고, 상업과 전자 분야에 거의 집중되어 있다. 중학교 과정은 학생 수가 1970년대 중반까지는 완만한 속도로 증가해 오다가 그 이후로는 다소 감소하는 경향이다. 고등학교 과정도 1970년대에 들어와 급격한 성장을 보이다가 1980년대 이후 계속 감소 추세이다.

보내 보라고. 공부 잘하니까, 거기서 장학금 받고 다닐 수 있다고 해가지고 거길 갔죠. 그때는 신림동에서 거기까지 버스를 타고 다녔거든요? 거기도 3년 과정 해서, 그니깐 그렇게 해서 나중에는 아마 학교 인가를 받았을 거예요.

중학교 졸업 후 장갑공장 하던 시절 언니와 함께

옛날에는 등록금을 안 가져오면 매를 때렸거든요. 학교에서. 그래가지고 아, 며칠까지 가져오랬는데 안 가져오면 매를 맞아야 되는데, 한두 번은 맞고 세 번째는 인제 맞는 것도 문제고 그래서 그냥 떳떳하게 "등록금 주세요." 하면 될 텐데 돈이 없는 걸 아니까, 집안에…. 너무나 힘들어서 그때 마음고생이 너무 심했던 것 같애요. 그래가지고 〔등록금 마감이〕 내일이다 그러면 오늘 얘기를 하는 거예요. 내일까지 등록금을 해야 된다고. 그럼 미리 말하지 안 했냐고 또 혼나고…. 그럼 또 어떻게 해서 그걸 어디 가서 엄마가 구해 갖고 와서 등록금을 내시고, 그렇게 공부를 했던 것 같애요.

거기서 중학교를 검정고시 봐서 졸업하고 또 이제 의정부에 와가지고 3년 쉬었다가, 그 광동이 옛날에 전수학교였어요. 학력 인가가 안 되었기(났기) 때문에 또 검정고시를 봐서 한 3년 쉬었다가 공부하고, 야간으로. 낮에는 일하고. 공장이라든가 집에서 가내공업할 때는 가내공업 도와주면서 하고. 주로 부모님은 장갑 짜는 수공업 〔에 종사하셨죠〕. 특별히 배운 기술이나 학력이 없으시기 때문에, 그날 벌어서 그날 사는 이런 상황이었는데, 그 집안일 돕다가 인제 그거 정리하시면서 제가 그냥 공장에 들어가서 낮에는 일하고 저녁에는 학교 다니고 또 졸업하고 또 한 3년 있다가 방통대 들어갔죠.

2 초등학교·공민학교를 졸업하고 중학교에 진학하지 못한 사람에게 중학교 과정 교육을 실시하는 학교.

뭐 하라 그러면 그냥 죽어도 해야 되나 보다

직장은 이제 일을 하면서, 그러니까 공부를 하면서 일을 할 수 있는 회사에, 패션회사 의류회사에 어떻게 들어갔었던가? 음, 졸업하고 그 야학하는 데 잠깐 갔었어요. 그때 거기 선생님이 소개를 해주셔서, 거기서 매장을 좀 봐라 그래가지고 거기 매장에서 일을 하면서…. 패션회사에서 한 10년 가까이 근무를 했던 것 같애요. 근데 그 회사에서 한 3년 있다가 회사 부도나가지고 쉬었다가 다시 또 다른 데 잠깐 가 있다가 또 오라 그래서 또 있다가 한 6년 정도 이렇게 있었던 것 같애요. 패션회사, 그 왜 페페와 같은 계열 로페, 로페라고 있었어요. 제 청춘을 거기다가 다 바쳤죠.

그러니까 일단 공부도 해서, 내가 돈도 벌어야 되고 뭔가 한 번 하면은 적당히 〔하기〕보다는 최선을 다해서 할려고 했었던 게, 많이 인지도를 주셨는지(인정해 주었는지) 어쨌든 한 10년 정도 있다 보니까 그 회사의 각 부서를 다 돌게 되고 처음부터 끝까지 옷이 만들어지는 과정이라든가 원단이, 뭐 실이 만들어지는 과정부터 시작을 해가지고 옷이 만들어져서 제품 출하를 시장에 하는 과정까지를 다 하게 되고, 회사가 어떻게 창립이 되고 하는 거를 참 많이 거기서 배웠던 것 같애요.

로페 패션 매장 경리과 근무 시절

그러니까 저는 천성이 이렇게 집단에 소속이 돼서 일을 참 잘하는 것 같애요. 소속하려는, 인정받고자 하는 소속욕구가 참 강했던 것 같애요. 그래서 그냥 들어가서 시키는 대로 잘하죠, 뭐. 뭐 하라 그러면 그냥 죽어도 해야 되나 보다 〔생각했죠〕. 일이 남아 있으면은 다른 사람들은 "아이, 내일 하자." 그러는데, 나는 오늘 이거 다 하라 그랬으면 오늘 해야 되는 줄 알고 다 끝내서 하고. 예를 들어서, 인제 제가 장부정리를 해야 된다 그러면은 밤새서라도 그거를 다 정리를 해서 마감을 해서 딱 앞에다 제출을 탁 해 놔야 되는 건 줄 알았어요. 그렇게 일을 했죠. 그래서 인제 인정은 받죠.

보이지 않는 유리벽이라고 해야 될까

그러니깐 올라가면은(진급하게 되면) 첫 번째는 이제 결혼도 해야 되고 뭔가 어떤, 남자들을 통솔을 해야 되잖아요. 근데 아직 그게 그 당시에 형성이 좀 안 됐어요. 그러니까 보이지 않는 유리벽이라고 해야 될까? 그런 것들이 많이 작용을 한 것 같애요. 그러니까 똑같이 입사를 해서 예를 들어서, 요번에 승진 대상에서 저 사람은 과장이 딱 됐는데 나는 어떻게 할 수가 없으니까 그 자리에 계속 있으면 껄끄럽잖아요. 그러니까 다른 부서로 배치를, 발령을 하는 거예요. 다른 부서 가서 일을 하고. 그러니까 급여는 맞춰 줬어요. 급여는 그 사람 수준에 맞게 했는데 직함은 안 올라가는 거예요. 그러면은 같이 올라간 사람이 관리가 안 되니까 그게 굉장히 비굴한 생각이 많이 들어요.

나중에는 대리라는 직함을 줬어도 밑에 직원을 둬야 되는데 여직원 한 명밖에 안 줬어요. 원래 대리 밑에는 쫙 있어야 되잖아요. 남자직원들, 뭐 원단과, 무슨 과, 무슨 과 해서 쫙 이렇게 있어야 되는데, 그 직원들을 안 주고 여직원 하나 달랑 붙여 주더라고. 제가 아마 어찌 보면은 그렇게 능력이 안 됐을 수도 있고. 그리고 그런 어떤 전통적인 남자들이 관리자를 하는 입장에서 여자가 한다는 건 상상도 〔할 수 없었죠〕. 단 한 명도 없었으니까.

결혼해서도, 근데 패션회사의 전통이 결혼을 하면은 패션회사는 숙녀복이거든요. 물론 뭐 마담 쪽도 있었지만. 어떤 몸에 대한 신선한 감각, 옷에 대한 그런 게 좀 떨어진다 해서 결혼을 하게 되면 거의 그냥 그만두게 되는, 남자들은 그래도 계속 근무를 하는데 여자들은 근무를 하기 힘들게 〔분위기를〕 이상하게 만들어요.

그래도 나는 자재과였고 오래 했기 때문에 뭐 창업공신이다 해가지고 있었죠. 근데 회사도 많이 어려워지고 이런저런 뭐 임신도 하고 이런저런 사정으로 해서 그만뒀죠. 1월달에 결혼해서 3월달까지 한 세 달 다니다가 그만뒀는데 바로 또 5월달인가? 부도가 났더라고요.

양쪽 부모님이 서둘러서 한 달 만에 결혼

그러니까 제가 그 꿈(이성교제나 행복한 결혼에 대한 꿈)을 못 가진 게 '결혼을 하고 싶지 않다!'였어요. 나는 결혼을 안 하고 속 편하게 그냥 혼자 산다고, 서른다섯 살까지 취직하고 돈 벌면서 공부하면서, 그랬는데 나중에 이제 갑자기 중매를 하다가 그러니까 그런 게 작용을 했던 것 같애요. 회사를 그만두면서 나에 대한 힘이, 내가 혼자 해 나갈 수 있는 힘이 완전히 땅에 꺼진 상태. 그래서 내가 회사도 이제 점점 어려워져서, 내가 더 이상 나이도 많은데 할 게 없다는 생각, 그리고 내가 더 이상 사회적으로 올라갈 수 없다는 여자로서의 이런 생각들, 근데 그때 친정엄마가 중매를 섰을 때

'아, 어른 말 듣고 그냥 죽기야 할까, 설마 하니.' 그런 생각으로 〔선을 보게 됐어요〕.

워낙 부모님들이 사시는 것도 굉장히 싸우면서 사시고 빡빡하게 힘들게, 별로 그렇게 편안하게 안 사셨기 때문에, 결혼이 저런 거라면 굳이 그렇게 좋지가 않다 〔생각했어요〕. 그리고 할머니도 있으셨기 때문에, 이모까지 있었고. 이모 결혼하기 전까지 외삼촌… 그래서 거의 열 식구가 복작거리면서 살았는데, 근데 결혼에 대한 생각은 그렇게 없었고, 하고 싶은 생각도 없고 준비도 없었고, 왜 해야 되는지도 사실 개념도 잘 없었어요. 그래서 좀 좋은 모습들, 부모님 보면서 어떤 전망이고 비전이고 이런 게 있어야 되는데, 그런 건 없었는데. 이제 그냥 걱정이 돼죠. 친정엄마는….

그래서 사람들 소개도 하셨는데, 너무 싫고 만나기도 싫고 그래서 아예 가 보지도 않고 다 거절을 했어요. 근데 이제 이건 가까워서 그랬는지는 몰라도 그냥 한 번 만나라도 봐라 하는데 그냥 '아유 그래. 결혼만 안 하면 돼지 뭐.' 하도 그러니까 '그래. 내가 거절을 해야 귀찮게 안 하겠다.' 싶어가지고 그냥 한 번 만났는데, 사람 되게 착한 거예요. 푸근하고. 근데 그 손가락이 이렇게 쫌, 이렇게 여기가 없거든요? 잘라져서…. 근데 이거를 숨길려고 막 남자가 이렇게 하면서 쑥스러워하는 순진한 모습이 되게 마음에 와 닿더라고요. 그래서 "그건 왜 그러셨어요?" 그랬더니 어렸을 때 일하다가 낫에다가 손을 베어서 그랬다고 〔말해요〕. 그래서 '아! 그럼 되게 성실하고 집안일도 잘하고…' 이런 식으로 내가 각인이 된 거예요.

그러니까 이제 한 달, 그전에 선을 보고 나서 양쪽 부모님이 서둘러서 한 달 만에 결혼했어요. 추석 때구나? 추석 때 얘기가 돼서 그럼 뭐 만나자 어쩌자 해가지고 12월 초에 12월 첫째 주 토요일이었던가? 그때 만나서 인제 그럼 결혼하자 그렇게 의논을 양쪽에서 〔했어요〕. 고모랑 먼저 왔었으니까, 그 노인네들은 막 서두르는 게 있어가지고 양쪽 집에서 나이도 먹을 만큼 먹었고 뭐 할래면 빨리 해야지 〔하고 서둘렀어요〕. 중매는 막 그래가지고서는 서로 얘기 들어 보니까 괜찮은 것 같고 인물도 괜찮고 사람도 좋은 것 같고 양쪽 집안도 비슷하고 인적 구성도 비슷하고 사는 것도 비슷하고. 저도 그렇게 특별히 거절할 만한 그런 이유는 없었던 것 같애요. 중매니까 그냥 봐서 하나 보다 그런 생각만 갖고 그냥 결혼을, 그러니까 그렇게 12월 초에 만나가지고 두 번인가 세 번인가 기억도 잘 안 나네. 저녁 먹고 두 번 만났던 것 같애요. 그리고 나서 1월 15일날 결혼했는데 맨 마지막 주 한 주 동안에 혼수를 다 장만했던 것 같애요.

결혼했던 당시 모든 걸 거짓말로 했기 때문에

남편은 장남이죠, 6남매의 장남. 3남 3녀였는데 장남이었죠. 시댁에서는 물론 들어오랬는데 제가 직장을 다니고 있었기 때문에 그냥 의정부에다가 방을 얻어가지고 의정부에서 나는 살고, 이제 남편은 출퇴근을…. 〔남편은〕 농사를 지었거든요. 나중에 알고 보니까 나하고 결혼했던 당시 모든 걸 다 거짓말로 했기 때문에… 건축사에다 집을 짓고 땅도 많고 집도 있고 뭐 농사도 많이 짓고 〔있다고 말〕했는데, 알고 보니까 남의 땅 빌려서 조금 농사짓는 거 외에는 아무것도 없더라구요.

그래서 들어가서 농사짓고, 때가 아니면은 그냥 돌아다니면서 친구들하고 놀고, 그랬는데 이제 생활비가 없으니까, 〔내가〕 이제 어디서 돈을 가져오라고 그랬는데, 어쨌든 1월달에 결혼했는데 95년도에, 1월에 결혼했는데 3월 말에 회사를 그만뒀어요. 회사가 좀 굉장히 어려웠고 스트레스도 많이 받았고, 결혼하면서 나름대로 다른 것도 좀 하고 싶었고. 또 이제 3월 말에 그만두고 4월달에 임신을 해가지고 몸이 무거워져 꼼짝 못하고 집에 있었는데 있는 동안에 제가 쬐끄만 탁구장 같은 걸 하나 운영을 해보려고 하다가 한 6개월 하다가 말았죠 뭐.

그러니까 4월달에 임신해가지고 그 다음 해 1월달에는 애를 낳았죠. 그래서 고때 1년 그리고 나서 제가 1년 동안 수입도 없고 신랑도 농사를 지으니까 수입이 없는데, 벌어 오는 게 없고, 빚을 얻어 친구들한테 빚을 얻어… 제가 막 생활비를 가져오라고 하니까, 그렇게 가져오더라고요. 그런데 나중에는 1년 농사지으면 그거 싹 갚느라고 도로 〔돈을〕 다 가져가고 그래서 그때 채무도 좀 생기고. 내가 신랑만 바라보고 살 수는 없구나. 뭐라도 해야지. 그래서 보

6개월간 보육교사 과정을 교육받은 후 잠실 새마을 유아원 아이들과 함께

육교사 공부를 좀 했어요. 그래서 어린이집이라도 하면서 애를 키우면서 돈이라도 벌어 볼까 하고 1년을 다녔죠. 보육교사를. 보육교사 2급 과정을 취득을 했는데 그 1년 동안 보육교사 공부하는 과정 동안에 많이 싸웠어요. 근데 술을 먹고 주사가 엄청 심했거든요? 결혼하고 한 달 두 달 있으니까 이게 나타나더라고요.

칼을 갖다 대고 죽자고 하는데

상처가 무지 많았던 사람 같아요. 일단 학벌 차이가 많이 나니까 얘기가 안 되고, 그 남편의 콤플렉스가 엄청 심하죠. 말 한마디만 하면은 "잘났다. 똑똑해. 아이고, 그래. 대학까지 나온 여자가… 그래. 그 정도야?" 뭐 이런 식으로 〔나와요〕. 이러니까 얘기가 안 되는 거야, 계속. 그 차이가 컸었죠. 안 되니까 인제 폭력으로 나오고서, 이게 힘으로… 거부하면, 말로 안 되면은 안 되는 건데, 응? 그거를 힘으로라도 어떻게 해볼라고, 그러니까 그만큼 극한 상황까지 간 거죠, 이이가 그만큼 안 된 거예요. 대화가.

아무튼 그러니까 내가 이제 〔남편이〕 술을 먹기 전에 뭐 이렇게 좀 부당한 상황에 대해서 요구를 하면은 다 수긍을 해요. 〔그런데〕 그날 저녁에 술을 몽창 먹고 들어와서 180도로 딱 뒤집는 거야. 내가 아무리 얘기를 해도 한마디도 안 들어가. 자기 할 얘기만 다 하고 막 소리 지르고…. 그리고 나서 술이 아침에 인제 깼다? 깨고 나면은 인제 입이 다 탄다. "다 내가 잘못했어. 내가 죄인이야. 정말 미안해. 오늘 외식이나 할까? 옷이라도 따뜻한 거 한 벌 사서… 뭐가 입고 싶어? 저거 입으면 어울리겠다." 그러고 나서 인제 그럼 나는 밤새도록 우울해 있고. '아유, 사람이 본심은 착한데 그러지 말아야지. 내가 참아야지.' 그러고서 하루 다 지났어. 그날 저녁에 그럼 슬슬 저녁 때 친구네 집에 놀러 가. 가서 또 술 몽창 먹고 와. 오면 또! 〈웃음〉 그렇게 해서 반복되는데, 처음에는 술이 깨고 나면은 반성을 좀 하더라고요. 근데 나중에는 깨도 반성을 안 하더라고. 안 되겠구나 싶었는데, 인제 막 폭행이 이어지니까 빨리 정리를 해야겠다고 생각을 한 거죠.

이혼소송 당시 시청 앞에서 지원이

언제 제가 그랬어요. 또 손이 몇 번 올라갈라고 하고 그랬는데, 미리 제가 얘기를 했어요. 만약에 나한테 한 번이라도 손찌검을 하면은 나는 안 살 거니까 각오하라고. 그런 얘기를 몇 번 했는데 보란 듯이 나중에는 진짜로 손이 올라가더라고요. 시어머니에 대한 화난 그런 감정들, 욕을 하면서, 얘기를 하면서 서로 뭐…, 엄마에 대한 상처도 많은데 얘기를 하면서 주먹 왔다 갔다 하고 무지 맞았는데, 그냥 때리거나 그런 게 아니라 거의 뭐 반 죽이듯이 그렇게 맞았어요. 난 딱 거기서 결정을 했어요. 안 되겠구나 도저히.

근데 이제 그걸(이혼을) 결정하게 된 거는 칼을 들어요, 꼭. 그전에도 "너 죽고 나 죽자!" '칼을 들으니까 위험하다' 그 사람 때리기 전엔 한 번 칼을 들고 칼로 좀 위협을 한 적이 있었어요. 근데 그날은 무지 싸우고 나서도 결국 칼을 들더라고요. 그래가지고 아이가 있는데 아이는 어리고. 근데 아유, 칼을 갖다 대고 죽자고 하는데 눈도 좀 퍼렇게 변한 거 같고 사람이…. 그래서 그때는 제가 '이 사람이 지금 제정신이 아니구나! 이제 빨리 피해야 되겠다.'는 생각으로 빌었어요. 무조건. 막 맞다가 그 와중에서 빌고 그리고 나서 내가 잘못했다고 겨우 〔남편을〕 달래 놓고 방으로 들어간 사이에 화장실 간 사이에 포대기 들쳐 업고 애기 업고 칼 싸가지고 친정으로 튀었죠. 그냥 맨발로 튀었죠. 그리고 나서 진단서 끊어가지고 이혼소송하고. 임신했을 때 막 발길질을 해댄다든지 좀 그렇게, 그런 폭력도 〔있었고〕 언어폭력도 물론 많았죠.

농약 먹고 너 죽고 나 죽자

보통 엄마(시어머니)랑 〔남편〕 사이가 너무 안 좋아요. 어머니도, 하여튼 둘이 웬수지간이야! 그 형제들 중에서 제일 신경을 많이 써 주고 잘했대는데, 그렇게 엄마를 미워하고 엄마 자체도 말을 너무 안 듣고 속을 썩여서. 왜 얘기 들어 보니까, 애 아빠는 기억을 하는 거야. 농약을 먹여서 죽일라고 너 죽으라고 샀는데, 밭에서 농약을 해서 "농약 먹고 너 죽고 나 죽자!" 하며 "너 이놈의 새끼 죽으라!"고 그러면서 농약을 억지로 퍼 먹일려고 했는데 그걸 뿌리치고 나왔대는 기억이 생생한 거야.

그래서 나중에 그 얘기를 한 번 우연치 않게… 뭐 이런 얘기를 하고 술 먹고 오면 뭐 죽인다느니 이런 얘기를 하면서, 그러니까 내가 막 애기 지원이 젖을 먹이면서 막 울면서 〔시어머니한테〕 전화하는 거야. 새벽 3시, 4시가 돼가지고. "어머니, 도대체 왜 애 아빠가 잠도 안 자고 날 이렇게 못살게 굴고 욕을 퍼대고 왜 이런대요?" 막 펑펑 울면서 해대면, "네가 참아라. 그놈이 결혼하면 안 그럴 줄 알았더니 왜 그러니? 그렇게 애가 본성은 착하니까, 깨어

나면 괜찮으니까 잘 다독거려서 재워라." 막 그러면서 얘기를 하면서 그러잖아요. "니가 그랬을 때 나는 오죽하고 살았겠냐? 나는 그놈이 사십이 다 될 때까지 그러고 살았는데, 응? 너는 별 거 아니다. 나이도 먹고 그랬으니까 인제 그렇게까지는 안 한다." 막 그러면서 "내가 오죽하면 그놈을 죽일라고 했겠냐." 그런 식으로 얘기를 하고. 사실은 그래서 서로 간에 상처가 좀 많이 있더라고요. 그러니까 그만큼 또 그 어머니도 강팍하셨던 거 같애.

시아버지도 그렇게 젊은 시절에는 거의 사십 넘어서 들어왔대요. 집에. 젊어서는 그렇게 미군부대 차 같은 거 끌고 다니면서 객지에서 생활을 하고. 그러니까 저희 시어머니 혼자서 생활을 다 꾸려 나가셨던 것 같애. 시할머니도 아마 같이 사셨던 것 같기도 하고. 그렇게 힘들게 살았고 나중에 늙어서 힘이 인제 없어져서 서로 들어와서 다 집이라도 이제 몇 년 전에 〔우리가〕 결혼하기 한 2, 3년 전에 집을 새로 지었다 그러더라구요. 집이라도 좀 한 채 짓고 그러고 살았죠. 그전에는 사진 보니까 진짜 옛날 초가집, 그런 데서도 살았더라고. 근데 이제 그 집이 다 빚을 내서 지은 거라 상당히… 내가 결혼할 때 당시 집도 어려웠을 것 같더라구요.

친권, 양육권만 내가 쥐고 다 필요 없다고

내가 그냥 소송을 했죠. 왜냐하면 처음에는 그냥 "합의이혼을 하자!" 이렇게 얘기를 가족회에 가서 꺼냈는데 "날 죽이고 가라!" 맨날 그랬거든요. 그래서 '아! 이 사람 이혼이 안 되는구나.' 그리고 그 집에서 큰며느리한테 기대하는 바가 너무나 컸어요. 천만 원을 들여서, 1년 동안 그러니까 첨에 한 번 보고, 그 1년 동안에 굿을 천만 원을 들여서 왜 장가를 못 가나 〔하고〕 이렇게 세 번 했다는 거예요. 그러고 나서 내가 도로(들어)왔대는 거예요. 그래서 천만 원을 들여서 사 온 며느리인데 놓칠 수가 없다, 그렇게 해가지고 그 집, 그 동네에서는 경사가 났죠. 아들이 그런 거를 알기 때문에. 동네 사람들이 1월 초에 그때 1월달에 갔는데 시골은 1월달에 행사가 많아요. 뭐 보름축제, 구정 같은 거 이런 거 할 때 막 놀고 동네 노래랑 잔치 열고 하면은 새 며느리니까 한복 입고 가서 노래도 부르고, 동네 어른들 인사도 다니고 삐까뻔쩍하게 자랑을 해 놨는데, 이혼을 한대니까 기가 막히죠. 그것도 몇 년 못 살고.

그러니까 1년 동안 소송을 했네요. 98년 겨울에 〔이혼〕 했는데 1년 동안 소송을, 그쪽에서 안 해주니까. 이 사람이 이제 온갖 저기를 하는 거예요. 시부모님한테 뭐 제대로 못했다, 남편한테 잠자리를 거부했다, 옛날에 무슨무슨 사귀던 남자가 있어서 딴 마음이 있어서 그랬다, 뭐 아주 오만 그 뭐 시누, 동서 막 데려다 놓고 증인을 세워가지고 계속 질질질 끄는 거예요.

나중에는 그때 외삼촌이 변호사 사무실에 있었는데, "너무나 억울해서 어떡하느냐고, 너 위자료, 양육비 해서 1억을 청구를 해라." 해서 청구를 딱 써갖고 넣으신 거예요. 그래서 그러니까 안 되는 거예요, 계속. 그래서 제가 다 필요 없다. 아무것도 필요 없고 애만 내가 데려올 테니까 애만 달라고, 양육비 다 필요 없고 친권, 양육권만 내가 쥐고 다 필요 없다고, 그리고 살림도 가져가고 싶은 만큼 다 가져가라고 했어요. 남자가 또 희한하게 쪼잔하게 살림 욕심이 많아요. 그래가지고선 나중에 살림을 살던 집도 전세도 빼서 반 나눠 갖고 살림도 얼마 안 되잖아요. 천만 원 정도 됐는데 반 나눠서 반 갖고 반 나 갖고 살림도 너 가지고 싶은 것 가져가고 침대도 가져가고 냉장고도 가져가고 부엌칼도 무슨 헹켈 그런 칼 있잖아요? 좀 쓸 만한 것들은 다 가져갔더라고요. 그래서 나는 인제 중고 테레비 이런 거 나중에 사고, 살림도 이런 거 다 나중에 사가지고, 싼 걸로 사서…. 부피가 커서 못 가져가는 장롱만 남겨 놨다가 이사 올 때 다 버렸지만 나도 그랬어요. 그렇게 하고 다음부터는 혼자서 돈 벌어서 생활을 하고 그랬었는데, 전세 같은 뭐 특별히 없으니까 대출을 좀 받아가지고 생활하면서….

걸릴 게 없는 거야, 너무 좋은 거야

법정 싸움이 딱 끝나고 애를 데려오니까, 애 데리고 할 수 있는 게 뭐가 없더라구요. 아이는 네 살인가? 그 정도 됐어요. 아이는 어리고 네 살인데, 내가 애를 어린이집에 종일반에라도 맡겨야 되는데, 어린이집 비용도 벌어야 되고 내가 먹고살 것도 해야 되고…. 그래서 이걸 어떻게 해야 되나 하면서, 그래서 공공근로를 그때 했죠. 한 6개월 하면서 새움터[3]에 가서 공공근로를 하면서 아이는 한쪽에다가 맡기고, 난 공공근로 하면 한 달에 한 50만 원 정도 수입이 되니까 그걸로 생활비 쓰고.

그때는 행복했어요. 그래도 '내가 이렇게 아이하고 내 돈 벌어서 내가 이렇게 산다.'라고 생각을 하니까. 그때는 이제 나만 열심히 하면 돼. 걸릴 게 없어. 시댁, 시누… 걸릴 게 없는 거야. 너무 좋은 거야. 야! 이렇게 살아도 되는데. 너무 신났죠 뭐. 그때는 너무 좋아서 주위에서 이혼했다 어쨌다 한다 하더라도 나는 아무렇

3 새움터는 기지촌 여성운동을 해 오던 현장 활동가들과 기지촌 문제에 관심을 갖고 있던 학생들이 힘을 모아 1996년 11월 동두천에 설립했다. 설립 초기에는 지역 아동들을 위한 공부방과 밤보육 놀이방, 여성들을 위한 상담과 공동식사 제공 등의 프로그램을 진행했다. 그 후 약 1년여의 준비기간을 거쳐, 기지촌 매춘 여성 문제에 대한 대안으로 직업재활 프로그램을 시작하게 되었다. 직업재활 프로그램이란, 상담을 통해 스스로의 상처를 극복하도록 하는 동시에 건강한 노동의 기회를 제공하여 자신의 힘으로 인간다운 삶을 살아갈 수 있도록 지원하는 것이다.

지도 않았는데 친정엄마가 더 오히려 딸내미가 시집가더니, 몇 년 만에 이혼해갖고 와서 이게 싫어가지고 막 나한테 말을 퍼부었어요. "니가 성격이 그 모양이니까 결혼해서 살지도 못하고 그러고 나서 싸움이나 하고 나와서…." 그러니까 법정 소송을 벌일 동안에 제가 애를 데리고 피해서 나왔으니까, 어디 갈 데도 없어서 친정에 있었거든요. 근데 그때 그 친정에 있을 〔때〕 법정 한 1년 소송하는 그 기간이 난 너무나 지옥이었어요. 친정에서 엄마 눈치를 먹으면서 사는 게 너무나 힘들어가지고 그때 쓴 일기가 제일 많아요.

그때 정말로 '이 지옥 같은 데서 언제 벗어날래나?' 제가 '애 데리고 살면 정말 열심히 최선을 다해서 살겠다.' 뭐 이런 것도 많이 써 놓고, 아주 구구절절이 글씨도 보면 내가 아주 잘 썼어요. 지금 이렇게 못 써요. 이런 쪼끄만 노트에다가 쪼끄만 앉은뱅이 책상 하나 놓고 이렇게 하면서 그냥 이렇게 쓰고 앉아 있었더라구요. '선남이의 놀이문화' 해가지고 오늘은 선남이에 대해서 써 보자. 이제 제 자신에 대해서, 왜 이렇게 놀 줄은 없는지(모르는지), 모범답안처럼 딱 하라는 것만 하고 내 뜻대로 뭔가를 하는 게 없고 왜 이렇게 어색하고 낯선지, 이런 것들. 그런 거에 대해서 한 번씩 쭉 써 보기도 하고 책 읽고 그랬는데, 이제 한 번 쓰면은 몇 장씩 그냥 한 번 쓰면은 삼천포로 빠지지 뭐, 얘기가. 〈웃음〉 그게 참 힘들었던 것 같애요. 그때 글도 많이 쓰고, 그러니까 그때하고 결혼해서 밤, 저녁에 울면서 식탁에 앉아서, 그러고 썼던 거, 뭐 이혼하기 전까지 그때가 많이 힘들었고. 이혼해가지고 인제 친권, 양육권 딱 나한테 넘어 오고, 내가 당당한 혼자다, 이제부터 내 힘으로 시댁 눈치 안 보고 시누 눈치 안 보고, 이제 그런 거 필요 없어! 그러니 이제는 어찌나 자유로운지. 지금도 좋아요.

3개월을 배워서 돈이 될 수 있는 게 뭐냐

민우회를 알게 돼가지고 민우회 여러 가지 프로그램도 참여하게 되고, 그래서 공공근로는 5일 근무잖아요? 토요일 날 쉬어도 되니까 가서 일을 하고 인제 '아! 이제 이대로는 안 되겠다.' 보육교사만 해가지고는 생활비도 너무 적고, [월급이] 50만 원 이렇게 되니까 생활이 안 돼요. 그래서 '이거 하지 말고 뭘 해야 될까?' 하다가 그때 이제 IMF가 그 여파가 있기 때문에 실직여성가장에 대해서 혜택이 많았어요. 그래가지고 그때 제가 소비자보호센터 소속인가? 어쨌든 강남 일하는 여성의 집 양재동에서 3개월 과정이 있더라고요. 여러 가지 취업을 할 수 있는. 그래서 제가 들어가서 "지금 내가 3개월을 배워서 돈이 될 수 있는 게 뭐냐? 난 돈을 벌어야 되는데, 100만 원 이상의 수입은 돼야 된다." 그랬더니 다른 거는 다 바로 돈으로 된다는 보장이 없다는 거예요. 근데 텔레마케팅반은 취업하자마자 들어가서 바로 할 수 있다[고 해요]. 그래서 뭔지도 모르고 어쨌든 내가 사람 만나는 거 힘들어하는데, 하여튼 돈 되는 거라니까 한 거예요.

3개월 하고 나서 하나로통신, 우리나라 초고속 인터넷 처음 보급될 때 99년도에 하나로통신에 입사를 해가지고, 거기서 인제 한 1년. 그런 텔레마케팅은 수입이 최저 한 150에서 200은 되더라고요. 그렇게 하고 거기서 1년 [근무했어요.]. 그것도 이제 어느 정도 기간이 지나면 다 이렇게 위치가 되면 좀 없어지잖아요, 메리트가. 그렇게 되면 이제 그거를 영업했던 거를 그냥 저기로 해요. 기존의 들어오는 것만 받는 체계로 바뀌는 건데. 또 이사도 가고. 제가 의정부에 있었는데 [회사가] 동대문구에 있다가 이사를 갔어요. 저 센터가 송파구 쪽으로, 그러니까 너무 멀더라고요.

그럼 다시 가까운 데 뭐가 있을까 하다가 AIG생명이라고 외국계 보험회사가 있어요. AIG 외국계 생명(보험회사)에서 또 한 1년 하고, 거기가 인제 동대문이었는데 거기서 한 1년 했는데 또 이사를 가요. 용산구 쪽으로. 아! 왜 그렇게 이사를 잘 다니는지, 멀어서 다닐 수가 있어야지? 9시까지 갈려면 의정부에서 7시에 나와야 되는데 애는 종일반에 어린이집에 맡겨 놓으려면은 걔 깨워갖고 오기가 힘들어요. 너무 힘들어요, 다니기가. 갔다 와도 집에 오면 9시 되고.

그래서 그것도 1년 하다가 그만두고, 그러다가 인제 야후 홈쇼핑이라고 인터넷 쇼핑몰 웹사이트 만들어 주는 그런 회사에 들어가게 됐는데, 하나로통신에서 이미 인터넷에 대한 개념은 좀 있었는데, 발맞추어서 제가 왜 그 시기가 딱 잘 맞았던 것 같애요. 우리나라 인터넷이 보급될 시기하고. 거기 들어가서 쇼핑몰 만들어서 판매하고 하는 영업, 그런 영업을 거기서도 한 1년 했던 것 같애요. 1

용인의 웃는 박물관에서 열린 민우회 프로그램에 참여해서(2000)

년을 했고 그러면서 그런 영업, 텔레마케팅 영업은 오래를 하는 게 아니라 어떤 단기적으로 짧은 시간에 효과적으로 막 영업을 해가지고… 그러니까 5년, 10년, 이렇게 하는 것들이 아니고, 뭐 전화국도 아니기 때문에, 영업이 어느 정도 성과를 얻으면 다른 방향으로 모색을 하거든요. 그래서 인제 그거 한 1년 다니다가, 아! 더 이상 이제 어느 정도 하니까 소득도 좀 떨어지고, 그때 친정아버님도 돌아가시고 많이 힘들었어요. 병원비도 많이 나오고 일이 너무 힘들면 기도하고.

우연히 인터넷 학습지를 보게 된 거예요

그러면서 우연히 제가 인터넷 학습지를 딱 보게 된 거예요. 컴퓨터로 인터넷으로 초등학교 애들 공부하는데 우리 애가 초등학교 들어갈 때가 되니까 가치 있죠. 공부하면서 재택으로 일도 하면은 왜냐면 아이가 어렸을 때는, 학교 들어가기 전까지는 어린이집에 보내면 되는데 학교 딱 들어가면은 어린이집을 못 들어가게 되잖아요. 그럼 애는 학교에서 일찍 와 버리고 그럼 어디에다가 방치를 할 거야? 어린이집에 갈 데도 없고, 어디 맡길 데도 없고 방과 후 반도 없는데, 붕 떠 있거든요, 우리나라 정책상으로. 그래서 '이걸 어떡하냐' 고민을 했는데 이게 딱 있는 거예요. '어머, 그래! 아이들하고 이렇게 해야 되겠다!' 그래서 1학년 2학기 때 그게 8월달에 결정이 딱 내려진 거예요. 1학년 1학기 때까지 계속 어린이집에 보냈는데 학교 갔다 오면 우리 아이가 그러는 거예요. "엄마, 나 어린이집 가기 싫어. 애들이 초등학생인데 왜 자꾸 어린이집 오냐고…." 그 말을 많이 했었어요, 애가. 안 되겠구나 싶어가지고 1학년 가을에 여름방학 때 직장을 옮기면서 재택을 하고, 그것도 한 3년째 접어드네요.

정말 힘들죠. 오히려 영업이고 하기는 한데 지금 다른 대안이 없기 때문에, 그래서 인제 하다 보니까 이번엔 정말 하느라고 했는데. 나는 그래도 한 현금 100만 원의 수입은 된 것 같은데 사실은 많이 부족해요. 왜냐하면 이사 오면서 대출 많이 받았던 거, 그리고 집 이런 거, 보험들하고 내가 한 아이 키우면서 최소한 아무리 적어도 대출을 하지(갚지) 않아도 100만 원 생활비가 들어가는데 그런 것까지 할래니깐 사실은 좀더 벌어야지 이 생활을 좀 벗어나지 싶은데, 아직은 아이가 어려서 그냥 아이 4학년 될 때까지만 집에서 잠수를 하고 있다가, 좀더 크면 다른 일을 좀 해보자 〔생각했죠〕. 이제 나이가 있으니까 선택하기도 어렵고 그래서 내가 집에서 재택을 하면서 주로 이런 저녁시간에 일을 하거든요. 아이들 학교 갔다 오고 엄마들 직장 갔다 오시고 이래야 상담도 되고 공부도 돼요.

전문상담가 과정이 있더라고요

그래서 오전시간이 텅 비는 거예요. 그래서 이 시간을 어떻게 〔활용〕할까, 그래서 이제 상담공부를 하게 된 거죠. 장기적으로 내가 상담 공부를 하게 된 계기가, 우연히 신문 간지에 들어 있는 거였는데, 신흥대학교에서 여성발전기금으로 고학력 여성들을 좀 이렇게, 지역사회 여성들을 교육을 시켜서 환원할 수 있는 프로그램으로 전문상담가 과정이 딱 있더라고요. 그래서 보니까 '아! 이것 좀 해보고 싶다!' [하는 마음이 들었어요]. 옛날에 민우회에서 하던 프로그램 중에 이런 것도 있고, 그래서 거기 기금으로 하는 2년 심화과정 해서 2급 전문상담가 시험에 합격이 되면 인터넷 상담이라든가 이런 자원봉사처럼 활동을 하다가 나중에 어떤 곳에 소속이 돼서 한 역할을 할 수 있지 않을까 해서 준비하는 과정으로 했어요. 앞으로 전망도 있을 것 같고. 그리고 한국 가이던스 심리검사 하는데 며칠 전에 가 봐도 심리검사 요원으로 아르바이트를 할 수 있더라고요. 그래서 '아! 심리검사로 아르바이트도 좀 하면서 돈이 많지는 않지만 정확하게 현장에서 뛰는 거니까 느낌도 와 닿을 것 같고 심리검사도 한 1,020여 가지 되는데 거기에서 비전 제시를 해주시는데 보니까 MBTI라든가 애니어그램이라든가 여러 가지 심리검사를 하고 나면 차후에 상담이 들어가는 거고, 그리고 가이던스들이 사람을 다 파악을 못하니까 그 요원들을 양성을 해서 상담 들어가 주고 나중에 그 사람들을 대상으로 해서 다시 교육도 들어갈 수 있고, 이렇게 그런 강사를 앞으로 배출을 하고 그런 전문가 과정도 따로 개설을 하겠다고 하더라고요. 그래서 내가 하고 싶은 거하고 딱 맞네! 그래서 그쪽으로 한번 해볼려고 하고 있고, 징검다리 두드리듯이 바둑, 오목 두면은 징검징검 두는 사람이 있잖아요. 하루하루 막 열심히 사는 사람도 있는데, 미래를 생각하면은 그냥 여기서 나이는 먹어 가는데 같이 발전이 안 되면 퇴화가 되니까, 경쟁력을 갖추기가 힘들잖아요. 살아야 되는데. 남편이 벌어다 주는 것도 아니고, 징검다리 두는 것처럼 '이렇게 이렇게' 포석을 두는 것 같아요. 그 과정들에 충실하려면 건강도 따라 줘야 되고 정신도 필요하고 굳건한 어떤 디딤돌도 있어야지. 그러니까 지탱할 수 있는 어떤 그런 것도 있어야지. 그래서 아마 제가 신앙을 더 찾는 것 같아요. 신앙생활 하는 것이 힘이 되는 것 같아요.

공부는 작년 12월달에 다 끝났구요, 이번 5월달에 시험을 봤어요. 전체 다섯 과목 시험인데 공부를 바빠가지고 많이 못했거든요. 이번에는 시험이 어떻게 나오는지 분위기 파악만 하자 그래서 봤는데 공부도 안 하고 그냥 그동안 했던 공부하고 시험 당일날 며칠 전에 잠깐 예상문제 좀 풀어 봤는데 네 과목 합격을 했더라고요. 그래서 내년에는 한 과목 더 봐야 돼요. 필기시험은 붙어도, 면접 시험은 어렵지는 않지만, 면접이 있고 돈을 내고 또 연수를 받아야 돼요. 그게 7, 8월에 다 받아야 8월달에 합격증이 나오거든요. 돈을 내고 참여해야 되니까 나는 지금 상황이 조금 어려워서 시험도 그렇고 돈도 안 되고, 그래서 '아유, 안 되겠다. 잘됐다.' 그러고 조금 더 공부를 〔할 생각이에요〕. 아직은 시험은 붙었지만, 그렇게 합격을 어리버리하게 하는 거보다는 제대로 공부를 해서 정말 시험을 잘 봐서 합격을 하고 싶다는 생각이 들고, 한 1년 더 공부를 하는 게 좋겠다 생각을 해요.

한부모 상담 쪽을 하고 싶거든요

가족상담 중에서도 한부모 상담쪽을 하고 싶거든요. 왜냐하면 제가 한부모로 살아오면서 내가 얻은 경험과 내가 겪으면서 살아온 〔이야기들이 상담에 큰 도움이 될 것 같아요〕. 그리고 또 편하게 살아온 게 아니라 한부모래도 친정에 기대 산다든지, 위자료를 많이 받아서 편하게 산다든지 이러면 생활도 여유롭고 오히려 시간도 많고 이럴 텐데, 전 정말 힘들게 맨 땅에서 헤딩을 해야 되고, 하루하루가 생활고에서 걱정을 하면서 살아야 되기 때문에, 그 정신적인 갈등이 상당히 많잖아요. 그런 갈등들을 어떻게 정말 슬기롭게 대처를 해 나갈 수 있는지, 마음을 다잡을 수 있는지 이해하는 말을 (해)줄 수는 있을 것 같아서. 그분들의 입장을 이해를 하고, 그래서 아무리 어려운 상황이지만 생각을 긍정적으로 하고 대처해 나가면 해결 방안이 있다라는 임파워먼트를 시켜 줄 수 있다는 생각에서 그쪽으로 했는데 모르겠어요. 인제 연령층이 점점 낮아지면서 세대가 좀 틀리잖아요. 그래서 지금 딱 정해 놓고 하기보다는 그런 쪽으로 하면 가장 무난하겠다라고 생각은 들고 점점 가면서 좀더 세분화된 방향으로….

꼭 한부모 문제가 아니라 자기 자신에 대한 어떤 자신감 없음이라든가 소외감이라든가, 양부모가 있어도(양부모인 경우에도) 여성들 스스로 자각이 되지 않는다거나 자아상 정립이 힘들다든가 하는 이런 문제점이 있더라구요. 그래서 정말 어떤 인간 본연에 대한 그런 마음들, 원초적인 두려움에 대한 해결문제들 이런 쪽으로 하는 것도 괜찮겠다는 생각이 들어요. 공부를 하면서 깨달은 건데 '아, 이거는 인간에 대한 근원적인 문제다.'라는 생각이 자꾸만 들어요. 그 근본적인 원인은 무엇인가라는 데까지 생각이 미치니까, 그 근본적인 문제에 대해서 들어가서 같이 얘기를 나누고 싶고 상담하고 싶고 하는 생각이 드는 거예요. 글쎄, 저도 이런 말을 드려서 어떨지는 모르지만 사람이 자기 힘으로만 어떻게 해결을 한다고 생각하는 거는 한계가 있기 때문에 어느 정도는 우리가 알 수 없는 어떤 초자연적인 힘도 있는데 마음을 비워

놓고 때로는 사물을 받아들일 수 있는 열린 시각으로, 그런 편안함이 있어야 되는데, 그거는 약간은 종교적인 것도 있어야 될 것 같아요. 그래서 저는 앞으로 하게 되면 종교의 영성과 상담의 체계적인 방법과 이런 것들을 같이 접목을 해서 하면은 좋겠다는 생각이 들어요.

지하철에서 눈물바람을 하면서 왔던 기억이 생생하죠

초기에 한부모[4]로서 어려웠던 점은 당연히 양육 문제죠. 왜냐면 아이는 어리고 그렇다고 어디 뭐 하나, 예를 들어서, 아이가 아프다 그러면은 내가 회사를 때려치고 와가지고 조퇴를 하든지 해서 이 애를 어떻게 해야 되잖아요. 그거를 어떻게 해줄 수 있는 게 없어가지고, 어린이집에다가 하는(맡기는) 것도 한두 번이고, 한참 자랄 때 아이가 어릴 때는 힘들더라구요.

그래서 그럴 때는 아유, 쟤는 역시 상황이 저렇게 어려우니까 일을 제대로 맘대로 못하고 그럴 수밖에 없더라는 그런 선입관들, 그리고 내가 "아이가 어리기 때문에 늦게까지 야근 못하고 일찍 와야(퇴근해야) 됩니다."라고 했을 때 뒤통수에 꽂히는 그 따가운 화살, 뭐 이런 것 때문에 너무 막 속상해하고, 이랬던, 눈물바람을 하면서 왔던, 그런 지하철에서 기억이 생생하죠. 울면서 왔던 기억도 나네요. 다 야근하는데 부장이라는 사람이, 어찌나 속 쓰리는 얘기를 했는지, 그리고 그때 자녀 양육하는 게 많이 어려웠고 혼자였기 때문에….

4 사별, 이혼, 비혼(미혼), 별거 등으로 인해 홀로 자녀를 양육하는 부모. 그동안 부정적이고 결손의 의미가 강하게 나타났던 편부모를 하나로도 온전하고 가득하다는 의미의 우리말 '한'을 사용함으로써 어느 가정과 마찬가지로 평등한 가족으로 건강하고 행복할 수 있다는 의미를 담고 있다.

한부모로 산다는 것은![5]

박상아[6]

한부모로 산다는 것은,
아이 따로 엄마 따로
밖에서의 하루를 마감하고
어두워진 저녁에 집 안에 들어서서
현관부터 하나둘씩 불을 켜며
환해지는 방 안처럼
우리의 마음에 그렇게 하나둘씩
희망과 행복의 불을 켠다는 것을 의미한다.

한부모로 산다는 것은,
깊은 밤에 아이가 고열에 신음할 때
냉장고에 준비해 둔 해열제를 먹이면서
긴 밤을 용감하게 대처하는
지혜를 갖추어 나가는 것을 의미한다.

한부모로 산다는 것은,
TV의 홈쇼핑 방송에서 판매하는
전기공구를 눈여겨 두었다가
벽 어디쯤엔가 못 칠 일이 생길 때
요긴하게 쓰는 것을 의미한다.

한부모로 산다는 것은,
토요일 오후 개봉될
어린이 만화 영화를 아이와 손잡고
때론

5 한국여성민우회 가족과성상담소, 「한부모를 위한 가이드」(2000, 53~54쪽)
6 박선남의 필명.

길가의 풀섶에 섞인 작은 들꽃을 보며
온통 즐거워하고
그 꽃을 그려 볼 하얀 종합장과 색연필 몇 개를
가방에 넣고 다니는 것을 의미한다.

한부모로 산다는 것은,
추석 명절이 되어
노랗고 하얀 싱싱한 국화를 한아름 항아리에 꽂아 두고
며칠간의 연휴를 옴팡지게 쓸 연구를 이리저리 하며
마음부터 풍유로워지는 것을 의미한다.

한부모로 산다는 것은,
TV의 슬픈 드라마를 보다가
주책없이 엉엉 울어 버리는 것을 의미한다.

이런저런 걸 모양새 생각하지 않고 울고 있을 때
영문없이 아이는 그저 따라 울어서
모녀가 끌어안고 한바탕 눈물바다를 이루기도 하는
그런 상황을 부끄러워하지 않는 것을 의미한다.

한부모로 산다는 것은,
기찻길 평행선을 의미하는 것이 더 이상 아니다.
때론 산길에 난 외로운 오솔길.
때론 확 뚫린 신작로.
때론 힘겨운 오르막길, 가파른 내리막길.
산도 만나고 강도 만나고
끝간 데 없이 이어지고 닿아진
그 길을 의미한다.

이렇게 한부모로 산다는 것은
기쁨도 하나 가득
슬픔도 하나 가득
무엇이든 하나 가득 안고 사는 것을
의미한다.
그저 온통 한가득 푸욱 끌어안으면서
때로는 훌훌하게 텅 비어 살 수도 있음을
의미한다.
그리고 벽 한 귀퉁이에
이런 시 하나 붙여 두고
고개를 끄덕이는 것을 의미한다.

그리고 인제 역시 생활문제〔가 어려웠죠〕. 아직은 내가 전문직업이 없었기 때문에 마땅하게 딱 직업이 있었으면 안정적이었을 텐데, 일은 그렇게 했으면서도 스트레스를 엄청 받는 일이었거든요? 늘 항상 전전긍긍…, 왜냐면 내가 그날 하루 실적을 올리면 텔레마케팅이 그런 거거든요? 영업을, 접수를 받으면 돈이 되지만 안 하면 꽈당이거든요. 그래서 그게 실적이, 뭐 수입이 100만 원 이하의 수준이 된다면 짤려요. 그러니까 사실은 그런 건 내가 굉장히 하기 싫어하는 영업 중에 하난데 어쩔 수 없이 했었어요. 그러니까 날마다 스트레스가 엄청나고 못하고 들어오면 그 마음이 편하지가 않아. 아이한테도 얼굴이 즐겁게 안 나오고 그랬던 거 같애요.

영구임대다, 국민임대다
이런 식으로 할렘화시키지 말고

여기는 1,500만 원만 내면은 월세 한 10만 원쯤만 내고 사는 데예요. 그렇게 좋은 거예요. 2,500 내면 월세 한 2~3만 원 내고. 그러니까 아파트라고 해도 우리는 거의 공공주택 개념인데, 그래서 하다 보니까 어려운 사람들도 많이 들어와서 살고, 월세도 못 내서 쫓겨 나가는 사람도 있고, 생활수준이라든가 이런 게 먹고 살기에 바쁘니까 암만 해도 낮아서 이렇게 주위에 괜찮은 학교들하고, 괜찮은 아파트들하고 차이가 있어서, 학교에서도 임원이라든가 이런 거 할 때 처음에는 이렇게 약간 꺼리는 성향이 있고 그랬어요.

보이지 않는 어떤 사회적인 계급이 형성이 이렇게 있기 때문에, 이렇게 어떤 영구임대다, 국민임대[7]다 뭐 이런 식으로, 딱 이렇게 해서 모아 놔가지고 할렘화시키지 말고, 그죠? 이렇게 시키지 말고 그냥 일반아파트를 분양을 하되 거기서 한두 동이나 아니면 한 몇 퍼센트를 그 사람들한테 〔입주〕할 수 있게끔, 지역을 정하지 말고 어느 층위에 끼어서 들어가서 살 수 있게끔 그렇게 해 놓으면 참 좋잖아요? 근데 그거를 그렇게 딱 나눠서 해 놓으니까, 이렇게 안 좋은 점이 있더라구요.

그래서 지금 아마 요구를 하는 게 아파트를 지을 때 몇 프로는 장애인이라든가 저소득〔층〕이라든가 이런 사회 극빈자들이나 이런 사람들을 위해서 할애를 해라, 이렇게 〔요구〕했는데, 그 업체들이 받아들이지가 않죠. 자기네가 손해니까. 이런 걸 정부에서 정책적으로 나가 주고 그 회사에다 지원을 해준다면 할지는 모르지만 그

7 국민임대아파트는 주택공사에서 일정 소득 이하의 저소득층이나 기타 서민들의 주거안정을 위해서 저렴한 임대료로 거주할 수 있도록 지은 임대아파트를 말한다. 20년, 50년, 영구임대가 있다.

런 지원체제가 안 마련되어 있으면은 일반 사기업처럼 뭐 현대나 대우나 뭐 건영이라든가 이런 업체들이 앞 다투어 할려 그러겠어요? 그러니까 이건 정책적으로 딱 해놓고 그래야 아파트를 공사할 수 있는 허가를 준다든지 이렇게 해야 되는데 그렇게 바꾸기에는 가진 사람들이 너무나 그걸 다 갖고 있으니까, 법이 통과가 안 되죠, 죽었다 깨나도. 그래서 우리는 인제 그런 데 목소리를 낼 수 있는 게 이런 단체들, 사회복지단체들, 여성단체들, 이런 단체들, 풀뿌리 민중들, 민주주의처럼 시민단체들이 목소리를 내 줘야지 이게 가능하지. 갖고 있는 자들은 절대 기득권을 안 놓거든요. 그래서 그런 거는 처음에는 그렇게 내가 살아 보니까 그래요.

그러니까 〔아파트 단지〕 조성도, 여기는 단지 좀 잘되고 괜찮은데도 살 만한데도 썩 괜찮은 문화생활 하나가 들어오지 않아. 인근에 없어요. 이 1,450세대가 살고 학교가 여기 이렇게 있는데 양쪽으로 하면 2천 세대가 넘거든요. 그런데 여기에 공부방, 어린이집 하나, 어린이집은 있는데 복지관 하나 없는 거야. 복지관 갈려면 여기서 30분을 넘게 차를 타고 저 장암동까지 가야 돼. 애들이 무슨 거기까지 가서 복지관 이용할 일 있어요? 그러니까 인제 복지시설은 너무나도 안 돼 있는 거야. 아이들을 위한 〔게〕 아무것도 없어요. 어린이집 들어와도 사립어린이집 들어와도 비싸게 돈 받고 운영하는 거지, 국립이 아니에요. 시설 있는 건 노인정 하나. 노인네들은 주로 앉아서 거기서 버티고, 자라나는 아이들은 갈 데가 없어요. 그러니까 이런 문제가 얼마나 심각한 문제예요? 그래서 그런 혜택이 전혀 없다는 거 그게… 이렇게 힘든 사람들 모아 놓고 나라에서 정책적으로 했는데 그런 게 없어요.

너희들은 간식비 안 내니까 더 달라 말아라

그러니까 작년 9월부터요, 학교에서 인제 나라에서 갑자기 방과 후 프로그램을 2003년 9월이죠? 실시를 한다고. 근데 그게 아마 여성부가 발족이 되고, 이런 아이들에 대한 관심이 많아지면서 민우회 쪽에서도 많이 제안을 했고, 그래서 이제 시범적으로 몇 개 학교에서만 서울 시내나 일부 경기도 지역이나 이렇게 했던 것 같애요. 그러면 이제 맞벌이 부부는 간식비를 내야 되고, 한부모나 저소득층 자녀들은 간식비를 안 내고, 학교 끝나면 이제 5시까지 학교에서 교실 하나 마련해가지고, 거기서 있다가 오는 거예요. 그러니까 이제 괜찮지.

근데 아이들을 한 20명 30명 모아 놓고 어린아이들도 아니고 들고 뛰니까 관리하기도 힘들겠지. 그때 선생님이 굉장히, 60대 할머니 선생님이었던 것 같애. 인제 정년퇴임을 하시고 그리고 굉장히 보수적이었던 것 같애요. 그래서 엄마들 앞에서는 "잘해요, 헤헤." 막 이렇게 하는데, 실제적으로 막 출석부로 머리도 때리고 그랬다는 거예요. 반에서 막 떠들면은 그랬던 것 같은데, 그거보다는 아이들을 통제를 못하고 시스템 자체가 그냥 한 반에다 아이들을 그냥 갈 데 없으니까, 한 교실에다 모아 놓고 테레비 하나 틀어 놓고… 한 25명 됐던 것 같애요. 원래 한 30명까지 받는다고 되어 있는데, 아무런 시설도 뭣도 없이 그냥 테레비전 하나 갖다 놓고 비디오 틀어 주거나 그냥 책 읽거나 학교 숙제하거나 이런 식으로 교실 하나에다 모아 놓으니까, 아이들이 그 안에서 그 공간 안에서 부딪히게 되잖아요. 공간 구성이 다 되어 있고 이렇게 하면은 또 모르지만 유치원도, 어린이집처럼 그렇게 개별적으로 꾸며 놓는

하교하는 지원이를 기다리며

것도 아니고, 프로그램이 딱 짜져 있는 것도 아니고. 그러니까 아이들이 그 속에서 그냥 어영부영 있는 거예요.

그러니까 떠들고 시끄럽고 싸우고 그러다가 한 4시쯤 되면은 간식을 주는 거야. 간식이 뭐 초코파이 하나, 요구르트 하나 이런 식으로 주는데 그게 애들이 양이 차겠어요? 배는 고픈데? 그래서 더 주세요, 어쩌고 하면 "너희들은 간식비 안 내니까 더 달라 그러지 말아라." 뭐 그렇게 하고 하니까 애들이 "엄마, 왜 우리는 간식비 안 내? 엄마, 우리도 간식비 내자."〔라고 말해요〕. 기분이 나빠가지고. "엄마가 만약 필요하면 간식비 낼 수도 있는데 그거 안 내도 되는 거야." 그랬더니 "아니야! 우리도 간식비 내." 그러다가 나중에는 결국은 다니기 싫다고 인제 안 간다고 그래서 다니지 말라 그랬어요.

결혼을 푸는 것도 선택해서 할 수 있어야

글쎄요, [한부모에 대한 긍정적인 이미지를 심어 주기 위한] 교육이랄 건 없고, 인제 프로그램 같은 걸 민우회에서 진행을 할 때, 우리 자녀들이 좀 어떻게 하면 이 상황을 긍정적으로 받아들일 수 있을까 라는 걸 상당히 대화를 많이 나누고 모색을 했어요. 그래서 우리가 꼭 이렇게 어떤 이미 주어진 그런 용어들을 써야 되느냐, 좀더 우리가 다른 각도로 생각을 해보자, 다른 용도로 생각을 해보자, 결혼을 우리가 선택해서 한 거라면 결혼을 푸는 것도 선택해서 할 수 있어야 되지 않느냐, 이렇게 생각을 하다가 그럼 우리가 살다가 하기 싫으면 결혼도 풀 수가 있는 거 아니냐.

근데 이제 그런 [내용을 다룬] 책이 '배빗 콜'[8]이라고 해서 『따로따로 행복하게』[9]라는 책이 나왔더라구요. 인제 지원이가 어렸을 때, 이걸 좀 많이 보고 되게 긍정적으로 생각을 했던 것 같애요. 그래서 좋은 책 한 권이 참 아이의 사고방식을 많이 좌우를 하는 것 같아요. 잘 나왔어요. 책이.

이제 저학년 때까진, 1, 2학년 때까지는 그렇게 받아들였는데, 조금 크면서 이혼이라는 개념이 안 좋다는 [얘기를] TV라든가 사회, 학교[에서 듣고] 막 애들 하는 얘기[를 듣고 하다 보니] 이렇게 안 좋은 게 생각이 되면서 그때부터 말이 없어지더라구. 애가 말을 안 해요, 좀 크면서는 점점. 아마 이제 4학년, 5학년 되면 더 말을 안 할 것 같애. '이렇게 우리 [부모]는 이혼해서 안 좋구나.'라고 생각을 할 수도 있을 것 같애.

그래서 제가 여기서 느끼는 게 '아! 아이들이 크면서 단계에 맞춰서 가족구조에 대해서 긍정적으로 들어가 줄(생각할) 수 있는 프

8 영국의 그림책 작가. 생활습관, 옛이야기, 성교육, 이혼, 죽음 등 다양한 소재를 어린이의 시각으로 정면 도전하여, 역설과 웃음으로 사물의 본질에 대한 이해를 돕는다. 작품으로 『엄마가 알을 낳았대』, 『말썽꾸러기를 위한 바른생활 그림책』, 『강아지 의사 선생님』 등이 있다.

9 이 책은 부모의 갈등이나 이혼 같은 어려운 상황을 웃음을 곁들여 그려 냄으로써 어린이들의 마음을 달래 준다. 그런 과정을 통해 부모의 갈등을 긍정적인 방식으로 이해할 수 있도록 도와주고 있다.

로그램이 계속 연결되지 않으면 어느 순간부터 힘들어지겠다.'〔라는 점이에요〕. 애가 사춘기가 되면 좋은 남자의 모델도 없고, 어떤 역할 같은 개념도 없고, 그러니까 지금 재가 저학년 때나 유아기 때는 이렇게 했어요. 근데 더 크면서 그 아이에 맞는 프로그램이 없는 거야. 지금 이렇게 자라다가 아이가 어느 순간에 또 기존의 가족 틀에 〔맞춰〕 결혼을 할려면은 딱 들어가 버릴 생각을 하면은 말짱 도루묵이에요. 원점부터 또 시작을 해야 돼. 그래가지고 "어머, 저 집은 한부모 밑에서 시어머니 혼자, 친정부모 혼자서 애를 키워가지고 애비없는 자식…" 뭐 이래가지고서는 결혼조건에서 마이너스로 작용을 한다, 이것도 완전히 상처잖아요. 그동안 쌓아 온 공이 헛거잖아.

그래서 이런 프로그램들이 건강하게 할려면은(운영되려면) 내가 돈이 많아서 잘 가르쳐가지고, 그 모든 걸 다 갖췄다면은 그래도 또 그렇겠죠, 그죠? 그래도 힘든 부분이 있을 거야. 그래서 그런 프로그램들을 많이 개발하고 홍보를 많이 해서 같이 좀 해주고 이랬으면 참 좋겠는데, 아직은 없네요. 지원도 그쪽으로 안 되는 것 같고, 나라에서 그렇게까지는, 그죠? 어느 정도 성인이 되면은 자기가, 그러니까 아이들이 그 사춘기, 초등학교 때부터 한 고등학교 때까지 요때의 프로그램이 없는 것 같애요.

호주제는 정말 악법이라고 생각을 해요, 악법

호주제에 대해서는 당연히 반대죠. 내가 안 그래도 결혼하고 나서 내가 애 아빠한테다 "신지원이 아니라 박지원이다. 외국에는 엄마나 아빠 성 누구라도 따라도 된다는데 난 신지원의 신씨가 싫다. 나, 박지원 한다 박지원!" 이러면 난리 난리를 하면서 "그게 왜 박지원이냐 신지원이지!" 막 애 때문에 그런 적이 있었어요. 호주제도 정말 원하는 대로 부부가 상의해서 아이 성을 땄으면 좋겠고, 내 생각에는 성을 두 개 쓰는 건 너무 복잡하니까 원하는 대로 성을 했으면 좋겠고, 나처럼 한부모가 됐으면은 당연히 엄마 성을 따라서 이렇게 했으면 좋겠고. 그런 생각이 들고.

그리고 호주제가 가지는 폐해라는 거는 그 가부장적 체계, 남자가 힘이고 주권이고 남자를 중심으로 해서 모든 게 이뤄져야 된다 하는 가부장적 체계, 그거잖아요. 그러니까 나는 그거 자체가 너무나 싫은 거죠. 거기서부터 힘을 실어 주기 시작하니까 뭐 되는 게 없어요. 여성 상위가 아니고 양성평등으로. 좀 다른 차이, 신체적으로 차이는 있지만 차별은 두지 말고 해야 되는데. 물론 살다 보면은 힘에 의한 우위는 있는데 그걸 어떤 틀에다 가둬가지고, 그걸 누르려고 하는 거는 나는 정말 너무나 싫어요. 그래서 호주제는 정말 악법이라고 생각을 해요. 악법! 세상에 그런 게 없어요. 근데 그런 거는 기득권을 놓치지 않으려는 세력 때문에 빼도 박도 못하고 있는지.

호주는 애 아빠로 되어 있죠. 결혼해서 이혼한 거니까 호주가 애 아빠. 아! 호주는 할아버지로 되어 있다. 신창선, 이렇게. 할아버지로 되어 있어. 왜냐면 호주를 승계를 안 했어요. 호주가 아직은 살아 계시고 그래서 호주 분가를 안 했어. 장남이라서, 작은아들은 호주 분가가 되잖아요. 근데 장남이니까 안 되는 거야. 그냥 살아 계실 동안에는 호주로 되어 있고, 할아버지가, 그러니까 할아버지가 돌아가셔야 인제 장남이 호주를 승계를 하죠.

그게 인제 바뀌지겠죠, 뭐. 3월달에 한대니까. 이혼해가지고 신

호주제 폐지 후 달라지는 내용

조항150	현행	개정안
호주의 정의 (제778조)	일가(一家)의 계통을 계승한 자, 분가한 자, 일가창립 및 부흥한 자 등.	삭제.
가족의 범위 (제779조)	호주의 배우자, 혈족과 그 배우자 및 그 가(家)에 입적한 자.	배우자, 직계혈족 및 형제자매. 생계를 같이하는 직계혈족의 배우자, 배우자의 직계혈족, 배우자의 형제자매.
자(子)의 입적 및 성과 본(제781조)	자녀는 아버지의 성과 본을 따르고 아버지의 가(家)에 입적(부성 강제). 아버지가 외국인일 때에는 어머니의 성과 본을 따르고 어머니의 가(家)에 입적.	자녀는 아버지의 성과 본을 따르는 것을 원칙으로 하되, 혼인신고시 어머니의 성과 본을 따르기로 협의한 경우 어머니의 성과 본을 따름(부성 원칙). 자녀의 복리를 위해 성과 본을 변경할 필요가 있을 때는 아버지, 어머니 또는 자녀의 청구에 의해 가정법원의 허가를 받아 자녀의 성과 본 변경 가능. 혼인 외의 출생자가 인지된 경우 자녀는 부모의 협의에 의해 종전의 성과 본을 계속 사용할 수 있으며 협의가 이루어지지 아니한 경우에는 법원의 허가를 받아 인지 전의 성과 본 사용 가능.
입적, 복적, 일가창립, 분가 등(제780, 782~796조)	호주제를 전제로 한 입적, 복적, 일가창립, 분가에 관한 규정.	삭제.
동성동본 금혼(제809조)	동성동본 금혼.	8촌 이내의 혈족 등 혼인제한 범위 조정.
여성의 재혼금지 기간(제811조)	6개월.	삭제.
아내의 입적(제826조 제3항, 제4항)	아내는 남편의 가(家)에 입적.	삭제.
친양자제도 신설(제908조의 2~제908조의 8)	없음.	양자를 양부모의 친생자로 신분등록부에 기재. 양부모의 성과 본을 따를 수 있음. 친생자로 기록되면 양자라는 기록은 사라짐.
호주승계(제4편 제8장)	호주가 사망하거나 국적을 상실했을 때 호주가 승계되며, 그 순서는 아들–손자–딸–손녀–아내–며느리 순.	삭제.

신분등록제도의 변경

호적이 없어지고 새로운 신분등록부가 도입.

1. 형태

자신의 신분 변동 사항과 부모, 배우자, 자녀, 형제자매의 인적사항이 기록되는 본인 기준의 가족기록부.

2. 기록 내용

- 본인의 출생, 혼인, 입양 등 신분 변동 기록.
- 부모, 배우자, 자녀, 형제자매의 이름, 주민등록번호 등 인적사항. 부모나 가족의 이혼, 재혼 등 신분 변동 기록이 기재되지 않아 사회적 편견으로 불이익을 받지 않게 된다.

3. 신분등록사항의 공개범위

법률에 정해진 경우 외에는 신분등록사항 전부를 임의로 확인할 수 없도록 하며, 일정한 요건을 갖춘 경우 가족증명, 일반(이력)증명, 혼인(이력)증명, 입양(이력)증명 등 필요한 정보만 공개.

※ 불필요한 개인 신분 정보의 노출을 방지할 수 있다.

민법 개정안 주요 내용

- 호적과 족보

호적이 사라지고 개인이 태어나면서 각자 하나의 신분등록부를 갖는 새로운 신분등록제가 도입된다. 족보는 문중의 가계를 기록하는 사적인 기록부로 국민 개개인의 신분사항을 증명하는 국가의 공문서인 호적이 사라져도 아무런 영향을 받지 않는다.

- 자녀가 어머니의 성을 따를 수 있게 된다

원칙은 아버지의 성을 따르는 것이나 혼인신고를 할 때 부부가 협의하면 어머니의 성을 따를 수 있다. 중간에 어머니의 성으로 바꾸는 것은 불가능하다. 단, 친부 성폭력 등으로 자녀가 아버지의 성을 따르기를 거부할 때, 이혼가정일 때와 같이 자녀의 복리를 위해 성을 변경할 필요가 있을 경우 부모나 자녀의 청구에 의해 가정법원의 허가를 받아 성을 변경할 수 있다.

또한 미혼모의 경우 과거에는 상당 기간 동안 어머니의 성을 사용해 온 경우에도 생부가 나타나 인지신고를 하면 자동적으로 아버지의 성을 따라야 했으나 개정된 민법에 따르면 생부가 나타나도 법원의 허가를 받아 어머니의 성과 본을 계속 사용할 수 있게 된다.

• 재혼 가정의 자녀가 새아버지의 성으로 바꿀 수 있게 된다

부모나 자녀의 청구에 의해 가정법원의 허가를 받아 성을 변경해 새아버지의 성을 따를 수 있다. 그러나 새아버지와 친자관계가 성립되는 것은 아니다. 다만, 재혼한 어머니를 따라온 자녀를 친양자로 입양할 경우에는 새아버지의 친자로 기록되어 법률상 친자녀와 똑같은 권리를 행사할 수 있게 된다.

• 이혼한 여성과 자녀의 관계

기존 민법에서는 어머니가 자녀의 친권과 양육권을 가지고 이혼하더라도 호적상으로는 이혼한 어머니와 자녀는 가족이 아니었다. 새로운 법에 따르면 이혼한 여성도 자녀와 부모관계를 인정받는다.

• 양자도 법률상 친자녀와 똑같은 권리를 행사할 수 있게 된다

친양자제도가 도입되어, 15세 미만의 양자를 입양할 경우 호적에 양부모의 친생자로 기재되어 친자녀와 동등한 법적 권리를 행사할 수 있게 된다. 친양자는 법률상 3년 이상 혼인 중인 부부가 가정법원에 청구해 입양할 수 있다. 다만 재혼한 어머니나 아버지를 따라온 자녀를 친양자로 입양하려면 혼인기간이 1년 이상이면 된다.

• 동성동본 금혼 규정이 사라진다

동성동본 금혼 규정이 부계와 모계의 8촌 이내 등 일정범위 내의 결혼을 금지하는 근친혼 금지로 전환된다. 동성동본 금혼 규정은 인간의 존엄성과 행복추구권을 보장하려는 헌법의 이념에 정면으로 배치된다는 이유로 이미 1997년에 헌법불합치 결정이 나 법적 효력이 중지된 상태였으나, 이번 민법의 개정으로 명문화되었다.

• **여성의 재혼금지 기간이 없어진다**

이혼한 여성이 6개월간 재혼하지 못하도록 한 법조항이 삭제된다. 기존의 민법은 자녀의 아버지가 누구인지를 명확히 하는 목적으로 여성에게만 재혼금지 기간을 두었지만, 양성평등의 원칙에 위배될 뿐 아니라 친자관계 감정 기법의 발달로 이러한 제한 규정을 둘 필요성이 없으므로 삭제되었다. 또한 기존에는 남편만 제기할 수 있었던 친생자 확인 소송을 아내도 제기할 수 있게 되었다.

지원이 아니라 박지원으로 바꿔 버린다고 내가 그랬더니, 이혼 전에 그랬나, 내가? 박지원으로 바꾼다 그랬더니 "그럼 죽을 줄 알아!" 그러면서 무슨 그게 큰 특권이라도 자기가 갖고 있고, 엄청난 성을 갖고 있는 것처럼, 말도 안 되는 소리를 한다고 그러면서 뭐 거기에 대해서 되먹지도 않은 소리를 한다고, 도대체 상식이 있는 거냐 없는 거냐 그러면서 막 얘기를 하더라고. 진짜 그렇게 될 줄 알았나 봐요. 겁이 덜컥 났나 봐. 내가 성을 〔바꾼다〕 그래서 그랬는지. 〈웃음〉 그러니까 애 아빠도 뭔지는 몰라도 배우지도 않고, 뭘 모르면서도 계속 그런 얘기를 했어요. "족보도 없으면서 여자가 무슨 족보에 올라가? 족보도 없으면서. 제사 때나 절하냐?" 그러면서 굉장히 좀 무시하고 비하하는 발언을 했던 것 같애요. "족보도 없으면서" 이러면서. 〈웃음〉

아이 아버지한테 허락을 받아야 된다는 거야

최근에 동사무소에서 연락을 받았는데 제가 직장이 당분간 없어가지고 기초생활 보장을 직장 구할 때까지만 신청을 했는데, 거기서 실태조사를 할 때 저한테만 실태조사를 하는 게 아니라, 주민등록 등본상에 다 나와 있는데도 아버지한테 간 거예요. 그쪽에서 혹시 양육비를 주지 않느냐라는 쪽으로, 그렇게 공문 작성을 해서 내라고 왔더라구요. 그래가지고 애 아빠가 갑자기 뜬금없이 한 1년 만에 전화가 딱 온 거예요. "웬 서류가 나한테 왔는데 이게 무슨 서류냐? 뭐 소득을, 금액을 기재를 해라. 뭐 아이에 대해서 돈을 얼마씩 하는지(양육비로 주는지), 뭐 박선남에 대한 소득 확인을 좀…." 뭐 이런 식으로 쫙 이렇게 왔대요. 난 그게 뭔지도 모르고 신경 쓸 것도 아니니까 나는 모르겠다 그러고서, 그냥 끊었거든요.

그러고 나중에 동사무소에 가서 물어봤죠. 그랬더니 동사무소〔에서〕는 아이가 생활보호대상 국민기초 2급이라도 조금이라도 혜택을 받으려면 그 아이 아버지한테 허락을 받아야 된다는 거야! 그래서 "아니, 내가 이혼을 해서 친권, 양육권이 다 내가 있고 내가 모든 저기를 다 하는 건데, 왜 아버지한테 그걸 물어봐야 되느냐?" 그랬더니 어머니만 하면은 관계가 없는데, 아이 아버지가 호주로 되어 있기 때문에 거기로 가서 확인을 받아야 된다고, 그래서 아니 이렇게 말도 안 되는 경우가 어디 있느냐 그랬더니, 그래도 그렇게 해야 된다고 그러면서 그쪽으로 서류가 갔대는 거예요. 그래서 서류가 안 오거나 그러면은 불이익을 받을 수 있다 그래서 황당한 적이 있었어요. 아이에 대한 인적사항이 다 기록이 돼 있고 아이 어머니는 이름만 되어 있다고 그러더라고요. 그러니까 주소는 나오지 않고. 그쪽으로 이미 갔다면 동사무소에서 역으로 추적을 해서 또 '우리한테 〔찾아〕올 수도 있겠구나. 상대방(전남편)이!', 그러니까 사이좋게 기분 좋게 헤어져서 잘 지내자 한 사람들은 괜찮지만 우리처럼 폭력으로 안 만나고 싶은 사람이 그렇게 되면 별로 안 좋죠, 느낌이.

애가 성년이 될 때까지는, 스무 살 때까지는 그쪽의 터치를 받아야 된다는 거잖아요. 그렇다고 해서 뭐 돈을 부쳐 주고 이런 것도 아니고. 그쪽에서도 이런 이상한 서류가 자기한테 오는 것도 싫고, 나는 나대로 아이에 대한 문젠데 그쪽으로 가서 확인을 받는다는 게. 지금 서로 남남으로 되어 있는 거잖아요. 그러니까 결국은 그거예요. 아이의 호주, 아이의 친부 이런 것 때문에 호주 때문에 그렇게 가는 것 같애요. 앞으로는 그게(호주제 폐지) 2008년도에 실시가 된다면 그런 부분이 없어지지 않을까 생각이 들어요.

국회 본회의에서 호주제 폐지를 골자로 한 민법 개정안이 통과되자 회의장 밖에서 이를 지켜보던 여성계 인사들이 만세를 부르며 환호하고 있다(연합뉴스 2005. 3. 2).

아이가 원하는 대로 박가를 하고 싶으면 박가, 신가를 하고 싶으면 신가

당연히 호주제 폐지가 통과가 될 거라고 생각을 하고 있어서, 일단은 되기 전까지는 됐으면 좋겠다고 생각을 했는데 막상 되고 나니까, 그 문제 자체가 딱 해결이 되면 그 문제 자체를 거론할 아무런 필요성이 없는 거잖아요. 그래서 이제는 성만 가지고서는 어떤 권리를 행사할 수 있는 힘이 없어지니까 신이든 박이든 별로 그렇게 큰 의미 부여가 안 되는 거죠. 아이가 원하는 대로 자기가 박가를 하고 싶으면 박가, 신가를 하고 싶으면 신가, 이렇게 할 수 있잖아요. 이제는 부모랑 합의를 해서. 이제 호주제가 폐지되니까 성이 무슨 성이든 무슨 관계냐, 실질적으로 현재 생활을 책임지고 현재 아이를 양육하고 현재 아이를 돌보고 있는 사람이 가장 우선순위가 되는 거잖아요. 현실에 맞게.

저 같은 경우에는 재가 아주 어렸을 때는 성을 가지고 유세를 떨었기 때문에 그게 싫어서 아이의 이름을 바꿔가지고 "거 봐라! 성도 우리 성이다!" 이렇게 족보를 가지고 유세를 떨 게 없다고 하고 싶었는데, 지금은 성 가지고 아무런 힘이 없기 때문에 아이가 신이 됐든 박이 됐든 관계가 없고. 다만 아이가 어렸을 때 바꾸는 거는 아이가 별 개념 없이 받아들였기 때문에 괜찮은데 지금은 10년 동안 아이가 신지원으로 살았는데, 어느 순간에 박지원으로 하면은 아이 스스로도 받아들이기도 조금 어렵고, 또 아이 나름대로도 신지원에 대한 역사가 있기 때문에 그런 역사가 박지원으로 흐를 수밖에 없는 역사가 또 있을 거 아니에요? 그거를 스스로 잘 조정을 할 수 있다면 다행인데, 그렇지 않으면은 신지원에 대한 기억은 안 좋은 기억, 또 박지원에 대한 기억은 새로운 기억으로 만들어야 된다는, 그것 또한 아이 나름의 어떤 라이프사이클을, 역사를 만들어 가는 거기 때문에 그거는 아이가 온전하게 커서 자기가 원한다면 니가 하고 싶은 대로 하라고, 자기가 받아들일 수 있는 걸로 하라고 하고 싶어요. 예를 들면, 박지원으로 바꾼다면 주위에서 오히려 "어! 너 신지원이었는데 왜 박지원이야?" 그러면서 "왜 그랬어? 무슨 일이 있었니?"라고 한 번 더 문제를 짚고 가는 게 되잖아요. 그래서 박지원으로 하게 된 경우를 또다시 아이가 주위에 설명해야 된다든지 거기에 대해서 자기 스스로 독립을 해야 되는데, 그걸로 인해서 아이가 어려워지고 〔그런 상황에 처하게 되잖아요〕. 이제는 호주에 대한 개념 자체가 사라져 버렸기 때문에 아무런 문제점이 될 필요가 없는 거예요. 지금은 어느 게 좋다라는 생각은 안 들어요. 꼭 내 성을 따라야 한다는 그거는 없어졌어요.

서로 개방하고 연대해서

한부모 엄마들이 많이 힘들죠. 경제 문제 힘들죠. 어떤 사회적인 편견에서도. 저는 가장 〔크게〕 보이는 편견은 '아유, 재가 한부모니까 아빠도 없이 자라서 좀 힘들겠다.'〔라는 시선이에요〕. 결손가정의 의미로도 많이 시선을 두고 있고, 또 하나는 한부모 당사자한테 '저 사람은 혼자니까 어떤 남자라도 저 사람한테 집적거릴 수 있고 또 어떤 남자를 〔쉽게〕 할(만날) 수 있겠다.'라는 보이지 않는 그런 것들도 있어요. 별로 곱지 않은 시선, 그거는 제가 나중에 깨달은 거예요. '아! 저렇게도 볼 수 있구나 사람들이.' 〔하고 말예요〕.

그런 시선들로부터 상당히 편하지는 않은데 중요한 거는 당당하고 떳떳하게 열심히 살고, 그리고 힘들면 힘들다고 얘기를 할 수 있고 〔그런 거예요〕. 같은 한부모들끼리 서로 쉬쉬 하고 "몰라요, 아빠 외국 갔어요, 지방출장 갔어요." 이럴 게 아니라, 서로 이렇게 개방을 하고 열어서 연대를 해서 서로 우리 아이가 어디 갈 때는 저쪽 집에다 맡기고, 좀 그런 게 되었으면(서로 도우며 살았으면) 좋겠어요. 서로 한부모들끼리도 나중에 알고 보니까 "어머! 한부모였어!" 이런 경우도 많아요. 그렇게 모르고 애들한테도 물어봐도 "너네 아빠 어디 갔니?" 그러면 "우리 아빠, 외국 가서 아직 안 왔어요." 그러고 "지방 가서요, 가끔 한 번씩 와요." 그러고. 그렇게 해서 아이들 자체도 그거(부모의 이혼 사실)를 떳떳하게 부모들 자체도 말을 안 해주니까, 아이들도 그거를 숨기면서 말을 하고 다 알면서도. 그런 것들은 아이들한테도 좋지도 않고.

우리 아이는 이제 다행히 내가 얘기를 해요. 엄마랑 아빠는 너무 얘기가 안 되고 사이가 조정이 안 돼서 둘이 사는 게 불행해서 결혼 풀었다고. 결혼은 '맺을 결' 자 '혼인 혼' 자 해서 결혼은 서로 맺어져서 같이 사는 건데 그걸 서로 풀었다고 〔말해요〕. 그래도 이제 아이한텐 아빠니까 "아빠도 너를 사랑하기는 하는데 엄마가 있는 게 더 낫

한부모가족 지원단체 네트워크 발족식.
안국동 느티나무 카페에서 여성단체들이 최근 이혼률이 증가함에 따라 여성의 사회적 위치 확립을 위한 '한부모가족 지원단체 네트워크 발족식'을 갖고 기자회견을 하고 있다(뉴시스 2004. 5. 28).

다. 만약 니가 나중에 커서 아빠한테 가고 싶으면 가도 되는데 지금은 그냥 이렇게 엄마랑 있는 게 니가 더 낫지. 너 생각은 어떠니?" "아빠는 돈 벌고 나가야 되고 너 혼자 있어야 되는데 너 그럼 어떻게 해야 되니?" 그럼 "난 엄마랑 있는 게 정말 행복하고 더 좋아." 그래요.

그래도 아빠에 대한 미련은 지울 수는 없죠, 아이가. 기대라든가 아빠로서의 어떤 좋은 그림들, 아빠가 무등 태워서 놀이공원도 가고 먹을 것도 사 주고, 아빠가 툭툭 등도 두드려 주면서 얘기해 주는 든든한 그런 역할들에 대해서 막연한 기대는 가지고 있는데, 있어도 다 해주는 건 아니거든요. 근데 그런 기대감이나 환상을 키울 수도 있더라구요. 다 그런 것만은 아니고 오히려 없어서 좋을 수도 있고, 또 뭐든지 장단점이 있는 거고 양면성을 가지고 있다, 그 정도로 이해하면 괜찮을 것 같애요. 어쨌든 너무 두려워하지 말고 당당하게 한부모인 걸 밝히면서 사람답게 살 수 있도록 늘 우리가 하는 행동으로 평가를 할 수 있도록 그렇게 열심히 살아야죠.

자기에 대해서 존중하고 수긍하고, 살아 있는 날까지 행복하게 살다가 갈 수 있도록

남은 생애는 하루하루 살기도 힘들고 바쁘기는 한데, 일단 사람이 산다는 거는 생명이거든요. 생명을 살리는 일. 그러니까 나로 인해서 누군가가 손해를 보거나 피해 보지 않고 더불어서 같이 살아갈 수 있는 그런 일을 좀 하고 싶고, 그런 일을 하면서 돈도 되고 보람도 되고, 그래서 이제 제가 생각한 게 전문상담가 과정이거든요. 사람이 많은 걸 가져서 사는 게 아니다, 자기가 살아 있어야 하는 존재, 자기가 태어난 존재에 대해서 존중을 하고 수긍을 하고 살아 있는 날까지 행복하게 살다가 갈 수 있도록 그런 역할을 해줄 수 있는 뭔가가 있다면 너무나 좋겠다, 그거는 생명이기도 하고 사랑이기도 하고. 그런 일을 하면 참 보람 있을 것 같아요.

그리고 자녀한테 저는 특별히 뭐가 되라고는 안 해요. 니가 무엇을 하든지 행복할 수 있으니까, 니가 풀빵장수를 하든 대학교수를 하든 피아니스트가 되든 화가가 되든, 뭐 아이들은 꿈이 수시로 변하잖아요? 중요한 것은 니가 행복하고 좋은 일을 할 수 있었으면 좋겠다고 얘기를 하는데, 그러다 보니까 사실은 좀 막연하게 아이한테 꿈을 심어 주지 못하나 그런 생각도 들기는 해요. 그래서 어떤 때 "너는 꿈이 뭐니?" 물어보면 "글쎄 나는 뭘까?" [하고 대답을 망설여요]. 그러고 아이가 그때마다 꿈이 바뀌어요. 구체적으로 아이가 난 치과의사 되겠다, 의사 되겠다, 판사가 되겠다 이런 게 없어요.

그래서 어떤 때는 저게 저렇게 막연하게 계획을 못 세우면 또 공부를 더 못하는 게 아닌가, 동기부여가 안 되는 건 아닌가 하는데, 그런데 딱 너는 뭐가 되어라 이런 말은 해주기가 싫어요. 그래서 그냥 "너는 머리 정말 좋고 공부도 잘할 수 있어." 지금 공부는 제가 별로 안 시키거든요. 엄마가 봐 주는 만큼 애들도 하는데 같이 있어도 못하니까. 그래서 "너는 기본적으로 머리도 좋고 기억력도 좋고 집중력도 있고 할려고만 하면 하는데 지금은 엄마공부야, 다. 이제 할려고 하는 건 다 엄마가 시키는 건데 엄마가 많이 못 시켜서 하니까(그러니까) 그냥 편하게 있어. 니가 할 수 있을 만큼만 해." 이렇게 얘기를 해요.

질문지

인.적.사.항.

가족관계

- 부모, 형제자매 관계
- 어린 시절 집안 분위기
- 어린 시절 남녀차별에 대한 경험
- 부모의 직업과 집안 생계수단

직업

- 로페 근무 시절 이야기(맡은 업무, 근무 기간, 스트레스 등)
- 회사에서의 성 차별 경험

결.혼.생.활.과. 시.집.살.이.

결혼 생활

- 남편과의 만남부터 결혼하기까지
- 남편의 직업과 경제상황, 가사분담, 육아

시집살이

- 시부모(특히 시어머니)와의 관계
- 시댁 식구들과의 관계
- 큰며느리에 대한 기대와 요구

남편

- 남편과의 관계
- 남편과 시댁 식구들과의 관계(특히 어머니와의 관계, 어린 시절의 상처)
- 보육교사 과정 공부하던 시절 이야기
- 남편의 폭력 행사

한.부.모.로.서.의. 삶.

이혼

- 이혼의 원인
- 문제를 해결하기 위한 노력
- 이혼할 당시 가족들의 반응

한부모로 살아가기

- 한부모 초기 이야기
- 한부모가 된 후 달라진 점, 장·단점
- 생계수단과 생활
- 한부모로서 겪는 어려운 점(사회적 편견, 경제 문제, 자녀양육 문제 등)
- 임대아파트 생활
- 여성민우회와의 만남(한부모 지원 프로그램, 민우회 여름캠프 이야기)
- 자조모임('행복을 만드는 사람들'의 조직과 활동, 앞으로의 계획)
- 전문상담가 과정 이야기

자녀 양육

- 지원이와의 관계
- 지원이의 학교생활
- 방과 후 프로그램 이야기
- 한부모 가정에 대한 긍정적인 이미지를 심어 주기 위한 노력
- 한부모로서 국가에 바라는 점

호주제

- 호주제에 대한 생각
- 호주제로 인해 겪은 일
- 호주제 폐지 이후 자녀 성을 바꿀 것인지

자유와 독립을 선택한 당당한 한부모 여성

박선남을 처음으로 만난 것은 여성민우회 가족과성상담소에서 주최한 한부모가족 정책 심포지엄에서였다. 한부모들의 삶을 찍은 다큐영화에 박선남이 출연했고 그 영화를 보고 박선남을 구술자로 섭외하기로 결정했다. 심포지엄이 끝난 후 다가갔을 때 박선남은 다소 경계하며 망설이는 듯한 태도를 보였다. 명함을 받고 몇 차례 연락을 하고 홈페이지를 통해 연구 내용을 확인한 후에야 구술 허락을 해주었다.

첫 번째 구술은 2004년 12월 16일 박선남의 집에서 이루어졌다. 박선남은 초면에 보였던 태도와는 달리 우리를 환하게 웃으며 반겨 주었고, 가져간 '한국여성인물사' 1권을 펼쳐 보며 우리 연구에 관심을 보였다. 거실 책장에는 책이 많이 꽂혀 있었는데 그 중 가톨릭과 여성학 관련서들이 눈에 많이 띄었다. 불행했던 결혼 생활과 이혼 과정을 거치면서 읽었던 책들인 듯했다.

구술자와는 아무런 친분도 없는 내가 한 여성에게 큰 상처와 고통으로 남아 있을 이혼과 그 이후의 삶에 관한 이야기를 들으려 한다는 것이, 물론 연구를 위한 것이지만 미안하고 조심스러운 생각이 내내 들었다. 그래서 구술 받는 동안 말 한 마디, 표정 하나, 태도 하나에도 신경이 많이 쓰였다.

인터뷰 초반에는 어색해서인지 다소 불안정한 태도를 보이며 질문에 짧게 대답하였다. 그러다가 얼마 안 있어 결혼 생활과 이혼에 대한 기억으로 넘어가서는 말의 속도가 점차 빨라지며 기대 이상의 풍부한 이야기들을 들려주었다. 결혼 생활에 대한 기억은 어느 것 하나 행복한 것이 없었다. 본인의 의사와는 무관하게 결혼을 압박했던 집안(친정) 분위기와 막상 결혼해 보니 완전히 속아서 한 결혼이었다. 박선남은 가정에서는 경제적, 지적으로 무능한 남편의 보조자로, 시댁에서는 며느리, 올케라는 역할로 위치 지어진 삶을 살아야만 했던 것이다.

우리가 보통 삶의 주변에서 만나는 어머니, 할머니들이 겪어 온 가부장적 결혼 생활과 불합리한 가족제도의 모순을 그녀의 삶에서도 그대로 보는 것 같아 한숨이 절로 나왔다. 게다가 심한 주사를 부리며 임신한 아내의 배를 발로 걷어차고 죽자고 칼까지 들이댔다는 말을 들을 때는, 나조차도 끔찍하고 분노가 치미는데, 박선남의 고통은 어땠을까 생각하니 가슴이 아팠다.

2005년 1월 4일에 이뤄진 두 번째 인터뷰에서는 박선남 외에도 반가운 얼굴을 만날 수 있었다. 방학을 맞은 구술자의 딸 지원이가 늦은 아침을 먹고 있었던 것이다. 낯선 언니들의 방문에 수줍었는지 지원이는 밥을 먹고는 얼른 제 방으로 들어갔지만 호기심 때문에 구술 작업 중간중간에 문을 살짝 열고 우리를 살피기도 했다. 박선남과 딸 지원이와 함께 점심을 먹고 난 후에는 신시사이저를 같이 치며 놀기도 했다.

2차 인터뷰에서는 1차 때 개괄적으로 들을 수 있었던 어린 시절의 이야기와 직장 생활 하던 시절의 이야기, 한부모로 살아온 이야기 등을 자세히 들을 수 있었다. 그녀는 어려운 가정 형편 속에서도 고등학교까지 장학금을 받으며 학업을 마치고, 대학 진학의 꿈을 이뤄 냈다. 대학 재학 중에도 직장 생활을 하며 스스로 학비를 조달하고, 직장 안에서는 남녀차별과 학력차별을 이겨 내며 살아남았다. 결혼 후에도 그녀의 끊임없이 노력하는 자세는 보육교사 공부와 한부모로서 살아가기 위해 전문상담가 과정을 준비하는 데서 여실히 드러났다. 학창 시절 학업과 일을 병행했던 경험은 한부모가 되어서도 스스로를 긍정하고 자립할 수 있게 해준 원동력이 되었던 것 같다. 아직 젊고 아이를 키우며 먹고 살아갈 현실이 더 큰 숙제로 다가와서인지 박선남은 과거 불행했던 유년 시절이나 결혼 생활을 한탄하기보다는 국민임대주택, 복지시설, 방과 후 프로그램, 호주제 문제 등의 현실적 문제들에 더 적극적인 관심을 보였다. 개인의 삶은 변해 가는데 결혼을 둘러싼 제반 현실은 변하지 않고 있어 결혼이란 틀에서 벗어난 여성들을 포용할 수 있는 사회적 여건이 부족한 현실이 안타까울 뿐이었다.

3차와 4차에 걸쳐 인터뷰를 진행하는 동안, '호주제 폐지' 라는, 한부모 가족 모두가 기다리고 기대했던 결과가 발표되었다. 박선남 역시 호주제 폐지에 찬성했던 터라 기뻐했다. 한부모 여성들이 스스로 선택한 자유와 독립을 후회하지 않고 지켜 나가려는 의지가 있다면, 마치 바람이 불면 바람보다 더 빨리 일어나는 풀처럼, 척박한 토양에 뿌리내리고 생명을 이어 나가는 꽃처럼 자기 존재를 알리며 생명을 유지해 갈 수 있으리라 생각한다. 그리고 박선남과 같은 한부모 여성들이 힘을 합친다면 한부모에 대한 사회 인식의 변화는 앞당겨지리라 믿는다.

황 원

손자녀 대리양육

김정자

뒤늦게 남들은 노인대학두 가고, 복지관에서 가르쳐주는 노인들 춤도 배우고, 서예두 배우고, 별거 별거 다 한다는데, 밤낮 집에서 애하고 꼼짝도 못하고 정말 스트레스가 보통 쌓이는 게 아니에요. 내가 말을 다 안 하니깐 그렇지 막 스트레스가 쌓이구, 어쩔 때는 골이 막 아퍼. 시달리는 건 아니지만 집에서 하루 종일 있다가 보니깐 숨통이 막히는 거야. 그런데 어떻게 그래두, 그런 거를 자식들이 알아 주고 엄마를 편하게 해주면 좋은데, 엄마는 엄마일 뿐이야. 노인네니깐 애 보고 살림하고 그걸루 만족하는 줄 알고, 그런 거 모르잖아. 그러니깐 나두 이제는 따로 살아가지고 나두 혼자서 좀 즐기고 즐겁게 살다가 죽어야 되지 않나. 왜냐하면 애들한테 시달리고, 저들한테도 시달리고, 내가 늙어 가면서 이제는 힘이 들고, 작년 다르고 올해 다르고 하니깐 짜증이 나는 거예요.

●— 약력

1941년 3월.. 강원도 혹은 서울(불확실). 어머니가 재가. 재가 전에는 3녀 1남. 재가 후 1남 출산. 배다른 형제까지 6남매

1946년.. 아버지 사망

1949년.. 어머니 재혼

1949년.. 인천 계산초등학교 입학

1954년.. 인천 부평중학교 입학

1954년.. 인천 부평중학교 중퇴

1956년~1959년.. 인천 사탕공장에서 일함

1959년.. 서울 영등포 미싱학원에 다님

1961년~1962년.. 포천 미용실 운영

1963년.. 결혼

1965년.. 딸 출산

1967년.. 아들 출산

1972년.. 남편 한양대학교 병원 앰뷸런스 운행

1988년.. 인천으로 이사

1992년.. 남편 사망

1993년.. 딸 결혼

1994년~1999년.. 외손녀 양육

1999년.. 아들 결혼

2005년.. 아들 내외와 같이 거주, 친손자 양육

어디서 태어났는지 몰라

나는 어디서 태어났는지 몰라. 강화도에서 태어났다 하는데, 어머니가 기억이 가물가물하셔서 잘 몰라. 그건 어렸을 때니까. 어머니가 얘기해 주셨는데, 어머니가 이랬다저랬다 강화도에서 태어났다구 하다가, 서울에서 태어났다구 하다가, 나도 그걸 잘 모르겠어. 형제는 6남매의 딸로는 둘째 딸, 형제간 중에는 셋째지. 친정아버지도 내가 네 살인가, 다섯 살쯤에 돌아가셨대요. 일찍 돌아가셨어여. 그러니까 전 아부지 얼굴도 몰라요. 그니깐 아부지가 나 여덟 살 때 그렇게 되시고(돌아가시고), 어머니가 4남매를 데리구, 딸 셋에 오빠 하나 이렇게 4남매를 데리구 살다가, 너무 힘드시니까 〔재혼을 하신 거지〕. 근데 〔나는〕 자라기는 계산동에서 자랐어여. 자라서, 거기 계산초등학교 다니구. 그때만 해도 공부 많이 안 했잖아여. 고등학교두 못 나왔어여. 중학교 중퇴했어여. 〔형제는〕 오빠 있고 언니, 나, 밑으로 동생이 셋, 남동생 하나 여동생 둘, 남동생이 막내, 밑에 하나만, 여동생 하나만 배다른 형제, 남동생은 엄마가 낳으시고, 원래 형제는 네 명이지.

작년 추석 때즈음인가 오빠가 돌아가셨어요. 1년 조금 넘었죠. 지금이야 뭐 피아노도 하고 학원에도 다니구, 별거 다했지만 그때 당시에는 그런 거는 없어요. 오직 학교에만 다니는 거니까 몰라. 이제 특별하게 잘사는 사람들은 어땠는지 모르는데 우리는 그런 건 없었던 거 같아. 옛날에야 뭐…. 옛날이나 지금이나 잘사는 사람만 잘살지 못사는 사람은 못살잖아여. 그냥 뭐 농사 조금씩 짓고 먹고살고 그랬져. 우리 언니는 또 일찍 시집갔어요. 열여덟 살에. 왜냐면 살다가 생활이 좀 어려워해지니까 식구 하나가 던다, 그렇게 생각을 했나 봐. 지금 생각하면 그런 것 같아. 그렇게 시집을 일찍 보내구. 오빠는 국민학교밖에 못 나온 걸로 알고 있어여. 왜냐면은 6·25사변 나고, 그때 당시에는 또 내가 하여튼 아홉 살 땐가 열 살 땐가 그랬으니까 [초등학교] 졸업 마칠 때 그때잖아여. 그래가지고 피난 다니고 어쩌구 하다 보니까 학교를 놓치구, 중학교를 못 들어간 거 같아. 우리 오빠가 미술을 참 잘 그렸어요. 우리 오빠가 공책 사면은 공책 뒷장에다가 거울을 보구, 자기 얼굴도 그리고 손두 막 그리고, 그거는 생각이 나. 우리 동생은 국민학교밖에 못 나오구. 그 밑에 동생들은 중학교 다니구. 배가, 씨가 다른 동생, 막내 머슴애는 고등학교 나오구, 인천고등학교. 그 아이는 또 육상선수 했었어요. 키도 크고 잘생겼어여. 근데 그거 안 하구 해태제과 있져. 거기 다니다가 그만두고 그냥 결혼하구 다니다가 이제 자기 사업 하고. 그리고 밑에 여동생 하나는 시집가서 잘살고. 만수동에서 살고. 지금 다 왔다 갔다 해여. 내가, 나만 제일 못사는 거 같아. 〈웃음〉

그냥 정자라고 그러지, 김정자라는 거를 안 써여

아부지는 친아부지인데 엄마가 친엄마가 아니면, 엄마는 다 그래여. 지금 시대나 그때 시대나 지금에는 엄마는 한 엄마잖아. 한 엄마니까 똑같은 자식이니까 똑같이 대해 주는데 엄마가 다른 엄마 같으면 달라요. 그게 맞는 거 같아. 왜냐면 우리들은 자라면서 동생들이라구 하나 뭐 친동생이 아니다 그런 생각은 안 해. 그러니까 엄마가 한 엄마가 돼서 그런가 봐. 지금도 엄마들이 배가 다른 엄마들은 다 그래. 다르게 보지. 그런데 우리는 그런 거 없었어여.

그랬는데 커 가면서 애들도, 우리 애덜도 이모하고 삼촌하고 저기를 몰랐어요. 다른 씨라는 것을 몰랐어요. 근데 이제 크니깐, 크니깐 뭔가 조금 이상해. 이상하고, 그러니깐 최씨거든. 그러니깐 이름이 우리 동생이 최순분이고, 최갑철이고 그러니깐 엄마는 김가인데 왜 이모는 최씨일까 그러고 한 번 묻더라구. 그래서 이만저만해서 이렇게 됐다고 그러니깐 그러냐구, 이제는 이해를 저들도 해. 어렸을 때는 그런 거 전혀 모르고 살았죠. 그런데 지금은 외할아버지가 다른 사람이라는 걸 알아. 얘기를 해서. 어렸을 때는 전혀 모르고 살았지. 안 지도 얼마 안 되었어요. 작년, 재작년에 알아가지고. 그것도 무슨 말이 나가지고 성 이야기가 나[와]가지고. 이제 우리 큰딸아이가 "이모부하고 이모하고 성이 달라. 이 바보야." 그러니깐 [아들이] "왜 그래?" [큰딸이] "삼촌하고 이모하고는 [김씨가] 아니야, 최씨야." 그래가지고 알게 되었지. 굳이 내가 밝힐 이유도 없고 밝혀 봤자니까, 뭐. 그러니깐 우리 여동생하고 나하고 어디를 갔다, 무슨 병원에를 갔다, 내가 무슨 해주어야 할 일을 적을 때, 보험회사를 우리 동생이 다녔어요. 그런데 그런 거를 하면은 보증인을 써야 한대. 그러면은 저는 최순분인데 나는 김정자라구 그러면 그런 데서 갈등이 생기더라구, 조금. 그거 알고서부터는 그러니깐 절대 그냥 정자라고 그러지 김정자라는 거를 안 써여. 고런 데서 조금 문제가 있더라구. 그리고 나서부터는 갈등이 그런 데서 지가 스스로가 언니를 안 데리고 다닐려구 그러지. 그런 데는. 피할려구 그러지. 참구 친구를 소개하는 게 낫지. 언니라고 소개해 놓고서는 그렇게 하니깐 안 해. 그때부터는 두 번 그랬나 봐.

어머니는 열심히 사셨지

어머니는 열심히 사셨지. 그때가 아마 아버지가 밑에 동생을 낳고 얼마 있다가 돌아가셨다니깐. 그러니깐 그게(여동생) 한 살이고 내가 네 살인가 되었나 봐. 그러니깐 내가 아버지 얼굴을 모르지. 내가 〔친〕아버지 얼굴을 몰라요. 그러니깐 어머니가 열심히 사신 거지, 애덜 4남매니깐. 사시다 보니깐 그리고 살다가 너무 힘드니깐 이제 주위에서 아마 〔재혼〕 권유를 했나 보지. 사는 게 힘들어 뵈구 그러니깐. 아무도 없는 사람 그러니깐, 자식두 형제분도, 형제분들은 있다고 그러더라구. 있었는데, 자기가 나와서 객지생활하면서 혼자 떠돌아다닌 거지. 엄마는 형제분들도 없고 아무도 없으니깐 내 자식한테 잘하려니 하고 그런 사람을 받아들인 거지. 그렇게 살다가 막내 놔 놓고 잘 사시다가, 내가 기억하기로 〔새아버지가〕 일흔한 살 조금 안 되셨을까 〔해서〕 돌아가셨어요. 그러니깐 어머니가 또 애덜이 크니깐, 그렇게 사시다가 아주 명도 길으셔요. 99세에 돌아가셨어요. 그러니깐 지금 돌아가신 지 3년 되었어. 노후에는 큰아들하고 사시다가 또 작은아들하고 사시다가 뭐 그렇게 되지. 막내아들이 장가를 안 갔으니깐 막내아들 직장 따라서 조금 사시다가 그러다가 몸이 조금 불편했어요. 중풍이 왔어. 그래서 큰아들네 가서 사시다가 또 작은아들네서 사시다가 그러다가 돌아가셨어. 99세에. 오래도 사셨지. 〈웃음〉 명이 그렇게 다 길어. 자식들 데리고 열심히 사시다 보니깐 고통스러운 일도 많았겠지. 6·25 사변 나고, 1·4후퇴 생기고. 뭐 어머니가 우리들 내버리고 어디 안 가셨으니깐 열심히 사신 거지. 우리들 내버리고 재혼을 하시던가 했으면 우리가 생각하기에 '어머니가 나쁘다.'고 생각하지만, 우리 데리고 열심히 사셨으니깐 그래도 오늘날에 와서 이렇게 살지 않을까 그러네. 내가 어렸으니깐 어머니 젊었을 때 고통스러운 거는 모르고. 내가 보니깐 편안히 사시다가 편안히 가신 거 같아.

아버지 사랑을 못 받고 있다가 아버지라고 하니깐, 좋았지

어머니가 배가 다르면은, 어머니가 그쪽 편만 들고 자기 자식 낳은 데만 편을 들고 이쪽에는 편을 안 들어. 그런데 배가 똑같은 자식이니깐 한 배에서 낳았기 때문에 그렇게 편이 없고, 우리들도 어머니가 편이 없으니깐, 우리들도 친동생처럼 씨가 다르다고 해서 뭐, '너는 씨가 다르니까 우리 형제가 아니지.' 이렇게 마음먹어 본 적도 없고, 또 그렇게 생각도 안 하구. 어렸을 때부터 친동생 모냥, 씨는 달라도 어머니가 낳[았]기 때문에 다 똑같더라구. 우리도 얘네들(여동생, 남동생)은 저 아버지(새아버지)의 자식이라는 것을 알죠. 알아도 어머니가 티를 안 내니깐 우리들도 티를 안 내더라구.

초등학교 시절 학예회를 마치고

그리고 [나는] 원체 어렸으니깐 [친]아버지 얼굴도 모르지. [친]아버지라는 기억은 전혀 전혀 없어. 어유, '[친아버지가] 그때부터 지금까지 사셨으면 이렇게 좋은 세상에 살면서, [나] 시집오고, 그때만 해도 어머니가 젊으니깐 연세가 젊으셨으니깐 살아 계셨으면, [친아버지] 얼굴도 알고 좋을 텐데.' 그런 생각도 들으련만도, 절대 그런 생각이 없더라구. 아버지가 어떻게 생겼는지도 몰라서 그런지, 아버지 생각이 하나도 없어서 그런지 그렇더라구. 그런데 우리 언니는, 큰언니는 [친아버지 얼굴을] 알았다고 그러더라구. 우리 큰언니는 그때만 해도 신발도 꼭 구두 신고 다니고, 아버지가 사다 주는 구두 신고 다니고 그랬다고 그러더라구. 우리들은 기억이 없으니깐, 뭐 아버지라는 그리움이 없고, 이 [새]아버지한테 사랑받으니깐 이게 아버지인가 보다 하구, 그냥 친아버지 모냥 그러니깐 그때만 해도 일곱 살 즈음 때니깐.

[새]아버지가 [우리가] 친자식이 아니더래두 다 사랑해 주고, 잘 돌봐 주고 그랬기 때문에 엄마가 편안히 사신 거 같아. [어머니가 친아버지 돌아가시고] 그렇게 3~4년 사시다가 재혼한 거 같으시더라구. 그러니깐 [친]아버지 사랑을 못 받고 있다가 아버지라고 하니깐 좋았지. 그것도 그렇게 못되게 안 하시고 잘해 주시니깐 열심히 살아 주시고 그러니깐.

그런데, 음… 그게 있다! 술을 좋아하셔가지구, 〈웃음〉 술 잡수시면 술주[정]이 조금 있어요. 술주[정]이 있어가지고 애덜을 다 내쫓

아. 그래가지고 애덜을 다 내쫓아가지고 우리 어렸을 적만에도 내쫓구서는 막, 우리가 싫어서 아버지가 그렇게 하는 게 싫어서 여름이니깐, 겨울에는 또 모르는데, 여름에 마당에 멍석 펴놓고 모기그, 시골에서들 그러잖아요. 이렇게 모기향 펴놓고 연기 나게, 그런 거 펴놓고 드러누워서 잠들 때까지 있었지. 아버지가 술주정하시다가 막 떠들고 그러다가 어느 땐가 잠이 들어. 그러면 들어가지. [새아버지가] 잠들기 전에는 그렇게 있어. 그런 건 있어요. 〈웃음〉

6·25사변 났는 줄도 모르고, 소풍 가는 줄 알았어

국민학교 다닐 때, 아홉 살 때 6·25사변 났나? 6·25사변 나고서는 굉장히 어려웠어요. 진짜로. 지금 세대하고는 뭐라구 그럴까? 지금 세대들은 왜 굶느냐? 라면이라도 끓여 먹지 그럴지 모르는데, 그때 당시에는 우리는 굉장히 어렵게 자랐어요. 그때는 1·4후퇴도 나고. 그러니깐 그때 생각으로는 잘 기억이 안 나지. 그런데 지금 이제 나이가 먹고, 이제 '아, 그때는 그랬구나.' [생각하지]. 그리고 가끔 가다 6·25 때 그런 게 텔레비전에 나오잖아요. 피난 가고 그러는 거. 그런 거 보면 '야, 저렇게 진짜 똑같구나!' 그러지. 그때 한창 6·25사변 나고 막 난리들을 치니깐 엄마는 부엌에서 뭐 하고 피난 나간다고 하니깐 우리는 좋아서 소풍 가는 줄 알고, 6·25사변 났는 줄도 모르고, 그리구서 막 셋이 뛰고 놀다가 [여]동생이 다리를 삐었어요. 우리 오빠가 발로 걷어차는 바람에. 그러니깐 여자 동생 둘하고 우리 오빠하고, 이제 우리는 오빠를 쓰러뜨리기로 하고, 우리 오빠는 동생 둘을 거느리고 우리는 오빠 하나를 쓰러뜨[리]기로 했는데 오빠가 [여]동생 발을 거는 바람에 발목이 삐었어. 그래가지고 이렇게 부어가지고는, 계산동에서 부평시장까지밖에 피난을 못 갔어요.

계산동에서 부평시장까지, 피난을 거기까지밖에 못 갔는데. 거기 그 동네에서 잠을 자는데, 그 [인천]시청 현대아파트 거기, 옛날에 미군부대가 엄청 많았어요. 병참 그런 거, 거기다 막 폭격을 하는 거야. 우리는 막 무서워가지고 어머니하고 막 무서우니깐은 도저히 걔(여동생)를 업고 갈 수가 없는 거야. 아, 밑에 동생 하나 더 있었구나. 그거(남동생)는 내가 업고, 다리 다친 동생은 엄마가 업고, 아버지하고 오빠하고는 피난을 보내고, 남자들이니깐 보내고, 우리(엄마, 여동생, 남동생과 구술자)는 집으로 도로 들어왔어요. 오빠가 그때 당시에는, 내가 아홉 살 때니깐, 한 열한 살인가, 그렇게밖에 안 먹었을 거예요. 남자라고 해서 그때, 피난 때는 아직 크지는 않았어도 남자들 왜 티브이에서 보면 조그만 애들 끌려가고 잡아

6·25 때 피난 가는 사람들(출처: 두루넷, 한국전쟁 기록 사진)

가잖아여. 그러니까 겁나서, 아버지도 그때 당시에는 젊었고. 일본 해방 때는 일본인들도 막 다 그냥 잡혀갔었거든.

암튼 둘은 피난 보내고, 우리는 집으로 도로 들어와가지고. 마악 동네로 들어오는데, 사람들이 마차에 가득 싣고 막 피난을 나가는 거야. 그러니깐 인제 텔레비전에 보면 6 · 25사변 나오는 그 피난 가는 거랑 똑같아요. 그래서 나는 막 마차에다 대고 엄마 보구 우리들만 죽느냐구, 왜 우리들만 피난을 가지 않느냐구, 그때만 해도 아홉 살이니까, 울고. 그러다가 엎어져서 코피가 쏟아지구 별짓 다했지.

동네 닭이며 돼지며 다 해 먹었어

하여튼 인민군들이 말두 마. 인민군들이 동네 닭이며 돼지며 그런 거 다 해 먹었어여. 닭두 막 잡아와서 해달래여. 안 해준다면 총대 부리구서 어머니한테 막 죽인다구 해달라구 해여. 그러면 무서우니까 해주지. 그 사람들도 인정이 있는 사람들은 인정이 많더라구. 총대 부려 대고서는 뭘 잡으라는데 어떡할 거야. 그러니깐 잡아 주면은 닭 한 마리 주고 가고, 고기도 볶아 달라면은, 볶아 주면은 고기도 이만큼 주고 가고. 그러니깐 동네에 닭, 돼지는 없어요. 그놈들이 와서 다 잡아먹어.

내가 알기로는 행주치마, 하얀 치마, 옛날에 다 광목 치마, 그런 거 있잖아요. 그런 거 막 달래. 행주치마 달래. 그때는 눈이 많이 왔어요. 눈이 보통 이만큼씩 와가지고, 한 번 오면 엄청 눈이 많이 와서 겨우내 눈이 많아. 그럼 우리 학교 다닐 적에, 그럴 적에 눈들이 많아가지고 막 학교 가다 비행기 뜨면, 논두렁에 요렇게 숨어 있다가는 비행기 지나가면 가고 그랬거든. 우리나라 비행기도, 이북 사람들이 이렇게 지나가는 거 알고 그러면은 거기다 막 때려, 폭탄을. 그럴 때면 무서워, 미국 비행기래도. 이북 비행기가 아니래도 무섭다구. 그러니까는 그렇게 돼가지구서는 막 행주치마 같은 걸 달라구 해서 안 주면은 막 총대 부리 쳐. 그러니깐 할 수 없이 다 주는 거야, 뒤져서. 치마라는 치마는, 하얀 것은 다 주는 거야. 그리고는 그놈들이 지나가다가 동네 비행기만 떴다 하면은 지네 나라 비행기던 우리나라 비행기던 미국 비행기던 하여튼 떴다만 하면은 행주치마 뒤집어쓰고 눈 위를 이렇게 기어 다녀. 눈 위를 기어 다니면 하야니깐 모르잖아요. 그러니깐 모르는데, 알았다만 하면은 거기다 폭격해 버려. 동네에다가. 그러니깐 무서웠어. 그러면서 살다가 보니까 미군들 들어오고 인민군 들어가구 하니까 해방된 거나 마찬가지니깐 남자들이 들어오더라구. 한 3~4개월 떨어졌나 봐. 언제 들어왔는지 생각은 안 나. 부산 갔었다구 그러던데. 근데 그건 똑똑히 알지 못하니까. 하여튼 걸어갔대, 어딘 줄도 모르고. 그니까 여름에 갔는데 겨울에 왔는가? 하여튼 그래, 오다 보니까 그때 당시에는 그냥 들은 듯 말은 듯 그랬는데, 이제 가만히 생각해 보니까 뭐 눈도 밟고 오구 그랬다는 소리 들으니까 겨울에 왔는 거 같애.

생활이 어려우니까 공장에서 사탕 싸는 거 [했지]

인민군들 들어가구 그러니깐, 이제 살 만하고 국민학교 졸업 마치구, 중학교 들어간다구 들어가서는 교복도 제대루 못 입구 그렇게 다니는데 먹고살 것두 없으니까 옛날에 진짜 꿀꿀이 죽이니 뭐니 그런 것들 막 먹었잖아여. 그런 것까지는 안 먹었어도 다 그렇게 지내기가 어려워서 보리죽도 먹어 보구. 국민학교 다니다 보니까 또 〔엄마가〕 남동생 하나 낳구 그렇게 지내다 보니까, 하여튼 우여곡절들이 많았어여. 그렇게 중학교 다니다가 그것두 다 못 다니고. 그냥 학교 갔다가 오면은 책가방 내던지고 엄마가 밭에 갔으면 밭에 가서 도와주고, 감자 캐면 감자 밭에 가서 감자 캐고, 고추 딸 때 됐으면 고추 따 주고 그랬지. 그리고 사는 게 다 풍성하지를 못하니깐, 생활이 어려우니까 공장에 들어가서 공장에서 사탕 싸는 거, 사탕 봉다리 있잖아여? 옛날에는 눈깔사탕〔이〕 이만해여. 입으로 들어가면 입으로 하나 돼. 그런 거 싸는 거, 거기 들어가서 다니다가 또 그것두 시원치 않아서, 또 기계루다가 미싱으루 수놓는 거, 그거 학원에 다녀서 배워서 그걸 써먹을려구 하는데, 그걸 또 써먹지 못하게 되더라구. 어떤 때는 밤에도 하고 아침에도 어떤 때는 일찍 나가고, 드리웠어(불규칙적이었어). 딱딱 여덟 시간씩 근무하는 그런 게 없구. 옛날에는 다 사는 게 〔어려워서〕 그나마라도 그만두라고 그럴까 봐 무서워서 그냥 한군데라도 열심히 다니고 그랬지. 그런데 조금 더 하면은 수당은 조금 있은 거 같아, 조금 더 준 거 같아. 월급을. 그렇게 했지.

헌 모양처 되는 게, 그게 제일이지

그렇게 다니다가 남편 만나가지고 결혼하기 전에 또 우리 막내 시누이가 포천에 있었어여. 근데 거기 상가가 미용실이야. 그래서 내가 또 미용기술을 배워가지고, 내가 또 손재주가 있거든. 손재주라기보다는 하여튼 손으로 만지는 거는 잘해여. 그래서 배워가지고 그걸 하면 괜찮다 그래여. 그래서 또 집에서 나와가지구 신랑따라서 나온 거지. 결혼도 안 했는데. 〈웃음〉 그래서 포천 시누네 집으로 가서 가게를 내가 인수를 맡어가지구 했는데 것도 아주 드러워여. 미용사 두고 하니까, 내가 기술이 없는 데다 내가 그 미용사한테 배워가지구 한다고 한 것이 미용사들이 〔내가〕 어리니까, 그때만 해도 스물두 살인가 그렇게밖에 안 먹었으니 어리니까 얕잡아보구, 수틀리면 안 나오고 막 그래여. 에이구. 그런데 그때만 해도 포천 거기가 양색시가 엄청 많거든요. 그 사람들 상대로 미용실은 냈는데, 그때 당시만 해도 불로 이렇게 해가지고 후까시를 이렇게 넣어, 양색시들. 미군들이 많으니깐 그런 거 였어여(넣었어요). 그런 머리였는데, 내가 머리를 이렇게 만지다 보니까 서캐가 하얘. 그래가지고 정 떨어져서 그 다음부터는 머리를 못 만지는 거야. 아주 드러워가지고. 그 양색시들 그냥 한 번 머리를 만져 놓으면 한 일주일씩 가여. 그러니까 머리에 비듬도 하얗지, 서캐도 하얗지, 머리를 못 만지는 거여. 징그럽고 더러워서. 냄새 나가지고. 그래가지고 정 떨어져서 그것도 안 했어요.

'포천' 미용실에서(가운데 김정자, 오른쪽 남편)

그때만 해도 다 그냥 시집가서 잘 살고, 좋은 남편 만나서 잘 살고 지금같이 고생 안 하고 사는 게, 현모양처 되는 게, 그게 제일이지. 지금같이 내 능력 있으면은 '시집 안 가도 먹고산다, 장가 안 가도 먹고산다, 뭐 어떻게든지 배워서 나는 능

약혼 기념 사진

력을 길러야겠다.' 이런 생각은 전혀 없고, '그저 시집가서 남편 잘 만나서 행복하게 살고 자녀들 기르고 행복하게 살면은 그걸로 만족한다.' 그랬지. 그런데 우리 시대하고 지금 시대하고는 전혀 달라. 그냥 친구들끼리 모이면은 처녀가 돼서 스무 살 안짝이면 애인도 생기고 하잖어. 그러니깐 그러면은 '아이, 걔는 틀렸다, 인물도 못생겼지 뭐 어쩌구저쩌구.' 그러면은 '나는 인물 같은 거 안 봐. 사는 거 괜찮고 착하고 마누라 위해 주고 뭐 행복하게 살면 되지. 그래 인물이 뭐 필요 있냐.' 우리끼리 그렇게 이야기했지.

다 제끼고 제일 못난 이 만났지

남편 만나가지고 하도 쫓아다니니까 연애 결혼했어요. 일하다 만난 건 아니구, 길에서 만났지. 아저씨(남편)는 이제 말하자면, 자동차 서비스 공장 있잖아요, 그런데 다녔어여. 나는 사탕공장 다니구. 사탕공장에 다니는 것도 모르지, 맨날 왔다 갔다 하면서 출근하는 거 보구, 그 시간에 나왔다 그 시간에 들어가니까 거기서 지켜 있다가… 처음엔 [남편이] 집에도 따라와가지고. 근데 뭐 내가 이쁘다, 그러면 조금 이상하지만 〈웃음〉 처녀 때에는 머리두 이만하게 길렀어요. 따서 양쪽으루. 그전에는 양장이 별루 없어 한복들만 입었지. 하얀 저고리에 옷고름 이렇게 매고, 까만 베르도(벨벳) 있잖아여, 베르도 까만 거 입구, 아침저녁으로다 출근하니까 이뻐 보였나 봐. 자기 눈에는. 그냥 쌍갈래 머리 길게 땋고 처녀 때에는, 그러니까 이뻤는지 어쨌는지. 하여튼 기다려가지고 집에까지 찾아왔더라구. 무조건 와서 부모들한테 결혼시켜 달래니까 내쫓겼지, 처음에는. 그 다음에는 정종에다 술에다 과일에다 사가지고 와서는 셋째 사위 넙죽 절하듯이 와서, 그냥 장인한테 절하고 술 따라 드리고, 딸 달라구 하니까 또 술 좋아하는 아버지가 사위가 용

1963년 결혼식

기가 있다고 씩씩하다고 홀딱 반해가지고. 키도 쪼금해여. 키도 그렇게 큰 키두 아닌데. "결혼 안 하면 죽는다." 어쩌구저쩌구 하니까 무서워서, 스무 살 때니까 뭐 알아여, 모르지. 아무것도 몰라가지고 남자들 따라다니니까 겁나서, 따라다니는 사람 많았어여. 엄청 많았어여. 근데 다 제끼고 제일 못난 이 만났지. 〈웃음〉

스무 살 때 연애하다가 뭐 몇 번 만나구 어쩌구저쩌구 하다가 군대 간다 그러대. 군대 갔다 와서 정식으로다 결혼 준비를 한다는 식으로다가. 지금은 그냥 만나는 단계라 군대를 갔다 와야 자기가 정식으로 한대. 그래가지구 군대를 공군 지원해가지구 3년 넘어서는 와가지고, 〔내가〕 스무 살 때니까 스물셋 좀 넘었나 봐. 그니까 이제 스물넷에 결혼했지. 6개월인가 한 5개월인가 〔제대를〕 놔두고 결혼했어여. 결혼해가지구 5~6개월 시집에서 혼자 시어머니랑, 시아주버니, 동서, 조카들 넷이랑 살다가 왔지. 그때만 해도 어리니까 많이 봐주더라구. 시어머니가 혼자 와서 있다구 많이 봐주고. 시골이니까 시골에서 불 때구 이런 것두 어렵잖아여. 이런 데서 살다가. 그냥 맞춰 가면〔서〕 사니까 살아지더라구. 그렇게 어려운 거는 없었어.

가정을 이루고 아들, 딸과 함께

그렇게 살다가 결혼해가지고 동작동 있져? 노량진 동작동, 거기다 신혼 해가지고는 살림을 차렸지. 왜냐면은 신림동인가 신도림인가 어딘가, 시누네가 거기 집이 있어여. 그런데 그때 시집에서도 아무것도 안 해주더라고. 방 얻을 돈도. 그래서 거기서 시누네 집에 와서 살다가 시누이네서 이제 포천 가서 있는 바람에 거기 집이 전세가 사글세가 놨는데 내보내구, 우리가 살은 거지. 한 1년을

살았나, 1년을 살다가 큰애를 거기서 임신을 했어여. 그래서 부평으루 이사를 왔지.

그때만 해도 아저씨(남편)가 직장을 뭘 다녔나, 어딜 다녔나. 그때 아마 저긴가 봐, 자동차 공장. 서비스하는 데 있잖아여? 그런데 있었던 거 같애. 부평으루 와서 큰아이 낳구 서울로 이사를 갔어. 서울로 이사를 가서 한양대학교에 앰블란스(앰뷸런스) 있잖아요, 그거 운전했나 봐. 한양대 병원[에서]. 운전하다가 작은애 가져서 작은아이 서울에서 낳고 그랬죠. 그래서 서울에서 그냥 평범하게 애들 길러 가면서 살림이 조금씩 조금씩 늘어 가면서 그러구 살았지.

없이 살았어두 재미있게 살았어요

에구, 그래도 살면서 애들이 크면서, 뭐 등산이니 낚시니, 없이 살았어도 여가생활을 많이 했어요. 그래서 그렇게 어려운 고비는 몰라. 맨날 회사에서 나이 먹었다고 핑계대고 숙직을 안 해. 그러면 숙직을 안 하면 그 회사 보험감독원 뒤에 북한산이 있어요. 그러면 숙직한다고 하면, 내가 김치하고 고추장하고 쌀하고 씻어서 가지고 가. 배낭에다 메구, 아침 일찍. 그러면 아침에 거기 등산 가는 거야. 가서 밥해 먹고 저녁에 오구 그렇게 살았어요. 차에 보면 트렁크에 장비가 다 있어요. 어디 가서든지 겨울이고 여름이고 길바닥에서 밥해 먹구 거기서 텐트 치고 자구. 그런 거 좋아해. 되려 나는 그렇게 하는 게 불만이 돼가지고 밤낮 거지 삼신이 붙었나, 밖에 다니는 걸 좋아하냐구 지겨워서 죽겠다구, 남들은 그렇게 안 해줘서 걱정인데. 〈웃음〉 돈이 많아도 불행한 사람은 불행하고, 우리는 겨우 그냥 이렇게 먹고살아도 즐겁게 살았어. 근데 맨날 재〔손자〕 할아버지가 하는 얘기가 "인생은 즐겁게, 짧게." 맨날 그 얘기야. 자식한테 안 얻어먹는다구. 자식한테 안 얻어먹고, 즐겁게 살다가 죽고, 자식한테 밥 한 숟가락도 못 얻어먹고 간 거지. 지금도 그래. 지금도 가만히 보면, 사람이 말은 함부로 하는 게 아니다, 지금 살아 있으면 사위 있고, 아들 있고, 그냥 생일날이다 하면 양주도 갖다주고 할 텐데, 그런 거 하나두 못 얻어먹구 소주만 먹다 죽었다는 거 아냐.

처음에는 이사도 엄청 다녔어여. 이사도 한 달에 열 몇 번을 다닌 거 같아. 따지고 보니깐. 원래 처음에는 셋방살이 〔했지〕. 그래가지고 이사를 다니다가 아빠가 조금 어떻게 〔돈이〕 생겼어. 회사를 고만두고 한양대학교를 나와가지구, 홍제동에다 집을 샀어. 처음에 홍제동에다가 개인주택, 그때만 해도 사십 몇 평인가 그랬어여. 처음에(으로) 집을 장만을 한 거예여. 그래서 거기서 살다가 운수사업을 하다가 그게 안 돼서 망했어여. 한 번. 한 번 망해가지고 그 집을 팔아가지고 반포, 인제 그때만 해도 아파트는 몰랐지. 몰랐다가 반포에 전세로 간 거야. 집 팔아가지고 다시 사업한다구. 하다가는 그래도 안 되니까 반포로 전세로 갔다가 취직을 할려구 하니까, 보훈공사라고 하는 데를, 중앙청 있는 데 있잖아, 거기를 취직을 했어여. 거기를 취직을 해서 계속 다녔지. 다니다가 거기가 보훈공사가 아니고 보훈감독원으로 바뀌더라구. 그래가지고 보훈감독원으로 다녔지. 아들도 그렇구 재〔손자〕 할아버지도 그렇구, 사업 쪽으로는 안 맞나 봐여. 사업만 했다 하면 안 돼.

사람이 살다가 죽으려면 어떻게든지 죽는가 봐

부평으루 88년도에 이사 왔어여. 올림픽 때 이사 와가지고, 88년도 10월에 이사 왔는데, 92년도에 죽었으니까, 암, 폐암 때문에 아프고 3개월 만에 〔죽었으니깐〕 정신이 없었지. 우왕좌왕하다가 약 한 번 제대루 못 쓰구, 어떻게 해야 살아날 수 있는가, 그렇게 생각하다가 그냥 죽은 거예여. 한양대학교 병원에 입원하구 있다가 한양대학교에 암센터가 있는데 누가 또 세브란스 병원으로 인도를 해주더라구. 회사에서는 차, 기사까지 다 내주고 병원 다니라구. 그래서 부평에서 세브란스병원까지 다녔지. 근데 사람이 살다가 죽으려면 어떻게든지 죽는가 봐여. 살 사람은 뭐가 걸려도 살긴 살고. 가는 데마다 이게 안 맞아요. 이제 세브란스 병원으로 갔는데 회사에서 누가 얘기를 해줘서 담당 의사를 소개받았는데, 일주일 만에 이 사람이 외국을 가 버렸어. 또 어디 절에 스님이 암 안수하는 사람이 있대요. 〔그래서〕 산골짜기까지 찾아갔는데, 스님이 미국 간 지가 사흘밖에 안 되었대. 그래서 그냥 돌아왔지. 그러니까 하나부터 열까지 안 맞더라구.

결국 시골 자기 형네 집으로 가서 한약도 먹고 이것저것 좋다는 것은 먹으면서도 안 낫더라구. 한 달 동안 있다가 집에 왔지. 인제 나두 힘들구, 지치구. 말이 3개월이지만 굉장히 시달리더라구. 애들은 뭐 지들 알아서 다 크니까 알아서 살고 다 했지만, 나 혼자서 남편 치다꺼리하고, 아프다고 그러면 나두 밥두 안 넘어가지. 그렇지만 내가 먹어야 기운을 차려서 환자를 보살필 수 있는데 먹을 기력이 없어요. 힘이 드니깐. 또 신경질, 짜증은 나한테 다 부리지. 뭐 죽어 가는 사람한테 안 받아 줄 수 없잖어. 받아 주려니까, 내가 힘들어서 44킬로까지 나가데. 빠지구 말라서. 그래두 깡다구로 지내는 거야, 악으로. 죽어 가는 사람도 있는데 내가 그걸 못 참으랴 하구. 그렇게 하다 죽었지. 그땐 땅이 꺼지는 것 같구. 그래두 죽은 사람만 불쌍하지, 산 사람은 이렇게 살어여. 그렇다구 어떻게 누구 말마따나 죽을 수도 없구. 애덜 아부지(남편)는 이거 해놓구 여기(현재 거주하는 아파트) 들어와 보지도 못했어여. 삼성아파트가 어디가 있는 줄도 몰라. 모르지. 〈눈시울을 붉힘〉 이것만 해놓구, 그냥 어떻게 와 볼 새도 없이 와 보지도 못하구, 죽은 사람만 불쌍하지….

하늘이 무너지는 것 같지

맨날 돌아다니는 걸 좋아하니깐 강화 교동에 갔다가 교동서 그 옆에서 노는 사람들이 개를 잡아가지고서는 먹고 술을 같이 먹더라구. 우리들은 텐트 안에서 자구. 그러니깐 그날 거기 가서 술을 엄청 먹었는가 봐. 개고기 해서. 아침에 오는데 이 옆구리가 담이 자꾸 결린다구 그래요. 한 두어 번을 약을 사다가 먹었는데 안 낫더라구. 밭은기침을 조금 했었거든요. 그래서 감기 들어서 밤새도록 술을 먹고서, 내가 이제 막 구박을 한 거지. '밤새도록 술 먹고서는 그 야단을 하더니, 응, 되게 걸렸네 어쩌네 하면서.' 잔소리를 하다 보니깐 영 기분이 안 좋아하더라구. 그래가지구서는 병원에를 가라구 하니깐, 그때만 해도 부평 현대아파트 있잖아요. 거기 백운역에서 거기(근처에 있는) 내과에 가서 사진을 일곱 번인가 여덟 번인가를 찍었을 거예요. 찍었는데 기침을 해서 갈비뼈 있는데 염증이 있대요. 그렇게 해서 계속 거기를 한 보름 동안 병원에 다

났거든요. 약 먹고 그런데도 안 낫는 거예요. 그래서 한번 큰 병원에 가서 MRI를 찍던지 어떻게 해보라구. 그때 한양대학교 〔병원〕 거기서 일했잖아요. 그런데도 거기를 안 가고 내과에 가는 거예요. 그런데 거기서 사진을 찍더니 대번에 어딘가 콩알만 한 게 있는 거야. 암만해도 암 같으다고. 어머, 그러고 나니깐 전화가 왔어. "나 암이래." 그러니깐 하늘이 무너지는 거 같지. 그때〔의〕 절망이라는 건 겪어 보지 않은 사람은 모르지.

그래가지고 바로 이제 서울로 올라왔지. 올라와서는 입원을 바로 시키고. 그런데도 입원을 안 하는 거예요. 자기가 그런 병에 걸린다는 건 상상도 못하고 입원을 안 한대요. 그런데 병원에서 입원을 해야 한다, 조직 검사를 하려면은 입원을 해야 한다 해서 병원에 있으니깐 바로 바로 일주일 내로 조직 검사까지 다 해 버리더라구. 그런데 조직 검사하니깐 암이래잖아요. 그러니깐 자기도 절망되고, 그런데 폐 하나를 잘라 내면은 잘라 내도 살 수 있다라는 거를 병원에서 이야기를 하더라구. 그러니깐 '아, 살 수는 있겠구나. 수술만 하면은 살 수는 있겠구나.' 하고 희망을 가졌지.

그런데 병에는 장사 없다구, 그게 그때만 해도 4기야, 4기래. 그러니깐 뭐, 조직 검사하니깐 수술도 못한다 그러구. 다 번져가지고. 병원에서도 좋은 데 가서 휴양이나 하고 맛있는 거 먹고 싶은 거나 먹으라고 그러더라구. 의사들이. 그러니깐 병원에 있을 필요도 없다는 거지, 말하자면. 진짜 사진 보니깐 일주일 있다가 사진 찍었는데 폐가 이만큼이 들어갔다면, 일주일 있다가 〔찍어 보면〕 이만큼 들어가. 고 다음 일주일 있다가는 이만큼 들어가. 요만큼밖에 안 남는 거야. 금방 이렇게 팍팍 들어가 버리니깐, 뭐 할 수가 없어.

그렇게 한 달 있다가 집에 와서 각혈을 막 해요, 피를 토해. 토하니깐 병원에 갔지. 집에서 하루 저녁 자고, 병원에서 하루 저녁 자고. 그날 저녁에 자고서는 병원 가서 들여다보니깐 이렇게 엎으러졌어. 그래서 간호원 보고 "아니, 김갑철 씨 왜 저렇게 엎어 드러누웠어요?" 그러니깐, 엊저녁에 심장이 많이 아팠다고 그래요. 그때 난 설마 그렇게 금방 가려니 생각을 안 했지. 응급실에 들어가 있는데. 누가 그렇게 금방 죽으려니 생각을 했어요? 그러니깐 집에 와서 준비해가지고 가려구 집에 온 거야. 밤에 12시 넘어서 왔다가 6시 조금 넘어서 아침에 가니깐 그렇게 있더라구. 그래서 간호원 의사 보고 회진하는데 물어보려고 했지. 아무래도 얼마 못 갈 거 같으니깐 집으로 들어가서 준비를 해야겠다 그러려고 했는데, 의사한테 물어보려고 했더니, 나갔다가 들어오는데 막 보호자를 찾는 거예요, 죽었대. 에유. 〈눈시울을 붉힘〉 그러니깐 거기 앞에 가서 털썩 주저앉아서 꼼짝도 못하지 뭐. 어떻게 일어나서 걸을 수도 없고, 부축해서 병원에 들어가니깐 벌써 보자기 써서 냉동실에 들어갔던데 뭐. 그러니깐 그때는 정신이 없지. 정신이 없는 거야 말할 수 없는 거지 뭐. 하늘이 노랗구. 그래두 산 사람은 이렇게 살아요. 죽은 사람만 불쌍하지.

자식 둘이 있어 (봐)야 하나도 결혼식을 못 봤지

애덜이 이제 다 컸으니깐 저덜 생활하고 학교 다니고, 그러니깐 그거 뒷바라지나 해주고 아주 못 먹는 것도, 없는 것도 아니고, 먹고사는 것은 그냥 지장이 없으니깐 그냥 애덜 뒷바라지하고 살다 보니깐 딸 시집가고 그러니깐 부평 거기서 딱 1년 만에 이리(로)

이사 왔어요. 애들 공부 다 가르치고, 다 가르치지도 않았지만 하나는 전문대 나오고 하나는 못 가 버렸으니까. 지가 안 간 거지, 못 간 게 아니라. 그렇게 들어가 놓구는 걔(아들)는 성격에 안 맞는다구, 다니다가 재수해가지고 다른 데 간다구 하다가 군인 나가 버렸어여. 그래가지고 복학한다구 하더니, 그것두 안 되구 안 다니데. 후회하지 말라구 하니까 후회 안 한대. 딸은 피아노과를 갈려구 했었는데, 지금 같으면 뭐. 그때만 해도 대학을 가려면은 교수한테 〔레슨을〕 받아야 한다구 하더라구. 그런데 우리는 그걸 모르구 피아노만 열심히 하면 들어갈 줄 알구. 그런데 떨어진 거야. 그래서 알아보니까 피아노과를 가려면은 그 피아노과 교수한테 레슨을 받아야 한대. 그러니까 뭐 그런 사람들한테 받으려면 돈이 엄청나잖아여. 보내지도 못했을 뿐더러 하지도 못했지. 돈이 많이 드니까.

딸은 부평에서 시집보내구 아들은 여기 와서 장가보냈지. 혼자서 다 보냈지. 아들 딸 혼자 보냈으니까. 그러니까 〔남편이〕 딸이라도 손 붙들고 들어갔으면은 좀 나은데. 자식 둘이 있어 〔봐〕야 하나도 결혼식을 못 봤지.

그때부터 내 신세가 이렇게 된 거야

처음에 아들하고 둘이 사는데 딸이 시집가서 지들끼리 살다가는 애 낳을 때 되니까 한 달 전에 왔어여, 여기를. 한 달 전에 뭐 하러 오냐구. 힘들어 죽겠구먼. 한 달 전에 와가지고 그것두 지만 온 게 아니라 사위까지 따라오잖아여. 사위는 장사해요. 사위도 직장에 다녔어요. 동양매직에 다녔는데, 다니다가 애기 낳고, 사업을 해보겠다고 하더라구. 여기 이사 왔는데. 그래가지구 무슨 사업을 하냐, 그러니깐 전자제품, 동양매직에 다녔으니깐 동양매직 전자제품 대리점을 낸대요. 하라구 그랬더니 돈이 모자라니깐, 사위는 얘기를 안 하고, 딸이 융자를 조금 해달래. 집을 〔담보로〕.

그래가지고서 융자를 해줬는데 아들이 있으니깐, 남편이 있으면 남편한테 다 얘기를 할 텐데, 아들 시집살이는 남편보다 〔더〕 해요. 아들한테 그걸 말을 못하는 거야. 집은 내 집이지만 자식이 있으니깐 자식 눈치를 봐서, 것(딸)두 자식이고 것(아들)두 자식이니깐. 내 뜻대로 "그래, 해줄게." 하는 게 아니라 아들한테 상의를 해야 하는데, 상의를 못하는 거야. 입이 안 떨어져가지구. 〔딸한테는〕 "그래야지, 뭐 어떡하냐." 내가 그 말(허락)을 했는데, 해놓고 내가 아들한테 말을 못했는데, 집을 보러 온 거예요. 동양매직회사에서 보러와가지고 다 둘러보잖아요. 그래가지고 애(아들)가 깜짝 놀란 거예요. 말을 해야 하는데, 내가 말을 못했다, 이만저만 해서 해줘야지 어떡하니. 만약에 들어먹어 봤자 4~5천만 원인데. 어떡하냐, 저들이 잘되면은 갚겠지. 만약에 안 되면은 할 수 없지만. 아, 그래서 해줬어요. 4천을 해줬는데 6천이 되더라구. 그게 만약을 생각해서 못 갚을 경우에는 6천을 다 갚아야 한대. 그래가지고 열심히 살아가지고 다 갚고, 그것 때문에 저희(딸 부부가 살던 집) 전세를 빼서 가게를 우선 얻고, 대리점 물건 있잖어요. 물건을 들여놓고 회사에서 무이자로 6개월을 준대요. 그래가지고 그거 가지고 물건을 들여놓고 그러니깐 애네(딸 내외)가 살 데가 없는 거야. 살 데가 없으니깐 〔우리 집에는〕 방 두 개 있으니깐, 무조건 밀고 들어온 거여. "엄마, 여기 와서 살아야겠다."구 〔하면서〕. 그때부터 내 신세가 이렇게 된 거야.

사위 밥해 주는 게 보통 힘든 게 아니에여. 이거는 진짜, 사위는 백년 손님이라는 게 〔맞는 말이더라구〕. 어렵게 생각하면 어렵고 자식같이 생각하면 자식인데, 남의 자식이기 때문에 어렵더라구여. 사위 밥해 주는 게 힘들었지, 뭐. 생활은 저들은 저덜 생활하고 나가면, 가게 나가고 하면 그만인데, 사위한테 하는 게. 왜냐면 자식은 아무렇게나 해서 '야, 그냥 그렇게 먹어.' 그냥 이렇게 하는데, 사위는 김치 그릇이라두 가져다주면은 다시 깨끗하게 다른 그릇에다, 남겨서라두 다시 상을 보려면은 해줘야 하니깐 구찮은 거지, 말하자면. 아들 같지가 않고 자식 같지가 않지. 사위는 백년 손님이라구.

애 낳기 한 달 전에 와가지구 여기에서 있다가, 애 낳구 한 달 있다가 도로 갔지. 지 집으로. 갔다가 100일 지나고 나서는 그러니까 2개월 있다가 쳐들어온 거예여. 처음에는 그런 것도 모르고 그랬더니만 장사한다구, 가게 한다고 하면서 전세비를 다 가게에다 투자를 했으니 돈이 없다는 거야. 그러더니 들어오더라구. 그러니 어떡해. 한 5년인가 5년 조금 넘었나? 아들, 딸, 사위, 외손녀 이렇게 다섯이 같이 살았지. 그렇게 살다가 나갈 생각들도 안 하고 아들 장가보낸다는 핑계로, 장가보내는 바람에 나갔지.

친손자 돌잔치에서 외손녀와 함께

나이가 육십이 넘어가니깐 지금은 힘들어요

그때는 그냥 식구도 없고 그러니까 애기가 재롱부리면서 하루하루 지내는 게, 그냥 그렇지. 근데 그때만 해도 내가 오십대 아냐. 오십대니까 그게 힘든 줄 모르는데, 이거는 이제 나이가 육십이 넘어가니까 지금은 힘들어요. 그때는 둘이 가게에 나가니깐 내가 애 보다가 너무 힘들면 가게에 데리고 나가구. 아장아장 걸을 때는 디게 힘들더라구요. 좇아다니구 그러니까. 힘들어서 내가 "너 〔가게〕 쉬고 들어가라. 왜 엄마까지 고생을 시키냐."고 맨날 그랬거든. 그랬더니 〔가게에 아기를〕 데리구 나가더라구여. 데리구 나가서 놀이방에 보냈더라고.

5, 6년 같이 살다가 아들 장가보내는 바람에 나갔죠. 그렇지 않았으면, 안 나갔을 거예여. 지금까지도. 장가 안 보냈으면 지금까지도 안 나갔지. 그래도 젊었을 때는 편하게 살았지. 지들 다 저기하고(자기 일은 자기가 알아서 하고) 난 남편 치다꺼리만 하면 되니까. 자식들이야 뭐 학교 다니니까 아침에 나가면 저녁 10시 되어야 기어들어 오구. 별루 힘든 줄도 모르구, 낮에두 심심하니까 저기 반포에 살 때는 맨날 점심 먹고 나면, 지하상가 꽃가게서부터 그냥 한 바퀴 돌아, 서너 시간. 그렇게 돌고 나면 집에 와서 저녁 하고

손자 형성이와 함께

그러면 힘들지도 않고 사는 게 저기 하구만. 아이구, 이놈의 손주들 기르느라고 힘들어가지고 죽겠어. 앉아서 애들하구만 뭉개니까 배만 나오구 살만 찌구. 너무너무 힘들은 거야,

애(친손자)두 지금은 애가 저렇게 크니깐 지 맘대로 노니깐 수월하지. 처음에 애(외손녀) 보는 게 너무 힘들지, 처음엔 너무 힘들지. 애가 없다가. 내가 저들 자식들 기르고 나서 애가 없었잖아요. 애가 없구, 이제 남편이 그러구 가니깐. 내가 너무 기운이 없는 거야. 바보같이 약이라도 먹고 몸을 좀 추스렸으면 괜찮은데. 그걸 모르구 그냥 뭐 남편도 갔는데 내가 무슨 약 먹으랴, 그런 포기심, 그런 게 조금 있더라구. 그러다가 애들이 와서 애 있구 그러니깐 애한테 매달리구 그러니깐 정신이 없어가지구, 약 먹을 새도 없구, 그냥 그러다 보니깐 그때만 해도 젊었으니깐 지금 같으면 못해요.

손자·손녀 맡아보느라 허리 휘는 할머니들

정당한 대가 받으면 스트레스 줄어들 듯

어렵게 공부시킨 딸·며느리가 아이 때문에 집안에 들어앉는 걸 보고만 있을 수 없어 손자녀를 키우기 시작한 할머니. 가장 어려운 점은 육체적인 피로다. 젊은이들도 힘에 부치는 육아를 할머니가 해내기에는 무리가 따른다. 하루종일 아이에게 매이다 보니 느끼는 사회적 단절감과 외로움도 크다. 다음은 전문가들에게서 들어본 손자녀들을 돌보는 할머니들을 위한 가이드.

▶갈등이 있을 땐 터놓고 대화하라=자식들이 손자녀를 맡겨놓고도 고맙게 생각하지 않는다고 느껴질 때, 부모가 자신의 육아 방법을 고집할 때 할머니의 스트레스는 높아진다. 이럴 땐 자신이 느끼는 점을 얘기하고 자식들의 입장을 들어보는 게 최선이다.

동남신경정신과 사회복지사 김미영씨는 "아이는 부모가 키운다 해도 다칠 수 있고 부모의 육아방법이 무조건 옳은 것도 아니다"며 "대화를 통해 서로의 입장을 이해해야 갈등을 줄일 수 있다"고 말했다.

▶다른 사람과 일을 나누자=하루종일 집안일과 육아를 전담해야 하는 할머니의 스트레스는 매우 높다. 건강을 해치는 경우도 많다. 이를 피하기 위해서는 적극적으로 도움을 줄 사람을 구하는 게 필요하다.

▶대가를 당당히 요구하라=아이를 돌보는 데 따른 육체적·정신적 피로를 돈으로 계산할 수는 없는 일. 하지만 일정한 대가를 받는 것은 양육의 스트레스를 줄이는 수단이 될 수 있다. 실버 전문 사이트 스위트케어닷컴(www.sweetcare.com)의 한은주 연구원은 "아이를 맡기는 쪽이나 맡아서 길러주는 할머니의 심리적 부담을 줄이기 위해 일정한 비용을 대가로 받는 게 좋다"고 말했다.

▶부모 대신이라는 생각은 버리자=아이 키우는 일을 전담한다고 해도 조부모는 육아의 조연일뿐 주연이 될 수 없다는 것을 인정해야 한다. 조부모가 아무리 잘해줘도 아이들은 엄마·아빠에 대한 애착과는 다른 양상을 보인다. 어린 아이들은 오히려 부모가 없을 때 조부모가 자신을 돌봐주므로 할머니·할아버지 때문에 엄마·아빠가 없어졌다고 생각한다.

▶육아에 대한 자부심을 갖자=중앙대학교 이원영 교수는 "어린 시절은 인간의 평생을 좌우하는 만큼 이 시기를 맡아주는 조부모는 그 아이의 평생을 좌우할 나침반과 같다"고 강조한다. 그는 "아이들은 사랑과 봉사와 희생으로 자란다"며 "엄마를 대신해 사랑을 주고 있는 조부모로서 자부심과 사명감을 갖고 육아에 참여해야 한다"고 조언했다.

박혜민 기자 <acirfa@joongang.co.kr>

갈등이 있을 땐 터놓고 대화하는 게 최선이다. 신인섭 기자

손자녀 맡아 보느라 허리 휘는 할머니들(중앙일보 2002. 4. 12)

사위한테는 말을 못하구 딸한테는 "너는 다른 사람들은 친정엄마 힘들까 봐 친정엄마 일을 안 시킨다는데 너는 어떻게 된 애가 엄마를 힘들게 하냐. 시집으로 들어가라. 왜 애를 나한테 맡기냐. 나 힘들어서 도저히 못하겠으니깐 들어가라." 막 울면서 딸한테 그랬어. 그러니까는 그때서부터 애기를 며칠에 한 번씩은 데리고 나가더라구, 가게로. 근데 가서 보면은 애기가 잘 데도 없구, 애기가 낮잠도 자고 그래야 하는데. 그러니깐 가게 안에 창고 있어요. 쥐도 왔다 갔다 하구 그러는데, 창고 냉장고니 뭐니 박스가 많잖아요. 그러니깐 보행기, 거기다 뉘어 놓고서는, 어렸을 때는 거기다

뉘어 놓고 박스 이렇게 쌓아 놓고서는 이불 하나 가지고 가서 거기다 애를 재우고 그러니깐. 그런 거 보면 또 내가 맘이 아프잖아요. 그래서 어쩌다가 하두 힘들고 나두 어디 갈 데 있으면 그렇게 데리고 나가. 데리고 가면 너무 좋아, 그랬어요. 그러다가 애(아들) 장가가니깐 또 이렇게 되네. 또 도로 아미타불이지 뭐.

팔십 먹은 사람보다 더 기력이 약하대

한창 돌 지나고 돌아다닐 때, 그때는 엄청 힘들었어요. 쫓아다니기도 힘들구. 그때는 너무 힘드니까 막 아프데. 얼굴에 꽈리모냥 막 부러터여. 그래서 왜 그런가 피부과에 가니까 아, 할머니 쉬시라구 그러대. 왜 그러냐구 하니까, 맥이 팔십 먹은 사람보다 더 약하대. 기운이 그만큼 없다는 거야. 아이구, 기가 막혀가지구. 그때 한창 병원들 파업했잖아여. 그래가지구 입원도 못하구 그랬잖아여, 그때. "할머니 입원하셔야 되는데 큰일 나셨네. 집에서 일하시면 안 돼요. 쓰러지시면 큰일 나여." 그래서 그냥 입원도 안 하고 병원에 갔다 와서도 그렇게 얘기도 안 하고, 그냥 왜 그러냐구 아들이 그래여. 그래서 '그냥 기운이 없대.' 그리고 말아 버렸지. 그리구 나서 아프다고 하니까 약 하나 지어주데. 한약. 보약 그거 먹구 하여튼 그거 먹구 괜찮아진 거 같아여. 애 보느라구 힘들었나 보지. 나도 깜짝 놀래가지고, 아니 뭘 했다구 팔십 넘은 사람보다 기력이 약해. 에너지가 다 빠져나갔나 봐. 애한테 시달려가지고. 그래서 약만 먹었어. 약 두 번은 더 먹었나 봐.

지금은 저렇게 잘 노니까. 가만히 옆에만 있으면 혼자 잘 놀아여. 어지르거나 말거나 〔그냥 둬요〕. 신경 쓰다 보면 스트레스만 쌓이지. 새끼들은 엄마 아빠들이 길러야지 할머니 암만 길러 봐야, 지 엄마 아빠만 있으면 안 와요. 아빠 제일 좋아하고 엄마 제일 좋아하고 할머니 조금 좋아한다는데. 재(친손자) 엄마 병원에 있을 때 내가 왔다 갔다 하고 저, 뭐야, 엄마들 가는 데 있잖아요. 〔산후〕 조리원에서 보름 있다가 와가지고 친정에 가서 일주일 있다가 명절이 돼가지고 왔지. 1월 12일이 생일이에요. 그러니깐, 그때 명절이 끼더라구 그때. 거기 있다 올래두 온 거지. 태어났을 때부터 계속 봐 준 거지. 외손녀딸두 그러는데! 여기서 한 달 동안 있다 가서는 지 집 가서는 두 달 되었나, 두 달 만에 왔나 봐. 그것두 어렸을 때는 같이 씻겨 주고 했는데 씻기는 건 이제 지 아버지 어머니가 씻기더래. 그래서 나는 안 해. 회사 나가구 애 볼 시간도 없으니깐 그거라두 정들게 해야지. 씻는 거라두 저들끼리 해야지, 내가 씻기면 내가 다 뺏은 거 같아가지구. 에이구 내가 봐 줘도 그게 생각으로는 고마워하는지는 모르지만, 말로다가 사람이 그런 게 있잖아요. "어머니가 봐 주니깐 제가 맘 놓고 다니지요." 이런 표현을 할 줄 몰라.

나랑 이런저런 얘기하면 좋을 텐데

〔며느리가〕 시집은 잘 왔지. 걸리적거리는 시아버지 없어, 시누이가 있어, 시집살이를 해? 애들(아들 내외)이 작년에 분가를 하려고. 내가 생각하기에는 애 엄마(며느리)가 친정〔식구〕이구 친구덜이구 아무도 〔집에〕 안 오잖아요. 저(며느리)는 노는 날이면 애기 데리고

친구한테두 간다고 하구 그러니깐. 우리 집에는 내가 있으니깐. 처음에는 내가 몇 번 피해 줬어요. "오라 그래라. 아니, 시어머니가 병신이냐, 삐뚤어지길 한 거야. 시어머니 혼자 있는 건데. 어머니, 오늘 친구들이 오니깐 어머니 자리 좀 피해 주세요. 그러면 내가 어디로 가든지 찜질방에로[든지] 목욕탕을 가던지 하다못해 딸네 집으로 가던지 어디로 가지." 그랬는데 그런 말을 안 해. "친구들 데리고 오구 싶으면 친목회 같은 거, 네 차례면 [데리고] 와라. 난 말리지 않는다. 그렇다구 해서 집이 남한테 빠지냐, 시어머니가 병신이냐, 시어머니가 너를 간섭하는 것도 아니구. 언제든지 온다고 하면 자리 피해 주고 할 테니깐 해라.' 그래두 안 하데. "친정어머니, 아버지두 처음에 결혼해가지고 딸이 어떻게 사는지도 궁금하실 거 아니냐? 내가 자리를 피해 줄 테니깐 오시라고 해서 밥이라도 한 끼 해드려라." 내가 나가 주고 밥해 먹었다고 하더라구.

내가 어차피 네 손에 죽고 너가 나를 거두울 거니깐, 너두 따로 살고 싶고 하겠지, 친정엄마 친정아버지도, 형제들이라도 오고 싶겠지, 큰이모두 여기까지 왔다가두 들어와서 차 한 잔 하지도 않고 그냥 안 들어와. 아니 나 있으면 어때? 뭘 잡아먹어? 와서 사돈하고 술 한잔 먹는다고 그러면 얼마나 좋으냐구. 그렇게 허물없이 지내면. 애(손자)네 엄마 집에서는 안 와. 애 할머니두 여기 대우 삼환상가 있잖아요. 이모가 거기 장사해요. 출입구 들어가다 보면 코디라구 옷가게 있어요. 한번 가 봐요. 애 이모예요. 가끔 가다 가게 오는데도 안 들어와. 애 보고 싶다면서두 안 와 봐. 나 혼자 있는데 들어오면 밥이라두 해 먹구 나랑 이런 얘기 저런 얘기 하면 좋을 텐데 안 그래.

조금 더 주면 받고 안 주면 그냥 말구

그냥 생활비 주고, 생활은 내가 하니깐, 다. 하다못해 콩나물을 산다 그래두 콩나물 사게 돈 달라 이럴 수는 없는 거니깐, 그냥 한 달에 용돈 포함해서…. 내가 나갈 일이 있어야지. 근데 나두 모임이 있으니깐, 그럴 때 가구. 또 성당에 다니니깐 성당에 조금 내고 그러다 보니깐 이제 그런 데나 조금 돈 쓰고 그러니깐 별로 그렇게 돈 쓸 일은 없어요. 아프면은 병원에 가고 그러면은 이제 거기서 생활비서 조금 쓰고 없으면 나중에 달라고 그러고. 그렇게 써요. 그러면은 생활하는 데는 그렇게 지장은 없어. 생활비하고 용돈하고 해서 60만 원 받아요. 다른 건 다 지들이 내고. 관리비니, 전화요금이니, 다른 거 가정에 쓰는 거 다 내고 60만 원만 나 줘요. 내가 아픈 데가 없으면은 충분하고, 생활만 쓰니깐. 근데 내가 아파서 병원에를 다니면은, 아들이라도 내가 일일이 돈 달라고 해요? 못하지. 그러니깐 목욕 가고, 뭐, 그러다가 쓰다가 병원에 다니고 그러면은 모자랄 때도 있어요. 그러면은 돈 달란 소리 못해. 그러면은 내가 통장에서 꺼내 쓰고, 알아서 주면은 '엄마가 요새 아프니깐 병원에 다니는구나.' 해서 조금 더 주면 받고 안 주면 그냥 말구 그래.

내가 아프거나 내가 막 죽겠어서, 몸이 아파서 좀 드러누워서 쉬고 싶은데 드러눕질 못하잖아요. 그러면 저게(손자가) 오면은 이리 치고 일어나라고 하고, 때 되면 밥 먹여야 하고 그게 제일 고통스러워. 내가 몸이 고통스러우면 좀 쉬고 싶은데, 드러눕고 싶은데, 일해야 하는데, 일하기가 싫고 그럴 적 있잖아요. 그럴 때가 제일 고통스럽더라구. 며느리는 아프면은 저녁도 안 먹고 지 방 들어

가서 자. 그러면은 나는 아픈 줄도 모르고 저는 아프면, 지(며느리)만 아퍼서 지만 들어가서 그렇게 저만 편안하게 하지, "어머니, 아프셨어요? 어머니 얼굴이 안 좋으셔요. 아프셔요?" 이런 소리는 몰라. 없어요.

대개 애덜이 저렇게 어리면은 젊은 엄마잖아요. 애덜이 지 엄마가 기르면, 젊은 엄마니깐, 동네서도 자기네들끼리 있을 거 아녀. 젊은 엄마들한테 늙은이가 가서 같이 놀아 줄 수가 없잖아요. 그러니깐 애가 맨날 혼자 외톨이야. 그게 딱해. 생전 늙은이가 젊은 엄마들한테 뭐 말하기도 그렇고, 같이 놀라 그러기도 그렇구, 뭐 그런 애덜이 불쌍하더라구. 요새 젊은 엄마들은 젊은 엄마들끼리 만나면은, [유치원] 차 태워 준다고 해서 만나면은, "몇 동 살아요? 커피 한잔 먹고 가요." 뭐 이러구서 친해지잖아요. 근데 나는 늙었으니깐 오라구 해도 안 가지. 젊은 엄마들한테 껴서 무슨 늙은이 좋다구, 그러겠어요? 누가? 그러니깐 애가 불쌍하더라구.

애가 다치면 재 엄마를 볼 낯이 없어요

한번은 눈이 찢어[져]가지고, 다섯 바늘 꼬맸잖아. 그러니깐 작년인가 보다. 가에단(계단)에서 굴러가지고, 그 가에단모서리에다 여기를 찍혀가지고 얼굴을, 병원에 갔다가 오다가, 까불고 내려가다가 그랬지. 손 붙들고 내려가야 하는데 그냥 혼자 내려가다가는 애(친손자)가 막 데굴데굴 한 열세 계단이나 되는 가에단을 구르는 거야. 아이구, 막 가슴이 두근반 세근반 난리가 난 거야, 그냥. 그래가지고서 병원에 도로 올라가지고서 테이프 부치고, 응급치료를 했지. 그랬더니 금방 보니깐 이렇게 벌어지잖어. 정형외과를 갔어. 저녁에 제일병원이라는 성형외과를 갔어. 성형외과를 다시 가서 다 푸르고(풀고) 다시 꼬맸잖아요. 그랬더니, 그것도 알아 둬야겠더라구. 정형외과를 가지 말라고 하더라구. 애덜 찢어지고 그런 거는. 안에도 안 꼬맸더래. 성형외과 가니깐, 안에도 꼬매고 거죽도 꼬매고. 아주 거죽도 꼭 붙여서 곱게 꼬맸어. 정형외과는 그렇게 안 꼬매고 그냥 거죽만 꼬매더라구. 안 갔으면 큰일 날 뻔했어. 속에서 염증이 생겼을지도 모르고.

하여튼 여기서 어떤 때는 가에단에서 내려가다가 애가 지금은 크니깐, 업을 생각도 안 하고 안을 생각도 안 하지만, 한 두어 돌 지나고 그때 내가 그냥 굴러가지고 여기(다리) 다 까졌잖아. 안고 가다가. 안고 가다가 애를 어떻게 힐끗 했는데, 애 안 떨어뜨릴려고 하다가 내가 여기를 다친 거야. 내가 여기를 훽 다 까진 거야. 애가 다치면 아들은 괜찮은데, 재 엄마(며느리) 볼 낯이 없어요.

목간통에서 세수하러 들어갔더니만, 아이구 애 데리고 다친 적 많아요. 세수하러 안고 들어가서 세수 씻기려고 들고 갔다가는 애가 막 장난하려고 버팅긴 거여. 버팅기다 보니깐, 바닥이 미끄러우니깐 내가 쓰레빠(슬리퍼) 신고 그냥 쭉 미끄러져가지고, 그냥 뇌진탕으로다 죽을 뻔했어요. 그래가지고 그냥 턱 나가 동그라지고 애는 떨어뜨렸는데, 어머, 정신이 하나도 없는 거야. 죽었나 살았나 그랬어요. 그래서 보니깐 죽지는 않았는데, 애를. "어, 형성아, 어떻게 된 거야?" 애를 끄집어내어 보니깐 입에서 그냥 피가 철철 나는 거야. 그러니깐 나는 고 턱에다가 모서리에 부딪혀서 여기가 이만하게 부르트고 애는 피가 철철 나고.

그때 마침 또 딸이 있었어. 그러니깐 "야, 형성이 좀 봐라, 어떻게 되었냐?" 그랬더니 애가 맥아리가 하나도 없어가지고, 기운이 쭉 빠져가지고, 아이구 뇌진탕으로 죽을 뻔했네, 큰일 났네, 그랬더니 애가 막 변기 있잖아요, 변기에다가 탁 부닥쳐가지고 여기가 안(입안)에가 빵구가 났나 봐. 그래서 피가 철철 났고 그래두 그만한 게 다행이구. 나는 여기(머리)가 계란만큼 이만큼 불어가지고, 에이 뇌진탕으로 죽을 뻔했네. 그러고서는 다친 적이 많죠. 다친 적이 많아. 밖에서도 놀다가도 무릎팍 깨지고 피가 철철 나고 다친 적 많지.

애가 다치면 미리미리 이야기를 하지, 내가. "이만저만해서 애가 다쳤다. 큰일 날 뻔했다." 〔나중에〕 알면 저거 하니깐. 내가 미리 이렇게 해서, 아주 큰일 날 뻔했다, "어떡하냐? 다쳤다. 여기 찢어졌어." 하고 미리 이야기하지. 뭐 감춰 놓을 게 아니니깐. "그럼 어떡하냐? 애가 그러는데, 애가 버팅겨서 그러는데, 어떻게 안 다치냐? 야, 형성이보다 내가 죽을 뻔했다. 뇌진탕으로." 하고 미리 말을 해 두지, 며느리한테. 아들한테는 내 자식이니깐, 그래두 엄마를 조금 감싸 줄 줄 알지만, 며느리는 안 그러잖아요. 그러니깐 며느리한테 이야기를 해. 이만저만해서 이렇게 해서 저렇게 됐다구. "야, 형성이 다칠 뻔했다." 그러면 "왜요?" "가에단에서 내려가지고 야 한바퀴 떨어가지고. 봐라, 나 여기 다 까졌잖냐." "헤, 큰일 나실 뻔했네요." "야, 진짜 큰일 날 뻔했어, 죽을 뻔했어." 그러지. 며느리한테 먼저 이야기해. 이럴 적도 있고 저럴 적도 있지, 이해를 해야지. 지들은 애덜 기르면서 안 다칠 수가 있나. 다칠 때도 지 맘대로 놀구 그러니깐. 며느리한테 이야기를 하면 지 신랑한테 이야기를 하지. "형성이 이만저만해서 어머니가 다쳤네." 같이 있다 다치면 아프지, 속상하지. 피 나두 가슴이 찢어지는 것 같구. 아이구, 이놈새끼 할머니 속상하게 왜 이랬어, 막 그거야 말을 할 수 없지. 내 자식보다 더해. 더 마음이 아파요.

생전 고맙다는 소리를 안 해

〔아들 내외랑〕 같이 살면서도 불편이 없는데, 그런데 가끔 가다가 며느리하고 고부간에 갈등이 많다고 그러잖아요. 고부간이니깐. 내 성질이, 나도 굉장히 칼칼한 성질이거든. 누구한테 내성적이고, 누구한테 말 안 하고, 말하기도 싫어하는 성질인데 며느리도 똑같애. 나하고 성격이 비슷해. 시어머니라고 어머니 이거는 이렇게 이렇게 하면 안 되잖아요, 이렇게 하는 게 아니구, 무디 무디해. 그러니깐 어떤 때는 그런 데서 내가 답답해서 갈등이 조금 생기지. '저건 해줘서 옘병할, 고맙다는 소리도 못해.' 뭐 이런 생각.

어떤 때는 빨래 같은 것도, 지금도 목요일 날 회사에서 교육 갔다 와가지고 스키장에 교육 갔었어요. 그래가지고 뭐 보드를 탔대나 어쨌대나 그래. 지금 목욕탕에 토요일 놀구 일요일 놀구 토요일은 목욕들 갔다 오고 일요일은 모임 있어서 갔다 오고 어쩌구저쩌구 하구. 그럼 세탁기가 있으니깐, 지가 저녁에라두 돌려야 할 것 아냐. 그냥 목간통에 있어. 그럼 날 보고 빨래〔하라〕는 거지. 그러니깐 그런 데서 좀 답답한 거예요.

좀 시어머니가 해주면은 해주는 대로 양양해가지고 더 시어머니를 부려먹는 거 같애. 그런 데서 갈등이 좀 생겨. 그렇지만 않으면은 저들끼리 사는 거는 잘 살아요. 근데 나두 까짓 것, 이왕 하는 것 그냥 좋게 좋게 해야지 하면서두 저는 젊고 나는 늙은인데 하루도 아니고 이틀씩이나 놀면서, 어쨌든 간에 이틀이나 놀았는데두 그런 것도 안 했다는 것은 이 시어머니를 식모로다 치는 것 아녀. 시어머니로 치는 것이 아니라, 그런 것은 절대 삼가요.

내 할 일은 내가 해야지, 저렇게 쌓아 놓으면 어떡해, 누구 보고 치[우]라는 거야? 그러는 거 아니더라구. 우리네는 나이가 많아가지고 절대 시어머니고 뭐고 양말 하나 여지껏 며느리 거는 팬티는 안 빨았어도, 양말 같은 건 벗어 놔. 그럼 그거는 세수하면서 충분히 빨 수 있거든. 빨아서 널어 놓고 그러면 되는데, 안 빨아요, 그냥 쌓아 놔요. 저기다. 그럼 내가 빨지, 또. 그러니깐 내가 할 일은 내가 해야 돼. 암만 시어머니가 집에서 살림을 하고, 시어머니가 잘한다 그래도, 내가 할 일은 내가 해야지. 시어머니만 잡고서는 시어머니를 식모모냥 부려먹는다는 것은 안 되지. 그래야 대우를 받어, 시어머니한테. 며느리도 시어머니한테 잘하면 우리 며느리는 이렇구저렇구 하지. 그러는데 그런 거 외에는 아무것도 없어, 말도 없구.

그런데 너무 말이 없어서 답답할 정도야. 이렇구저렇구 말을 안 하니깐. 좀 애교스럽게 어떤 때는 [붙임성 있게 대]하면은 귀엽고 이쁠 텐데 말을 안 하니깐. 나는 처음에 그랬거든. 결혼하고서, 딸 하나 있는 거 시집보내고, 며느리라고 생각 안 하고 딸같이 생각하고 유니폼도 내가 다 빨아서 대려 줘요. 지가 어떨 때는 빨 적도 있지만, 다 나가면은 내가 다 대려 주고. 그런데 생전 "어머니, 이거 대려 놓으셨어요. 고마워요." 이 소리 한번 안 해. 이부자리니 뭐니 내가 다 깔아 주잖아. 그래도 생전 고맙다는 소리 안 해. 애썼다는 소리 안 해, 그런 게 갈등이 조금 생겨.

부모들이 더 많이 베풀지

섭섭하게 생각하면, 섭섭한 것은 많지. 그렇지만 그걸 자녀들한테, 애덜한테 그 정도까지 섭섭하다고 다 삐뚤어지고 그러면 안 되는 거 아녀. 〈웃음〉 섭섭한 것도 그냥 뭐, 내가, 부모가 자식 위하게 (위하기에) 달린 거고. 부모가 내 자식이니깐 다 베풀어야, 자식들도 부모가 다 베풀어야 좋다고 그러지, 베풀지 않는데 자기 엄마라고, 아이유. 우리 엄마는 생전 자식들을 위해 베풀지 않는다고 하면 좋겠어요? 그러니깐 부모들도 자식들한테 베푸는 부모래야지 인정을 받지, 베풀지 않으면은 지 자식 이렇게 봐 주는 것도 다 베푸는 거야. 내가 그렇지 않으면 좋아하겠어요? 나이 먹은, 아무리 부모라지만 저한테 좋겠어? 구찮지. 지금은 현재까지는 하는 데까지 지들 자식 보고, 베풀고 있으니깐 지들이 좋다고 엄마를 붙들고 있는 거지, 그렇지 않으면 붙들고 있겠어요? 자식들도 물론 부모한테 베풀어야 하지만, 부모들이 더 많이 베풀지.

길에 보면은 할머니들이 애를 많이 업고 다녀

지금 보면은, 어디 길에 나서서 할머니들이, 지금은 길에 나서는 사람이 추우니깐 없는데, 여름 같은데 보면은 할머니들이 애를 많이 업고 다녀. 차 타는데도 하나 업고, 하나 걸고 있는 사람들이 많더라구. 내 처지가 저 정도 되면, 저 정도 되는데, 하면은 지금 저렇게 안 나오는데. 그러니깐 난 못 봐 준다고 그랬거든. "둘은 못 봐 주고, 난 형성이로 다 끝난다. 둘은 못 봐 준다. 몸도 따라 주지도 않고, 하기 싫고, 둘은 못 봐 주니깐 니들이 그때는 알아서 해라." 그런데 또 애를 안 낳잖아. 그러니깐 그것도 걱정되는 거야. 그런데 시어머니가 안 봐 준다니깐 안 낳는대.

내가 "하나 낳으려면 빨리 낳아야지. 애가 빨리빨리 크는데. 안 낳으려면 모르지만." 그런데 아들은 안 낳는데, 며느리는 낳고 싶어 하더라구. 낳고 싶어하는데, 하나 더 낳으려면 직장을 그만두어야지, 그만두는데. 너무 젊어서, 젊어서는 그래도 저들이 같이 벌겠다는데, 안 봐 줄 수도 없잖아요. 시어머니가 육십 안짝이면은 조금 돌봐 주고, 또 며느리도 같이 살어야 정이 붙지, 안 살으면은 시어머니가 시어머니인가 부다 그러지. 그냥 뭐 정이 별로 없잖아요. 물론 직장 다니고 그러면은 정이야 별로 없겠지만, 우리 며느리도 내가 결혼하고 1년만 꼭 같이 산다고 그랬어. 1년만 같이 살다가 분가해 준다고. 그런데 그게 안 되더라구. 애가 있으니깐. 지들 직장 다니는데, 1년만 살았으니깐 "어머니, 분가할래요." 그러면 그래 해라, 그러는데 저덜이 나갈려고를 하지 않으니깐 내가 더 힘든 거야.

애덜은, 저희 새끼는 저희가 길러야 해요. 저가 길러야 교육이니 뭐니 하지, 할머니하고 자라면은 애덜이 버르장머리도 없어지고 어쩔 수 없이 봐 주고, [그렇지만] 어쩔 수 없이 저들도 맡기는 거지.

챗바퀴모냥 집이나 지키고, 이거는 아닌데

조금이라도 젊었으면 오십대 같으면은 하다못해 정말 식당이라두 가서 일을 해서 돈을 벌라구 하겠지만, 이젠 돈 벌 저기는 안 되잖아요. 누가 써 주지도 않을 뿐더러 할 수도 없잖아요? 내 몸 관리나 해야지. 왜냐면 아파서 앓아서 허면은 누가 좋다고 하겠어요? 또 내가 우선 몸 아프면 고통스러우니깐. 나 몸 안 아프게 내 관리나 해야지, 다른 건 뭐 상상도 못해. 돈 버는 건 생각도 못해, 이제. 생각만이라두 뭐, 육십 안짝만 해도 '옘병, 내가 어디 가서 하다못해 파출부를 해서 돈 벌어서 먹고살지, 내가 치사하게 너희들한테 이러고 사냐?' [이럴 텐데].

근데 애한테 매달려가지고 꼼짝도 못하다 보니깐, 그러니깐 그것도(그런 생각도) 없어진 거야. 그냥 이렇게 집에서만 애 데리고 어린애모냥 하루 종일 이러고 있는 거야. 그게 바뀌어진 거지. 자식들이 어디 간다 하면은 데리고 가긴 하지. 데리고 가는데, 가두 그래요, 가두. 가두 젊은 애덜이랑 가면은 뒤치다꺼리는 내가 다 해야 되니깐, 그것두 싫더라구. 지금은 오십이 아니라 육십이 다되고 칠십을 바라보니깐 이제 귀찮아요. 어디 가재는 것도 귀찮구 하구 싶은 것도 없구. 지금은 내 생활도 갖고 나두 편안하게 살다 죽든지 어떡하든 해야지, 맨날 이렇게 매어서 그냥 쳇바퀴모냥 집이나 지키고 애하고, 이거는 아닌데 싶은 생각이 들어.

따로 산다면은 조그마한 집, 조그마한 아파트, 뭐 하여튼 20평짜리나 그런 거 해가지고. 근데 뭐 내 취미대로 살아야지. 하다못해 정말 노인정이나 안 갈망정, 복지회관에서 하는 것도 많더라구. 그런 데 다니며, 즐기고 살고 그래야지. 그런 거 부러워 죽겠어. 그렇게 살고 싶어요. 나두 이제 편하게 좀 살다가 즐겨 가면서. 뒤늦게 남들은 노인대학두 가고, 복지관에서 가르쳐주는 노인들 춤도 배우고, 서예두 배우고, 별거 별거 다 한다는데, 밤낮 집에서 애하고 꼼짝도 못하고 정말 스트레스가 보통 쌓이는 게 아니에요. 내가 말을 다 안 하니깐 그렇지 막 스트레스가 쌓이구, 어쩔 때는 골이 막 아퍼. 시달리는 건 아니지만 집에서 하루 종일 있다가 보니깐 숨통이 막히는 거야. 그런데 어떻게 그래두, 그런 거를 자식들이 알아주고 엄마를 편하게 해주면 좋은데, 엄마는 엄마일 뿐이야.

노인네니깐 애 보고 살림하고 그걸루 만족하는 줄 알고, 그런 거 모르잖아. 그러니깐 나두 이제는 따로 살아가지고 나두 혼자서 좀 즐기고 즐겁게 살다가 죽어야 되지 않나. 왜냐하면 애들한테 시달리고, 저들한테도 시달리고, 내가 늙어 가면서 이제는 힘이 들고, 작년 다르고 올해 다르고 하니깐 짜증이 나는 거예요. 막 짜증이 나. 작년, 재작년까지만 해두 안 그랬는데, 올해는 막 짜증이 나더라구. 다리도 아프지, 청소할려구 쭈그렸다 앉으면 힘이 들지, 막 짜증이 나니깐 힘이 더 들어. 그런 게 생겨. 스트레스 받구. 답답하고 속상할 때는 그냥 말을 안 해요. 그리고 먹기도 싫구. 근데 애가 있으니깐 그것도 못하더라구. 말 안 하고 애가 없으면 막 돌아다니고 쇼핑도 하고 그러는데 꼼짝을 못하니깐 오히려 뭐 어떻게 할 수가 없어. 그냥 애하고 싸우다 보면 그런가 보다 하지.

내 몸은 내가 관리해야지

하루하루 그냥 '오늘도 하루 지냈구나.' '내일도 지나가는구나.' 하는 거지. '아, 오늘은 즐거웠다.'든지 '아, 오늘은 재밌었다.'든지 그런 건 없어. 매일 똑같으니깐. 아주 똑같으니깐. [손자가] 유치원에 가면은 조금 편안한데, 유치원에 안 가면 힘들어 죽겠어. 나이 먹으니깐, 이제 몸이 자꾸 허약해지는 거지. 어디가 병이 들어서, 위가 안 좋아서 소화가 안 된다던가 그런 거는 없구, 밥도 잘 먹는데. 가끔 작년에도 인제 다리가 아프니깐 그것도 운동 열심히 하니깐 새벽에 산에도 다니고 그러니깐 그런대로 그냥 참고 사는 거여.

작년에는 걸음을 잘 못 걸었어요. 자고 일어나니깐 이상하게 여기가 아파서 걸음을 못 걷겠더라구. 병원에서는 MRA도 찍고, 수술하라구 그러더라구. 난 그 정도는 아닌 것 같은데. 그래서 절뚝절뚝 걸어서 거기서 나와가지고는 한의원 가서 침 맞고 통증클리닉 가서 주사 맞고, 침 맞고 물리치료하고 어떻게 그러니깐 또 사그라지더라구. 거의 보름 그랬나 봐. 지금은 또 괜찮은데 무서우니깐.

걸음 못 걷는 것이 제일 불안한 것 같아. 걸음을 걸어야 아무 데라도 가잖아요. 걸음을 못 걷는 것이 제일 불안한 것 같은데. 다리 아프니깐, '아, 내 몸은 내가 관리를 해야지.' 싶더라구. 침 맞으러 다니고 싶어도 저런데 끌고 다닐 수도 없고 날씨도 추운데 꼼짝을 못하는 거야. 〔손자〕 유치원이나 가야 가지. 치과도 가야 하는데, 갈 수도 없어. 재(손자) 때문에.

외롭고 허전하고 적적하고 눈물 날 일이 많겠지

그러니깐 앞으로 어떻게 살아야 하나, 따로 살자니 외롭고 심심하고 분위기라도 혼자 독수공방하는 모냥 하늘만 쳐다보는 것 같고 서글플 것 같고. 이래서 막상 저들이 싫다고 해서 "엄마, 이제 엄마도 편안하게 살아 봐." 그러면 눈물 날 것 같아. 〈눈시울을 붉힘〉 '나도 좀 혼자서 살고 싶다.' '나도 생활을 혼자 하고 싶다.' 그러면서도 '혼자 어떻게 살까?' 외롭고, 그래도 저거(친손자)라도 있으니깐 말동무라도 하고, 내가 힘들어서 몸이 아프고 그러면 좀 쉬고 싶고 그러면서도, 〔친손자가〕 있으니깐 그냥 말동무라도 하고. "애기야, 그러지 마라." "너, 왜 그러느냐?" "밥 먹어라." 이렇게 해서 떠들지만은, 아무도 없이 혼자 있으면 돼지모냥 나만 먹고, 나만 치고, 그러면은 몸이야 좀 편하겠지.

그렇지만 외로울 것 같아. 외롭고, 어떻게 해야 할까? 그런 삶은 아직까지 안 살아 봐서, 따로 살고 싶으면서도 그게 겁나는 거야. 혼자서 그러다가 어디 별안간에 아프면, 그러고 살다 아프면 어떻게 병원에는 입원시켜 주겠지만 혼자 외로워서 어떻게 살까? 그런 생각에 겁나. 나중에 헤어져 살면 애 보고 싶고 허전하고 적적하고 뭐, 눈물 날 일이 많겠지.

몸은 편하지만, 만일에 혼자 산다 하면은, 이것(친손자)두 보고 싶고 할 일이 뭐가 있어? 배고프면 먹고 배고프지 않으면 안 먹구. 적적하고 쓸쓸한 게 많겠지. 외롭구. 그렇다구 드나들 수도 없구. 생각 중이에요. 그래서 지금 분가를 해야 하나? 지들이 원한다면 해줘야지, 뭐. 며느리두 평생을 시어머니 모셨다는 소리 듣게 하고 싶지 않고. 젊었을 때 혼자두 살고 싶구 하겠지 뭐. 사는 게 다 그래요.

건강하게 잘 자라 주는 게 희망사항이지

우리 형성이가 학교 열심히 다니고 이 다음에 커서도 나라에 충분하게 기여할 수 있는 그런 아이로 자라면 좋지. 건강하고. 자라면서 안 좋은 일이나 생기고, 몸이나 아프고, 저덜 맘대로 나쁜 일이나 하고 공부 안 하고 그러면 안 좋잖아요. 공부 잘하고 저덜은 좀 편안하게 생활을 하면서, 돈도 잘 벌고 부모한테 효도하고 나라에도 충실하고 좋은 사람이 되어서, 대통령이야 안 되겠지만 희망사항이지. 그런 것은. 어유, 법관도 되면 좋고, 대통령도 되면 좋지만, 그런 저기야 하늘에서 낸 사람이구. 건강하게 잘 자라 주는 게 희망사항이지. 부모나 할머니나 다 똑같은 입장이지.

질문지

인.적.사.항.

가족관계

- 부모와의 관계
- 형제들과의 관계
- 친아버지에 대한 기억
- 어린 시절 집안 분위기(경제적인 부분 포함)

고향

- 태어난 곳
- 고향에 대한 기억 및 추억

교.육. 및. 직.업.

- 학창 시절의 기억(친구, 선생님)
- 6·25 전쟁 전후의 생활
- 어려운 가사를 돕기 위해 했던 일들
- 직업을 갖게 된 과정
- 직장 생활(사탕공장, 미용실 등)을 할 때의 어려움

결.혼. 생.활. 및. 자.녀.들.과.의. 관.계.

결혼

- 결혼 시기 및 전체적인 결혼 생활 이야기
- 남편과의 만남, 남편의 직업, 남편과의 관계
- 당시 여성들(친구들)의 결혼관
- 결혼에 대한 부모의 태도
- 육아 및 경제적인 부분 자세히
- 시부모(특히 시어머니)와의 관계
- 시댁 식구들(남편의 형제들, 또 형제의 배우자)
- 남편의 병을 알게 된 계기
- 남편의 투병 생활 중 가장 힘들었던 점
- 남편의 죽음 후 심정과 생활 변화

자녀 양육

- 자녀 양육 시 어려웠던 점
- 자녀와의 관계
- 현재 자녀들의 생활
- 현재 자녀들의 배우자와의 관계

손.자.녀. 양.육. 과.정.

- 손자녀 양육을 수행하게 된 동기
- 언제부터, 몇 명의 손자녀를 양육하였는지
- 어떠한 방식으로 양육하였는지(함께 거주, 또는 왕래)
- 손자녀 양육하는 동안의 하루 일과
- 손자녀와의 관계
- 자녀의 태도, 수고비 문제
- 양육 수행 이전과 이후, 자녀와의 유대관계
- 양육 시 가장 보람을 느낄 때, 가장 어려울 때
- 양육 관련 갈등 여부
- 양육 시 어려운 점, 섭섭했던 점
- 친구나 이웃과의 비교
- 노인학교 등 주변의 변화
- 젊은 세대의 사고방식 변화
- 자녀 양육은 누구에게 책임이 있는가?

근.황.

- 현재 어떻게 살아가고 있는지
- 건강 상태, 거주지, 경제적 상황
- 현재 가장 어려운 점, 보람된 점
- 현재 삶에서 고민하는 부분
- 이후 삶의 계획
- 다시 손자녀를 양육할 기회가 주어진다면?

노후 생활을 즐길 여유도 없이

고운 얼굴에 단정한 옷차림으로 나를 반갑게 맞아 주셨던 할머니. 구술자 김정자는 다섯 살짜리 손자의 장난감들이 뒹굴어 다니고, 만화 영화가 방영되고 있는 마루 한쪽에서 채 썬 무를 실에 끼우고 있었다. 할머니는 부랴부랴 마루를 치워 앉을 자리를 마련하고 귤을 내어주었다. 무슨 말을 어떻게 해야 할지 걱정하며, 당신의 일생이 지극히 평범했다고 말했다.

첫 번째 만남에서 할머니는 자신의 출생, 유년 시절, 직장 생활, 결혼, 출산, 자녀 양육 등 지금까지의 삶을 짧은 시간 내에 펼쳐 놓았다. 자신의 한이나 억울함을 이야기 속에 털어놓을 법도 한데, 할머니의 이야기는 감정이 절제되어 있는 듯했다. 모든 것들이 할머니의 이야기 속에서는 일상적인 일이 되어 있었다. 할머니의 이야기는 항상 "뭐, 특별할 것 있겠어, 다들 그런 거지."로 시작하곤 했다. 자신의 희생과 고통도 당연히 겪어야 할 일들처럼 이야기하는 할머니의 모습에 마음 한구석이 아련해 왔다. 자신의 이야기가 행여 자식에게 누가 될까 말을 아끼는 것 같았다.

두 번째 만남에서 할머니는 첫 번째 만남에서보다 더 세세한 기억을 더듬어 갔다. 초등학교에 입학하여 6·25 전쟁을 맞게 된 할머니는 피난 준비로 부엌에서 바쁘게 움직이는 어머니의 뒷모습을 보고, 소풍 가는 줄 알고 형제들과 기뻐하며 뛰어다녔던 기억을 떠올리며 한숨 어린 미소를 지었다.

어린 시절, 학업도 제대로 마치지 못하고 직장 생활을 하며 어려운 가정을 도와야 했던 이야기도 했다. 직장에 다니던 중 남편을 만났고 결혼도 했다고 한다. 이제 자식도 다 키우고 살 만한가 싶었는데, 남편이 폐암으로 3개월의 투병 끝에, 손 써 볼 시간도 없이 할머니를 홀로 남겨 두고 허무하게 돌아가셨다고 한다.

남편과 사별한 후, 홀로 자식들의 혼례를 치르고 지금은 아들 내외와 함께 살며 손자를 돌봐 주고 있는 할머니. 고생하는 딸 내외를 위해 5년 동안이나 손녀를 돌봐 주었고, 그 뒤 친손자가 태어나면서부터 지금까지 5년째 손자를 돌봐 오고 있다. 할머니의 손자녀 양육 경력은 거의 10년에 가깝다. 할머니는 노후 생활을 즐길 여유도 없이 손자녀 양육을 위해 헌신과 희생으로 살아가고 있는 것이다. 더군다나 최근 들어서는 외손녀를 돌봐 줄 때와 다르게 건강이 안 좋아 몸과 마음이 모두 지쳐 있었다. 할머니는 구술 과정에서 자주 '지금은 힘이 많이 부친다.' 고 말했다.

"앞으로 어떻게 노후를 보내고 싶으세요?"라는 질문에 할머니는 혼자 살고 싶다는 생각을 하면서도, 막상 그러려면 외로울 것 같아 두렵다고 했다. 할아버지라도 계시면 두 분이 남은 생을 여행도 하며 즐겁게 보낼 수 있을 텐데 그렇지 못한 상황을 가슴 아파했다.

막상 아들이 자신을 위해 분가하겠다고 하면 눈물이 날 것 같다며 눈시울을 붉혔다. 그래도 손자가 있어 몸이 아파도 "아가야, 밥 먹어라. 이거 하지 마라." 하면서 말동무를 삼을 수 있다는 할머니. 어쩔 수 없이 이것저것 다 받아 주어서 아이가 버릇이 없어질까 봐 걱정도 하고, 가장 좋은 것은 엄마가 아이를 키우는 거라는 말도 잊지 않았다.

언젠가는 아들 내외를 떠나보내고 분가시켜야 한다고 생각하면서도, 자신의 수고를 알아주지 못하고 감사의 마음도 제대로 표현하지 않는 자식들에게 섭섭한 마음을 내비쳤다.

이 땅의 많은 여성 노인들이 김정자 할머니처럼 외로움과 경제력 때문에 신체적, 정신적 고통을 감내하며 손자녀를 돌보고 있다.

할머니는 늘 자신의 삶과 자아를 찾기 위해 자식들의 곁을 떠나야 한다는 생각에 하루도 마음 편히 지내지 못하고 마음을 졸이며 살고 있다고 했다. 이런 할머니의 모습이 안타깝기만 했다. 이 시대를 살아가는 할머니들의 마음이 모두 이러지 않을까? 자식을 위하여 희생을 했으니 노후에는 편히 살아가야 하는데도 여전히 일하는 자식들을 위하여 당신의 삶을 또 한 번 포기하고, 손자와 손녀를 돌보며 가정 일에 자신을 매어 두고 살아간다.

김정자 할머니의 소원은 며느리가 해주는 밥을 먹고, 복지관에도 가고 이것저것 배우며 편안하게 사는 것이라고 했다. 하지만 할머니는 자식들 때문에 자신의 삶을 뒤로한 채, 지금 이 순간에도 손자의 손을 잡고 아마도 하루 종일 분주한 삶을 보내고 있을 것이다.

명준희

평등부부

박순란

평등부부라는 것은 서로를 존중할 수 있는 관계라야지 된다고 생각해요. 그게 평등이라고 생각을 하거든요. 무시를 당하거나 무시를 하거나 그러면 평등이라는 위치에서 벗어나는 것 같아요. 서로 존중할 수 있고, 인정하고 도와주는 관계가 되는 거죠.

그리고 결혼 생활은, 서로 하고 싶은 일은 서로 할 수 있게 도와주고 서로의 입장이 돼서 함께했으면 좋겠어요. 어떤 일을 할 때 되고 안 되고를 서로 잘 설명해 가면서 잘 협의해서 하면 좋겠어요. 서로 좀 부족하더라도 인정해 나가면서 해 나가는 것이 부부라고 생각해요.

●— 약력

1952년.. 1월 22일 전라남도 영암 출생, 4남 1녀 중 셋째

1970년.. 광주 뉴스타일 양재학원 수료

1976년.. 장녀 박가나 출산

1978년.. 장남 박기역 출산

1988년~1998년.. 안산시 근로청소년 복지회관 양재 · 홈패션 교육강사

1992년.. 양재학원 설립, 강사 활동

1993년.. 안산시 교육청 교육장 표창패 수상

1995년~2002년.. 안산 YWCA 이사

1995년.. 한국학원연합회 경기도지회장 표창패 수상

1996년.. 안산시장 감사패, 표창장 수상

2001년.. 안산21자원재활용 부문 특별상 수상

2003년~현재.. 안산 YWCA 회장

2003년.. 안산시 소비자정책심의위원회 위원

2003년 4월 20일.. 「세계일보」 '평등부부를 찾아서' 1, 종주-박순란 씨 부부 소개됨

2003년 6월 18일.. 「문화일보」 '평화 캠페인-남녀결합 이상의 평등한 동반자로' 기사화

2004년 1월 14일.. 「중앙일보」 '명절 쇠기도 평등하게' 로 기사화

2005년.. 안산에서 양재학원 운영 중

곱게 키우려고 노력하셨던 것 같아요

제가 자란 곳은 전라남도 영암 월출산 밑에 있는 시골이고, 농사짓는 부모님 밑에서 태어났어요. 5남매 중에 오빠 둘, 남동생 둘 가운데 제가 딸 하나예요. 할머님 한 분이 계셨고, 그 할머니 사랑을 많이 받았던 것 같아요. 나를 그렇게 애지중지하면서 어디를 가든지 날 데리고 다니시고, 그렇게 할머니 품속에서 도회지로 나오기 전까지는 그렇게 자랐던 것 같아요. 여름 평상에서 모기 뜯기고 할 때, 할머니 치마폭 속에 들어갔어요. 이야기를 들으면서 놀든가. 늘 먹을 게 있으면 할머니가 주머니에서 꺼내서 주시고, 누가 야단치지도 때리지도 못할 정도로 방어해 주셨던 기억이 있어요.

대신에 엄마에 대한 기억은 조금 냉철해요. 엄마가 좀 냉철하셔서 선을 반듯하게 그어서 되는 건 되고, 안 되는 건 안 되고 하셨어요. 아버지는 그런 것들을 다 감싸 주시면서 곱게 키우려고 노력하셨던 것 같아요. 그런 대접을 받으면서 자랐던 것 같아요.

오빠가 두 분 계시는데, 큰오빠는 이제 그렇게 공부를 잘했던 건 아닌 것 같아요. 그냥 중간 정도 하니까 아버지가, 너는 대를 이어라 〔하고 말씀하셨죠〕. 둘째 오빠는 머리가 좋아서 대학에 갔다가 가정 형편이 어려워지니까 2학년까지만 다니고, 군대 갔다 와서 복학을 못하고, 그냥 직장 생활로 접어들었죠.

저도 그때 학교를 못 다니게 된 이유가 엄마가 형편이 풀리면, "보내 줄게."라는 얘기가 있었는데, 영산강 쪽이라 비가 많이 오면 완전히 침수되고, 또 가뭄이 오고 그렇게 반복되니까 동네로 봐서는 부잣집 딸이었어도 학교를 갈 수가 없었죠. 부잣집 딸이라는 이야기를 듣고 험한 일 안 하고 키우셨지만, 제 마음속에는 늘 공부 못한 것에 대한 불만이라 해야 될까, 그런 것들이 늘 쌓여 있었죠. 또 어머님이 막내아이를 출산하시면서 지금은 병명이 뇌하수체라 하지만, 그때는 무슨 병인지도 모르고 시름시름 앓으셨거든요.

밑에는 남동생이 둘이 있는데, 바로 밑에 남동생은 활발하게 움직이는 뭐, 어디 골목대장처럼 이렇게 휘두르면서 다녀가지고, 걔 이름만 대면 아무도 우리 동네 아이들을 건드릴 수 없을 만큼 그러고 다녔어요. 막내동생은 공부를 잘했는데 아버지가 많이 편찮으셔서 집안 형편이 많이 줄어들었어요. 그래서 학교에서 1, 2등 해야지 갈 수 있는 광주상고를 졸업하고, 외환은행 바로 취직했죠.

양재를 배우고 열아홉 살쯤에 의상실 운영했어요

그렇게 배움에 대한 아쉬움으로 지내다가 열일곱 살쯤 되니까 '정말 이대로는 안 되겠다.'라는 생각에서 양재학원을 가겠다고 했어요. 바느질하는 거니까, 아버지도 허락을 하시고 배우라고 해서 광주에 나와가지고 그 근처에 양재학원을 다닌 거죠.

학원을 다니고 보조 교사로도 일하게 됐죠. 내 학력 가지고 그만큼 인정받으면서 하게 되니까 내 자신도 나를 높이 평가했는지, 의상실도 막 차리고 했어요. 그러니까 그냥 아무 두려움도 없이 그때 했던 것 같애요.

그때는 경험 없이 하다 보니까 실수도 많이 했죠. 실수를 해도, 제 얼굴이 사납거나 억세게 생기지를 않아가지고, 손님들도 그냥 순하게 봐주셨던 것 같아요. 지금 생각하면 정말 용서되지 않을 만큼 잘못들도 있었는데, 하여튼 "됐다."고 "그냥 여기만 좀 고쳐 달라."고 하면서 옷을 찾아가고 그랬던 것 같아요.

지금 생각하면 그때 겁 없이 했던 것이 경력과 경험을 쌓게 되는 좋은 기회였기도 하고, 그래서 누구한테든지 "배우면, 할 수 있는 여건만 되면, 부딪혀서 해라!"라는 이야기를 제가 하는 거예요.

젊은 시절 부부 모습

두려워하는 사람들이 많아요. 배운 것을 직접 실력이면 할 수 있는데, "못할 것 같아요." 하고 망설이는. "자신 있게 그냥 하면 된다. 해라, 그 정도면 할 수 있으니까 해라."고 자꾸 권장을 하죠.

그렇게 양재를 배우고 열아홉 살쯤에 광주 지원동에서 의상실을 조그만 걸 인수받아가지고, 한 2년 정도 운영했어요. 그러다가 엄마가 너무 많이 편찮으시니까 돌봐야 되는 입장이 돼서, 시골로 다시 내려와서 돌보는 중에 남편을 만난 거죠.

동네 사람들까지 다 반대를 했으니까

저희가 연애결혼을 했어요. 주변에 엄청난 반대를 무릅쓰고 그냥…. 엄청난 반대였죠. 동네 사람들까지 다 반대를 했으니까.

저는 아무래도 그 동네에서는 좀 잘사는 가정에서 태어났잖아요. 일꾼도 있고, 친척들이 거의 우리 집에 들러서 먹고 지내면서 일도 해주고 했는데, 농사가 많은 집안인 거죠.

남편 가정은 형편이 좋은 편이 아니었어요. 남편은 그때 집안 형편이 어려우니까 서울로 올라와가지고, 공부를, 독학을 했으니까. 독학을 해가지고, 군대 갔다가, 집안에 아버지가 편찮으시다 돌아가시는 바람에 그런 환경 속에서 서울로 다시 올라갈 수 없으니까, 그냥 시골에서 농사를 짓게 된 상황이었죠.

시골에 내려와서 남편은 4-H[1] 클럽 운동이라고, 되게 활발하게 움직였거든요. 남편은 그 지도자로, 거기에서 주로 일하시고, 나는 그 일원으로 같이 활동을 하게 된 상태였죠. 그 활동을 하면서 이제 믿음이 가는 부분들에 연애의 감정이 싹튼 것 같아요. 뭔가 발

1 지(智·Head), 덕(德·Heart), 노(勞·Hands), 체(體·Health)의 4-H 이념을 생활화함으로써 지역사회와 국가발전에 기여한다는 목적의 실천적 청소년 사회교육운동이다.

전적인 일들을 찾아다니고, 그런 것들을 해 가는 것을 보면서 좋아하게 된 거죠.

지금 나이가 먹어서도 그래요. 개선할 게 좀 있으면 개선하려고 노력하고 그래요. 저도 '좋은 사람이다. 괜찮다.'라고 생각을 하고 있는데, 남편이 동네 언니를 통해서 쪽지 편지라고 그러나? 책 속에 끼워 넣어서 주는 거예요.

〔편지 내용은〕 기억나는 건 별로 없는데, 사실 편지는 부모들이 하도 반대를 하고 그러니까 없앴던 것 같아요. 읽고 나면 바로 없애야 들키지 않으니까. 그때가 〔내 나이가〕 스무 살이고 〔남편 나이가〕 스물여덟 살로 나이 차이가 많이 났어요. 나이도 많고 형편도 별로 안 좋은데, 장남에다가 6남매 맏〔이〕인 사람이니까. 지금 생각하면 우리 부모님 반대했던 거 이해가 돼요.

지금 우리 아이들 결혼하니까 〔나보다〕 훨씬 좋은 환경이니깐 반대하고 싶어도 반대를 할 수가 없더라고요. 저희 아이들도 전부 연애거든요. 부모 욕심까지 하면 더 좋은 사람 원하겠지만, 내가 결혼할 때는 더 악조건이었는데도, 부모님이 어쩔 수 없이, 거의 부모님 무시하고 결혼한 거죠.

배우자에게 이만하면 '만족한다'라고 생각해요

결혼하기 전에 사건들을 더 말해 보면, 광주에서 취직해서 있으면서 주고받은 편지는 지금도 있어요. 제가 정말 어려울 때는 그 편지를 꺼내 놓고, 읽는 게 나를 달래거나 다스리는 치료제 역할을 하면서 살아왔기 때문에 아직도 그것을 버릴 수가 없어요.

남편은 시골에서 이제 어떻게든 잘살아 보려고 노력을 했지만, 한계를 느끼고, 그 환경 속에서는 '내가 절대 성공할 수 없다.'는 생각에 서울로 그냥 취직해서 올라왔었어요. 올라오고 나서 몇 개월 지나서 나도 그냥 서울로 취직해 올라와서 동거가 시작된 거죠. 그리고 제가 스물세 살 때, 구로동 의상실에서 일할 때, 결혼식 올리고 큰아이를 낳았던 거죠.

아무리 결혼을 반대해도 〔제가〕 결심했던 이유는 늘 나를 배려해 주고 했던 것이, 사귀면서 어린아이 취급하는 게 없지 않아 있긴 있었어요. 결혼하고 나서는 다르긴 하는데, 배려하는 게 많이 있기 때문에 평등부부라는 말까지 이제 듣게 된 거잖아요. 우리는 그게 사연이 그냥 그랬었는데, 다른 사람들 보기에는 평등이라는 말이 붙게 된 것 같아요.

배우자에게 바라는 입장에서는 뭐 한이 없게 되잖아요. 사람인데…. 그렇지만 내 생각으로 판단할 때는 저는 이만하면 '만족한다'라고 생각해요. 그 이상의 사람들도 많고, 그 이하의 사람들도 많지만 그래도 내 기준으로 이 정도면은 만족할 수 있는 사람이라고 생각하기 때문에 지금까지 살고 있죠. 저도 생긴 거는 유야무야 하게 생겼지만, 판단하고 끝내는 거는 정확하게 해 버리거든요.

〔남편은 장점이〕 별로 없는 것 같은데, 〈웃음〉 그게 무엇이든지 원칙에 의해서 정확하게 판단하고, 짚어 주는 역할을 해줘요. 그런 점이 장점이라고 할 수 있죠. 가끔은 원칙을 너무 따져서 컴퓨터 같다는 생각을 하기도 하지만 그래도 사랑하고 있다는 건 확실해요. 서로를 생각하고 있으니까, '서로의 믿음은 변하지 않고 있다.'라고 확신하고 있으니까 좋아요.

시어머니 이야기는 그렇게 즐겁게 나오지 않을 것 같아요

결혼하고 6남매 맏이니까 시부모, 시동생 다 같이 살았거든요. 거기에 사촌들, 또 동네 사람들, 전부 와서 일주일, 열흘, 한 달씩 이렇게 있는 건 보통이었어요. 그땐 당연히 해야 되는 거란 생각 때문에, 우리 친정에서도 많은 식구들이 늘 주변에 살았기 때문에. 농사일이 많으니까 농사일 해주는 사람들이 늘 와서 먹고 자고, 음식도 커다란 가마솥에 한 밥을 해가지고, 밥상을 몇 개씩 차려 나가고 하는 것들을 보고 자라 왔기 때문에 식구들이 많아서 어렵고 불편하다는 걸 거의 못 느꼈어요.

당연히 그렇게 살아야 되는 건 줄 알고 살았는데. 시간이 지나고 어머님하고의 갈등이 엄청 큰데도 그냥 '이거는 내 몫이다.'라고 생각하고 그냥 참고 견딘 게, 나를 오히려 성장 못하게 하는, '발목 잡았다.'는 느낌 때문에 더는 못 견디겠더라구요. 그래서 시어머니 이야기는 그렇게 즐겁게 나오지 않을 것 같아요.

일주일에 한 번씩 가족회의를 하자

가족 수는 많으니까 어려움이 있을 거라고 생각을 하고, 그걸 해결하기 위해서는 우리가 일주일에 한 번씩 회의를 하자, "가족회의를 하자."라고 인제 둘이서 이야기를 하고, 다른 식구들한테도 얘기를 했어요. 그러니까 다 "그렇게 하자."라고 했거든요.

문제를 발생한 걸 짚어서 이야기를 해 나가면, 꼭 시어머님이 거기에 걸리는 거예요. 본인께서 '잘했다, 잘하셨다.'라고 평가가 나오면 기분이 좋으실 건데, 꼭 못한 부분이 지적이 되니까 신경 쓰이잖아요.

그러면 어머님이 예민하셔서 소화 불량에 걸리고, 화장실 가서 토하시는 거예요. 잠도 못 주무시고. 그래도 처음에는 강행을 했어요. 잘못한 건 잘못한 거니까. 내가 잘못한 것도 있고, 누가 잘못한 것도 있고 하니까. 이런 부분에서는 이래야 되는데, 이러지 않았을까? 이런 이야기들을 식구들 성격이 너무 솔직하게 그냥 있는 그대로 다 이야기하다 보니까, 그게 상처로 남는 경우도 생기는 거예요. 항상 상처받는 사람이 시어머니였어요.

그러니까 그렇게 상처받고, 엄마가 고생한 걸 보면서 어떤 자식이 "이 회의를 계속하자." 그러겠어요. 그러니깐 "회의하지 말자. 맨날 엄마만 잘못했다고 하는데, 저렇게 소화도 안 되고, 토하고 아프고 하는데 어떻게 계속하겠냐고, 하지 말자."고 시동생들이

여성회관 강사들과 함께

그러더라구요.

대체로 〔지적된 내용이〕 시골에서만 생활했던 생활 습관이 도회지 생활하고 안 맞으니까, 사용하는 물건에서부터 행동, 아이들한테 주는 영향이라든가, 하여튼 그렇게 사사건건 걸렸던 것 같아요. 그런 의견이 나오니까 "그럼 일주일에 한 번을 〔했던 것을〕 한 달에 두 번만 하자." 그렇게 줄여서 해봐도 똑같은 결과고, "이제 한 달에 한 번만 하자." 그렇게 해서 모이는 게 잘 안 되는 거예요. 공격은 인제 엄마(시어머니)한테로 가고, '안 되겠다.' 하고, 그래서 못하게 된 거죠. 1년 정도 한 것 같아요.

26년을 같이 살았어요. 숨이 막히는 거죠

시댁 식구들이 나를 무시하거나, 시누가 올케를 무시하거나 그런 경우가 있었으면 제가 어려웠는데, 그런 것은 없었어요. 대우를 받으면서 늘 살아왔기 때문에 내가 무시를 당하거나 그런 일이 있었다면 내가 막 울기도 하고 뭐 하기도 하고 했겠지만, 나도 내 의견을 당당하게 얘기하고, 또 시집 식구들도 그런 얘기를 하니까…. 그리고 어머님도 저를 어려워하시고, 그렇게 하시면서도 실수를 하신 것들이 그렇게 지적 대상이 되니까, 본인이 자존심도 대단하신데, 자식들이 그런 평가를 하니까 속이 상하신 거죠. 26년을 같이 살았어요.

생활의 차이, 시골 생활에서 나오는 또 양반가의 보고 들은 내용들을 늘 우리들한테 바라시는 것〔이 나를 힘들게 했어요〕. 아이들을 간섭하고, 무엇인가를 할 수 있는 것들을 못하게 자꾸 방해를 하시고, 간섭을 그렇게 해요, 아이들을. 그렇게 따라다니시면서 간섭을 하세요. 이제 시누들이 와서 "엄마는 왜 그런 거 이야기를 하냐? 그렇게 이야기를 하지 말어라." 이렇게 이야기를 하면, "내가 언제 뭐랬냐? 난 절대 간섭 안 한다." 그렇게 이야기를 하시는데, 내가 볼 때는 사사건건 다 간섭을 하시면서도 그렇게 이야기를 하시니까, 그럴 때는 속이 뒤집히더라고요. 그러려니 하고 살아야 되는데, 그게 안 되더라고요.

제가 늘 참고 산 게 '내가 나이가 들면 저걸 이해하고 받아들이겠지, 더 나아지겠지.'라는 기대를 하고 나를 다스리면서 살았는데, 나이가 먹으면서 더 안 되더라고요. 나의 한계라고 생각이 들고. 그럴 때마다 이제 내 자신에게 내가 실망을 하게 되면, 더 상처를 받는 것 같고.

그렇게 맞지 않는 일들이 쌓이잖아요. 쌓여도 마음 다칠까 봐 입 다물고, 그냥 참고 참고 했던 것들이 어른으로서의 존경심이 없어져 버리는 그런 상황이 오고 그러니까 같이 사는 게 힘들더라구요.

부모를 경시하거나, 할머니를 경시하거나, 그러지 않고 살아와서 내 자신이 시어머니를 어느새 경시하고 있는, 내 자신에 대한 스스로의 질책이 큰 상처로 나를 괴롭히더라구요. 그래서 지금 막내아들하고 한 3년 같이 사시고 있어요. 그때 당시에 나는 너무 힘들게 일을 하고, 집에 들어가면 불편하고, 마음에 안 드는 부분들이 나를 더 못 견디게 하고, 아무 죄도 없죠. 사실, 아무 죄도 없는 시어머니가 그렇게 싫고, 막 미운 거예요. '내가 이렇게 살아야 되나? 이렇게까지 못 견디면서 살아야 되나?'라는 생각 때문에 이혼까지도 생각을 했었거든요. 내가 나를 살리기 위해서는 그 방법밖에 다른 생각이 안 드는 거예요. 어떤 방법이 좋을까, 어떤 게 젤

고향에서 올린 결혼식

현명할까, 고민도 많이 했죠. 그리고 이제 남편한테 얘기하기까지는 정말 시간이 많이 흐르기도 했고, 벌써 사십 중반에 〔한계〕가 왔으니까.

그래서 한번 남편한테 "나 돌아 버릴 것 같다. 이 상황이 계속 되는 건 내가 살아 있는 것 같지도 않고, 돌아 버릴 것 같다."라는 이야기를 했어요. 남편은 그때 깜짝 놀랐는데, 그렇게 좋아하지는 않아도 상황이 그 정도인 줄은 몰랐던 거죠. '그럴 정도면 이제 안 되겠다.'고 남편이 생각해서 가족들을 불러서 회의를 한 거지. 나만 빼놓고. 그러니까 동생들이 "제가 모시겠습니다." 서로 모시겠다고, 그렇게 해서 따로 살 수 있게 된 거예요.

그런데 어머니한테 그 이야기를 있는 그대로 하기가 어려우니까 바로 밑에 동서가, "제가 일이 있어서, 어머니를 좀 서울로 올라오시게 해서 집에 계시게 하고, 못 가시는 방법을 취해서 하겠다." 해서 모셔 갔어요.

평생을 오직 큰아들, 큰아들한테만 의지하고 사셨고, 그러지 않으면 엄청난 불명예스런 일로 여기시는 분이거든. 큰아들하고 못 살고, 다른 자식들한테 가서 산다라는 게, 그런 가부장적인 의식이 꽉 박혀 있으셔서 쉽지 않았어요. 나는 그런 거 하나 하나가 숨이 막히는 거죠.

그래도 불편한 관계는 나로, 내가 내 안에 차단해 버리고, 아이들이 할머니를 싫어하지 못〔하게〕 하는 역할을 제가 했죠. 할머니를 싫어하고, 할머니를 미워하게 되면 이 아들의 마음속에 상처가 되잖아요. 상처 입지 않게 하려고, 할머니가 그렇게 성가시게 하고 야단을 쳐도, "할머니가 너를 좋아하니까, 할머니가 하실 일이 뭐 있냐? 니가 오면 반갑고, 너하고 대화를 하고 싶어서 그러지." 하고 이제 아이들을 달래 버리지. 같이 흉보거나 그런 일 한 번도 없었어요.

아이들이 그걸로 인해서 상처받을까 봐 걱정하는 게 더 컸기 때문에 그런 것들을 카바하고 살아야 되겠다는 〔생각을〕 한 거지. 그래서 할머니에 대해서 그렇게 나쁜 감정 가지거나 그러지는 않는 것 같아요.

밖에 있는 일은 다 도와줬어요.
안에 있는 일은 절대 안 도와줬어요

전에는(시어머니와 함께 살 때는) 밖에 있는 일은 다 도와줬어요. 안에 있는 일은 절대 안 도와줬어요. 시누이가 있고, 어머니 눈치가 있고 하기 때문에 그런 것 때문에 절대 안 했던 것 같아요. 집안일은 특별히 같이 했으면 하는 그런 생각은 하지 않았어요. 워낙 집안에 사람이 많았고 그랬기 때문에 자연스럽게 하지 않았던 것 같아요. 아마도 당연히 상황에 맞춰 '내가 해야 될 일이다.'고 생각하고 했었는데….

어느 날인가 어머님이 막내 집으로 가시고 나서 내가 아픈 날이었나 봐요. 몸살이 나서 누워 있었는데, 〔남편이〕 "설거지를 내가 하겠다."고 설거지를 하려고 장갑을 끼고 있는데, 아들이 밖에서 딩동 하고 들어온 거예요. 그러니까 장갑 벗어서 놓고 나오더라구요. 속으로 웃으면서 "야, 기욱아, 아빠 설거지하려고 장갑까지 다 꼈었는데, 니가 들어오는 바람에 못했어. 니가 대신 해야 돼."

내가 그랬어요. 시어머니와 함께 살지 않게 된 이제 거의 4년이 다 되어 가는데 그동안은 남편이 집안일을 많이 해요. 둘이 살기 시작하면서부터는 설거지하고, 청소, 빨래 널어 주는 것, 그런 것들 해주죠.

큰애는 여자아이, 도전적이에요

큰애는 여자아이인데도 우리가 키울 때 '무엇이든 경험해서 자립할 수 있고, 독립할 수 있어야 된다.'라는 생각을 가지고, 혼자서 무엇이든 할 수 있도록 하려고 노력을 했죠. 그래서 한 게 뭐냐면 초등학교 3학년 때, 큰애는 원래 좀 도전적이에요.

무엇이든지 활발하게 움직이고, 친구도 많고, 집 안에 틀어박혀 있는 게 아니라 거의 밖에 나가서 놀고, 그런 성격을 가져서 어디 가기도 좋아하고. 그래서 여름방학에 시골 고모 집에 혼자 보내는 일을 했어요. 수원 역에서부터 나주 역까지의 역을 전부 적어서 주면서 몇 시 되면 어느 역이고, 몇 시 되면 어느 역이고, 시계하고 표하고 비상금, 전화번호 적어 주머니에 다 넣어 주고, 아이를 기차에 태워 보내고…. '내가 잘못하는 건 아닌가?'라는 생각이 들면서 가슴이 두근거리는데, 바늘방석에 앉아 있는 것 같더라고요. 그래도 혼자 가더라구요.

굉장히 활달하고 개방적이고 적극적이고 어떤 친구든지 그 아이를 다 좋아해요. 모나지도 않고 잘난 척도 안 하고. 내 딸이라 그런지 몰라도 잘난 척하거나 뭐 하는 게 아니라 어려운 친구가 있으면 친구네 가서 잘 도와주고, 또 본인도 놀기 좋아하니까 놀자고 오는 친구들하고는 즐겁게 놀아 주고. 그런 것들이 어떤 친구든 다 이렇게 포용이 되는 것 같고, 그 주변에 보면 잘난 척하고 뭐 하고 하는 친구들하고는 안 어울리는 것 같아요. 저보다도 못하고, 조금 그런 아이들을 끌어안고, 늘 데리고 다니면서 놀고 도와주고, 그런 것 같아요.

중학교에서도 반장 하고, 안양고를 갔더니 전부 친구들이 책상에 그대로 앉아 있는 거예요. 놀러를 안 가는 거예요. 우리 아이는 수업시간 〔끝나는〕 종만 딱 치면 나와서 놀아야 되는 애거든요. 수업시간에는 충실히 듣고 수업 딱 끝나면 놀아야 되는데, 놀 애가 없으니까, "무슨 이따위 학교가 있냐?"고 그러면서 학교 안 다닌다는 거예요. "학교 안 다니면 어떡하냐?" 하면 "알아서 하겠다."는 거예요.

상담 가면 선생님은, "희한한 놈"이래요. 딱, "수업시간에 들어가면 자는 놈"이래요. 마음에 안 드는 선생들이니까 거기는 전부 다 공부만 막 휘몰아치고 있잖아요. 공부만 잘해서 사람이 사는 게 아니라는 생각을 하고 있는 아이에다가 공부만 하라 그러니까 그렇게 다그치는 선생님들을 존경할 수가 없는 거죠. 근데 부모에 대한 반항 그런 것은 전혀 없었어요.

그런데 공부, 학교 문제에 대해서는 우리 아이가 어떻게나 싫어하는지, 고등학교만, 어떻게든 고등학교만 졸업을 하겠대요. 대학은 안 간대요. "대학 안 가도 내가 얼마든지 잘 벌고, 잘살 테니까 걱정하지 말고, 대학 소리 하지 말라."구요.

그 아이도 2학년 마칠 때쯤, "엄마, 저 공부할게요. 대학 갈 거예요." 하는 소릴 들었을 때, 그때 얼마나 기뻤는지 몰라요. 그래서 3학년 때 공부를 해가지고 대학에 들어간 거예요.

그렇게 들어간 대학에서 가정관리학과라는 맞지도 않는 과에 다니다 보니까 2학년 끝나 갈 무렵에 "더 이상 다닐 가치를 못 느낀다."라고 하는 걸 달래가지고, "휴학해라. 자퇴는 하지 말고, 휴학해라." 그렇게 하고 "어학연수를 한 1년만 하고 와라. 그러고 나서도 안 되겠다 싶으면 그때 쉬어도 괜찮지 않겠느냐?"라고 달랬어요. 지가 생각해 보고, "내가 배낭여행을 하면 어떻겠느냐? 선배들이 그러는데 어학연수를 가서 한곳에 묻혀 1년 해봤자 갔다 와서 1, 2년 지나면 다 잊어버리는데 배울 가치가 없으니까."라고 하더라구요.

그리고 스물아홉 살에 결혼을 했어요. 물론 기대치도 있고 부모 욕심이라는 것이 있어서 여러 가지 생각이 교차했지만 그냥 다른 욕심을 버리니깐 사람의 장점이 보이더라고요. 그 사람의 장점이 보이기 시작하면서 내 마음속에 들어오는 것을 나도 느끼고. 그래서 사위 보고 지금은 가깝게 "양호야, 양호 왔냐?" 하고 불러요.

아들은 성격이 달라요. 오직 책만 들고 살아요

그런데 아들은 밖에서 안 놀아요. 그때 딸이 고모 집에 갈 때에도, 초등학교 1학년 때였는데 안 가려고 하더라구요. 그렇게 성격이 달라요. 걔는 오직 책만 들고 살아요.

아들은 캠프 같은 것도 가라 그래도 안 가요. "여름이라 모기가 많으니까 안 간다." 그러고, "너무 더워서 안 간다." 시골에도 가라 그러면 "화장실에서 냄새나서 안 간다."고 그래. 그런 걸 그렇게 싫어하고, 오직 책만 있으면 먹는 것, 입는 것, 아무 필요가 없어요.

걔는 책 보고 책하고만 있으면 다른 게 필요 없던 아이 같아요. 그렇게 자란 아이였어요. 그러다 보니까 철학과를 가게 된 것 같아요.

또 지금 생각해 보면, 아무래도 큰딸에게 기대감 같은 것이 더 컸던 것 같아요. 그걸 아들이 서운하게 생각하거든요. 다른 집과 달리 특히 아들 딸 구분 안 하는 데다가, 아버지는 아들에게 칭찬 같은 걸 많이 안 해줬어요. 그래서 중학교 땐가? 시험을 백점을 맞아 오면 다른 집에서는 난리고 그런데 우리 집은 그냥 별로거든. 그냥 "그랬냐?" 그 정도로 하니까 서운하고 그런 것 같아요. 그래서 시험을 일부러 적게 맞았다나? 그런 적도 있었어요. 공부를 잘해 와도 칭찬도 별로 없고, 못해 와도 특별히 야단도 치지 않고 하니까…. 〈웃음〉

며느리는 처음엔 우리 아들이 "소개를 시켜 주겠다, 데리고 오겠다."라고 얘기를 하는데, 아직 학교에 있는 놈이 '공부를 해야지, 여자친구하고 결혼을 하느냐?'라고 생각을 하고, 미뤘어요. 미뤘는데 "엄마, 한번 만나 보지 그래요." 하는 거예요. 그래서 남편 친구 부부랑 우리랑 관악산에서 만나기로 약속이 되어 있으니까 "거기서 보자."고 했어요. 그렇게 관악산에서 만났는데, 우리는 먼저 와서 보는데 멀리서 우리 아들은 이렇게 큰데, 키가 작은 여자 아이가 뒤에 보이는데…. 〈웃음〉

그리고 우린 '결혼은 나중에 졸업하고 하겠지.'라고 했었는데, 누나 결혼 끝나고 나서 한 두세 달 있는데, "엄마, 나도 결혼하면 안 될까?" 그래요. 그래서 "정신 나간 소리 하고 있네, 이 자식이. 졸업이나 해야지. 졸업하고, 자립할 수 있을 때 결혼하는 거지. 학생이 어떻게 결혼을 하냐?"고 했는데, 결혼하겠대요. 그래서 결국 올해 시켰어요. 아직 학생이죠. 학교도 졸업 안 하고 그래서 약간 서운하기도 했지만 지금은 잘 지내는 것 같아요.

밖에서 활동은 계속했어요

첫애를 스물다섯에 낳았어요. 큰애가 76년 1월, 딸이구요. 둘째가 78년 11월, 아들이에요. 그렇게 아이들 낳고 나서 또 의상실을 했죠. 계속 일은 했어요. 그리고 88년부터 근로청소년 복지회관에서 홈패션 강사 제의를 받고 했었어요. 일주일에 두 번씩, 일주일에 2일씩 두세 시간씩 수업해도, 그때 한 70~80만 원 정도 수입은 됐었거든요. 강사료를 많이 줬었어요. 그때만 해도 강사 구하기가 굉장히 힘들었거든요.

체계적으로 강의를 할 수 있는 사람들이 별로 없었고, 홈패션에 관한 것들은 거의 교재가 없었어요. 교재가 없는 것은 내가 교재를 만들어가지고 교육을 하고, 교재 제공도 하면서 하니깐 신뢰를 받은 거죠. 그렇게 하다 보니깐 오래 할 수 있었고, 또 다른 곳에 소개받아 할 수 있었죠.

〈안산시 제1기 여성 자치학교〉 수료식

그리고 YWCA 일을 오랫동안 했어요. 하게 된 계기는 근로청소년 복지관에서 강의할 때 한 분이 YWCA 회장을 하고 계셨어요. 그분이 끌어들인 거죠, YWCA로. 처음에는 그냥 회원 가입하고 Y에서 필요한 부분, 바느질을 해서 사무실을 꾸미거나, 그런 것이 필요할 때마다 이야기할 때 해주고, 그런 활동을 해 오다가, 위원으로 일 좀 해달라고 해서 내가 바느질로 필요한 부분들을 하게 된 거였어요. 돕고 있다 보니까 이사로 활동하고, 그렇게 활동한 게 한 13년 정도 된 것 같아요.

또 2002년도부터 회장을 하고 있고. 요즘 활동은 대체로 청소년과 여성 인력에 관한 활동이 많아요.

어떤 일이든 늘 대화를 해요

어떤 일이든 늘 대화를 해요. 식구들이 모이면 TV를 꺼야 된다는 걸 원칙으로 하고, 시간 되는 대로, 일부러 시간 약속해서 만나는 건 없지만, 앉으면 이제 학교 이야기, 또 사회 이야기, 집안 이야기, 늘 대화는 잘하는 편이에요.

우린 그냥 치고받고 싸워 본 적은 한 번도 없던 것 같아요. 서로 의견을 막 얘기하다가도 '틀리다'라고 생각을 하면 그냥 내가 '옳다'라고 탁 주장하지. 내 생각을 분명히 얘기해 줬으면, 시간이 해결해 줘요. 시간이 지나고 나서 '아, 이랬었다, 저랬었다.'라는 이야기가 다시 생각해 보고 하기 때문에 해결됐던 거라고 생각해요.

그리고 정말 어려울 때는, 1년에 한두 번 정도는 "밖으로 나가자." 그래가지고 공원에 앉아서 내 푸념 다 늘어놓고, 이야기하고, 남편은 묵묵히 들어 주는 편이죠. 물론 지적받을 때도 있죠. 지적받을 때도 있지만 그건 '정말 잘못했다'라고 생각이 드는 것들은 나도 인정을 하고, '그건 아니다'라고 생각되면, '아니었다'라고 이야기를 했어요. 그리고 결혼 후에 "시댁 식구들한테 너무 잘하려고 노력하지 말아라. 있는 그대로, 할 수 있는 만큼만 해라."라는 얘기 하기도 했어요.

아이들이 어렸을 때는 외강을 나가고 할 때, "엄마가 이런 일을 이렇게 나가서 할 건데, 너네들도 협력할 수 있겠느냐?"라고 도움 요청을 하고 시작하고, 아이들의 이야기를 가능하면 많이 들어 주려고 노력했어요.

제사를 재래식으로 10년 넘게 했어요

저희가 제사를 재래식으로 쭉 지냈거든요. 그러다가 교회를 다니는 사람이 많더라고요. 그래서 항상 제사를 지낼 때만큼은 갈등이 생겨요. 그래서 그것도 모임에서 회의를 해서 "아, 이렇게 정하자." 했어요.

물론 그전부터 저는 교회를 다녔는데 제사 지내는 것은 항상 제사상을 차렸어요. 안 다니는 분들이 있어서 일단은 제사상을 차려 주고, 우리는 옆방에서 예배를 드렸었어요. 이제 거실에서는 제사상을 차리고 절하고 술 따르고 하는 식구들은 그렇게 했어요. 절하는 사람은 하고, 예배 드리는 사람[은] 예배 드리고, 그게 한 이제 10년 넘게 했었죠. 이게 갈라지는 거잖아요.

이제 고모부 되시는 분이 장손이 제사를 지내는 제주가 교회를 다니는데 객들이 와서 절하자고, "제사상 차리라고 하기가 좀 그

안산 1대학 경영자 과정 수료식

렇다. 이거 개선하도록 하자."고 먼저 제안을 하셨어요. 그래서 그 자리에서 의논을 했었어요. 의논을 했는데, 모이신 분들은 다 승낙을 하셨어요. 안 오신 분들이 누구 누구 있으니까 다음 제사 때 또 의견을 이야기해서 "그때 정하자." 그래가지고 그 다음 해에 "완전히 제사상 차리는 거 없애자."라고 친척분들이 결정을 해주셨어요.

그래서 제사상은 안 차리고 대신에 음식을 더 맛있는 걸로 차리자 해서 하고 있어요. 물론 제사상 차릴 때도 저 혼자서 한 건 아니에요. 두 동서가 적극적으로 도와줘서 함께 했었지만 그 문화가 갈라지고 해서 변하게 된 거죠.

발전하는 삶을 위해 늘 일을 찾아서 했던 거죠

아이 낳고 키우는, 짧은 시간 속에서도 '내가 이대로 있으면 안 되겠다.'라는 생각을 하기 때문에 늘 일을 찾아서 했던 거죠. 그냥 '이렇게 살면 발전이 없다.'라는 생각을 늘 했기 때문에 뭔가 발전되어 가는 삶을 살아야 되는데, 아이만 키우고 있고, 남편이 갖다주는 돈 가지고 살림하면, 저축을 얼마만큼 해야지, 하면서 사는 것은 발전이 없다는 게 보이잖아요. 성장하고 싶은 게 사람의 욕군데. 그래도 저는 무언가 내가 할 수 있는 일이 있기 때문에 계속해서 할 수 있었지만, 다른 일에 도전하는 것은 생각밖에 못했어요. 그때 환경이 그렇게밖에 안 됐었던 것 같아요.

그래도 지금은 사실 기술자 돌려서 일을 하면 좀더 돈을 벌 수 있다는 것을 알면서도 사라져 가는 양재 일을 봉사하는 마음으로 스스로 할 수 있어서 좋아요. 교육 사업을 하는 거는 돈 버는 것은 아니거든요. 또 양재 사업이, 과목 자체가 사양하는 거라서 돈을 버는 부분은 아니고 거의 '봉사한다'라고 생각을 하는 거지요.

사라져 가는 이 양재 기술이 내가 할 수 있는 일이고 이런 일을 필요로 하는 사람들이 왔을 때 도움을 줄 수 있으면 된다는 생각을 해요. 정말 우리가 운영이 어려울 때도 있었어요. 운영이 어려울 때 내가 외강을 해서, 그 외강한 걸 집으로 보태는 게 아니라, 여기에 보태면서 이걸 유지해 왔거든요.

이제 전국을 봐도 양재학원들이 다 사라져 가고 있는 추세지만, 나는 손해를 볼 때도 그래도 '이건 해볼 거야.'라고 생각하는 거죠. 워낙 양재가 돈 있는 사람들이 배우는 것이 아니라 힘든 사람들이 하는 작업이기 때문에 요즘은 실업자 분들도 많이 배우러 오셔서 그래도 괜찮아졌지만요.

남편의 구술

내가 부모라도 반대할 입장이죠

저는 6남매, 3남에 3녀, 장남이에요. 열다섯 살에 서울에 가서 거기서 독학을 했어요. 그러다가 군대 다녀오고 아버님이 편찮으셔서 다시 시골로 내려온 상황이었어요. 아버님이 돌아가시자 '아, 정말 내가 가장이구나!'라는 생각 때문에 "그래, 여기서 농사짓고 살아 보자!" 했어요.

그때가 정말 이농현상이 심할 때였거든요. '젊은 사람 다 떠나도 내가 고향 지키겠다.' 그런 각오로 인제 많이 준비를 했죠. 동네 청년들하고 같이 한창 '4-H 클럽'이라는 활동을 활발하게 하고 있을 때 만난 거죠. 처음에는 그냥 동네 처녀 총각이었는데. 나이는 어려도 진취적이고 해서 관심을 갖게 된 거죠.

우리 둘의 결혼은, 지금 내가 부모라도 반대할 입장이죠. 내가 이기적인 거죠. '아, 농촌에서 살기 위해서는 뭔가 농촌을 계몽하고, 도와줄 동반자가 있어야 하는데' 하는 생각에 '저런 사람이 참 필요하겠다.' 생각했어요.

쪽지로 서로 가까워지고, 우여곡절 끝에 집에서 알아가지고, 이 사람은 집에서 난리가 나고, 온 동네까지 소문이 나고 그렇게 하다가 이 사람이 광주로 갔어요. 그렇게 나간 뒤에도 편지를 주고받고 지냈는데, 한 번 헤어지자 그런 적이 있어요. 집안에서 그렇게 난리를 해도 집안에서 〔아내가〕 아무 소리도 못하고 있더라고요. 그래서 '내가 결정을 해야 되겠다. 내가 풀어 줘야겠다.' 그렇게 생각

첫째 딸과 함께

을 하고 혼자 일방적으로 통보하고 말았죠. 그래서 그 뒤로 저는 나이가 있으니까, 주변에서 '중매한다' 그러고 하는데 내가 막상 할라 하면 꼭 이 사람이 가만히 저기서 나를 지켜보고 있는 것 같고 그래서 다시 가서 확인하고 자연스럽게 이어졌죠.

나는 참모형이고 이 사람은 보스형이에요

결혼하고 서울에 올라와서 공장에 다녔는데 경기가 좋지 않아서 그만두고 결국 운전을 했어요. 버스 운전을 먼저 했는데 사고가 나고 해서 그만뒀죠. 다시는 운전은 안 하겠다고 마음먹었는데 결국 안산에 와서 다시 택시랑 화물을 몰았어요. 그런데 성격상 그런 일이 맞지 않아요. 하다 하다 결국 그만두고 시작한 게 대학 앞에서 즉석 복사를 했어요. 그런데 워낙 사업 수완이 좋지 않아서 결국 닫고 이 사람 〔양재〕학원 홈페이지랑 다른 사람들 홈페이지 관리해 주는 일을 하게 된 것이 최근입니다.

이 사람은 나에 비해서 겁이 없거든요. 의상실 사업 하고, 보성 가서도 의상실 차리고, 보면 대단해요. 근데 지금도 보면 그런 게 장점이거든요. 나는 무슨 꼼꼼하게 챙기는 그런 참모형이고, 이 사람은 보스형이에요. 그게 서로 보완이 잘되는 것 같아요.

또 교육관에 있어서도, 저 사람 집 가정하고는 많이 대비가 돼요. 저는 아버지가 굉장히 엄격하고, 조금만 틀리면 야단맞고, 그렇게 자랐어요. 그러니깐 그게 지금 생각하면은 우리 애들한테 좀 잘못하더라도 기분을 북돋워 주고 그래야 되는데 잘못하는 거를 못 보고, 나도 그게 잘못됐다라는 걸 알면서〔도〕 아버님하고 똑같더라구요. 대신에 저 사람은 굉장히 너그럽거든요. 그걸 본받을려고 하는데 잘 안 되더라구요. 아내는 꾸중보다는 칭찬을 하는 편이죠.

그래서 잘 맞는다고 생각을 해요. 부부가 그러잖아요. 둘 다 똑같으면…. 서로가 보완관계가 되어야 되지, 그게 똑같으면 별로, 그렇더라구요. 그래서 그런 면에서 우리 부부가 참 잘 만났다고 생각해요.

해결방법은 커밍아웃하는 거예요

나는 〔아내가〕 그렇게까지 〔고부 갈등으로〕 힘들다는 것을 못 느꼈어요. 나중에 그러더라구요. 이혼까지도 생각했었다고. 근데 나하고 둘이 끈이 단단히 매여져 있었기 때문에 못했다고 그런 애기를 하는데, '아, 저렇게 생각을 했었구나. 아, 이게 고부 갈등이구나!' 했어요. 그래서 가족들에게 힘들다는 걸 완전히 커밍아웃한 거죠. 그때 6남매 모여서 회의를 해서, 자연스럽게 바로 밑에 동생이 모시다가 한 6개월 모시다가 거기서도 그냥 손들고 지금은 막내가 모셔요. (가족 문제) 해결방법은 커밍아웃하는 거예요.

왜냐면 그때 당시 처음에는 나도 마찬가지였지만, 모든 남자들은 '아들이 모셔야 되고, 장남이 모시는 걸 당연하다.' 그러는데, "그건 아니다, 모두 같이 똑같이 모셔야 된다, 분담한다." 우리, 고통을 분담하는 거거든요. 모시는 쪽에다가 "돈을 한 달에 얼마씩 주기로 하자." 그렇게 회비에서 내서 그렇게 하고 있어요.

부모 모실 때, 다른 사람은 거들떠보지도 않고, 명절 때 돈 몇 푼 가져오면서 생색내고, 그게 다거든요. 물론 돈 보고 모시는 건 아니지만, 서로 고통을 나눈다고 생각을 하면 훨씬 수월하게 풀리는 거라 생각해요.

가부장제는 어머니하고 내 딸은
내 핏줄이 아니라는 말이거든요

홈페이지[2]는 제가 97년에 만들었는데, 가부장제에 관한 사이트를 운영하는 것이 전문지식이 필요한 게 아니에요. 한마디로 가부장제가 뭐냐 하면은 어머니하고 내 딸은 내 핏줄이 아니라는 말이거든요. 아버지, 아들만 핏줄이고, 그 족보라는 게 그거거든요. 족보는 위에서부터 쭉 내려가요.

어머닌 곁다리로 딸려 있긴 있죠. 어머니 부모까지 연결돼야 같은 뿌리가 연결되는데 어머니는 양념으로 조금씩 붙여 놓은 거예

2 양계혈통 사이트 (http://root.or.kr)

요. 서양 족보도 마찬가지거든요. 그 증조나 조부, 그 이상의 족보가 안 만들어지죠. 그런데 우리는 2천 년 전에 죽은 사람을 시조라 해가지고, 그걸 우리 집 뿌리라고 하면서 내 어머니나 내 딸의 뿌리는 쭉정이라는 말이거든요. 그러니깐 어렸을 때 배운 게 아버님 날 낳으시고, 어머니 날 기르시고, 그게 전형적인 가부장제 표어, 표현이거든요. 아버지가 낳았다는 거요, 어머닌 길렀을 뿐이라는 뜻이거든요. 이건 그러니깐 그전에 가수 누군가 "지렁이 아이큐와 개구리의 도덕성만 가졌어도 2초 만에 알 수 있는 것을, 왜 이런 문제로 수십 년간 국력을 낭비하냐?"라고 했잖아요. 실제 그렇잖아요.

제 사이트로 상담하러 온 내용 보면 착잡해요. "서로 본이 다르니까 괜찮다."고 알려 주면 그렇게 알고 부모한테 알리잖아요. 부모들이 펄쩍 뛰는 거예요. "내 눈에 흙이 들어가도 안 된다."고. 지금도 태반이에요, 그런 사람들이.

또 젊은 사람들도, 얼마 전에 인터넷을 통해 조사하는데, 인터넷 〔사용자들〕은 대개 30, 40대를 넘지 않거든요. 호주제 폐지에 관해 젊은 사람들 조사했는데도 남자 70퍼센트가 반대했고, 여자 70퍼센트가 찬성했어요. 실제 그게 현주소거든요. 젊은 사람 의식이라는 걸 생각하면 굉장히 개방적일 것 같은데, 그렇지 않아요.

두 번 중 한 번씩은 남자 고향에 가고, 여자 고향에 가게 하고 있어요

제사라고 하는 것이 죽은 사람을 계기로 살아 있는 형제가 화목하게 되는 계기를 만드는 의미로 하는 거니까…. 그래서 '제사란

게 자손이 참여 않는 제사는 제사가 아니다. 이건 할아버지 제산데, 할아버지 자손이 안 보인다는 것은 〔말이〕 안 되고, 장손 혼자 하는 것은 절대 아니다.'라고 생각해요. 요즘 대부분이 그런 곳이 많거든요. 장손이라고, 혼자라고 알고 오든 안 오든 하는 것은 그건 제사가 아니란 거죠.

적어도 예를 들어 증조부 제사라면 증조부 자손들이 모여야 되는 거지. 사실 현실적으로 요즘 세상이 증손자들이 다 모일 수는 없잖아요. 그래서 제가 생각할 때는 (저희들도 조부까지 지내는데) 조부 이상 제사를 지낼 수가 없어요. 이거는 혈통이라는 개념으로 본다면 조부가 네 사람이고, 증조부가 여덟 사람인데 그거 안 되잖아요.

우리도 처음에는 아버지다, 할머니다, 할아버지다, 따로 따로 하다가, "1년에 한 번이라도 제대로 모시자." 그래가지고 하나를 기준으로 좋은 시간을 정해서 하기 시작했어요. 그런 실험은 모든 가정에서 필요하다고 생각해요. 그 집안에 따라, 풍습에 따라 다른 것이니까, 우리 식에 맞게 실험하면서 지냈으면 좋겠어요. 신앙도 마찬가지예요. 신앙도 잘못하면 교회 사랑 같은 걸로 빠지는 건 좋지 않다고 생각해요.

우리는 가족들이 큰 명절(설날과 추석) 두 번 중 한 번씩은 남자 고향에 가고, 여자 고향에 가게 하고 있어요. 왜냐하면 처갓집에 처부모 다 계시는데, 당연하잖아요. 1년 두 번 명절 중에 왜 명절 〔때〕 고향 간다는 이야기는 남자 고향 가는 거라고 생각하는지 모르겠어요. 생각을 해봐요.

당연한 것이 전혀 지켜지고 있지 않는 게 현실이에요. 조금만 생각하면 쉽게 할 수 있는 일이에요. 이것도 우리는 회의해서 결정했어요. 제가 이 말을 꺼냈더니 다들 너무 좋아했다니까요. 당연한 것이 이렇게 취급되고 있어요.

애들 입장에서 볼 때도 할머니, 할아버지, 외할머니, 외할아버지 똑같은 건데 일반적으로 외가는 한 단계 아래로 보거든요. 그런 생각은 좋지 않다고 생각해요. 모두 똑같이 부모의 부모란 말이죠.

평등부부란 존중하면서 서로 입장이 분명한 관계라고 생각해요

평등부부란 존중하면서 서로 입장이 분명한 관계라고 생각해요. 나는 '성공의 절반도 배우자의 공로이고, 실패의 절반도 배우자의 책임이다.'고 그대로 수긍을 하거든요. 그 말이 맞아요. 어떤 남자가 잘나간다 해서 그 사람 혼자 힘으로 잘나가는 게 아니거든요. 여자가 잘나간다고 해서 혼자 나가는 게 아니고, 배우자 간에 서로 협조가 얼만큼 잘되느냐? 그래서 서로를 인정해 주느냐에 달려 있는 거죠.

물론 처음에는 저희도 마찬가지였는데, 서로 기득권 싸움으로 그런 과정이 있죠. 지금 생각하면 참 쓸데없는 것인데. 그 어느 시기가 지나면 서로 인정해 주는 게 있잖아요. 서로의 장점도 '아, 저 사람은 나보다 낫구나.' 하고 생각하는 거죠. 아까도 말했지만 저 사람이 나보다 그릇이 커요. 선이 굵어요. 나는 선이 가는 대신에 이 사람이 못 챙기는 걸 내가 챙겨 주는 그런 역할을 할 때도 있고, 그래서 '참 궁합 잘 맞는다.'고 생각해요.

〈평등부부를 찾아서〉① 종주 – 박순란 씨 부부
"어머니 혈통 무시한 姓씨 안 써요."

"아직 평등부부라고 할 수는 없지요. 단지 평등하게 살려고 '노력하고' 있는 중입니다."

많은 사람들의 추천을 받고 찾아간 종주(59)-박순란(51) 씨 부부는 처음부터 '평등부부' 라는 호칭에 대해 겸손함을 표시했다. 그러나 남편의 '종주' 라는 특별한 이름부터 그들은 여느 부부들과는 남달라 보였다.

'종주' 는 호나 별칭이 아니다. 단지 '박' 이라는 성(姓)을 빼고 이름만을 쓰는 것이다. "부모님에게 똑같이 피를 받았는데 아버지의 혈통만을 따지는 건 불합리하죠. 성제도만 두고 보면 어머니-딸하고는 아무런 혈연관계가 없다는 말인데 그건 상식적으로 말이 안 된다." 바로 그가 성을 쓰지 않는 이유이다.

종주 씨가 성에 관심을 갖게 된 계기는 1974년 고향인 전남 영암에서 부인 박씨와 결혼할 때로 거슬러 올라간다. "동성동본이 아닌데도 같은 박씨라는 이유로 사람들이 우리 결혼에 대해서 수군거리더라고요. 왜 그러나 궁금해서 족보에 대해서 공부하기 시작했죠."라고 말문을 연 그는 "동성동본이면 100촌이 돼도 결혼할 수 없고, 모계 쪽으로는 10촌만 돼도 결혼할 수 있는 현실 때문임을 알게 됐다."고 말했다.

그 후 이러한 모순의 뿌리인 가부장제의 불합리성을 알리는 전도사가 되었다. 종주 씨는 10년 전부터 구체적인 자료를 모으고, 5년 전부터는 양계혈통연구소라는 사이트(http://root.or.kr)도 운영하고 있다.

이렇게 양성평등을 주장하는 종주 씨도 사회활동을 하는 부인과 처음부터 가사분담을 했던 건 아니다. 머릿속으로는 남녀가 똑같이 평등해야 한다고 생각하면서도 "어머니도 계시고, 부인 혼자 일해도 일손이 부족하다는 생각이 들지 않아서 집안일 할 생각은 못했다."고 솔직하게 고백한다.

그러나 사이트를 운영하면서 운전일도 접고 아예 웹마스터로 재택근무를 하면서부터는 집안일이 눈에 들어오기 시작했다. 음식은 주로 부인 박씨가 맡고 집 안에 있는 시간이 많은 종주 씨는 주로 청소-설거지를 한다. 육십을 코앞에 둔 나이에 가사를 분담하는 것도 놀라운데 그는 "요즘 젊은 남편들을 보면 요리도 잘하던데, 무척 부러워요."라며 부끄러운 듯 웃는다. 기자가 찾아갔을 때 깨끗한 집 안도 종주 씨의 작품이라고 했다.

부인 박순란 씨는 안산 YWCA회장을 맡고 패션디자인학원도 운영해서 무척 바쁜 시간을 보내고 있다. "여자가 집안일을 하는 게 당연하다고 생각해서 바쁜 바깥일에도 불구하고 집안일을 불평 없이 했다."는 박씨는 "막상 남편이 먼저 도와주기 시작하니 이렇게 편한 세상도 있구나 하는 생각이 든다."며 활짝 웃었다. 불만을 털어놓기 전에 먼저 알아서 변하는 남편을 보며 박씨는 "지금이 인생에서 가장 행복한 시기"라고 말한다.

아이들이 중고등학교를 가면서 결혼 전 하던 양장일을 다시 시작한 박씨는 "처음 일을 시작하겠다고 할 때는 남편이 별로 내켜하지 않았다."고 털어놓았다. "하고 싶다고 우기니 반대는 안 하는 정도였는데, 지금은 모든 일을 털어놓고 자문을 구할 정도로 든든한 후원자"라고 남편을 자랑한다. 서로가 하고 싶은 일은 최대한 밀어주고 하기 싫은 일은 상대에게 강요하지 않으려 노력한다고 덧붙였다.

이들은 '새롭게 시작하는 세대가 되라' 라는 뜻으로 딸은 가나(27), 아들에게는 기역(25)이라는 이름을 지어 주었다. 때로는 기역이가 "다른 집처럼 아들 대접을 안 한다."며 불평을 하기도 했지만, 평등문화에 대해서 같이 고민하고 대화하며 키운 덕에 이 부부의 바람대로 남녀평등의 사고가 몸에 밴 세대가 되었다. 종주 씨는 "요즘은 평등지수 눈높이가 높은 딸이 결혼을 못하는 게 아닌가 하는 걱정이 들 때도 있다."며 웃는다.

'여성의전화' 안의 '평등문화를 위한 남성모임' 의 회원이기도 한 종주 씨는 자식의 생각이나 '성 안 쓰기' 를 가족들에게 강요하지 않는다. 단지 그에 대한 자신의 의견을 얘기하고 토론할 뿐이다. 집안의 모든 일은 토론을 통하여 해결한다는 게 종주 씨네 가족 기본원칙이기도 하기 때문이다.

종주-박순란 씨 부부는 명절에 대해서도 같이 고민하는 중이다. 설 추석 중 한 번은 처가댁에서 보내기로 한 것은 오래전 종주 씨네 3형제가 가족회의를 통해서 얻어 낸 결론이다. 또한 작년부터는 명절 때 종주 씨는 파-마늘 다듬기 등 작은 일부터 돕기 시작했다. 동생들은 아직도 종주 씨의 변화에 대해서 부담스러워하고 못 본 척하지만, 그는 돌아오는 명절에는 본격적으로 음식도 만들겠다는 계획을 갖고 있다. 집안일 나눠서 하기, 친가-외가 명절 함께 즐기기 등 처음에는 몰라서, 알고는 쑥스러워서 선뜻 나서지 못한 일들을 머리가 하얗게 센 지금, 하나씩 실천하려 애쓰는 모습에서 종주-박순란 씨 부부의 평등부부로 살아가는 모습이 엿보였다.

(세계일보 2003. 4. 20)

아직도 내 몸에 가부장제 사고방식 있어요

내가 양성평등을 운동한 것이 실제 족보 연구하고, 동성동본 연구하고 20년이 넘었거든요. 연구하면서도 내 몸에 박혀 있는 가부장제 사고방식은 있어요. 기본적으로 보고 배운 것이 가부장적인 내용들이라. 처음에는 그런 노력도 안 했지만 요즘에는 많이 노력하는데도 딱 박혀 있는 게 있어요. 실제 집에서 설거지 도와주고, 그렇게 하는 것이 몇 년 안 됐어요. 왜냐면은 할 필요도 없었고, 어머니 계시고, 그러니깐 하기도 어려웠죠. 이건 어머니와 함께 살지 않았다면, 그러면 빨리 했겠죠. 빨리 했을 거라 생각해요.

몇 년 안 됐지만, 내가 적극적으로 하니까, 작년인가 재작년인가, 테레비에서 나와 취재를 한다 해서 한 적이 있었거든요. 8월 명절(추석)에, 주제가 명절 때 남자가 설거지하고 그런 걸 하는데, 그런 걸 하면서 생각을 하니까 '야, 남자가 설거지한다는 것이 뉴스거리가 되는 나라에 내가 살고 있구만.' 하는 생각이 들더라구요. 우습잖아요. 뉴스란 게 개가 사람 물면 뉴스가 안 되는데, 사람이 개를 물면 뉴스가 되는 것처럼, 여자가 설거지한 것은 전혀 뉴스가 안 되잖아요. 근데 남자가 설거지를 한 것이 뉴스거리가 된다는 게 우리가 미개한 데(사회에) 살고 있다는 거죠. 그래서 이런 것은 안 해야겠다는 생각을 한 거죠.

요즘에는 〔집안일을〕 내가 많이 하려고 그래요. 오히려 내가 더 많이 할 때도 있고. 요즘 들어서는. 그리고 그것을 나는 '도와준다'고 안 하고, '나눈다'고 하거든요. 도와주는 게 아니잖아요. 도와준다는 그것 자체부터가 이제 잘못된 사고방식이죠. 남자가 뭐, 특별하게 생색내서 도와준다 하는 것은, 엄연히 〔해야 할 일을〕 하는 것이지. 물론 상대와 항상 똑같이 일을 나눠서 할 수는 없어요. 서로의 일거리에 맞춰서 하면 되는 거죠. 똑같이 나눠 하는 것이 아니라는 거죠. 할 수 있는 것을 하는 거예요. 각자 상황에 맞춰서 또 경우에 따라서 여자가 할 수도 있고, 남자가 할 수도 있는 거예요.

여자들도 자기계발을 위해서 일거리는 있어야

여자들도 자기계발을 위해서 일거리는 있어야 된다고 〔생각〕해요. 자기를 찾아가기 위해서 필요한 거죠. 왜 남자는 여자에게 도움받아 가면서 하는데, 여자는 남자 성장하는 모습 바라보고, 나중에 허무함만 느끼는 생활은 하지 않았으면 좋겠어요.

대개 남자들은 사회 교육도 받고, 업그레이드되어 가는데, 여자들은 대부분이 못하고 있다가 나중에 '나는 뭔가?' 하는 그런 생각을 하게 되고, 그러지 않으려면 똑같이 나서서 해야 되는 거죠. 물론 여성들에게 걸리는 게 대개 육아 문제죠.

좀더 서로가 상대를 인정하고 배려할 필요가 있는 거라는 걸 여기서 알 수 있어요. 배우자도 함께 부담해야 하거든요. 그리고 사회가 책임지거나, 정부가 도와준다면 문제가 될 것이 없다는 거죠. 부부가 서로 인정 안 하고, 배려 안 하고, '내 기준으로 나를 봐주라.' 서로 그렇게 하다 보면 그게 불평등 방향이 되는 거잖아요. 그런 생각이 전제에 깔린다면 안 되죠.

예를 들어서 부부는 한 배를 탄 사람이잖아요. 그러다 선장이 남자가 돼도 좋고, 여자가 돼도 좋고, 꼭 남자가 돼야 되는 건 아니거든요. 여자가 능력이 나은 줄을 알면서도 '내가 남잔데' 하고 주도권을 뺏기지 않을려고 하는 것은 불행한 거잖아요. 물론 그것을 인정하는 것은 어려울지 몰라요. 그래서 세상은 아직까지, 여성들이 밖에서 활동하는 데 한계가 많은 거라 할 수 있죠.

저는 성을 빼고 이름만 사용하는 거죠

〔왜 성을 안 쓰냐면〕 처음에는 우리가 부모 성 함께 쓰기를 많이 했죠. 성씨에 아버지 성씨만 아니라 어머니 성씨도 포함되어야 한다고. 그런데 성씨 함께 쓰는 것도 어머니 성씨도 결국 남자 성씨거든. 외할아버지 성이거든요. 남자 성 쓰기는 마찬가지예요. 그러니 전 항상 주장하는 게 성씨라는 것은 구분하는 일밖에 없는 것이다, 거기에 혈연이라는 것을 강조하다 보니까 문제가 생기는 것이다, 구태여 같은 성씨라서 같은 혈통이고, 그런다면 어머니는 분명 나

하고 성이 다른데, 어머니는 나하고 같은 혈통 아니냐고. 그래서 저는 성을 빼고 이름만 사용하는 거죠.

요즘에 공개적으로 많이 얘기를 해서, 안산에서는 내가 성을 안 쓴다는 걸 〔아니까〕 '종주'라고 많이 통하고요. 어떤 공식적인 모임 가서 그냥 종주라고 하면 그 자체가 홍보가 되더라고요. 그러니까 자연스럽게 성 안 씀으로써 질문이 따르잖아요. "왜 성을 안 쓰냐?" 하면 자연스럽게 가부장제 그런 것을 설명할 기회가 되는 거죠.

그런데 내 또래에서는 거의 안 먹혀들어 가요. 호주제 폐지, 동성동본 문제, 이런 이야기를 하면 "그게 뭔 문제냐?" 이렇게 말하거든요. 그러다 보니깐 주로 저하고 접하는 사람들은 젊은 여성들이 많아요. 그러니깐 보통 젊은 여성들 보면 웬만한 배짱 가지고 길거리에서 담배 같이 피고 그러지 못하거든요. 그걸 우리 아들이나 딸한테 이야기했어요. "아, 이상하다. 왜 여자들은 〔사람들〕 앞에서 담배를 못 피지?" 그게 이상하잖아요. 남자들은 다 할 수 있는 일이잖아요. 그게 잘못된 가부장제 사고방식이에요.

그래서 호주제 폐지[3] 시민의 모임이나 서울 여성의전화 안에 〔있는〕 평등모임 같은 모임에 나가면 젊은 여성들에게 말해요. "자연스럽게 행동하라."고. 여성들도 당당할 필요가 있어요.

또 이번 호주제 폐지 운동할 때도 그랬지만 우리나라 여성단체들은 모두 각자 놀아요. 그런 건 아무 도움이 되지 않아요. 오히려 보수성을 강조하는 거라고 생각해요. 그 사람들도 자신들이 잘못하고 있다는 것을 알 거예요. 유림도 마찬가지거든요. 알면서 자신들의 생존이라는 이름으로 그렇게 막힌 행동을 하는 거거든요. 서로 도우면서 하면 더 좋은 결과가 나올 거라고 생각해요.

3 2005년 2월 헌법재판소로부터 호주제 위한 결정이 내려졌고 2005년 3월 민법개정법률안이 국회 본회의를 통과함으로써 2008년 1월 1일부터 호주제가 폐지된다. 주요 내용에 대해서는 이 책 〈한부모 여성 박선남 편〉 참조.

남편의 활동은 자랑스럽게 생각하고 있어요

남편의 활동은 '사회에 기여한다.'라고 생각해요. 처음 시작할 때 족보라든가 성씨, 그런 것들을 가지고 연구하고 시간 나는 대로 도서관 가고 할 때는, '거기 가지 말고 나랑 놀러 가지.' 했어요. 〈웃음〉 도서관 가서 하루 종일 여름에는 땀 뻘뻘 흘리고, 겨울에는 아무리 추워도 가고 하니까, 저게 '언제쯤 꽃을 피울까, 효과가 어떻게 나타날까?' 했는데 지금은 늘 궁금하고, 가슴 졸이면서 기다려 왔던 것들이 한 30년 가까운 세월 지나고 나니까 음, '이 사회에 좋은 공헌을 하는 계기가 되는구나.'라는 생각이 들어서 뿌듯해요.

성씨에 대한 걸 생각하고, 거기에 대한 것들만 눈에 들어오고,

청소년 진로 탐색 엑스포에 참여한 모습

그것을 보게 되니까, 가끔은 걱정이 되기도 해요. "이건 이렇다."라는 제안을 해주면 옳긴 하지만, 아직은 사회 인식이 그만큼 안 되어 있는데, 너무 앞서 가고 있는 게 걱정스러울 때도 있어요.

그리고 아직 자신의 생각 그 수준에, 우리의 국민성을 생각하지 않고 자기는 이만큼 높이 올라가서 그걸 자기만큼 그렇게 끌어올리려고 노력을 하는데 (사람들은), 따라갈 생각도 안 하고, 그냥 혼자 그러고 있는 모습을 볼 때도 있어요. 여러 사람들과 대화할 때라든가 어떤 이야기를 해도, 사람이 이 생각을 하고 있는데, 이 사람은 다른 얘기를 막 하고 있고, 그 거리감이 잡히잖아요. 그러면 옆에서 양쪽 이야기를 듣고 있기 때문에 안타까울 때가 많이 있어요.

그런 것도 있지만, 그래도 다음 세대에라든가 후세에 좋은 자료를 남기고, 앞장서 가 줘서 그 사람들이 그런 영향 받게 해주면서 살고 있는 것에 대해서는 저도 자랑스럽게 생각하고 있어요.

재산 관리는 공동으로 해요

지금 재산 관리는 공동으로 해요. 공동으로 통장 관리를 같이 하고, 통장 보면서 필요한 부분, 지출할 부분 다 같이 하죠. 어느 부분은 남편이 하고, 어느 부분은 내가 하고, 그런 경우가 전혀 없어요. 집에 쌀을 사는 것에서부터 대외적으로 학원 관리비 내고 임대료 내고 하는 것까지 공동으로 다 해요.

그리고 솔직하게 제 자신도 딴 주머니, 만 원이라도 만들어 놓은 게 없고 남편도 그렇고요. 결혼했을 때 처음부터 그렇게 함께 했어요. 어떤 문제도 생기지 않았었구요. 가계부 쓰는 것도 같이 쓰고 하니까…. 재산 명의는 전에는 전부 남편 명의로 했었어요.

그랬는데, 남편 직업이 한 몇 년인가? 한 5년? 5년 전부터 남편 직업이 없어졌어요. 학원 홈페이지 관리를 하는 재택근무를 하면서 직업이 사실상 없어진 거구요. 그리고 학원을 운영하다 보니까 내 명의로 되어진 게 많아졌어요. 어떤 융자라든가 뭐, 하여튼 계획을 세우는 데도 사업 자금을 올리고, '내 명의로 하는 게 더 유리하겠다.' 해서 지금은 편의상 내 이름으로 되어 있는 게 많죠.

다른 집과 다른 점은 회칙을 정해 놓고 친족회의를 진행해요

결혼하고 5~6개월 지나서부터 했던 가족회의는 어머니 때문에 쉽지 않았잖아요. 그래도 꾸준히 했어요. 효과 없으니까 그냥 "하지 말자."로 끝이 나지는 않았어요. 단지 기간을 늘려서 일주일에 한 번씩 했던 것을 한 달에 두 번, 다시 한 달에 한 번, 그렇게 했죠. 물론 그 이후에는 두 달에 한 번, 3개월에 한 번까지 늘려 가긴 했어요. 그렇게 시도하다가 어머님이 상처를 너무 받으시니깐 결국 중단했던 거잖아요.

그것 말고도 친족회의는 지금도 하고 있어요. 어머니 생신 때 회의하고, 이건 가족회의라기보다는 친족회의죠. 1년에 한 번씩 모여서 정기적으로 진행하고 있어요. 물론 이것은 친정에서도 하고 있는 거구요. 그때 모여서 중요한 일들을 의논하죠. 모이는 건 어머니 생신 때랑 제사 때, 이때 하고 있어요.

그런데 다른 집안하고 조금 다른 것은 보통 모여서 맛있는 거

해서 먹고, 돈 걷어서 통장에다 넣고 그런 식의 모임들이 대부분인데, 우린 체계적으로 회칙을 정해 놓고 그것에 합당한 일에 대한 이야기를 해요. 회칙에 따라 내용 점검도 하고, 회계 보고도 하고, 그동안에 있었던 것을 쭉 이야기하고, 정리할 거 하고 하는 거죠. 다른 집안하고 다른 점은 그런 거예요. 회의할 때는 전부 모여서 해야 해요. 화장실도 미리 다녀오고 본격적으로 진행하죠. 모두가 함께 이야기할 수 있게 말이죠.

그렇다고 회칙이 전혀 변화가 없거나 그러진 않아요. 사실 회의 때마다 바뀌어요. 그건 상황에 따라 변화 줄 것은 주는 거죠. 항상

학파형제회 회칙

제1조(명칭) "학파형제회"라 한다.

제2조(목적) 부모님의 유업을 계승 발전시켜 형제간의 화목과 상부상조함을 목적으로 한다.

제3조(사업) 위의 목적을 달성키 위하여 우선 회의 자산을 늘리고, 묘지를 관리하며 다른 사항은 차후에 결정한다.

제4조(회계연도) 매년 정기회일을 기준으로 한다.

제5조(회의)

①매년 1회의 정기회를 갖되 가능한 한 어머니의 생신일을 원칙으로 한다.

②그 외 임원의 필요 시 임시회를 할 수 있다.

제6조(의결)

①모든 안건은 재적 회원 과반수의 참석과 참석 회원 과반수의 찬성으로 의결한다.

②회칙 개정은 정기회에 한한다.

③불참 회원은 당시의 총무에게 위임할 수 있다.

제7조(임원)

①총무 1명을 두되 서열순으로 하며 임기는 1년을 초과하지 않는다.

②총무는 회를 소집하고 주재하며 회무사항을 통장 대조하여 정기회에 보고한다.

제8조(자산)

①이 회의 자산은 회비와 유산으로 한다.

②이 회의 자산에 대하여 회원 각자가 균등한 권리와 의무를 갖는다.

제9조(회비)

①회비는 매월 2만 원 이상으로 한다(2001. 8월부터 시행).

②회원 배우자 부모의 회갑 칠순 유고 시와 형제자매의 결혼, 유고 시에 15만 원을 지불한다.

③정기회 시에 어머니 용돈으로 20만 원 지불한다.

④어머니를 모시는 회원의 가정에 매월 말에 30만 원을 지급한다(2000. 10월부터 시행).

제10조(부칙)

이 회는 2001년 8월부터 시행한다.

1992. 8. 3. 제정

1996. 8. 14. 개정

1997. 8. 4. 개정

1998. 8. 22. 개정

2000. 8. 3. 개정

2000. 10. 31. 개정

2001. 8. 18. 개정

학송회 회칙

1. 명칭 : '학송회' 라 한다.
2. 목적 : 부모님의 유업을 계승 발전시켜 형제간의 화목과 상부상조함을 목적으로 한다.

3. **사업** : 위의 목적을 달성키 위하여, 우선 회의 자산을 늘리고 묘지를 관리하며, 다른 사항은 차후에 결정한다.

4. **회계연도** : 매년 말 정기회일부터 다음 해 연말 정기회일까지로 한다.

5. **회의** :

①모든 안건은 재적회원 과반수의 찬성으로 한다.

②회칙 개정과 임원 선출은 연말 정기회에 한한다.

③불참 회원은 당시의 임원에게 위임할 수 있다.

7. **임원** :

①총무 1명을 두되 서열순으로 하는 것을 원칙으로 하며 임기는 1년을 초과하지 않는다.

②총무는 회의를 소집하고 주재하며 회무사항을 통장 대조하여 정기회에 보고한다.

8. **자산** :

①이 회의 자산은 회비 및 찬조금으로 하되 회원 각자 균등한 권리와 의무를 갖는다.

②회원 배우자의 부모(칠순, 유고)와 형제자매(결혼, 유고)의 경조금은 30만 원으로 하며, 자녀 결혼 시 100만 원으로 한다.

9. **회비** : 회비는 매월 2만 원으로 한다.

10. **부칙** :

①이 회는 1993년 1월부터 시행한다.

②이 회는 2004년 1월부터 시행한다.

1993. 1. 2. 제정

1993. 7. 31. 개정

1994. 12. 31 개정

1995. 8. 27. 개정

1996. 1. 1. 개정

1996. 12. 21. 개정

2002. 11. 30. 개정

2003. 12. 6. 개정

해마다 좀 추가되었으면 좋겠다 하는 거는 추가시키고, 합쳐야 되는 건 합쳐서 하고 있어요. 또 현실에 맞지 않는 건 삭제도 하구요. 현실에 맞지 않아 지키지 않는 것보다 바꿔서 지켜지는 것이 요령이죠.

결혼은 부모로부터 독립하는 것

얼마 전에 아들 결혼식을 했는데 음향시설 때문에 부족한 부분이 있긴 했지만 평가는 나쁘지 않았어요. 판에 박은 듯이 하는 결혼식이 아니라 평등적인 내용으로 진행을 한 거죠. 폐백도 없고, 예단도, 예물도 없는 그런 결혼식이었어요. 방송국에서 취재까지 나올 정도로 획기적인 것이긴 했는데 음향시설 문제로 방송은 되지 않을 것 같아요. 물론 누나도 그렇게 결혼했어요.

이런 건 상대방 부모에게도 잘 설명했어요. 사실 "결혼이라는 게 시집가는 게 아니고, 장가가는 게 아니다."라고. 둘이 성인이 돼서 부모로부터 독립하는 것이다, "그런 체제로 하자!" 그렇게 해서 상대방 부모님도 받아들여 줬어요. 상대방 부모님께는 상견례 때 이야기했어요. 아마도 당황하셨을 거라고 생각해요. 사실 그냥 평범한 집이거든요. 어느 집에나 있을 수 있는 가부장제에 속해 있는 가정들이요.

누나 때보다 아들은 한술 더 떠서 주례도 없이 사회도 없이 했어요. 그것은 평등의식을 뛰어넘은 거잖아요. 그래서 "한술 더 뜨네." 했죠.

나중에 며느리가 돈을 가져왔어요. 우리는 분명히 없이 하자고 했는데 아마도 속으로는 해야 되는 거다라고 생각했던 거죠. 그래서 펼쳐 보지도 않고 상견례 때 이야기하지 않았느냐 하고 그냥 돌려보냈어요. 불쾌하지 않게 말 잘 전달하게 해서요.

사실 결혼이 엄청 어렵더라구요. 의사전달을 제대로 하는 것이 기본은 하겠지, 그 기본이라는 것이 굉장히 애매한 거예요. 보통사람에게 적당히, 기본만 하라는 말은 굉장히 애매하게 들리거든요. 각 개인 사정이 다 다른 거니까요. 또 며느리 입장에서는 좋은 이야기일지 몰라도 사위네 입장에서는 꽤 다르잖아요. 역시 지금까지 해 왔던 입장 차이가 있어서 그게 다르더라구요.

자연스럽게 평등부부로 불려진 거죠

박종주는 밀양이구요, 박순란이는 함양이에요. 혼인 신고할 때는 아무 문제 없이, 본이 다르니까 되더라구요. 민법. 그렇게 해서 결혼을 했는데, 어디 가서 이름을 이야기하거나, 이름을 적거나 하면, "박씨끼리 어떻게 했어요?" 그런 이야기들을 많이 하잖아요. 그러니까 이제 관심을 갖게 된 거죠. 전에는 동성동본 결혼 못해서 자살하고 하는 일들이 많이 일어났어요. 알아 보니까 촌수가 멀고, 본이 틀린데도 결혼을 못하는 게 많았어요.

남편이 그렇게 관심을 갖다 보니까 결혼한 지 얼마 안 돼서, 국립도서관에 토요일, 일요일이면 맨날 거기 가서 살았을 거예요. 하여튼 틈이 나면, 국립도서관을 그렇게 자주 다녔어요. 다니면서 자료를 구하고, 그때는 복사해 오는 것도 별로 잘 안 될 때잖아요. 그래서 다 써 오고, 그렇게 해서 마련된 〔자료가〕 책장이 몇 개 돼요.

주로 그때는 씨족 문화에 대한 것, 성씨에 관한 것들로 전부 훑어본 거예요. 남의 성씨부터 우리 성씨까지. 성씨에 대한 것들을 전부 훑어보면서 거기에 대한 본인의 생각들을 정리해서 한번은 한겨레신문 독자 투고란에 냈었어요. 그 다음부터 라디오에서라든가 방송국에서라든가 인터뷰 신청도 들어오고, 여성신문을 통해서도 원고 요청도 들어오고 해서 평등부부라는 이야기가 붙여지더라고요.

그래서 설 명절, 평등부부의 명절 보내기는 어떻게 하는지에 대한 것들도 취재해 가구요. 또 남편이 운영하는 동성동본 금혼제 폐지[4]에 관한 인터넷 사이트, 그것을 통해서 신문이라든가 방송국이라든가, 이런 데서 그냥 자연스럽게 평등부부로 그 사람들이 불러 버린 거지. 우리는 전혀 생각도 않고 살았던 건데 그렇게 불려진 거죠.

오히려 언론이나 그런 쪽에서 빙 돌아서 알려지고, 안산에 인제 좀 사회생활 하다 보니까 그럼 그룹들이 만나니까, 자연스럽게 알려지고 한 거죠. 항상 같이 다니니까 옆에서, 주변에서 보고, "참 좋아 보인다, 두 분이서 참 잘 어울린다." 그런 이야기들을 많이 들어요.

주변 친척들은 늘 우리 가정을 부러워해요. 부부 간에 별 마찰 없이 잘 살고 있고, 또 아이들도 어려움 없이 공부도 잘하고, 거의 친척들이 보기에는 모범 가족이라고 보죠. 모델처럼 "닮아라, 누구 닮아라."라고 우리 집을 이야기해요.

이제 우리 두 사람 다 누구를 불편하게 하거나 그러지 않거든요. 누가 오든지 자신의 이야기를 다 털어놓고 이야기하고 놀다 가고 하지. 또 우리가 놀러 가도 두 부부가 싸웠다던지, 아이들이 속상하게 했다는 그런 이야기를 우리한테 다 털어놓거든요. 그런 이야

4 809조 1항(동성동본 금혼조항)은 1999년 1월 1일부터 무효가 되었으며, 따라서 사실상 동성동본 금혼조항이 폐지되었으며, 동성동본 금혼조항의 자구 수정과 호주제 폐지를 골자로 하는 가족법 개정안은 현재 국회 법제사법위원회에 계류 중이다.

기 다 들어 주고, "이럴 때 이랬으면 좋겠다, 이러면 더 좋을 텐데." 라는 이야기 나누다 보면 사람들이 저절로 그렇게들 느끼나 봐요.

그래서 내 자신도 내가 살아가고 있는 모습이 '남한테 부끄럽게 느껴지는 일을 하지 않고 살고 있다.'라고 자부할 수 있어요. 뭐, 못된 짓 하지 않고, 가능하면 남을 도와주려고 하고, 나만 그러는 게 아니라 이이(남편)도 그렇게 생각하고 살고 있기 때문에, 누가 이렇게 물어봐도 '떳떳하게 살고 있다.'라는 생각은 들어요.

평등부부라는 것은 서로를 존중할 수 있는 관계라야

평등부부라는 것은 서로를 존중할 수 있는 관계라야지 된다고 생각해요. 그게 평등이라고 생각을 하거든요. 무시를 당하거나 무시를 하거나 그러면 평등이라는 위치에서 벗어나는 것 같아요. 서로 존중할 수 있고, 인정하고 도와주는 관계가 되는 거죠.

결혼할 때 보면 자기 자식은 다 왕자 같고, 공주 같아요. 어느 부모나 마찬가지예요. 결혼할 때 보면 되게 그러거든요. 그러니깐 서로 계약이 잘 안 이뤄지거든요. 그래서 항상 하는 소리지만, 예를 들어 시골에서 자기 집에서 기르는 닭을 시장에 내다 팔라 그랬을 때, 자기 집에서는 엄청나게 정성들여 키웠는데, 그걸 딱 내노니까 나는 천 원 받겠다는데 다른 사람들은 200원 300원이라고 하고 받아 가는 거거든요. 결혼하고 똑같아요. 결국은 물물교환이에요.

누구나 자기 자식들은 다 귀해 보이고 하는 그런 차이거든요. 그렇게 하더라도 내 자식이 선택했는데, 우리 가족으로 받아들여야 하지. 조금씩 욕심을 줄여야지 가족이 될 수 있어요. 그래서 서로에게 용기를 주면서 서로 도와주려고 노력하는 자세가 필요한 것 같아요.

그리고 결혼 생활은, 서로 하고 싶은 일은 서로 할 수 있게 도와주고 서로의 입장이 돼서 함께했으면 좋겠어요. 어떤 일을 할 때 되고 안 되고를 서로 잘 설명해 가면서 잘 협의해서 하면 좋겠어요. 서로 좀 부족하더라도 인정해 나가면서 해 나가는 것이 부부라고 생각해요.

'여자들의 목소리가 당당해지고 있구나!' 라는 걸 느껴요

학원을 운영하면서 전과 많이 달라진 여자들을 보게 돼요. 전에는 정말 여자들 보면 대부분 '남자들의 명령에 의해서 살아가는 사람들이 많구나!' 라는 생각을 늘 했었어요. 했었는데, 근래에 들어서는 '여자들의 목소리가 당당해지고 있구나!' 라는 걸 느껴요.

그런 변화를 느끼죠. 전에는 시댁 식구들한테 당연히 머리 숙이고 해야 된다라는 걸 전제로 대화가 이뤄지곤 했었는데, 또 그러지 않은 사람들을 나쁘게 평가하고 이야기하는 사람들이 많았어요. 그래 왔던 내용들이 이제는 당당하게 "그걸 왜 그래? 난 그렇게 안 해." 이렇게 하는 걸 보면, 당당해진 것 같아요. 그런 모습들이 역력히 눈에 보여요.

그래서 지금은 내가 이야기를 하지 않더래도 〔여성들이〕 다 인식하고 있는 것 같아요. 집안에서 안일하게 살아오고 있는 사람을 보면 가장 한심하고, 어떻게 보면 불쌍하게 보이기까지 하거든요. 자기 발전을 위해서 늘 노력하면서 살아야 되는데, 그렇지 않고, 핑계거리가 참 많더라고요. 몸이 안 좋아서, 아이가 이래서, 남편이 반대해서, 시부모가 반대해서, 이런저런 핑계들을 대는데, 그건 내가 얘기하는 것처럼 핑계잖아요.

하고 싶은 일이고, 자기가 정말 '해야 되겠다'라고 결정을 하면 꼭 시작을 해서 해야 될 것 같아요. 나도 그런 후회를 하고 있거든요. 그때 아무리 형편이 어렵거나 환경이 안 좋았더라도 내가 이 일을 우선순위로 놨던 건지, 내가 발전하기 위해서, 내가 발전함으로써 또 주변이 발전할 수 있는 그런 통로가 있다면 핑계만 대고 있을 게 아니라 일어서서 해야 돼요.

그리고 어려워도 시작을 하면 언젠가 끝이 나잖아요? 시작을 해야 끝이 나지, 시작을 안 하고 있으면 끝이라는 것도 없잖아요. 그래서 뭔가 옳다고 생각되는 일이 있으면 미루지 말고, 빨리 일어서서 그걸 할 수 있는 용기가 필요한 것 같고, 모든 여성들에게 그렇게 당부하고 싶고 그래요.

어떤 일을 시작해야 다른 발전되는 일을 찾을 수도 있고, 보이기도 하고 그러는데, 가만히 앉아서는 그런 게 보이지도 않고, 자기한테 오지도 않고. 내 남편이 "준비된 자에게 기회가 온다."라는 이야기를 늘 하거든요. 그래서 정말 준비하면서 살아가는 사람들이 되면 어떤 어려움이 와도 추해지지 않겠다는 생각이 들어요. 그래서 늘 준비하면서 사는 사람들이 되었으면 좋겠다고 생각해요.

질문지

인.적.사.항.

가족관계

- 부모, 형제자매 관계(특히 부모 또는 형제들의 결혼 생활 포함)
- 집안 분위기(경제적인 부분 포함)
- 부모님의 직업과 집안 생계수단
- 형제들의 교육 정도

고향

- 태어난 곳
- 고향에 대한 추억

교.육.

학창 시절

- 받은 교육
- 학교 생활(에피소드, 어떤 학생이었는지, 친구·선생님·선후배 이야기 등)
- 학창 시절 특기 사항

결.혼. 생.활.과. 시.집.살.이.

결혼 생활

- 가족 구성원
- 결혼 시기 및 전체적인 결혼 생활 이야기

시집살이

- 육아 및 경제적인 부분
- 시부모(특히 시어머니)와의 관계
- 시댁 식구들(남편의 형제들, 또 형제들의 배우자)

남편

- 남편과의 만남
- 결혼을 결심하게 된 가장 큰 이유
- 남편의 직업(남편의 가정 환경)
- 남편과의 관계
- 평등한 결혼 생활과 관련한 남편의 영향 및 노력
- 친정 부모와의 관계

자녀

- 자녀들과의 관계
- 현재 자녀들의 생활
- 양육 과정에서 힘들었던 점
- 현재 자녀들의 배우자와의 관계
- 자녀들의 결혼 생활과 바라는 점

평.등. 부.부. 생.활.

평등부부상 수상

- 평등부부상을 수상하게 된 계기
- 추천 혹은 선정 이유
- 평등부부상을 받을 당시 이야기
- 자신이 생각하는 평등부부란?

평등부부가 되기 위한 노력

- 평등한 결혼 생활과 관련해서 특별히 하는 노력(부부 싸움 해결방법 등)
- 가족회의의 구체적인 방식
- 일상생활의 에피소드(평등부부 생활의 사례, 가사 분담, 육아, 직장 생활 등에서)
- 재산 관리는 어떻게 하고 있는지
- 명절 지내기와 역할 분담에 대해
- 양성평등의 실천에 있어 사회 또는 주변 사람들 그리고 자신과 남편에게 부족한 점과 그 이유

근.황.

- 평등부부 수상 이후 달라진 점
- 주위의 반응
- 결혼 생활에서 바라는 점(개인적인 소망을 포함해)
- 평등부부 생활에 관한 조언
- 바라는 시부모상(자신의 경험에 비추어 볼 때)

서로 부족한 부분을 채우며 살아온 삶

양성평등의 부부 생활이 많이 확산된 듯 보이는 요즘이지만 사실 그런 부부를 찾는 것은 쉽지 않았다. 물론 젊은 부부들은 꽤 많이 있었지만 오랜 시간을 함께한 부부 중에서 구술자를 찾는 일은 역시 어려웠다.

그러던 중 인터넷 검색을 통해 동성동본, 평등부부, 호주제 폐지 등을 위해 노력하는 부부가 있다는 사실을 알게 되었을 때는 인터뷰를 시작하기도 전에 감사한 마음이 들 정도였다.

첫 번째 구술은 구술자의 아들 결혼식 관계로 그 이후로 정해졌다. 전화 예비 면담을 한 후로 약간 시간이 흐른 뒤라 조금 서먹하긴 했으나, 처음 찾은 안산의 양재학원은 생각보다 조용하고 한가했다.

첫 인터뷰는 아내인 박순란을 중심으로 이루어졌다. 그동안 남편 박종주는 아내의 구술을 묵묵히 듣고 있었다. 그전까지 남성을 청자로 두고 구술 작업을 해본 적이 없었기 때문에 조금은 부자연스러웠다. 남편이 없는 자리에서 진행을 할 걸 하는 후회도 들었다.

하지만 조금 시간이 흐른 뒤, 시어머니와의 관계를 질문하는 데도 남편의 존재를 전혀 의식하지 않아도 좋을 정도로 구술 분위기가 편안하고 자연스럽게 흘러갔다. 이후 부부를 함께 인터뷰하면서 서로에 대한 생각들을 직접 들어 볼 수 있었다. 연애 시절을 이야기하면서 서로 기억하지 못하는 부분을 알려 주며 "아, 내가 그랬던가?" "아, 그런 일도 있었지." 하며 즐거워했다.

부부를 함께 인터뷰하는 과정에서 남편은 아내가 오랜 시간 겪은 고부 갈등을 자신이 알아채지 못했다는 사실을 무척 안타까워했다. 또한 항상 가족회의를 하고, 자신이 하고 싶은 말을 제대로 전달하고자 했던 아내 박순란 역시 시어머니에 관한 이야기만은 어느 누구에게도 말하지 못하고 살았던 마음을 털어놓았다.

나는 박순란이 구술하는 동안, 이 부부 역시 남들이 볼 때는 평등한 관계를 유지하고 살아가는 것 같지만, 여전히 여성의 인내심을 바탕으로 한 가부장적 가족관계에서 벗어나지 못했다는 사실을 알 수 있었다.

그러나 남편 박종주가 자신의 연배들과 만나 얘기하면서 같은 남성으로서 그들의 보수성에 많은 벽을 느낀다고 말할 때는 무언가 이 부부만의 다른 점이 있다는 생각이 들었다. 하지만 그런 남편을 지켜보며 아내 박순란이 '남편이 너무 앞서 가는 것이 아닌가.' 하는 생각이 든다고 할 때는 그녀에게서 오히려 과거 부부관계의 면모를 더 발견하게 되었다.

인터뷰 내내 이들 부부는 부부란 서로를 믿고 신뢰하는 사이여야 한다고 강조하였다. 또한 부족한 부분은 서로 채워 주는 것이 부부이기 때문에 두 사람의 노력이 필요하다고 말했다. 자신들 역시 특별한 부부 관계를 맺고 사는 사람들이 아니라 서로가 부족한 부분을 채우고 함께 격려하며 살아왔다고 말한다.

집안일을 남편이 돕는 것이 아니라 함께 나누어 하는 것이라는 말을 할 때는 역시 뭔가 다른 부부라는 것을 알 수 있었다.

이후 인터뷰 과정에서는 양재학원이 함께 일하는 공간이라 여러 사람들이 찾아왔지만 구술 분위기는 그다지 흐트러지지 않고 매끄럽게 진행되었다. 두 사람 모두 성격이 조용하고 편안한 편이었고 서로의 일을 도와주는 데 익숙해져 있어 가능했던 것 같다. 그야말로 오랜 시간 힘든 시기를 함께 살아오며 서로의 부족한 점을 채워 주었기에 어떻게 보면 상대방이 조금 불편하게 받아들일 것 같은 이야기를 구술할 때도 전혀 어색해하지 않았다.

세 번째 만남에서는 손수 만든 소품을 선물해 주어서 행복한 마음으로 인터뷰를 진행할 수 있었다. 돌아오는 길에는 나를 위해 무엇을 만들지 생각하며 색깔을 정하고 모양을 결정하였을 구술자를 생각하며 가방 속의 주머니에 자꾸 손이 갔다. 그리고 행복한 분들과의 만남을 통해 나 역시 같은 양의 행복함을 얻었다는 생각에 마음이 따뜻해졌다.

박진영

| 맺음말 |

구술생애사로 본 한국여성의 삶 III

구술 면접과 텍스트화 과정

1, 2차년도에 실시했던 각 인물들의 구술 심층 면접 방법을 3차년에도 계속 활용하고 인물에 대한 집중 탐구를 여성주의 시각으로 분석하고자 했다.

먼저 기존 구술 자료와 여성사에 대한 분석을 통해 연구 작업을 시작하였으며, 신문·잡지·방송 자료들을 통해 1차 자료 수집과 분석 과정을 거쳐 구술자에 관한 자료들을 수집해 갔다. 또한 주변 인물과 관련 기관들을 방문하여 자료 수집과 구술자 선정에 협조를 요청하였다.

이번 면접은 2004년 11월부터 2005년 4월 사이에 각각 3, 4차(지방 거주의 경우 2회)로 나누어 진행하였다. 1차는 전체 개괄 면접, 2차는 연대기 및 사건별 분석 면접, 3차는 추가 질문 및 토론의 심층 면접으로 이루어졌다. 면접 장소는 안성례의 경우 광주 시내의 식당, 심상정과 변도윤의 경우는 직무실, 조윤숙의 경우는 여성평화의집·한국여성개발원 기숙사·숙명여대 아시아여성연구소였고, 박순란의 경우는 구술자가 운영하는 양재학원, 박선남과 김정자의 경우는 구술자의 집에서 행해졌다.

구술자 선정 후 면접은 1차 전체 개괄 면접, 2차 연대기 및 사건별 분석 면접, 3차 추가 질문 및 토론의 심층 면접으로 진행하였다. 구술자와의 면접을 위해 질문지는 크게 개인 및 가족, 공동체에 관한 이야기, 본인과 직업과의 관계, 그리고 이들의 직업에 대한 주변 사람들과의 관계 및 인식에 관한 것, 사회와 민족·여성에 대한 구술자들의 견해를 포함한 네 가지 대분류 형식을 근거로 하여 7명 각각 다른 형태의 세부 질문으로 작성하였다. 이는 각기 다른 경험자들이 어떤 공통점과 차별성을 보이는지를 살펴보기 위함이었다.

면접 과정은 7명 각각의 특성 때문에 다른 형태였고, 구술자마다 정도의 차이는 있어도 어려운 점들이 발생하곤 했다. 면접 과정에서 면접자와 구술자가 어떤 관계를 유지하고 어떤 상황에서 만나는가는 구술자가 진정으로 자기 이야기의 주인이 될 수 있는가를 결정하는 것이기 때문에 각별한 주의를 요했다. 이는 면접자의 질문 내용이 구술자가 자유롭게 자신의 이야기를 하는 것을 방해할 수 있기 때문이다. 면접 상황에서 구술자가 자신의 이야기를 의식적, 무의식적으로 과장, 왜곡할 가능성과 면접자 자신의 관심사로 이야기를 끌어갈 가능성을 완전히 배제할 수 없었다.

민주화운동에 참여한 어머니, 안성례를 구술 대상자로 선정하기에 앞서 현재 민족 민주 열사 명예회복과 의문사 진상규명을 중심으로 다양한 인권운동을 전개하고 있는 전국민주민족유가족협의회와 현재 국가보안법 철폐와 양심수 석방을 중심 사업으로 하고 있는 민주화실천가족운동협의회를 중심으로 인물 섭외를 시작하였다.

이후 여러 경로를 통해 서울 민가협 간사와 연결해 우리 연구의 취지를 설명하고 구술자 소개를 요청해 보았지만, 당시 국가보안법 철폐 문제로 시국 상황이 어지러워 대상자를 찾기가 무척 어려웠다. 민가협의 협조를 이후로 약속하고 개인적 인맥을 통해 섭외하기 시작했다.

결국 민가협 활동도 왕성히 했고, 현재 광주에서 지역 민주화운동에 앞장서고 있는 안성례를 구술 대상자로 섭외하기에 이르렀다. 서울에서 활동한 분들보다 5 · 18민주화운동이라는 더욱 특수한 사건을 경험하였고, 가족 모두가 민주화운동에 참여한 특이한 이력을 가진 분이었다.

인터뷰 요청 전화를 비롯해 여러 번의 전화 통화를 시도한 후에야 면접에 들어갈 수 있었다. 질문지 작성을 위해 자료들을 수집한 후, 2004년 11월 29일 광주의 한 식당에서 첫 만남을 가졌다. 인터뷰를 마친 후 구술자에게 미리 부탁했던 개인 소장 자료들도 받을 수 있었다.

두 번째 만남은 2005년 1월 11일에 이루어졌으며 첫 만남에서는 시도하지 못했던 비디오 촬영을 동시에 진행하며 면접을 가졌다. 1차 때 받아 간 자료들을 중심으로 추가 질문을 하며 면접을 진행하였다.

비교적 공적 영역에서 많은 활동을 했던 여성이라 면접 과정은 순조로웠지만 사적인 생활상을 풍부하게 알아볼 내용들은 부족하지 않았나 하는 생각이 들기도 했다. 구술자의 거주지가 광주라서 두 차례의 긴 심층 면접을 마친 후 필요하다면 편집 과정에서 추가 질문을 할 수 있음을 설명하고 면접을 마쳤다. 안성례는 두 차례의 구술 과정에서 매우 활기차고 적극적인 태도로 자신의 경험을 구술해 주었다.

지식인 경험의 여성 노동운동가인 심상정의 경우, 구술 대상자로 선정한 후, 그녀를 인터뷰한 기사 제목들 —"먹물에 녹슬지 않은 철의 노동자-노동운동가-심상정", "우리 시대의 모범생-민주노총금속연맹 사무처장 심상정", "부자에게 세금을…, 부유세 내가 마크", 노동운동 야전사령관의 당찬 '출사표'-비례대표 1번으로 당선된 심상정 민주노동당 당선자— 속에서 여성으로서의 고민이나 삶을 읽어 내기란 쉽지 않았다.

그러나 아내, 어머니, 며느리, 딸의 입장에서 여성 사회인으로 생활해 나가는 심상정의 모습을 읽어 나간다면 구술 대상자의 홈페이지 제목처럼 "당당한 아름다움 - 심상정"의 모습으로 우리 모두에게 새롭게 다가올 수 있을 것이라는 기대로 두 차례 면접을 진행하였다.

첫 번째 만남은 여의도에서 조용한 혁명을 일으키고 있다는 민주노동당 의원실 가운데 한 곳인 713호 심상정 의원실에서 진행되었다. 이미 알려진 대로 의원실 안은 커다란 회의용 테이블과 의자, 그리고 보좌관 책상을 두 개 들여다 놓아 접대용 소파는 보이지 않았다. 이를 보고 다른 당 보좌관들은 "의원 고유영역으로 여겨졌던 의원실 안에 보좌관 책상을 들여 놓는다는 발상 자체가 신선하다."는 반응이었다고 한다.

그곳 회의용 테이블에서 처음 얼굴을 맞댄 심상정은 2005년 1월 초로 국회 시무식 일정, 그리고 아직 연장선상에 있는 듯한 금속연맹 사무처장의 역할, 방학인데도 함께 시간을 보내지 못한 아이에 대한 생각 등으로 분주해 보였다. 이처럼 숨 가쁜 일정을 소화해 내고 있는 심상정에게 한가롭게 인터뷰를 진행하자고 말하기가 꺼려질 정도였다. 심상정은 전순옥(전태일 열사의 누이동생)의 부탁으로 이 만남에 응하게 되었다며 바쁜 일정에도 뿌리칠 수 없었던 이유(?)를 간단하게 언급했다.

두 번째 만남은 설날 휴가를 하루 앞두던 날로, 약 2주 동안 브라질로 국회의원 연수를 마치고 돌아온 지 며칠 되지 않았을 때였다. 마침 언론에서는 기아자동차 노동조합 간부의 비리문제와 민주노총 대의원 대회가 물리적 충돌로 무산된 것을 연신 보도하는 한편 헌법재판소에서는 호주제 위헌 판정 소식과 지율스님이 단식을 풀었다는 소식이 전해진 다음 날이었다.

구술 내용은 자연스럽게 노동운동이 당면한 문제, 호주제 폐지 등으로 이어졌다. 첫 만남과 마찬가지로 매 질문마다 '여성'에 중점을 두고자 노력을 하였으나(그 예로, 대학 때 노동운동을 시작하면서 단절해야만 했던 가족·동료 관계 그리고 어머니와의 관계 그리고 아들을 키우는 어머니로서의 기득권에 대한 고민, 생계 활동과 가사노동, 그리고 시댁과의 관계에 대한 남편과의 적절한 역할 분담 등) 적절하게 질문을 해내지 못한 탓에 적절한 내용을 담아 내지는 못했던 것 같다. 인터뷰를 마친 후 5명의 보좌관들과 함께 지하 국회의 원식당에서 점심을 함께 하며 들은 713호 의원실의 주요 대화 내용은 역시 민주노총과 관련된 이야기였다. 마치 하루 일과의 거의 모든 부분이 노동운동과 연관성이 있는 듯이 느껴졌다.

"여성사에 기록되기에는 이른 것이 아니냐"는 심상정과의 첫 대화는 "많은 고민을 함께해 주지 못해서 미안하다."는 인사말로 마무리되었다. 그곳을 나오며 질문자의 고민이 너무 드러난 인터뷰는 아니었을까 하는 생각을 했다.

여성단체 활동가, 변도윤을 구술자로 선정하기는 그리 어렵지 않았다. 오랫동안 여성의 권익 보호와 여권 신장을 위해 여성 시민단체에서 실무를 담당하며 활동했던 여성 활동가 중에서 그녀는 꽤 알려진 인물이었다. 30년 넘게 여성 시민단체에서 여성의 생계라는 실질적인 문제를 해결하는 데 자신의 역량을 유감없이 발휘하였으며, 현재도 '재단법인 서울여성' 대표로 활동하고 있다.

너무 잘 알려진 인물이라 우리 연구가 지향하는 바와 배치되지 않을까 하는 우려도 있었지만, 몇십 년 동안 여성의 권익을 위해 일한 여성이라면 그만한 직위를 가질 수 있다고 판단하여 섭외에 나서기로 했다.

(재)서울여성의 대표실 비서와 전화 통화로 약속을 정한 후, 예비 면접을 위해 대방동 서울여성플라자 대표실에서 처음 만난 변도윤은 푸근하고 따뜻한 인상이었다. 큰 단체를 운영하는 단체장이라고 할 때 보통 떠올리게 되는 그런 인상과는 거리가 멀었다. 아마도 이런 생각에는 알게 모르게 그동안 여성단체장들에 대한 왜곡된 선입관이 자리 잡고 있었던 듯하다.

변도윤은 면접자의 연구 개요를 듣더니 자신이 과연 적합한 인물인지 반문하며 겸손하게 거절하기도 했다. 그러면서도 언젠가는 자신의 삶을 정리하는 시간을 가져 보고 싶었다며 면접을 허락해 주었다.

1차 예비 면접을 마친 후, 여성단체 활동가인 변도윤에게 어떠한 질문을 던질 것인가를 고민하면서 질문지를 작성해 비서실로 보내고 본격적인 만남을 준비했다. 그러나 1차 면접을 약속한 날이 잘못 전해져 구술자의 얼굴만 보고 발길을 돌려야 했다. 더군다나 질문지를 받아 본 변도윤은 자신이 독신이기 때문에 풍부하게 사적인 생활을 얘기해 줄 수 없는데 괜찮겠냐고 반문하기도 했다. 간신히 구술자를 설득해 2004년 12월 23일 1차 면접을 진행할 수 있었다.

몇 번의 약속 끝에 12월 23일 오후에 서울여성플라자 대표실에 마주 앉을 수 있었다. 그리 길지 않은 약 1시간 10분 정도에 걸쳐 어린 시절 황해도 연백에서 피난 나왔던 이야기와 집안 분위기를 구술해 주었다.

또한 사회복지사에서 여성문제연구소 간사로 방향 전환을 해 거의 35년간 여성 관련 일을 했고, 특히 YWCA 일을 하면서 이름이 여성계에 알려지기 시작했다고 구술해 주었다. 구술자의 바쁜 일정 관계로 더 이상 면접을 할 수 없어 비교적 짧은 구술 시간을 가졌지만 여성단체 활동가답게 확고한 신념만은 읽을 수 있었다.

두 번째 면접은 2005년 1월 18일 역시 서울여성플라자 대표실에서 이루어졌다. 이 만남에서는 특히 YWCA 근로여성회관 관장을 맡아 주로 활동했던 일들을 자세하게 들을 수 있었다. 초창기 저소득층 여성들을 대상으로 한 직업훈련에서부터 현장에 투입하기까지의 험난한 과정들을 이야기해 주었다. 여성의 먹고사는 문제를 해결하기 위해 자신의 청춘을 그들과 함께했던 변도윤의 삶에 경외감마저 들었다.

세 번째 면접은 그 후로 3개월이 지난 2005년 4월 13일에 이루어졌다. 앞의 두 차례 면접에서 주로 여성단체 활동가로서의 활약상을 들었다면 마지막 면접에서는 개인적인 이야기도 들을 수 있었다.

1980년 이후부터 현재까지 가부장적인 한국 사회에서 성폭력에 대한 인식의 변화야말로 변화된 여성의 삶을 살펴보는 데 있어 무엇보다 중요하다는 연구팀의 의견에 따라 성폭력 경험자를 구술자로 섭외하기에 이르렀다. 그러나 과연 성폭력 경험이 있는 여성이 이런 공식적인 구술 작업에서 자신의 경험을 드러내 줄 것인가 하는 문제가 남아 있었다. 한국성폭력상담소, 한국여성의전화, 서울여성의전화, 여성민우회 등 다양한 단체를 통해 실무자들과 접촉해 봤으나 섭외하는 것은 거의 불가능했다.

다행히 2004년 12월 초 비공개로 한국성폭력상담소에서 주최하는 '성폭력 생존자 말하기 대회' 소식을 알게 되었다. 일단 이 대회에 청중으로 참여하기 위해 준비하면서 한편으론 인물 섭외 때문에 전전긍긍하기도 했다. 그러다가 우연히 「여성 신문」에 난 아주 짧은 기사를 읽게 되었다.

'대구여성의전화' 사무총장으로 일하는 조윤숙에 대한 인물 기사였다. 그녀가 성폭력 경험의 생존자라는 것이다. 「여성 신문」의 기사 한 줄을 가지고 대구여성의전화에 문의해 연락처를 알게 되었고, 드디어 조윤숙과 전화 통화를 할 수 있었다.

조윤숙은 연구에 대한 설명을 듣고 흔쾌히 구술 허락을 해주었다. 그녀는 다행히 여성단체의 행사와 모임 또는 불교대학원대학교의 논문 작업 등으로 서울에 자주 올라오니 그때마다 시간을 잡아 구술 작업을 하자고 했다. 약속된 12월 2일을 기다리는 동안 그사이 마음이 바뀌면 어쩌나 하는 걱정이 들기 시작했다.

구술자 조윤숙에 대한 정보가 그때까지 전혀 없었던 면접자로서는 첫 만남을 가진 후 그동안의 잘못된 편견과 싸워야 했다. 성폭력 경험을 가진 여성이라면 어딘가 피해자의 분위기가 짙을 거라고 여겼던 것이다. 물론 이후 조윤숙의 구술을 통해 그렇게 마음의 평정을 되찾기까지 수많은 고통과 치유의 시간이 필요했다는 것을 알게 되었다.

2004년 12월 2일 첫 번째 만남에서 구술자 조윤숙에게서 받은 인상은 활기차고 씩씩한 성품과 환한 외모의 소유자였다는 것이다.

그녀는 대학에 들어가서 처음 사귄 남자친구와 결혼해 두 아들을 두고 있었다. 그녀는 기억하고 싶지도 않은 초등학교 6학년 때의 성폭력 경험을 구술해 나가며 그 사건 이후 자신에게 가해졌던 억압적인 집안 분위기를 구체적으로 구술해 주었다. 아버지의 강압적인 태도로 형성된 가부장적인 집안 분위기에서 제대로 된 성교육은 한 번도 받은 적이 없으며, 성에 대한 부정적 인식만을 키워 나갔다고 하였다. 특히 성폭력을 당했던 당시의 상황을 구술할 때는 25년의 세월이 지났음에도 힘들어하는 기색이 역력했다. 기억해 낸다는 것만으로도 충분히 고통스럽다는 것을 알 수 있었다. 조윤숙은 그 사건 이후 부모님이 자신에게 행한 행동에 강한 원망의 마음을 품고 있었다. 그저 그 사실을 감추려고만 하고 상처받은 딸에게 따뜻한 말 한마디 해주지 않았던 부모님의 태도를 현재의 시점에서 비판하고 있었다.

그 사건 이후 이유를 알 수 없는 불안감과 우울증에 시달렸고 결혼 후에도 성폭력 경험자라는 사실 때문에 자아 존재감을 상실하고 늘 움츠러들어야 했다고 고백했다.

두 번째, 세 번째 만남은 2005년 1월 6일과 3월 24일에 진행되었다. 두 번의 면접 과정에서는 성폭력으로 인해 긴 시간 동안 힘들었던 치유의 과정을 다른 생존자들과 집단상담을 통해 공유해 나가는 작업을 말했다. 그녀는 자신의 치유 과정을 구술하면서 내내 참고 있던 눈물을 쏟아냈다. 그런 모습을 지켜보면서 면접자 역시 그녀의 힘들었던 시간이 전해져 오는 것 같아 함께 울었다. 초등학교 6학년 때의 성폭력 경험이 한 여성의 전 생애를 억압하고 지배하고 있음을 여실히 느낄 수 있었다.

마지막 면접에서 조윤숙은 우리 사회의 순결 이데올로기는 반공 이데올로기보다 더 무섭고, 남성 중심의 성문화와 남녀를 차별한 이중적 성규범이 변하지 않는 한 성폭력 피해자들은 더욱 증가할 것이라고 지적하기도 했다.

한부모 여성, 박선남은 가족의 형태가 다양해지면서 여성의 삶도 변화하고 있음을 살펴보기 위하여 한부모 여성을 섭외하는 과정에서 구술자로 선정되었다. 2004년 12월 8일 한국여성민우회 가족과성상담소에서 주최한 '한부모가족 임파워먼트를 위한 대안모색 토론회'에서 발표자로 나섰던 한부모 여성 박선남을 설득해 이루어졌다.

1차 면접은 2004년 12월 16일에 의정부에 있는 구술자의 자택에서 진행되었다. 전북 고창에서 가난한 집 6남매의 셋째 딸로 태어났고, 서울이 그나마 먹고살 수 있으리라는 부모님의 판단으로 서울로 올라와 살게 되었다는 이야기, 아버지와 어머니의 성품, 의정부라는 거주 지역에 대한 생각, 형제들과의 관계를 말해 주었다. 어렵게 초등학교·중학교를 마친 과정, 부모님의 직업, 힘들게 일하며 방통대 진학을 하게 된 경위를 자세하게 구술하였다. 또한 직장 생활 중 남녀 차별과 학력 차별로 인해 갈등과 불이익을 경험해야 했다고 한다.

중매로 하게 된 결혼, 결혼 생활을 하며 부딪혔던 시부모와 남편의 형제들 이야기를 하면서 박선남의 어조는 격앙되기 시작했다. 그러다가 남편에 대해 구술할 때는 어조는 차분했지만 단호함이 배어 있는 목소리로 남편의 성품과 폭력에 대해 이야기해 나갔다.

길고 긴 싸움이었던 재판 이혼 과정, 이혼 후 자녀 양육과 생계 방편을 말할 때는 한부모로서 겪었던 어려움을 느낄 수 있었다. 현재는 여성민우회 활동, 한부모 자조모임인 '행복을 만드는 사람들'의 이끎이로서, 2급 전문상담가 과정을 밟고 있다고 하였다.

그녀는 생계 부양과 자녀 양육을 책임지는 한부모 여성으로서 호주제 폐지와 한부모 가구주로서 국가에 바라는 점을 목소리 높여 말하기도 하였다.

2차 면접은 2005년 1월 4일 구술자의 집에서 진행하였다. 1차 면접 때보다 더욱 구체적으로 구술을 해 나갔다. 초등학교 시절 자신의 성격과 교우

관계, 학업에 대한 강한 의지, 어려웠던 학교 생활을 말해 주었고, 집안과 직장에서 남녀 차별을 경험했던 순간들을 자신의 이름인 '선남'과 관련해 기억해 냈다.

정말 열심히 살아왔다는 말로밖에는 표현할 수 없는 그녀의 대학 생활과 직장 생활을 들을 수 있었다. 하지만 불행했던 결혼 생활을 들으면서 정말 불행은 대물림되는 게 아닐까 하는 생각을 머리에서 지울 수 없었다. 이혼 후 한부모 여성으로서 빈곤의 문제뿐만 아니라 사회적 편견으로 인해 고통받고 있음을 면접 과정에서 확인할 수 있었다.

3차 면접은 2005년 2월 26일 구술자의 집에서 진행하였다. 특히 이때는 호주제 위헌 판결이 내려진 시점이라 호주제 폐지에 대한 견해를 많이 들을 수 있었다. 또한 결혼제도의 문제점에 대한 의견도 아울러 구술해 주었다. 그녀는 구술 내내 한부모의 자녀인 자신의 딸에 대한 걱정을 교육 현실에 빗대어 자주 말하곤 했다.

손자녀 대리양육, 김정자의 인터뷰는 2004년 12월부터 2005년 4월까지 네 차례에 걸쳐 진행되었다.

크게 1차 만남은 특별한 인터뷰 진행보다는 구술자와의 만남을 통해 친밀감을 형성하는 데 목적을 두었다. 2차 만남에서는 손자녀 양육에 대한 전체적인 개괄 면접 형식으로 진행하였다.

3차 만남에서는 구술자의 생애를 연대기별로 나누어 질문하는 형식으로 진행했으며 구술자 자신의 생애에서 특별한 사건이 있었던 시기에는 심층적으로 진행하였다.

마지막 만남에서는 간략하게 추가 질문을 하며 구술자와의 만남을 정리하였다. 네 번에 걸친 인터뷰는 구술자의 집에서 손자를 돌보며 이루어졌다.

구술자에게 질문한 내용은 크게 구술자 자신과 관련된 개인적인 것, 가족관계, 교육(학창 시절) 정도, 결혼 생활, 자녀 양육 과정, 노후 손자녀 양육 등에 대한 것이었다. 특히 손자녀 양육에 대한 구술자 자신의 견해와 주변 사람들의 반응을 중심으로 질문하였다.

김정자는 1차 면접 때 "내가 도움이 되려는지…"라고 하면서 구술 작업에 부담을 느끼는 표정이 역력했다. 또한 면접자의 질문에 "뭐, 특별할 것 있겠어, 다들 그런 거지."라는 대답을 반복하곤 했다. 자신의 희생과 고통도 당연히 겪어야 할 것으로 받아들이며 이야기하는 구술자의 모습을 볼 때마다 마음 한구석이 쓰려 왔다. 구술 과정에서 그동안에 쌓였던 자신의 한을 풀어 낼 수 있었음에도, 오히려 자신의 한마디 말로 인해 자식에게 피해를 끼칠까 봐 조심스러워했다.

세 번째 만남에 이르러서야 구술자는 이전 면접 때와는 달리 적극적인 자세로 구술에 임해 주었다. 본격적인 질문으로 면접이 시작되자, 자신의 삶에 대해 비교적 정리된 언어로 표현해 나갔다. 하지만 손자를 돌보면서 이루어진 면접이라 시간을 오래 가질 수 없었던 점이 아쉬움으로 남기도 했다.

평등부부 박순란은 다른 구술자들의 섭외보다 늦어져 1차 면접은 2005년 1월 17일 경기도 안산에 있는 구술자의 양재 디자인 학원에서 진행하였다. 2차 면접은 2005년 1월 23일 같은 장소에서 이루어졌으며 동영상 촬영도 함께 진행하였다. 3차 면접은 두 차례의 면접을 정리하고 추가 질문과 함께 약 한 달 뒤인 2005년 2월 17일에 역시 동영상 촬영과 함께 진행하였다. 1차를 제외한 2, 3차 면접에서는 남편인 박종주도 함께했다.

양성평등의 부부 생활이 많이 확산된 듯 보이는 요즘이지만 사실 그런 부부를 찾는 것은 쉽지 않았다. 물론 젊은 부부들은 꽤 많이 있었지만 오랜 시간을 함께한 부부를 찾는 일은 역시 어려웠다.

그러던 중 인터넷을 통해 동성동본, 평등부부, 호주제 폐지 등을 위해 노력하는 부부가 있다는 사실을 알게 되었을 때는 면접을 하기도 전에 이미 감사함을 느낄 정도였다.

인터뷰를 부탁하기 위해 처음 전화 통화를 한 후 첫 만남은 아들의 결혼식을 치른 후에 이루어졌다.

처음 면접은 아내 박순란을 중심으로 이루어졌기 때문에 남편은 아내의 면접 과정을 지켜보면서 사무실 업무를 보았다. 남편이 함께 있는 자리에서 인터뷰가 이루어지는 경우는 처음이라 여느 때처럼 질문이 쉽게 나오지 않았다.

하지만 조금 시간이 흐른 뒤엔 시어머니와의 갈등에 관한 구술이 이루어지는데도 분위기가 전혀 어색하지 않았다. 이후 면접에서는 좀더 많은 이야기들을 부부의 목소리를 통해 듣고 싶어 함께 면접을 요청하기도 했다.

연애 시절 이야기를 할 때는 서로 기억하지 못하는 부분을 알려 주기도 하며 "아, 내가 그랬던가?" "아, 그런 일도 있었지." 하며 즐거워하기도 했다.

아내가 오랜 시간 동안 고부 갈등을 겪었다는 이야기가 나올 때, 남편은 자신이 알아차리지 못했던 것을 안타까워하기도 했다. 또한 항상 가족회의에서 자신이 하고 싶은 말을 제대로 전달하고자 했던 아내 박순란 역시 시어머니에 관한 이야기만은 누구에게도 말하지 못하고 답답함을 안고 살았다고 말했다.

한편, 남편 박종주는 자신의 또래인 보수적인 남성들과 이야기할 때, 더욱 벽을 느낀다고 말하기도 하였다. 박순란은 그런 남편을 볼 때 가끔 너무 앞서 가는 것이 아닌가 하는 걱정이 든다고 말하였다. 그렇지만 대체로 구술 내용을 살펴보면 평등하게 살려고 하는 부부의 이미지를 읽을 수 있었다.

면접 내내 그들이 얼마나 서로를 믿고 신뢰하는 평등부부인지 분명하게 느껴졌다. 또한 서로의 부족한 부분을 채워 주려면 서로가 부단히 노력해야 한다고 강조하는 모습 속에서 이들 부부가 살아온 모습이 바로 이것이구나 하는 생각이 들었다.

집안일을 남편이 돕는 것이 아니라 일을 함께 나누는 것이라는 말 또한 인상 깊었다. 그야말로 오랜 시간을 서로를 보완해 주며 함께한 느낌이 그대로 전달되는 것 같았다.

세 번째 만남에서는 구술자에게서 직접 만든 물건을 선물로 받기까지 해서 고마운 마음으로 면접을 진행할 수 있었다. 두 차례의 면접에서 미흡했던 질문들을 하며 행복한 분들을 만나니 그들의 행복이 그대로 전해지는 것 같았다.

구술 자료의 텍스트화 작업은 서술형식 중심으로 해석하는 것을 원칙으로 하며, 녹취 중심 연구, 면접자와 구술자의 공동 연구를 지향한다. 텍스트화에서 있어서는 구술자가 자기 구술과 경험의 주체이기 때문에 어느 정도의 권한을 부여한다. 특히 이번 작업에서는 구술자들이 편집 과정에 적극적으로 참여하다 보니 연구자가 곤란한 처지에 빠질 때가 많았다. 예를 들면 구술성에 대한 구술자들의 인식이 그리 깊지 않아 구술로 풀어 낸 이야기들을 편집 과정에서 문자 언어로 바꾸려 하였다. 대부분 설득 과정을 거쳐 그대로 싣게 되었으나 간혹 구술 내용 중에 자신의 현재 신분과 처지에 맞는 않은 어휘를 사용했다고 생각되는 부분에서는 수정 요청을 해 오기도 했다.

면접자는 1차 편집된 텍스트를 가지고 구술자와 상호 의견을 나누었다. 또한 텍스트는 구술 증언과 구술 생애사를 혼합하며 풀어 내고 편집 작업 시 연대기적 방법을 사용하며 독자의 가독성을 중시하였다. 이를 위해 주석 내지 참고 자료를 첨부하였다.

또한 구술자의 서술 형식, 이야기 스타일을 존중하면서 구술성을 최대한 잘 전달할 수 있게 편집자는 본문에 개입하지 않고 구술 상황을 눈으로 읽되 목소리에 귀 기울이고자 하였다. 텍스트화를 위한 편집 작업은 서너 차례를 거듭하며 편집 회의를 거쳐 다듬어졌다.

구술자에 관하여

민주화운동에 참여한 어머니인 안성례는 1938년 전남 함평군 월야면에서 3남 3녀 중 다섯째로 태어났다. 중농이었던 아버지(안기만)는 향교 전교자로 매우 보수적인 분으로 항상 '여자는 평범한 주부'로 살아가야 함을 강조하였다. 안성례가 13세 되던 1950년 한국전쟁 당시 어머니가 사망하여 어머니에 대한 기억은 많지 않다.

안성례는 어린 시절 집안이 김구 선생의 독립운동을 돕는 것을 보고 사회의식을 키웠다. 전남여자중학교를 졸업한 후 당시 간호고등학교(전남대학교 부속 간호고등학교)에 관비생으로 진학한다. 안성례는 문학을 공부하고 싶었지만 아버지의 반대 때문에 선택하지 못하고 간호학교에 진학하게 된다.

졸업 후 1957년부터 전남대학교 병원에서 근무하면서 비록 아버지의 권유로 시작한 간호사 일이지만 특유의 성실함으로 일을 사랑하게 되었다. 그러던 중 지인을 통해 알게 된 당시 전남대학교 영문학과 대학원생이었던 남편(고 명노근 전 전남대 교수)과 1년 반의 연애 끝에 결혼하였다. 물론 아버지의 반대가 있었지만 안성례는 영어를 잘하고 독실한 신앙생활을 하는 남편이 무척 좋았다고 한다.

하지만 자신의 꿈이었던 미국 유학을 준비하고 있을 무렵, 5·16 군사정변이 일어났다. 5·16 군사정변 직후 당시 전남대학교 영문학과 조교였던 남편은 군미필자라는 이유로 대학에서 쫓겨나 강제 징집되었다. 평범한 여성으로 살아오던 안성례의 삶은 이때부터 민주화의 험난한 길과 함께하게 된다.

남편은 이후에도 교육지표사건, YWCA 구국기도회 사건, 5·18광주민중항쟁 등 군사독재에 맞서는 저항의 한복판에 서게 됐고, 안성례는 계속되는 남편의 실직상태에 생활을 도맡아야만 했다. 남편은 1965년 복직하였고, 1968년 풀브라이트 장학금을 받고 미시건 대학으로 떠나게 된다. 그런 와중에 안성례는 연달아 낳은 딸 넷을 양육하기 위해 밤 근무를 하면서 가계를 책임지는 가장의 역할을 하였다.

안성례는 1969년 자궁암을 진단받는다. 하지만 1년여의 투병 끝에 병마를 이겨 낸 안성례는 아들을 낳게 되는데 그것을 기적이라고 말한다.

5·18광주민중항쟁은 평범하게 살아온 여성에게 삶의 큰 변화를 가져오는 계기가 된 큰 사건이었다. 5·18 당시 기독병원에서 근무하고 있던 안성례는 선량한 시민들이 피를 흘리며 죽어 가는 것을 보고 민주화가 꼭 이루어져야 함을 다짐하였다.

5·18 이후 구속자가족회(민가협 전신)를 통해 자신의 가족뿐 아니라 정권의 폭압에 죽어 가는 사람들을 위해 발로 뛰어다녔던 안성례는 명동성당 사건, 미대사관 시위 등에 앞장섰다. 혈서와 시위 등을 통해 저항하면서 거리에서 전경들에 의해 나뒹굴면서도 나라의 아들과 딸들을 살려야 한다는 신념에는 변함이 없었다.

이후 네 딸들이 모두 학생운동에 뛰어들었으니 가족 모두가 민주화운동에 참여한 것이다. 이러한 집안 사정으로 자녀들의 배우자들이 불이익을 당하는 것을 볼 때마다 항상 미안하고 고마운 마음을 갖게 되었다고 한다.

안성례는 간호사를 1991년까지 하다가 민가협과 여성단체를 이끌었으며 5·18특별위원회 위원장, 3선 광주 시의원을 지낸 후 5·18민주유공자유족회 이사 등을 하면서 아직 끝나지 않은 민주화를 염원하며 살아가고 있다.

지식인 경험의 여성 노동운동가인 심상정은 1959년 경기도 파주에서 태어났다. 그녀의 20년 넘는 노동운동사에서 볼 수 있듯이 삶 자체가 1980년대 노동운동의 산증인이다. 이른바 '위장취업'으로 노동현장에 투신해, 스스로 노동자의 삶을 선택한 여성이다.

1978년 서울대 역사교육과에 입학해 '대학문화연구회', '야학', '여성학회'에 참여하였으며, 1979년 대동전자에 위장취업을 하여 임금투쟁을 전개하였다. 1980년 서울 구로공단에 취업한 뒤, 1985년 구로공단 10개 공장 2,500여 명의 노동자들이 참여한 '구로동맹파업'을 주도하였다. 이 파업을 계기로 노동운동권은 정권이 정한 기업별 노조의 한계를 뛰어넘어 광범위한 노동조직을 시도할 수 있게 됐고, 그런 고민은 노동자의 정치세력화를 꿈꾸는 서노련(서울시노동운동연합) 결성으로 이어졌다. 1983년에는 서울대 역사학과를 졸업하고, 미싱사로 대우어패럴에 취업하였는데 노조결성과 쟁의로 수배생활을 하게 된다.

1987년부터 1995년까지 심상정은 노동자 대투쟁에 나서며, 단병호와 함께 민주노총의 토대가 된 전노협(전국노동조합협의회)을 만들어 쟁의 · 조직국장을 역임했다. 전노협은 이후 민주노총과 민주노동당으로 이어지면서 노동계의 주류로 자리 잡는다.

1992년에는 서노련에서 함께 활동했던 이승배 씨와 결혼하여 아들을 출산한다. 1996년부터 2001년까지는 민주금속연맹, 금속산업연맹 사무처장을 지내며 노동운동에 앞장선다. 2000년부터 민주노동당 당대회 부의장을 지내다가, 2004년 제17대 국회의원으로 당선되어 정치인으로 변신하였다.

여성단체 활동가인 변도윤은 황해도 연백이 고향이고 네 살 때(1951) 가족과 함께 월남하였다. 8남매 중 장남인 아버지는 신의주 사범을 나와 월남해서도 교사 생활을 하였다. 어머니는 초등학교밖에 나오지 않았지만 교회 활동을 왕성하게 하며 삶의 경륜과 지혜를 쌓은 분이었다.

변도윤은 여동생 한 명과 남동생 세 명이 있다. 그녀는 딸임에도 불구하고 할아버지가 도윤(道潤)이란 의미 있는 이름을 직접 지어 주었을 만큼 남다른 애정을 보였고, 장녀로서 할머니의 사랑을 독차지했다. 그러나 가부장적이며 남아선호사상이 강한 집안이었다고 한다.

그녀는 서울 아현동에 있는 중앙여고를 졸업했는데, 여기서 자신의 진로를 결정하는 계기를 갖게 된다. 중앙여고의 창립자인 황신덕 이사장을 만나게 되고 황 이사장처럼 사회사업학과를 전공해 사회사업가가 되겠다는 결심을 한다. 그리하여 중앙대 사회사업학과에 진학한다. 황신덕은 변도윤의 우상이자 열망의 대상이었다.

변도윤은 어려서부터 할아버지 중심으로 사는 가족 구조에 대해, 즉 남아선호사상이 뿌리 깊었던 집안에 반발심을 보였는데, 사춘기 때는 그 정도가 심했다고 한다. 하지만 아버지도 노후에 이르러서는 딸의 소중함을 자주 말할 정도로 바뀌었다고 한다. 돌아가시기 전에는 변도윤이 재직하고 있는 재단법인 서울여성에 관련된 기사라든지, 서울시장 등의 동정에 대한 기사를 손수 스크랩해서 전해 주는 등 적극적으로 후원자 역할을 하였다고 한다.

변도윤은 대학교 재학 시절 1965년, 1966년도 고아원으로 봉사활동을 자주 나갔다. 한창 감수성이 예민할 때라 마음속으로 눈물이 안 날 때가 없었다고 기억한다. 유난히 학창 시절부터 감성이 풍부해 영화를 보다가 곧잘 울었는데, 고아원에서 봉사활동 중 아이들을 보고 자주 울곤 해 감상적으로 변하는 자신이 몹시 싫었다고 말한다.

변도윤은 사회사업가는 돈을 많이 가지고 누구를 도와주는 자선 사업가가 아니라 없는 사람과 있는 사람, 배운 사람과 배우지 못한 사람의 중간에 서서 배운 사람의 것을 못 배운 사람에게 전달하는 중간자 역할을 통해서 우리 사회가 평등하고 평화로우며 윤택해지도록 만드는 사람들이라고 말한다.

그녀는 노동부에서 일할 때나 여성단체에서 일할 때, 그리고 서울여성재단에서 일할 때에도 자신의 역할은 사회사업가와 같은 중간자의 입장이라고 말한다.

첫 직장은 소셜 워커(사회복지사)로서 충남 공주에 있는 사회복지관에서 1년 정도 근무했고, 그 이후 여성문제연구소에서 4년간 간사를 지냈고, 노동부 부녀소녀근로자보호위원회 전문위원 일도 하였다. 실질적으로 변도윤이란 이름이 여성계를 비롯해 세상에 알려지기 시작한 것은 1978년 YWCA 일을 하면서부터이다. YWCA는 약 23년간 변도윤이 젊음을 마음껏 쏟아 부었던 일터요 보람의 산실이었다.

변도윤은 학창 시절 농촌계몽활동을 가서도 그랬고, 사회에 나가 첫 직장을 얻고서도 그렇고 당시 한국 사회에서 가장 큰 문제는 먹을 것에 대한 부족이라고 인식한다. 인간에게 가장 중요한 것은 기본적인 먹을 것의 해결이라는 것을 뼈저리게 느끼게 되었다.

두 번째 직장부터 여성단체 일을 하게 된 것은 자신이 너무 어려운 사람들에게 몰입해 객관적인 태도로 사회복지사로서의 업무를 보기 힘들었기 때문이라고 한다. 변도윤은 노동부 전문위원으로서 부녀소녀근로자 보호 일을 담당한다. 그러다가 31세에 YWCA 이사의 추천으로 YWCA로 옮기게 된다. 당시 나이가 젊은 변도윤이 YWCA 관장 일을 맡자 우려의 목소리도 있었다. 이 무렵 그녀는 중앙대 사회개발대학원에서 노동정책 석사과정을 시작할 때였다.

YWCA 근로여성회관 관장 시절, 변도윤은 여성의 새로운 직업을 개발하는 과정에 몰두하며 맹활약을 펼쳤다. 당시 매스컴에서도 변도윤의 활약상을 조명했으며 이때부터 여성 활동가로서 세상에 알려지게 된다.

특히 여성의 직업은 인생의 전환점을 가져올 수 있는 중요한 것이기에 현실적인 접근방법으로 활동 방향을 잡는다. 그녀는 여성들이 반드시 취업현장에서 곧바로 사용할 수 있는 실질적인 직업훈련을 실시함으로써 가시적 성과를 이루어 내었다. 중동건설 붐에 발맞추어 여성들에게 도배, 타일, 페인트와 같은 건설 직종과 관련된 직업훈련을 시켜 실제 현장에 투입될 수 있는 인력을 키워 냈다. 이 과정에서 다양한 여성 직업훈련생과 고락을 함께 나누었는데, 특히 어려웠던 점들을 토로할 때는 한동안 감정에 복받쳐 구술을 멈추기도 했다.

자신의 현재에 충실하며 일을 사랑하고 여성의 노동과 직업에 대해 많은 관심을 가졌던 활동가 변도윤은 나름의 독특한 노후 설계도 가지고 있었다. 화초를 무척 사랑하는 그녀는 원예치료사로서 노후의 시간들을 보내겠다는 계획을 살짝 귀띔해 주었다.

성폭력 생존자인 조윤숙은 1968년 대구에서 출생해 현재까지 대구에서 거주하고 있다. 대구여성의전화에서 사무총장직을 맡고 있으며 두 아이의 어머니이기도 하다. 형제 관계는 어머니의 재혼으로 2남 3녀 중 둘째 딸이다. 위로 오빠 둘과 언니 한 명이 어머니의 재혼으로 생긴 형제들이다. 어머니는 첫 번째 결혼에서 아이를 낳지 못해 이혼하고, 재혼 후 아이를 낳자 무척 기뻐했다고 한다. 어머니는 조윤숙을 낳기 전까지는 맞벌이를 하다가 출산 후 몸이 안 좋아 일을 그만두었다고 한다.

형제들이 많다 보니 거의 방치된 유년 시절을 보냈으며, 부모님의 사랑이나 관심은 거의 받지 못했다고 한다. 조윤숙은 어린 시절 가부장적인 가족 구조와 남아선호사상이 강한 집안에서 늘 '왜 내가 여자라는 이유만으로 이렇게 차별을 당할까?'라는 생각을 많이 하곤 했다.

아버지의 사업 때문에 가족들은 자주 이사를 다녀야 했고, 아버지의 외도가 심했다. 그럴 때마다 엄마는 늘 참는 편이었다. 그러면서 딸들에게도 여자는 늘 참아야 한다, 순종해야 한다고 말했다고 한다.

아버지의 사업 때문에 어릴 때 집안에 남자 인부들이 자주 들락거렸는데, 그때 한 인부가 조윤숙에게 예쁘다며 입에 뽀뽀를 했는데 지금 생각해 보면 그것은 뽀뽀가 아니라 키스였던 것 같다고 말한다.

조윤숙은 초등학교 6학년 때의 힘들었던 기억을 얘기한다. 사춘기를 맞은 언니가 자신을 많이 괴롭혔는데, 어머니는 계모 노릇 한다는 소리를 들을까 봐 언니의 괴롭힘을 모른 척했다.

초등학교 6학년 때, 언니를 버스정류장에서 기다리다가 길이 어긋나 혼자서 어두컴컴한 골목길로 돌아오던 길에 한 남자가 다가와 부탁이 있으니 들어 달라고 접근해 온다. 하지만 친절해 보였던 남자는 갑자기 칼로 위협하며 어린 조윤숙을 성폭행한다. 그녀는 당시 죽음의 공포 때문에 '제발 목숨만 살려 달라.'고 애원했다고 한다.

신체적, 정신적 충격을 안고 집으로 돌아왔을 때 아버지는 돌아눕기만 하고, 어머니는 "아무한테도 얘기하면 안 된다."며 입막음하기 바빴을 뿐 어떠한 위로나 보살핌의 노력이 전혀 없었다고 한다. 조윤숙은 구술 내내 그때 당시에 어머니가 병원이나 상담기관을 찾아가지 않고 억압만 했던 사실을 너무나 가슴 아파했다.

그러면서 조윤숙의 내면에는 '내가 정말 잘못했고 죄를 지었고 더럽혀졌으며, 순결을 잃었다.'는 인식이 자리 잡게 되었다. 그 이후 성은 굉장히 더럽고 좋지 못하다는 부정적 인식을 갖게 되었다. 사춘기 시절에도 남자친구를 사귀고 싶은 욕구와 동시에 남자에 대한 적개심을 가졌다고 한다. 성장기의 성적인 호기심을 억제하고 일부러 여성다운 취미생활을 키우려고 고등학교 때는 꽃꽂이, 대학교 때는 운동에 관심이 많았지만 어머니의 반대로 요리를 배웠다고 한다.

대학에 가서도 자신이 순결을 잃었다는 생각 때문에 남자친구도 제대로 사귀지 못하고 오직 지금의 남편이 된 남자친구만 사귀었다고 한다. 그 이유는 착한 사람인 것 같아서였다. 조윤숙은 여학생 시절, 보통의 다른 여학생들처럼 가벼운 성추행을 간간이 경험하는데, 이때도 심한 분노를 느꼈다고 한다.

그녀는 수학과를 졸업했지만 이렇게 여성으로서 겪은 불합리한 경험들 때문이었는지 대구의 한 여성학과 대학원에 진학하게 된다. 그 과정에서 남자친구의 따뜻한 배려에 감동해 결혼에 이른다. 하지만 그 결혼 결정에는 아버지의 그늘에서 벗어나기 위한 선택이 더 강하게 작용했다. 결혼 생활과 사회 활동을 하면서도 조윤숙은 자신의 성폭력 상처를 치유하기 위한 노력을 끊임없이 해 나갔다.

1991년도부터는 여성의전화에서 교육받은 후 여성학 소모임 리더와 단장 활동도 열심히 하며 1996년부터 여성의전화에서 일을 하게 된다.

그러다가 1996년, 여성개발원에서 주최하는 2주간의 성폭력상담소 운영 교육을 받다가 자신의 성폭력 경험을 처음으로 타인에게 이야기하게 된다. 그런데 그 뒤부터 대인 공포증과 함께 말더듬는 장애가 생긴다. 이러한 고민을 해결하기 위해 이후 상담 치료를 받게 되는데, 오히려 이것이 그녀를 더욱 죄의식으로 몰고 가게 된다. 그러던 중 2001년부터 차츰 주변 사람들에게 성폭력 경험을 커밍아웃하기 시작한다. 집단상담 치료에 대한 석사과정을 다시 공부했고 성폭력 생존자들의 치유 상담에 대한 논문을 쓰고, 2005년 2월에 졸업을 했다. 같은 지역의 성폭력 경험자들과 모임을 갖고 논문을 준비해 온 조윤숙은 이제 성폭력 생존자는 한 번 보면 알 수 있을 것 같은 느낌이 든다고 한다.

2004년 12월 초에는 한국성폭력상담소가 개최한 제2회 성폭력 생존자 말하기 대회에 참가해 치유를 위한 좋은 시간을 가졌으며, 2005년 3월 8일 여성의 날 행사에서 디딤돌상을 받았다.

한부모 여성인 박선남은 전북 고창에서 2남 4녀 중 셋째로 출생하였다. 부모는 농사를 지었으며, 가세가 기울어 서울로 올라와 장갑 만드는 가내 수공업을 했지만, 벌이가 시원치 않은 데다 딸린 식구들이 많아 살림은 늘 어려웠다. 아버지는 술을 많이 마셨으며 어머니는 거칠고 폭력적이었다. 부모님이 늘 바빴던 탓에 어린 시절 주로 할머니의 손에서 길러지면서 남매 간의 성차별을 경험했다. 특히, 명절 때마다 여자는 3박 4일 내내 부엌에서 일만 하고, 남자는 젯상에 절하고 차려 준 음식 먹으며 의젓하게 앉아이야기만 하면 되는 것을 보면서 여성은 보조자, 주변인이라는 위치에 대해 부조리함을 느낀다. '선남'이라는 이름도 그저 좋은 아들 하나 달라는 의미에서 붙여진 이름이다.

중학교 때 의정부로 이사한 후 지금까지 의정부에서 살고 있다. 당시의 가난과 계급을 탈피하는 방법은 학벌을 높이는 방법밖에 없다는 현실적인 인식하에, 낮에는 일을 하고 밤에는 전수학교를 다니는 힘든 과정을 거쳐 검정고시로 중·고등학교 과정을 모두 마쳤다. 학업에 대한 의욕이 남달랐던 박선남은 이후 방통대 중문과에 입학하는데 이때도 낮에는 회사에서 일하고 밤에는 공부하여 학업을 마쳤다고 한다. 패션회사에 근무할 당시 박선남은 유능하고 성실한 사원이었고 10년 동안 장기 근속했지만 이곳에서도 여성이라는 이유로 대리 이상의 승진에 제한을 받는 성차별을 경험한다.

딸이 나이만 들어가는 것을 보고 있지 않았던 어머니는 중매를 통해 박선남을 결혼시키려 했고, 결혼할 의사도, 해야 할 이유도 없어 선을 안 보던 박선남도 결국 어른 말을 들으면 자다가도 떡이 떨어진다는 생각에 부모님 말씀에 순종하여 선본 지 한 달 만인 1995년 1월에 결혼한다. 그러나 중매 주선자는 박선남의 남편에 대해 별로 아는 바가 없었고, 박선남의 남편 역시 결혼을 위해 학력과 직업을 속였다. 남편은 변변한 직업도 없었고 심한 주사와 폭행을 일삼았으며 대졸자인 박선남과는 대화가 통하지 않았다. 한편, 주말이면 주중에 쌓인 피로를 씻어 내지도 못한 채 시댁에 불려가 일하고 시댁 식구들과 어울려 관계를 형성해야 하고, 며느리·올케의 위치에 있기 때문에 시댁 식구들이 너무나 많은 것을 당연하게 요구하더라도 기대에 부응해야 한다는 것 때문에 갈등을 겪었다. 그러던 중, 남편의 주사와 폭행은 최고조에 달해 임신한 박선남에게 칼을 들고 죽이려는 일까지 벌어진다. 오로지 살아야겠다는 생각에 빌고 빌어 겨우 진정시켜 놓고 남편이 화장실 간 사이 어린 딸을 들쳐 업고 맨발로 친정으로 향했다고 한다. 이 일을 계기로 박선남은 이혼을 결심하는데, 남편은 말도 안 되는 이유들을 들며 이혼에 합의하지 않았다. 결국 어떻게든 이혼해야겠다는 생각에 이혼 소송을 통해 친권, 양육권만 확보한 채 1998년에 이혼했다.

이혼 직후, 박선남은 자신의 존재가치라고는 전혀 없고 남편의 폭압과 책임과 의무만 있었던 결혼 생활에서 벗어나 너무나 행복했다고 한다. 박선남은 새움터에서 생활하며 아이를 키우며 공공근로를 했는데 50만 원이라는 적은 수입으로 생활비, 양육비를 충당할 수 없어 장기적인 직업을 준비해야겠다는 생각에 '일하는 여성의 집'을 통해 직업교육을 받기로 결심한다. 오로지 취업이 빠르다는 이유만으로 텔레마케팅 교육을 선택했는데 다행히 통신회사, 생명보험회사 등에 취직해 생계를 꾸려 나갈 수 있었다. 하지만 텔레마케팅은 장기간 할 수 있는 일이 아닌 데다 회사가 이전하는 바람에 거리상 출퇴근하기가 힘들어져 더 이상 일을 할 수 없었다. 이후 인터넷 학습지를 알게 되어 집에서 아이를 돌보면서 일도 할 수 있게 되었다. 박선남은 지금 일하고 살림하는 바쁜 가운데서도 2급 전문상담가 시험을 준비하며 꿈을 키우고 있다.

여성민우회를 통해 한부모 모임에 참여하면서 많은 도움을 받았고, 한부모 자조모임 '행복을 만드는 사람들'의 이끎이로 활동하면서 한부모 여성들과 정보를 공유하고 힘을 얻을 수 있었지만, 정작 한부모 자녀들을 위한 프로그램이나 시설은 미흡하다고 지적한다. 복지관도 너무 멀리 있고, 방과 후 프로그램 역시 의도는 좋았지만 전문 인력과 프로그램이 구비되지 않아 실질적인 도움은 안 됐다고 한다. 1년마다 국민임대아파트의 전세금이 인상되는 것도 큰 부담이며, 국민임대아파트 단지를 조성해서 할렘화하기보다는 더불어 같이 살 수 있도록 일반 아파트 내에 몇 가구를 국민임대가구로 하면 좋겠다는 의견도 내놓고 있다. 또한 이혼율이 점차 높아져 감에 따라 한부모 가정에 대한 인식도 변화되고 호주제가 폐지되어 친권, 양육권을 가진 한부모 여성들이 소외감을 느끼지 않고 아이와 같은 성을 갖게 되었으면 하고 바랐다.

손자녀 대리 양육자인 김정자는 1941년 3월 28일 1남 2녀의 셋째로 출생하였다. 출생지는 어머니의 불확실한 기억으로 강원도 혹은 서울로 추측하고 있다. 1946년 아버지가 돌아가시고 몇 년 뒤 어머니는 재혼을 한다. 너무 어린 나이에 아버지를 여의었기에, 아버지의 얼굴조차 알지 못하며 아버지의 죽음에 대한 기억이나 그리움은 한 번도 느껴 본 적이 없다고 한다. 초등학교에 입학하여 6·25전쟁을 경험한다. 6·25전쟁과 1·4후퇴로 더욱 가난했던 시절, 중학교를 졸업하지 못한 채 사탕공장, 재봉틀 공장, 미용실 등을 전전하며 일을 해야만 했다. 그러던 중 남편을 만나 연애 끝에 결혼을 하게 되었다. 자식을 낳아 기르고 이제는 자식도 다 키우고 살 만한가 싶더니 남편이 폐암 선고를 받고 3개월의 투병 끝에 세상을 떠났다.

홀로 자식들을 시집, 장가보내고 이제는 아들 내외와 함께 살며 손자를 돌봐 주며 살아가고 있다. 배불러 오는 며느리를 모르는 체할 수 없어 지금까지 맞벌이를 하는 아들 내외를 위하여 손자를 돌봐 주고 있다.

하지만 언젠가는 아들 내외를 분가시켜야 한다는 생각에, 이제 다시 홀로 남겨질 당신의 삶의 외로움, 남편에 대한 그리움과 이제라도 자신의 삶과 자아를 찾기 위해 자식들의 곁을 떠나야 하지 않을까 하는 갈등으로 하루도 마음 편히 있지 못하고 마음을 졸이며 살아가고 있다.

평등부부 박순란은 1952년 월출산으로 유명한 전라남도 영암에서 4남 1녀 중 셋째이자 외동딸로 태어났다. 꽤 부농의 집안에서 어린 시절을 보낸 그녀는 항상 집에 일을 돕는 인부들이 있고, 많은 손님(친척 등)들이 찾아왔던 것으로 기억하고 있었다.

어머니는 막내동생을 낳고 시름시름 앓았다고 한다. 5남매 중 유일한 딸로 매우 귀하게 컸지만(특히 할머니의 사랑을 받았다) 여자는 집에 있어야 한다는 아버지의 생각으로 공부는 초등학교로 마칠 수밖에 없었다. 하지만 집에서만 생활하는 것이 싫었던 그녀는 17세 때 광주로 올라와 금남로에 있는 양재학원에 다녔다.

그 후 학원에서도 실력을 인정받고(보조 교사로 잠깐 일할 수 있는 실력) 스스로 자신감이 생겼던 박순란은 친구의 권유로 두려움도 없이 18세의 어린 나이에 시내에서 의상실을 2년 정도 운영하다가 어머니의 병간호를 위해 다시 고향으로 돌아가서 생활하였다.

의상실을 운영하던 시절, 지금 생각하면 커다란 실수를 저지르기도 했지만 많은 손님들이 좋게 보아줘서 경영에 그다지 어려움이 없었다고 한다. 고향에 돌아와 어머니의 병간호를 하던 중 4-H 활동을 하던 30세의 남편(박종주)을 만나게 되었는데, 남편의 편지를 중간에서 전해 주던 동네 여성의 도움으로 조금씩 가까워지기 시작했다.

당시 남편은 서울에서 생활하다가 군대를 다녀온 후 고향에서 농사지으며 살 생각으로 내려와 4-H 활동을 하던 중이었다. 가정형편도 좋지 않고 6남매의 장남에 나이도 많아 박순란의 집안에서 반대했음은 물론이고 동네에서도 환영받지 못했다. 하지만 두 사람은 편지 등을 주고받으며 사랑을 키웠다.

그러자 남편은 가정형편도 좋지 않고 나이도 많은 자신이 먼저 놓아주어야 한다는 생각에 보성에서 의상실을 하는 그녀를 찾아가 헤어지자고 일방적으로 통고했다고 한다. 하지만 6개월 뒤 박순란을 다시 찾아가 만남을 이어 나갔다. 박순란은 이러한 힘든 과정을 겪으면서도 그와 지금까지 함께할 수 있었던 가장 큰 이유는 남편이 믿을 수 있는 사람이었기 때문이라고 말한다.

그러던 중 농사는 미래가 없다고 판단한 남편이 서울로 올라가고 조금 뒤에 박순란도 서울로 올라와 결혼 전 1년간 동거생활을 하였다. 서울에서 생활하면서 남편은 트럭 운전, 택시 운전, 복사 가게 등 여러 차례 직업을 바꾸었다. 박순란 역시 아이들이 조금 큰 후에는 항상 집이 딸린 가게를 이용해 의상실을 하면서 생활하였다.

남편과 함께 살기 시작한 이후로 27년간 시어머니를 모셨던 박순란은 결혼 생활 중 가장 힘들었던 것이 바로 고부간의 갈등이었다고 말한다. 하지만 27년간 남편은 물론 어느 누구에게도 속마음을 털어놓지 못했으며 약 3년 전에야 비로소 남편에게 이제 그만두고 싶다고 말했다고 한다. 당시에는 아이들도 대학을 졸업하고 자신의 자리를 정리할 수 있었던 때로 이혼까지 생각하는 고통(갈등의 원인은 특별한 것이 없었지만, 작은 것 하나 하나가 오랫동안 쌓인 것)이었다.

대화를 자주 했고 항상 가족회의를 하는 가족이었지만 시어머니 문제만큼은 27년이 지난 후에야 비로소 겉으로 드러낸 것인데, 이는 당연하게 해야 하는 일이라고 생각했으며, 주위에서 효부로 불렸던 압박감도 작용했기 때문이었다.

신문 등에 평등부부로 알려지게 된 계기는 남편이 1997년부터 운영하기 시작한 양계혈통연구소라는 인터넷 사이트를 통해서였다. 부부가 본이 다른데도 같은 박씨라는 이유로 이상한 취급을 받자 스스로 독학을 통해 그러한 잘못된 이유로 고통받는 사람들을 돕기 위해 만든 홈페이지였다. 지금 그 홈페이지는 동성동본 결혼, 호주제 폐지, 평등부부 등의 이야기로 정보를 제공하고 있다.

사실 남편은 그러한 것을 알리고 이해하지만 실제로는 어머니, 여동생들과 함께 생활하다 보니 집안일을 많이 돕지는 못했다. 하지만 3년 전 분가하고 나서는 남편이 부엌에 들어가는 일이 많아졌다. 이에 대해 남편은 아내를 돕는 것이 아니라 서로 나누는 생활이라고 말한다.

부부 싸움을 크게 한 적은 없지만 1년에 한두 번 정도는 공원에 나가 하고 싶은 말을 한다는 박순란은 자신들이 평등부부라고 불리는 가장 큰 이유는 부부가 서로를 존경하고 소중하게 대하기 때문이라고 생각하고 있었다. 가족회의 등을 통해 서로에게 부탁을 하고, 여성들의 권리를 위해, 혹은 잘못된 가부장제(비록 자신의 생활도 그렇게 할 수는 없었지만, 젊은 세대들만은 그러한 생각에서 벗어나기를 바라는 마음으로)를 극복하기 위해 조금이라도 도움을 주고자 했다.

구술에서 찾은 의미들: 차이와 차별을 넘어

이번 연구는 7명의 여성 구술자가 그동안 남성 지배가 확고한 가부장적 사회에서 자신들의 특수한 경험을 자신들의 관점으로 설명할 수 있는 틀과 언어를 갖지 못하다가 남성 중심적 질서에 대항해 자신들의 경험을 드러냈다는 데 의미가 있다. 이런 여성들의 자기 드러내기는 남성 중심 사회의 모순과 억압을 드러내는 행위이기 때문이다.

3년에 걸쳐 연구를 진행하면서 이번 연구만큼 처음부터 여성들이 자기들의 이야기를 당당하게 말하는 경우가 없었다. 이는 여성들의 경험들에 대해 여성 스스로와 사회적 인식이 바뀌고 있음을 알게 해주는 대목이기도 했다.

앞서 2년에 걸쳐 연구된 여러 구술자들의 경우, 남성들의 지배적인 입장을 반영하고 때로는 그것과 상치되는 자신의 직접적인 경험을 반영하는 상호 모순되는 이야기를 하는 경우가 많았다. 하지만 이번 연구에서는 구술자들이 자신의 경험을 이야기하면서 주체적인 면모를 더욱 확실히 보여 주었다.

보통 남성 중심 가부장적 사회의 규범과 질서에 대항하는 여성들의 이야기는 침묵과 망각을 강요당하지만 완전히 침묵되지도 망각되지도 않는다. 여성들이 과거 자신들의 삶을 기억하고 이야기한다는 것은 억압적인 상황에 대한 저항의 몸짓으로 볼 수 있는데, 이번 연구에 참여해 준 7명의 여성 구술자도 이에 해당된다고 볼 수 있다.

세 번째 『한국여성인물사』 역시 구술자들이 각각 다른 장소와 상황에서 구술 작업에 임했음에도 여성의 젠더 경험 속에서 동시대적 특징이 나타나 있었다.

예를 들어 1980년대 민주화의 열기 속에서 안성례와 심상정은 다른 장소와 다른 분야에서 활동하고 있었지만 민주화의 체험은 각 인물들에게 삶 전체를 규정하는 지배적인 요소로 작용하였다고 할 수 있다.

한편으로는 이렇게 동시대적 특징을 가지고 있으면서도 각 구술자들이 처한 위치와 상황에 따라 다양한 경험 형태를 드러냈다. 특히 성폭력 생존자 조윤숙의 경우, 기억하기조차 힘든 경험을 이야기하며 스스로를 치유해 나가는 모습을 발견할 수 있었다. 또한 그렇게 확립되어 가는 젠더 주체성을 바탕으로 성폭력 생존자들의 치료를 도와주는 상담사의 길을 밟고 있다.

이번 연구에선 7명의 다양한 계층과 직업을 가진 여성들의 삶을 통해 그동안 여성을 억압하고 지배해 온 남성 중심적 역사에 맞서 대항 역사로 재구성하였다는 데서 의미를 찾고자 한다.

먼저, 민주화운동에 참여하게 된 안성례는 우선 자신의 가족을 지키기 위해 민주화라는 것에 눈을 뜬 경우이다. 물론 과거 어린 시절 6·25 전쟁을 체험했고, 집안이 김구 계열의 독립운동에 지원하는 것을 보며 자랐지만, 실제로 정치나 사회운동에 참여하고자 한 적은 한 번도 없었던 평범한 여성이었다.

그녀는 너무나 유교적이고 보수적이었던 아버지로부터 벗어나는 길은 결혼이라 생각해 자신이 선택한 남성과 결혼을 하게 된다. 결혼 후 평범한 아내이고자 했던 그녀의 바람은 남편의 투옥으로 인해 길고 험난한 민주화운동에 뛰어들게 만들었다. 남편의 투옥 사건이야말로 그녀의 삶 전체를 바꿔 놓는 계기가 되었다. 이 사건으로 그녀도 민주화운동에 적극 참여하게 되고 현재까지 왕성한 활동을 하게 되었다.

이런 과정에서 안성례의 딸들도 민주화운동에 참여하다가 구속당한다. 그녀는 민주화운동에 참여한 아내에서 어머니 투사까지 되었던 것이다. 즉, 민주화운동에 참여한 가족의 영향으로 민주화운동에 참여하기에 이른 것이다. '평범한 아내', '평범한 어머니'의 삶을 중심에 두었던 그녀는 남편과 자식의 구속을 계기로 정치, 사회의식에 눈뜨게 된다.

이 과정에서 안성례는 다양한 운동의 장을 통해 그러한 과정(구속 등)을 사회적, 정치적 맥락에서 바라볼 수 있게 되었고, 자신의 삶을 재의미화하는 과정을 거쳐 정치적 행위자로 위치 짓게 되었다. 이러한 계기와 과정을 통해 안성례는 민주화운동의 당위성을 자신의 삶과 연결시켜 바라보기에 이른다.

또한 그녀는 직접 5·18광주민주화운동을 경험하며 이러한 저항의식을 더욱 견고히 해 나갔다. 실제로 안성례는 간호사라는 직업으로 인해 광주에서 지배세력에 대항해 피를 흘리는 민중들을 목격할 수 있었다. 이 사건을 중심에서 경험한 그녀는 더 이상 평범한 아내요 어머니로 남아 있을 수 없게 된다.

당시 여성이 결혼 후 계속해서 직업 갖기가 어려웠던 상황에서 간호사란 직업은 경제적 도움뿐만 아니라 민주화운동을 하는 데 있어서도 많은 장점으로 작용하였다. 즉, 그녀는 간호사란 직업 때문에 민주화운동에 참여해서도 다른 아내와 어머니들 가운데 리더 역할을 할 수 있었고, 이후 이 직업은 그녀가 직접 정치에 참여하게 되는 중요한 요건으로 작용한다. 안성례는 자신의 직업 외에도 남편이 교수이고, 자식들도 명문대 출신임을 무척 자랑스럽게 여기며, 다른 민주화운동에 참여하는 가족들과 자신을 구분하기도 했다.

안성례는 가족으로 인해 민주화운동에 참여하게 되었지만 어느 순간 이것을 자신의 숙명으로 받아들이고 있었다. 이는 그녀가 민주화운동에 참여하는 과정에서 과거 비정치적인 존재에서 벗어나 인식 전환과 리더십의 경험 등을 통해 자신의 위치를 재구성하고 있음을 보여 주는 것이다. 자신을 '아내', '어머니'에서 운동하는 여성으로 그 위치를 설명할 수 있게 된 것이다. 물론 이후 그녀의 정치 참여 모습에서 나름대로 일반 정치가의 모습도 확인되었다.

그러나 구술이 끝날 때까지 5·18광주민주화운동과 민주화를 위해 비정치적인 존재였던 아내와 어머니에서 구속이나 투옥을 거치며 민주화운동에 참여한 민주화의 참여자이자 동반자, 선구자의 모습 또한 계속 확인할 수 있었다.

이러한 안성례의 모습을 통해 1980년대 민주화운동 과정에서 그녀와 같은 여성들이 존재했음을 알 수 있었다.

지식인 경험의 여성 노동운동가였던 심상정은 "빛나지 않는 자리에서 오랜 세월 성실하게 역사와 노동자 계급의 대의에 복무해 온 그를 우리 시대의 모범생으로 불러도 좋을 것 같다."(퍼슨웹)는 평가를 받은 바 있다. 결코 후회 없는 노동운동가의 길을 25년간 걸어온 심상정의 이력은 화려했다. 1983년 대우어패럴 노조 결성, 1985년 구로동맹파업 참여, 이후 서울노동운동연합(서노련)을 거쳐 1990년 전노협 쟁의국장, 2000년 금속산업연맹 사무차장, 2001년 산별노조인 금속노조 사무처장에 이르기까지가 그러하다.

이 사회의 전투적 여성 노동운동가로서 그녀가 보고 느꼈던 여성으로서의 인식은 두 오빠의 수저에만 생선을 얹어 주던 할머니에게 화를 냈던 어린 시절로 거슬러 올라간다. 그 후 대학에 들어가 데모대를 뒤따라 다니며, 운동권 중심은 아니었지만 학생운동에 몸담으며 본격적으로 저항을 하게 된다.

여학생은 그저 남학생의 애인으로만 취급하던 운동권 모습에서 남성들의 허세와 권위를 꿰뚫어 보았던 그녀는 서울대에서 인문대, 가정대, 그리고 자신이 속한 사대 여학생들을 모집하여 처음으로 운동권 남학생 전체에 맞서 어차피 여성운동가를 키워 내지 못할 바에는 처음부터 여학생을 모집하지도 말라며 투쟁을 벌였다.

이후 구로동맹파업과 서울지역노동운동연합 등의 조직 결성에 깊숙이 관여하면서 9년의 수배생활이 이어지는데, (여)성/계급의 중요성을 논하던 시절 그녀의 모습은 '인민무력부장'이라는 표현에서 볼 수 있듯이 여성으로서의 모습보다는 남성으로, 아니 남성보다 더 강한 여성의 모습이었다.

그러나 그녀는 학생운동, 노동운동가 다수가 조급한 마음을 이기지 못하고 현장을 떠날 때 "나는 여자이기 때문에 떠나지 않고 남아 있는 것에 성공했는지도 몰랐다."고 말한다. 시골에서 갓 올라온 공순이 공돌이로 불리던 너무 맑고 착하고 성실했던 여공들과 숙식을 함께하며 자연스레 동화될 수 있었던 것이다.

그녀가 결혼을 선택하게 되는 동기나 아이를 통해서 바라보는 사회의 여러 모습들은 한 여성으로서의 선택이나 자유스러운 모습이었다기보다는 노동운동을 더 철저하게 하기 위한, 직업 활동가로 인정받기 위한 자기 결단의 모습이기도 했다. 이런 모습 속에서, 남성운동가의 모습, 즉 그녀의 표현대로라면 치마 저고리 입은 남성으로 보여지기도 했다.

운동을 위해 가족, 친구, 동기들과의 결별이나 생머리에 하이힐을 신고 찍은 해맑은 모습에서 투쟁의 머리띠를 묶고 파란 작업복을 입은 단발머리의 쟁의국장으로 변해 가는 과정은 기존 사회와 단절된 채 계급투쟁을 모든 일상의 중심에 두어야 했던 1980년대 정치체제의 폭압적인 상황을 적나라하게 보여 주었다. 최근까지 노동운동을 벗어나면 별로 평가를 받아 보지 못했다는 심상정은 한 남편의 아내로 한 아이의 어머니로 늘 가족에게 미안한 마음을 간직하며 생활한다고 했다. 친정에서는 국회의원이 되기 전까지만 해도 애도 크고 하는데 그만큼 활동했으면 되지 않았냐고 말했고, 시댁에서도 며느리의 활동에 대해서는 2차적인 것으로 생각했다고 한다. 그녀는 간혹 주변에서 자신을 두고 "노동 후보이지 뭐 여성 후보야."라고 말하는 사람들도 있다는 것을 알고 있다.

그러나 그녀는 여성노동자 문제를 업으로 삼지 못한 것에 대한 부채의식을 가지고 있다. 전노협 시절 중앙위원 여성할당제를 제시하여 지도부와 부딪힌 적도 있고, 전담해서 그런 업무를 한 건 아니지만 여성 관련 사안이 나오면 일정 정도 역할을 하지 않을 수가 없었다고 한다.

이렇게 심상정이 여성에 대한 인식을 촉진 또는 제약 혹은 타협을 해 왔던 요인들은 당시 사회적 상황에 기반을 두고 있다. 전국노동자협의회 쟁의국장으로서의 심상정은 미혼 여성이라 해도 투쟁의 시기, 그 열기 속에서 여성임을 자신 있게 드러내며 살기에는 한계가 있지 않았을까?

그녀의 표현에 의하면 인품을 지키며 사회생활, 조직생활을 해 나갈 수 있으면 좋겠지만 그것도 권위와 여유로움을 지닌 남성들만이 할 수 있는 자기표현 방법이라는 것이다. 이러한 인식은 물론 여성이기에 자신 있게 낼 수 있는 목소리일 것이다.

"설거지는 남편들이 하자."는 민주노동당의 당론에도 불구하고 명절이 되면 어김없이 음식 준비와 뒤치다꺼리에 고달픈 며느리가 되는 그녀는 어른들 생각이 한순간에 바뀌기도 어렵고, 평소에 못한 효도를 그날만이라도 하겠다는 마음으로 한다고 했다. 아마도 이 점은 그녀가 현재 노동운동과 여성운동의 조화를 새로운 희망으로 삼고 진보 정치를 실현하고자 어머니로, 아내로, 며느리로, 딸로, 일하는 여성으로 최선을 다해 살아가는 진지한 삶의 모습일 것이다.

1980년대는 민주화의 영향과 서구 페미니즘의 영향으로 진보적 여성단체들이 새롭게 조직되고, 그 안에서 가부장적 사회구조에 맞서 투쟁해 나가는 여성운동가들도 많이 등장하였다. 한편 오랜 전통을 가지고 해방 전부터 여성의 계몽, 교육, 생활 개선, 여권 신장 등에 꾸준히 관심을 가지고 활동했던 여성단체들은 새롭게 등장한 진보적 여성단체들의 도전을 받으면서 그들과 연대해 변화된 현실에 발맞추어 나가기 시작했다.

이러한 전통을 가진 여성시민단체에 속해 왕성한 활동을 펴 나갔던 변도윤의 경우, 31세가 되던 1978년부터 YWCA 근로여성회관에서 관장직을 맡으며 약 25년간 기층 여성들의 직업 개발과 교육에 관심을 가졌던 활동가이다. 그녀의 청·장년 시절은 온통 기층 근로여성들의 직업훈련과 개발에 힘쓰며 지내 온 삶 그 자체였다. 그녀는 그들과 함께 여성회관의 기숙사에서 동고동락하며 함께 작업 현장을 누비며 살아온 당시의 시간들을 가장 행복한 순간으로 기억했다.

그녀는 잠깐이지만 공무원 생활을 하였는데, 그때 맡은 일도 노동부 '부녀소녀근로자보호위원회' 일이었으며, 대학원에 진학해 노동정책을 공부하면서도, 근로여성회관 관장을 하면서도 그녀의 관심은 무엇보다도 여성의 '먹고사는 문제'였다. 여성단체에서 활동하면 할수록 먹고사는 문제의 해결이야말로 여성의 지위 향상에 최우선 과제라는 인식을 떨쳐 버릴 수 없었다. 특히 '근로여성회관'을 운영하면서 펼쳤던 사업들 가운데 주목할 만한 것들은 저소득층 여성들을 위한 타일사, 도배사, 페인트사와 같은 새로운 직업 개발에 힘썼다는 것과 직종과 직업에 대한 성차별적 고정관념을 변화시켜 나갔다는 것이다.

여성들의 다양한 직업 개발 및 훈련과 무료 직업상담실 운영은 저소득층 여성들의 경제 자립을 도모하고, 직업 분야에서 남녀평등의식을 고취시키고 성차별의 벽을 허무는 데 기여했다고 볼 수 있다.

그녀가 이러한 직종을 개발하게 된 이유는, 이 시기 한국 남성들이 중동의 건설 현장으로 대거 몰리는 것을 보고, 국내에서도 조만간 건설 붐이 일어날 것이라는 선견지명적인 판단이 있었기 때문이다. 그리하여 그동안 남성의 직업으로만 여겨지던 타일사, 도배사, 페인트사와 같은 직종을 여성들에게 교육시켰다. 또한 하루라도 빨리 생계 현장으로 뛰어들어야 했던 직업훈련 교육생들을 직접 건설 현장으로 투입해 취업시키는 열의를 보였다. 사회복지사로서의 삶을 살고자 했던 그녀는 자신의 지나친 감성 때문에 복지사의 길을 접었지만 복지사가 되고자 했을 때 품었던 그 중간자적 마음을 여성단체에서 활동가로 생활하며 유지해 나갔다.

YWCA라는 여성단체에서 변도윤의 활약은 그녀의 종교적 신념과 사회복지사로서 가졌던 직업 윤리의식이 맞아떨어지며 최선을 다해 열정적으로 활동할 수 있는 여건이 조성되었기에 가능했던 결과일 것이다.

이러한 저소득층 여성인력들을 위한 직업 개발과 교육 훈련 경험은 전문여성 직업훈련기관인 '여성인력개발센터' 사업을 운영하는 '전국여성인력개발센터 중앙협의회' 회장직으로 이어진다.

YWCA의 여성인력개발센터는 단기간의 훈련으로 취업이 가능한 단순직종부터 시대를 앞서는 여성 전문직종에 이르기까지 다양한 직종의 전문여성인력 양성과 직업 상담, 취업 알선, 사회 교육 등을 실시하면서 매년 1만 5천여 명의 직업훈련생을 배출하고 있다. 지역에 따라 다소 차이는 있으나 가사 도우미, 조리, 미용, 건강, 봉제, 전산정보, 사무, 지도사, 기능사, 창업 등의 분야에서 60여 종의 직종 훈련을 하고 있다. 특히 1998년 IMF 관리체제 상황에서 지역의 저소득층 여성을 위해 '여성 가장 실직자 훈련' 등 다양한 프로그램을 교육하면서 사회안전망 역할도 수행해 오고 있다.

현재 변도윤은 2002년부터 서울시 산하 '재단법인 서울여성'의 대표이사이며 '서울여성플라자'의 대표직을 맡고 있는데, 그간 여성단체에서 현장 활동가로 활약했던 경험을 살려 실무 중심의 리더십을 발휘해 가고 있다. 그 과정에서 행정 관료직들과 종종 마찰을 경험하지만 양쪽의 입장을 두루 이해할 수 있게 되었다고 말한다.

변도윤은 1980년대 이후 진보적 여성단체들에 의해 여성운동의 주도적 담론이 이념적 과잉이나 추상적인 여성 권리 찾기에 급급한 면이 없지 않았던 상황에서, 전통적인 여성단체에서 실제적인 방법들을 가지고 여성 현실에 접근해 들어가 여성의 경제적 지위 향상에 힘쓴 여성 활동가라 하겠다.

변도윤과 같은 여성단체 활동가의 경험은 여성운동의 흐름 속에서 다양한 시각을 보여 줄 수 있으리라 생각한다.

1980년대는 군사독재에 맞서 민주화 세력의 투쟁이 점철되던 시기로서 그와 함께 성폭력에 대한 사회적 심각성이 대두되기 시작했고, 이때는 주로 공권력과 관련된 성폭력 사건이 서서히 드러나기 시작했다. 그러다가 1980년대 말부터는 여성 개인들이 과거 성폭력으로 인한 신체적, 정신적 상처를 안고 살아오다가 결국 범죄로 이어진 사건들이 언론 보도를 통해 쏟아져 나오기 시작했다. 1986년 공권력에 의해 한 운동권 여학생이 성고문을 당한 사실이 폭로되어 큰 파문을 일으켰고, 1988년 강간을 피하려고 가해자의 혀를 깨문 여성이 상해혐의로 기소된 사건, 1991년 아홉 살 때 강간을 당한 30세 여성이 자신을 강간한 남자를 찾아가서 살해한 사건, 1992년 12년 동안 의붓아버지의 성적 학대를 받아 온 여대생이 남자친구와 공모하여 그를 살해한 사건 등이 터져 나왔다. 1990년대 들어서는 성인 여성에 대한 강간이나 인신매매뿐 아니라 어린이 성추행이나 학교 내 성폭력 등의 사례들도 사회문제화되기 시작했다.

특히 1990년대는 여성폭력 — 성폭력, 성희롱, 가정폭력 — 에 관한 한 하나의 분수령이 될 만한 시기였다. 이런 사회문화적 구조 속에서 여성운동이 획득한 의미 있는 성과 중의 하나가 여성의 몸에 대한 대중적 인식을 전환시켜 나갔다는 사실이다. 그러한 인식의 변화는 그동안 숨겨져 있던 성폭력 생존자들에게 자아 존중감을 갖게 해주었고, 그로 인해 그들의 아픈 상처들이 하나둘 밖으로 표출되기 시작했다.

조윤숙의 경우도 초등학교 6학년 때 어두운 골목에서 낯선 남자에게 성폭력을 당한 경험이 있는 여성이다. 거의 25년이란 시간이 흘렀음에도 그 사건의 후유증은 완전히 치유되지 못하고 여전히 자신의 삶을 규정짓는 요건이 되었다.

그녀의 경우, 어린이 성폭력(Child Sexual Abuse, 정서적 · 신체적 · 성적인 학대로 성인이 어린이에게 또는 나이가 더 많은 어린이가 더 어린 아이에게 행하는 폭력을 가리킨다)에 해당되는데, 어린이 성폭력은 성인이 되고 나서도 오랫동안 후유증이 지속되며 또한 그 뿌리가 매우 깊어서 때로는 그 영향이 어떤 식으로 나타날지 알 수 없다. 성폭력의 영향은 자아 개념, 친밀한 관계, 성(Sexuality), 부모 역할, 직장 생활, 정신적인 면 등 모든 부분에 걸쳐 나타난다.

조윤숙도 그전까지 성에 대한 교육이라곤 전혀 받아 보지 못한 상태에서 당한 사건이라 그 충격은 말로 표현하기 힘들었다. 그녀는 당시 성폭력을 당하고 집으로 돌아왔을 때 부모님이 보였던 반응을 기억하며 아직까지 원망의 마음을 지니고 있었다. 육체적, 심리적 상처를 안고 온 그녀에게 무조건 '아무한테도 말하지 말라'는 강요만 했을 뿐 사랑의 마음으로 감싸주지 않았다고 고백한다. 그녀를 위해 아무런 대처도 해주지 않았다는 것이다. 그녀는 자신이 무슨 큰 죄라도 지은 것처럼 여겨져 늘 죄인의 심정으로 살았다고 이야기한다.

그 사건 이후, 사춘기가 되자 부모님은 더욱더 여성다움을 강화시키기 위해 취미나 이성 교제 등에 개입하며 자아실현의 계기가 될 만한 것은 모두 통제하고 억압해 나갔다.

성폭력 연구자들의 주장에 따르면 어린 시절 가해진 성폭력에 대해서 다른 사람이 어떻게 대응했는가 하는 문제가 이후 성인이 되어 당사자가 겪게 될 후유증과 많은 연관성을 가진다고 한다. 즉, 어린이가 성폭력의 사실을 밝혔을 때 주변 사람들, 특히 부모가 적절하게 관심을 표명하고 효과적으로 개입할 경우 치유는 그 즉시 시작된다고 한다.

하지만 어느 누구도 당사자인 어린이의 고통을 알아채지 못했거나 그것에 책임지지 않았거나 더 깊어진 외상에 대하여 고통을 공유하지 않았다면 상처의 골이 깊어지는 것이다.

조윤숙은 중·고등학교와 대학 시절에도 성폭력 경험 때문에 늘 강박관념으로 남성을 대했다고 말한다. 그러한 행동이 일상을 억압하는 결과를 가져왔다는 것이다. 특히 그녀의 아버지는 남학생과 미팅만 해도, 모르는 남학생에게 전화만 걸려 와도 자신이 생각하는 성적 규범에서 벗어나는 것으로 간주해 폭력까지 사용했다고 한다. 어머니마저 '여자답지 못하다'고 비난하며 행동을 제약했다고 말한다.

이렇게 조윤숙과 같이 어린이 성폭력의 후유증은 이후의 삶 전반에 걸쳐 많은 것들을 황폐하게 할 수 있다는 것을 그녀의 삶에서 확인할 수 있었다. 대학에 들어가 처음으로 이성 친구를 사귈 때도, 결혼을 결정하는 과정에서도 자신의 성폭력 경험 때문에 남성을 평등한 관계로 생각하지 못하고 자신의 보호막 역할을 해줄 사람을 찾았다는 것이다. '내 탓이야. 내 잘못이야. 나는 더럽혀진 몸이야. 난 소박맞을 거야. 행복하지 못할 거야.' 이런 비합리적 신념들이 늘 머릿속에서 떠나지 않고 일상적인 생활을 통제해 나갔다. 이런 생각들은 성폭력 경험자들의 보편적인 현상이기도 하다.

조윤숙은 이런 불합리한 신념들을 하나씩 치유하게 되는 계기를 맞는다. 첫 번째 계기는 여성학과 대학원에 진학해 봉사 차원에서 '여성의전화' 일을 하면서다. 이때 자신의 내면에 숨어 있고 회복하지 못했던 자존감이 서서히 되살아나는 것을 경험했다.

그러나 '대구여성의전화'에서 성폭력, 가정폭력상담소 업무를 하면서도 자신의 경험을 쉽게 드러내지 못하다가, 2000년부터 조금씩 주변 사람들에게 성폭력 경험을 이야기하기 시작했다. 이런 상처의 드러냄이 곧 치유의 시작이 되었다. 그러면서 2년 전부터 한국성폭력상담소가 개최하는 '성폭력 생존자 말하기 대회'에 참가해 다른 생존자들과 함께 자신의 경험을 말하면서 상처를 공유하고 강한 연대감을 갖게 되었다. 그녀는 2004년 '성폭력 생존자 말하기 대회'에 다녀와 "한국에 성폭력 생존자가 그렇게 많은 줄 처음 알았다."며 놀라워했다.

그런데 처음으로 그녀가 대중 앞에서 성폭력 경험을 말한 후, 이상하게도 심한 말더듬 장애를 겪게 되었다. 고민 끝에 유명한 심리상담가를 찾아갔으나 그 상담가로부터 "네가 원해서 성폭력 피해를 당한 거다. 네 무의식이 끌어들인 거다."라는 말을 듣고 더욱 좌절감을 맛보았다고 한다. 상처가 치유되지 않고 있을 때, 우연히 알게 된 여성주의 상담을 하는 상담가를 찾아갔다. 그런 과정에서 그녀는 자신의 말더듬 버릇을 고칠 수 있었고 다른 생존자들과 교류의 시간을 가지며 강한 유대감을 형성할 수 있었다.

현재 그녀는 아직 밖으로 자신의 성폭력 경험을 드러내지 못하고, 혼자서 아픔과 고통의 시간을 보내고 있는 생존자들에게 여성주의 집단상담 프로그램을 운영하며 연대의 시간을 보내고 있다. 그녀는 본격적으로 여성주의 집단상담에 대해 공부하고 싶어 다시 대학원에 진학하였고, 올해 초 그와 관련된 논문 「성폭력 생존자의 통합 집단상담을 통한 치유」를 발표하였다.

조윤숙의 경우에서 보듯, 성폭력 피해를 치료하고 정신적, 사회적 후유증을 여성의식화 작업이나 심리 상담을 통해 지속적으로 치료해 줄 수 있는 사회보호책이 절실히 필요함을 알게 되었다.

그녀가 긴 시간 동안 성폭력의 상처를 안고 살아야만 했던 것과 치유에 이르게 되는 과정을 들으면서, 성폭력 피해자를 보호하기보다는 피해자를 비난하고 책망하는 사회 통념들이 얼마나 문제인가를 새삼스럽게 느끼게 되었다. 그녀 또한 구술을 마치며 성폭력 생존자에게 가해지는 사회적 통념을 강하게 비판했다. 한국 사회에서 남녀 불평등을 기반으로 한 이중적 성규범과 순결과 정조 이데올로기는 성폭력 생존자들의 치유를 어렵게 하는 요소가 되고 있다.

단지, 성폭력 문제가 비정상적인 남성 개인에 의해 발생하는 문제가 아니라 구조적으로 사회문화적 배경을 지닌 문제임을 입증하는 셈이다. 성폭력은 여성을 통제 혹은 억압하는 남성 중심적 성문화와 관련된 범죄로서 단순히 순결이나 정절을 침해하는 범죄가 아니라 오히려 여성의 신체적 자유와 몸에 대한 통제권의 차원에서 자유 의사에 따라 성행위를 할 수 있는 권리(성적 자기결정권)를 침해한 남성의 폭력 범죄인 것이다.

여성의 몸에 대해 정조와 재생산의 기능을 떠나서 존재할 수 없다는 인식이 사회적으로 팽배해 있는 한, 여성의 몸이 여성 자신의 것이며 그녀의 삶과 주체성의 터전이라는 관념으로 자리 잡기란 어려울 것이다.

이렇게 조윤숙과 같이 '아주 특별한 용기'를 가진 성폭력 생존자들의 이야기와 1980~1990년대 여성운동가들에 의해 성폭력 문제가 사회적으로 환기되긴 했으나, 아직 성폭력 문제를 젠더의 권력관계에서 비롯된 여성에 대한 폭력으로 인식되기엔 뿌리 깊은 사회적 통념이 존재한다고 볼 수 있다.

최근 이혼율의 급증으로 한부모 가구가 늘어나는 추세이다. 전통적인 과거의 편부모 가족은 주로 배우자의 사망에 의해 발생하였으나 요즘의 한부모는 이혼, 별거, 유기 등에 의한 발생 비율이 높아지고 있다. 특히 1980년에 비해 2000년에 들어서는 이혼으로 인한 여성 가구주가 3배가량 증가한 것으로 드러났으며, 이혼 시 20세 미만의 자녀가 있는 경우는 해마다 늘어나고 있다.

재판을 통해 이혼한 한부모 박선남의 구술을 통해 가부장적 가족관계의 변화와 이에 발맞춰 가지 못하는 사회인식과 제도, 한부모로서 생계를 꾸려 가며 자녀를 양육하는 여성이 부딪히는 삶의 문제들을 살펴보았다.

먼저, 가부장제와 남성 중심의 사회체제가 여성을 억압하는 모습을 그녀의 구술을 통해 알아낼 수 있었다. 박선남은 인습적으로 이어져 내려온 남아선호로 인해 좋은 남자라는 뜻의 '선남'이라는 남자 이름이 붙여진다. 자라면서도 가정 내에서 식사시간을 통해, 제사 문화를 통해 여성은 주변화되어 '사회생활을 하거나 특별한 위치에 오를 수 없는 존재'라는 암묵적 교육을 받는다. 심지어 성인이 되어서도 결혼은 꼭 해야 되는 것으로 강요받았고, 결혼 후의 삶도 그녀 자신의 욕구와는 상관없이 남편과 시댁 식구들의 요구가 우선임을 매 순간 확인할 수 있었다.

공적 영역인 직장 내에서도 박선남은 유능하고 성실했지만 승진 누락과 결혼 후 회사를 그만두라는 강압적인 분위기 등을 체험하며 온몸 깊숙이 성차별을 경험했다.

또한 그녀의 삶 속에는 늘 여성의 빈곤화 현상이 따라다녔다. 열심히 일하는데도 늘 빈곤에서 벗어나기 힘들었다. 한부모 여성 가구주는 빈곤 가구 중에서 높은 비율을 차지하고 있으며, 여성의 빈곤화는 최근의 여성문제 중에서도 심각하게 부각되고 있다. 박선남의 삶에서 빈곤은 결혼 전이나 결혼 후, 그리고 이혼 후의 삶 속에서 그대로 이어지고 있었다.

한부모 여성에게 생계와 주거 마련은 가장 심각한 문제이다. 박선남은 이를 해결하기 위해, 구직 과정에서 '교육 후 당장 돈이 되는 직종'이라 판단되는 텔레마케팅을 선택하여 직업 교육을 받지만 소득과 고용 안정이 보장되지 않아 수차례 이직을 경험해야 했다.

결국 현재 인터넷 학습지 교사 일을 하면서도 장기적인 생계유지 방안으로 전문상담사를 준비하고 있다. 자신의 기술이 빠른 취업이나 창업으로 연계되기를 바라는 한부모 여성들의 욕구는 그만큼 경제적으로 절박한 상황임을 증명하는 것이라 하겠다. 그녀는 좀더 다각화되고 장기적인 직업으로 연결될 수 있는 직업 교육이 필요하다고 강조하였다.

또한 주거의 경우, 박선남이 월세로 살고 있는 의정부 국민임대아파트는 보증금이 매년 인상되기 때문에 경제적 부담이 큰 상황이다. 이런 박선남과 같은 한부모 여성에게 안정된 주거 생활을 위해 국가가 정책적으로 어느 정도의 주거비를 지원해 주는 일이 시급함을 알 수 있었다.

박선남은 한부모 초기에 가장 어려웠던 점을 직업과 자녀양육의 양립이라고 했다. 텔레마케팅을 하던 시절, 아이가 아픈 날에는 야근을 할 수 없어 욕을 먹고 서럽게 울면서 집에 온 날도 수없이 많다고 한다. 최근 인터넷 학습지 교사를 하게 된 것도 재택 근무를 하며 초등학교 저학년인 딸을 돌보기 위해서라고 한다. 그녀는 자신과 같은 한부모 여성에게 아이를 위해 보육시설이나 방과 후 프로그램이 있었으면 좋겠다는 소망을 피력하기도 했다.

그녀는 이혼소송을 내면서 너무나 힘든 과정을 거쳤기 때문에 한부모 여성으로서 호주제 폐지를 적극적으로 주장하였다. 여성에게 친권과 양육권이 있을 경우에도 이혼한 남편의 성과 그 가문의 자녀로 인정되는 현실에 많은 좌절감을 경험한 장본인이기도 했다. 그녀는 호주제에 대해 "개떡같다." "호주제는 악법이다."라는 과격한 표현을 쓰며 호주제 폐지를 주장했다.

"여자가 무슨 족보에 올라가? 족보도 없으면서… 제사 때 (여자가) 절하냐?"라는 말로 여성을 비하하고 무시했으며 여성을 족보에도 오르지 못하는 주변인으로 폄하하였다. 또한 "신지원을 박지원으로 바꾼다."는 그녀의 말에 "그럼 죽을 줄 알아!"라고 협박하고, 아이는 부계의 구성원이며 남성은 중심이자 기득권자임을 주장했다.

그녀는 호주제 폐지가 확정되었다는 소식을 접하고 아이가 어머니 성을 따를 수 있게 된 것에 대해 환영하면서 한부모 여성에 대한 주위의 시선과 여성을 보조자, 주변인으로 인식하는 사회적 편견도 같이 개선되기를 바랐다.

한부모 여성인 박선남의 삶에는 여성에게 미치는 가부장제의 폐해와 변화하는 가족 형태와 그에 따른 문제점들이 고스란히 드러나 있었다.

1980년대 이후, 우리 사회는 과학 기술의 발달, 도시화, 산업화, 지식·정보 증가 등의 사회 변화 요인으로 인구 증가, 주거환경 변화, 핵가족화, 여가의 증대 등을 나타내고 있다. 이러한 사회구조의 변화는 사회 발전의 측면에서 여성의 기능과 역할의 개발을 요구하며 개인적 측면에서 여가시간 증가에 따른 자아실현 욕구 충족을 위한 여성의 사회참여로 이어졌다.

이러한 여성의 사회참여는 전통적으로 기대되는 자녀양육과 자녀보호에 어려움을 가져오게 하였다. 그러나 이에 미치지 못하는 우리나라의 자녀양육 지원 제도, 보육시설의 수급 실태 등으로 인하여 자녀양육은 가족이나 친척 등의 비공식적 체계에 의존하게 되었다.

구술자 김정자는 어린 시절 6·25전쟁을 겪고, 어려운 가정형편으로 학업을 채 마치지도 못한 채, 학창 시절부터 직장 생활을 하며 경제적으로 어려운 가정을 도와야만 했다. 직장 생활 중 남편을 만났고 결혼을 하게 되었다. 결혼 후, 자녀들의 뒷바라지를 위하여 다시 한 번 자신의 삶을 희생했던 김정자는 가정생활이 안정될 무렵, 남편과 사별하게 된다. 남편과 사별

후 홀로 자식들을 키우고 결혼시켰으며, 지금은 아들 내외와 함께 손자를 돌봐 주며 살아가고 있다.

어린 시절에는 가족 부양을 위하여, 결혼 후에는 자식을 위하여 자신의 모든 생애를 바치고, 이제는 편히 살아가야 함에도 불구하고 여전히 자식들의 미래를 위해 또 한 번 자신의 삶을 포기하고 손자 손녀를 돌보며 가정일에 얽매어 살아가고 있는 것이다. 김정자의 삶은 곧 이 시대 여성 노인의 현주소라고 할 수 있다.

손자녀를 양육하는 조모들의 양육 수행에 따른 심리적 스트레스와 어려움은 상당하다. 조모들은 양육 수행으로 인하여 몸이 피로하고 자신의 건강을 돌볼 여유가 없거나 외출하기 힘들어져 심리적, 사회적 고립감을 느낀다. 또한 조모의 신체적 건강 상태는 심리적 우울감과 관계가 있다. 이러한 심리적 스트레스는 신체적 불편을 수반한다. 김정자의 경우도 손자를 돌봐 주면서 신체적인 고통이 있음에도 불구하고 제대로 쉬지 못한다고 호소했다. 또한 여생을 편하게 즐기면서 노인대학도 가고, 복지관에서 춤도 배우고 서예도 배우고 싶은 욕구가 있다고 하였다.

현대 사회에서 손자녀를 양육하는 조모들의 커다란 심리적 스트레스의 원인은 자녀와의 갈등이다. 김정자의 경우도 며느리와 손자녀 양육방법이 서로 다르기 때문에 그로부터 생기는 갈등이 가끔 있다고 고백하며 조모로서의 역할에 불편함을 보였다. 자신이 가사와 육아를 담당하는 것에 대해 자녀들이 무관심한 것도 갈등의 원인이 되고 있었다. 이는 손자녀를 양육하는 조모의 심리적 스트레스의 커다란 원인이 된다.

오늘날 여성들의 삶 자체가 많이 달라졌고, 중년층 이상의 여성들을 위한 여가활동 시설 및 서비스가 점차적으로 늘어나면서 자기만의 시간을 갖기를 바라는 50~60대 여성 노인들도 늘고 있다. 김정자는 여성으로서 자신의 삶과 자아를 찾기 위해선 자식들의 곁을 떠나야 한다는 마음과 자녀들로부터 홀로 남겨져 겪을 외로움 사이에서 갈등하며 하루도 마음 편히 있지 못하고 있다.

김정자처럼 이 땅의 많은 여성 노인들이 과거 같으면 자식의 봉양을 받으며 노후를 즐길 나이에 또다시 20, 30년 전으로 돌아가 육아를 떠맡고 있다. 자식의 뒷바라지를 위해 50, 60 평생을 보내고, 또다시 나이 어린 손자녀를 업고 집안일을 돌보는 것이다.

이렇게 손자녀 양육으로 인해 여성 노인들은 신체적·정신적 어려움과 자식들과의 갈등, 삶에 대한 회의감으로 정신 건강을 해치고 있다. 이런 상황은 국가의 사회 정책차원에서 해결되어야 할 기혼 취업여성의 자녀양육에 대한 문제를 가족 안에서 나이든 여성에게 또다시 전가시키는 방식으로서 또 다른 여성문제의 시작(악순환의 고리)으로 국가 차원에서의 해결이 시급함을 보여 주고 있다.

박순란, 박종주 부부는 정말 평범하게 살아온 사람들이라 할 수 있다. 특별할 것이 없지만 평등한 부부관계를 유지하기 위해 지속적인 노력을 해왔다. 이들의 평등을 위한 지속적인 노력도 알고 보면 자신들의 문제를 풀기 위해서 시작되었다고 볼 수 있다.

이 부부를 통해 평등부부로 가는 지름길은 여성의 의식도 중요하지만 남편의 의식이 무엇보다 중요함을 알 수 있었다. 아내와 남편의 노력의 결과를 비교해 보면 아내의 많은 노력과 남편의 작은 노력이 같은 양의 결과를 가져왔다고 해도 과언이 아니다. 즉, 남편이 진정으로 아내를 동반자로 생각하는 조그마한 변화가 부부생활에 가장 큰 효과를 낼 수 있으며, 이는 바로 평등부부로 이어지게 되는 것이다. 사실 박순란 부부도 다른 평등부부와 마찬가지로 남편의 역할이 중요하게 작용했음을 알 수 있었다. 물론 남편의 노력이 조금 과하게 평가받았던 면도 없지 않지만 그만큼 그녀의 남편이 행했던 노력들은 아직까지 한국 사회의 보편적인 부부관계에선 흔치 않은 것들이었다.

박순란 부부의 경우, 남편의 노력만이 아니라 박순란의 직업이 가정의 경제적 안정을 유지할 수 있어서 가능하였다고 볼 수 있다. 불안정했던 남편의 직업에 비해 아내인 박순란은 양재 기술을 가지고 있어 비교적 안정된 생활을 꾸려 나갈 수 있었다. 실제로 이 부부의 경우, 남편은 스스로 찾아내 사회운동을 하는 편이라면 아내의 경우는 지역사회의 직분을 가지고 참여하는 경우가 많았다.

이런 점은 현재 많은 부부가 남편이 경제적 능력이 있을 경우, 아내들은 불평등한 생활을 강요받고 있으며, 여성의 경제적 지위가 높은 경우 평등한 부부관계를 좀더 요구하는 형편과 맥락을 같이한다.

박순란 부부는 그들의 성이 같은 '박씨' 라는 사실 때문에 주위 사람들로부터 오해와 불편함을 겪었고, 이 점이 바로 이들이 평등한 부부에 대해 관심을 갖게 된 계기가 되었다. 이들은 이런 불합리함에 문제의식을 느껴 가족회의를 하고 대화를 나누기 시작했다. 남편은 자신들의 부부 문제 때문에 공부를 하기 시작했고, 그런 과정에서 호주제의 잘못된 점을 알게 되었고 여성들의 지위에 대해 많은 생각을 하게 되었다.

하지만 남들이 평등한 부부라고 말하는 이들 부부에게도 20년이란 시간 동안 시어머니를 모시고 인내하며 살았던 아내 박순란의 희생이 존재했다. 아무리 남편과 많은 대화를 했다고는 하지만 아내가 직접 이야기하기 전에는 남편은 전혀 인식하지 못했던 부분이 많았다.

이러한 점은 평등부부라 불리는 부부에게도 양성평등의 완성된 모습이 아니라 대부분 아내의 보이지 않는 희생이 존재함을 입증하는 것이다. 실제 박순란의 남편은 평등한 부부생활을 위해 많은 노력을 했음에도 불구하고 자신의 어머니가 있는 상황에선 묵비권을 행사하며 의견을 표현하지 않았다. 즉, 박순란의 구술 속에는 남편이 말로는 진짜 평등부부였지만, 행동은 그렇지 못했던 적이 많았다고 하는 불만을 발견할 수 있었다.

예를 들어 가사 분담에 있어서도 그녀의 남편은 3년 전까지만 해도 조금밖에 실천하지 않았다는 것이다. 그녀는 자신들은 현재 진정한 평등부부로 가는 과정에 놓여 있을 뿐이라고 하였다.

평등부부의 대상으로 선정한 박순란, 박종주 부부의 삶은 처음에 머릿속으로 그렸던 평등부부의 삶과는 거리가 있었다. 물론 이들은 일반 보통 부부들의 생활보다는 확실히 발전된 모습을 보여 주었다. 이들 부부가 서로 노력하고 살아가는 모습은 현재로서는 미래의 평등부부로 발전하기 위해 필요한 과정이라 여겨졌다. 또한 이 부부의 노력들이 이제 막 결혼한 자녀들의 결혼 생활에 하나의 좋은 본보기가 되지 않을까 생각해 보았다.

이상 7명의 여성 구술자들은 자신들의 경험을 자신들의 시각으로 남성중심적인 질서에 대항에 드러냈다. 이런 여성들의 자기 드러내기는 남성중심 사회의 모순과 억압을 드러내는 행위라 할 수 있다.

앞에서도 언급한 것같이 3년에 걸쳐 한국 여성의 인물 연구를 진행하면서 이번 연도 구술자들처럼 자신들의 이야기를 당당하게 말하는 경우는 흔치 않았다. 이는 여성들의 경험에 대해 여성 자신과 사회적 인식이 바뀌고 있음을 보여 주는 증거라 하겠다.

이렇게 3년에 걸쳐 한국 여성의 개인적 경험들을 역사화했던 작업은 여성의 주체적인 목소리가 반영된 새로운 역사 만들기에 있어 하나의 지표가 될 것이라 생각한다.